Eric N. Franklin
TANZ-IMAGINATION

Eric N. Franklin

Tanz-Imagination

Stark im Ausdruck und perfekt in der Technik
Das Handbuch für Training und Bühne

Illustriert von Sonja Burger
und Katharina Hartmann

VAK Verlags GmbH
Kirchzarten bei Freiburg

Titel der amerikanischen Originalausgabe:
Dance imagery for technique and performance
© Eric N. Franklin 1996
Erschienen bei: Human Kinetics, Champaign, Illinois, USA

Bibliografische Information der Deutschen Bibliothek
Die Deutsche Bibliothek verzeichnet diese Publikation
in der Deutschen Nationalbibliografie; detaillierte
bibliografische Daten sind im Internet über
http://dnb.ddb.de abrufbar.

VAK Verlags GmbH
Eschbachstraße 5
79199 Kirchzarten
Deutschland
www.vakverlag.de

2. Auflage: 2009
© VAK Verlags GmbH, Kirchzarten bei Freiburg 2002
Übersetzung: Erich Walker, Eric Franklin
Lektorat: Norbert Gehlen
Fotos: Anne Nordmann, Mark Skolsky, John Elbers, Steven Speliotis,
David Fullard, Frank Gimpaya, Mike Kentz, A. Pal-Bürgisser, Arsène Saheurs
Illustrationen: Sonja Burger, Katharina Hartmann
Umschlag: Howard Schatz (Foto), Karl-Heinz Mundinger (Satz)
Satz: Karl-Heinz Mundinger (VAK)
Druck: Media-Print, Paderborn
Printed in Germany
ISBN 978-3-932098-94-9

Inhalt

Vorwort von Martha Myers **9**

Einführung 13
Wie ich beim Tanztraining die Imagination entdeckte 13 | Warum man Imagination beim Tanztraining einsetzen sollte 14 | Wie dieses Buch aufgebaut ist 18

Teil I: Vorstellungsbilder für die Improvisation 21

Kapitel 1: Grundlegende Bewegungsbilder und -übungen 23
Intention 24 | Ganzkörper-Wahrnehmung 26 | Raum 27 | Gewicht 30 | Musik und Rhythmus 34 | Beziehungen im Körper 36 | Atmung und Fließen 39

Kapitel 2: Vorstellungsvermögen und Improvisation 41
Der Butoh-Tanz 42 | Improvisation und Tanztechnik 43 | Improvisation mit Kindern 44 | Improvisationsübungen mit Vorstellungsbildern 45 | Kontaktimprovisation 82

Teil II: Vorstellungsbilder für das Tanztechnik-Training 87

Kapitel 3: Wie man Vorstellungsbilder findet 89
Bilder aus der Natur 89 | Bilder aus Filmen 90 | Bilder aus der Literatur 90 | Bilder aus der Musik 92 | Bilder aus der bildenden Kunst 92 | Gibt es „geborene Visualisierer"? 94

Kapitel 4. Wie man Vorstellungsbilder im Training einsetzt 96
Hinweise für Lehrer 97 | Hinweise für Schüler 102

Kapitel 5: Bodenarbeit 107
Das Becken stärken 107 | Den Oberkörper bewegen 109 | Zu Boden fallen 110 | Am Boden rollen 113

Kapitel 6: Stehen, gehen, laufen 115
Bewegungslos stehen oder langsam bewegen 115 | Gehen und laufen 116

Kapitel 7: Grundübungen an der Ballettstange 120
Plié 122 | Battement tendu, Battement jeté / dégagé 129 | Rond de jambe par terre 135 | Fondu / Plié auf einem Bein 137 | Frappé 139 | Battement développé 140 | Balance, Arabesque, Attitude 147 | Grand battement 154

Kapitel 8: Schwünge, Bögen und Spiralen 157
Schwünge und Bögen 157 | Spiralen 162

Kapitel 9: Bewegungen des Oberkörpers 166
Port de bras, Arm- und Handbewegungen 166 | Das Gesicht 177 | Die Augen 180 | Hals und Nacken 181

Kapitel 10: Drehungen und Pirouetten 183
Vom Krabbeln zu den Pirouetten, vom Rollen des Babys zu spiralförmigen Drehungen 184 | Naturtalente im Drehen 186 | Was wir von einem Kreisel lernen können 189 | Drehungen mit dem ganzen Körper 193 | Die Phasen einer Drehung / Pirouette 194

Kapitel 11: Sprünge 213
Geschwindigkeit und Hebelkraft 213 | Sprünge durch den Raum und Drehsprünge 218 | Die Atmung vor dem Springen 221 | Elastische Sprünge und rhythmischer „Rebound" 222 | Die Funktion der Arme bei Sprüngen 225 | Harte Böden und weiche Landungen 227 | Der Himmel ist die Grenze 228

Kapitel 12: Partnerarbeit 232

Teil III: Vorstellungsbilder für die choreografische Arbeit und den Bühnenauftritt 237

Kapitel 13: Psychologie, Vorstellungsvermögen und Choreografie 239
Aktive Imagination nach C. G. Jung 239 | Aktive Imagination in der choreografischen Arbeit 240 | Katathymes Bilderleben 241 | Wann sind Bilder symbolisch? 241 | Archetypische Bilder nach C. G. Jung 243

Kapitel 14: Vorstellungsbilder und choreografischer Prozess 245
Spontane Vorstellungen 246 | Visionen von neuen Tänzen 247 | Einrahmen als choreografischer Kunstgriff 249 | Choreografie als Sequenz von Bildern 250 | Vorstellungsbilder, die das Einstudieren einer neuen Choreografie unterstützen 252 | Choreografie, die Vorstellungsbilder vermittelt 254 | Choreografische Stimmung 254 | Tagebuch für Vorstellungsbilder 257

Kapitel 15: Vorstellungsbilder und die Qualität eines Auftritts 258
Die Fähigkeit zum Verwandeln 259 | Die Zauberkraft der Bekleidung 262 | Das Visualisieren einer imaginären Umgebung 265 | Die Beziehung zu den Zuschauern 269 | Die Bedeutung der eigenen Geschichte 270 | Die Einstimmung auf die Bühne und den Auftritt 270

Teil IV: Vorstellungsbilder für Ruhe- und Regenerationsphasen 275

Kapitel 16: Die Kunst der Berührung und Entspannung 277
„Magnetische" Hände 278 | Entspannende Berührung 279 | Konstruktive Ruhe 280 | Geführte Bilderreise 291

Schlusswort: Eine Ermunterung 295

Danksagungen 297
Literaturverzeichnis 299
Stichwortverzeichnis 303
Über den Autor 307

Hinweise des Verlags

Dieses Buch dient der Information über eine Methode, mit der (angehende) professionelle Tänzer ihre Fähigkeiten und Leistungen verbessern können. Wer sie anwendet, tut dies in eigener Verantwortung. Autor und Verlag können keine Haftung für eventuelle Probleme übernehmen, die sich daraus direkt oder indirekt ergeben.

Die männlichen Bezeichnungen „der Tänzer", „der Choreograf" u. Ä. werden in diesem Buch nur der sprachlichen Einfachheit halber verwendet. Der Verlag ist sich dessen bewusst, dass es sich dabei um verkürzende Formeln handelt, die dem zahlenmäßigen Anteil der Tänzerinnen und Choreografinnen nicht gerecht werden; selbstverständlich sind auch Letztere als Leserinnen dieses Buches willkommen und immer mit angesprochen; wir wünschen ihnen trotz dieser sprachlichen „Diskriminierung" eine Gewinn bringende Lektüre!

Vorwort

Von Martha Myers

Das Interesse an der Imagination – am Vorstellungsvermögen, an der Kraft der Vorstellung, also an der Idee, dass Vorstellungsbilder die Physiologie und das neuromuskuläre Verhalten des Körpers verändern können – geht mindestens bis ins 19. Jahrhundert zurück. William James (*Principles of Psychology*, 1890) und Rudolph Lotze (*Medizinische Psychologie*, 1852) zählen zu jenen Psychologen, deren Experimente (speziell in der Verhaltensphysiologie) und deren Interesse für Selbstbeobachtung zu weitreichenden Betrachtungen dieses Aspektes der Wechselwirkung zwischen Körper und Geist („Ideomotor") führen.

Mabel Todd, Barbara Clark, Lulu Sweigard, Irene Dowd, André Bernard und Joan Skinner sind herausragende Namen in der Entwicklung der Imagination und ihrer Anwendung, wie Tänzer sie heute kennen. Irene Dowd, Glenna Batson, Martha Eddy, Bonnie Bainbridge Cohen, und andere haben die Prinzipien und die Anwendung adaptiert und erweitert. Im vorliegenden Buch führt Eric Franklin die Nutzung der Vorstellungskraft noch einen Schritt weiter, indem er die wissenschaftlichen Prinzipien, die ihr zugrunde liegen (Anatomie, Physiologie und Biomechanik), und ihre Anwendung detailliert ausführt, um Tanztechnik, Improvisation und Choreografie besser unterrichten zu können. Er führt die Leser buchstäblich Schritt für Schritt durch das gewaltige Territorium der Imagination, umreißt deren Topographie, erkundet ihre Essenz und springt über Grenzen zu benachbarten Disziplinen. Und er unterstützt und erleuchtet diese Darstellung mit phantasievollen Zeichnungen – kinästhetisch evokative und humorvolle Bilder, die den Lesern helfen zu sehen und zu fühlen und sich an die herausragenden Punkte des Textes zu erinnern.

Umfangreiches Material zum Experimentieren begleitet jedes Thema: Übungen nur mit Vorstellungsbildern oder Übungen, welche die vertraute Tanztechnik verbessern (Stange, Mitte und Bewegung durch den Raum). Einige Übungssequenzen sind dazu bestimmt, den Lesern zu helfen, choreografische Ressourcen zu entdecken und Erfahrungen zu machen, die ihre Improvisationen anreichern. Andere Vorschläge betreffen das Verbessern der Körperhaltung, und grundlegender Körpermuster sowie das Verbessern von Bühnenaufführungen.

Eine Schatztruhe voller evokativer Zitate sowie Franklins eigene, starke Bilder unterstützen und bereichern seine Thesen in jedem der sechzehn Kapitel dieses Buches. So gibt beispielsweise die virtuose Improvisiererin Margy Beals zu: „Ich kann mich nicht ans Stück erinnern, wenn ich mich nicht ans Bild erinnern kann. Vergesse ich den Sinn von ‚der Drachen fliegt‘, so vergesse ich alles." Um seinen Tänzern bestimmte Bewegungsqualitäten zu entlocken, gibt Franklin Bilder wie diese: „Stelle dir Diamanten vor, die an deinen Hüften glitzern, wenn du dich drehst." – „Schlage deine Augenlider auf und zu wie Schmetterlingsflügel." – „Stell dir vor, du bestehst aus Millionen von beweglichen Gelenken." Franklin setzt die Tradition der somatosensorischen Lehrerin, Praktikerin und Künstlerin Irene Dowd fort, indem er Bilder, Zeichnungen, Wissenschaft, und Kunst kombiniert.

Teil I (Vorstellungsbilder für die Improvisation), Teil II (Vorstellungsbilder für das Tanztechnik-Training) und Teil III (Vorstellungsbilder für die choreografische Arbeit und den Bühnenauftritt) bieten neue Ressourcen, Übungen und Experimente an und frischen damit diese grundlegenden Bestandteile der zeitgenössischen künstlerischen Tanzpraxis auf. Eine Kontroll-Liste für erfahrene Improvisierer (in Teil I) fordert die Tänzer dazu heraus, ihre gewohnten Muster zu hinterfragen. Franklin bespricht Elemente der Bewegung wie Gewicht (sich in der Schwerkraft erleben und sich ihr widersetzen, Gewichtsverlagerung, Balance, usw.) und bietet Gedächtnisstützen an, wie: „Angespannte Muskeln hemmen das Gewichtserlebnis, weil (wie Erick Hawkins sagt) angespannte Muskeln nicht fühlen können."

Die Übungen, die durch das ganze Buch hindurch angeboten werden, beginnen zum Teil sanft (Liegen auf dem Boden) oder laden zum Bewegen ein. (Eine dieser Übungen ist zum Beispiel dazu konzipiert, dass man Musik im Inneren des Körpers spüren und „sehen" kann, wie Musiknoten durch die Gelenke und Gewebe gleiten und rutschen, so dass diese auf Melodie und Rhythmus reagieren.) Franklin betont hier und überall in seinem Buch die Rolle des Atems, der das „Klima" im Körper kontrolliert sowie Ebbe und Flut der Energien in Knochen, Gelenken, Muskeln und Eingeweiden überwacht.

Der Teil II (Vorstellungsbilder für das Tanztechnik-Training) sollte in der Tasche jedes Tanzschülers stecken und auf dem Nachttisch jedes Lehrers liegen. Er spricht Elementares an: wie Imagination im Training angewendet werden kann, wie die Bewegungsmuster an der Stange verbessert werden können, wie man vom Training am Boden mehr profitiert. Ideenbouquets werden angeboten, von A (Atmung und Weichheit in den Gliedmaßen) bis W (Was wir von einem Kreisel lernen können). Franklins Brillanz liegt im Verweben von Wissenschaft und Kunst, von Informationen und Einsichten, gepaart mit einer leichten, geschickten Erzählweise. Seine amüsanten, treffenden Bemerkungen über altbekannte Korrekturen wie „Steht auf euren Beinen" sollten jeden Lehrer davon heilen, im Unterricht in platte, schon viel zu oft benutzte Korrekturen zurückzufallen!

Teil III (Vorstellungsbilder in der Choreografie und auf der Bühne) setzt das Erlernte in die Arbeit um. Es sind schon einige Bücher geschrieben worden, die die Kreativität im Tanzlehrerberuf anreichern sollen, aber oft sind ihre Teile getrennt geblieben und nicht zu einem kohärenten Ganzen zusammengewachsen. Franklin warnt: „Wenn Sie die physischen Fähigkeiten vom Aufführungsmodus trennen, werden Sie es schwer haben, diese wieder zusammenzubringen." Imagination kann helfen, die unterschiedlichen Sprachen von Anatomie, Biomechanik und Psychologie zu vereinigen und zu übersetzen. Es geht, wie Franklin sagt, um „eine Verwandlung – technisch wie künstlerisch". Imagination kann sogar helfen, biomechanische Hindernisse einzudämmen. Eine von Elizabeth Strebs Tänzerinnen, die dachte, dass bestimmte von Strebs Bewegungen unmöglich zu schaffen seien, erzählt: „Wenn ich es einfach gemacht und immer an das Bild gedacht habe, war ich erstaunt, was passierte." Imagination transformiert! Franklins Gedanken über andere Arten der Imagination und Methoden, die sie einführen (Jungs „Aktive Imagination" und Leuners „Katathymes Bilderleben"), sind eine große Hilfe für Choreografen, die den Zugang zu tieferen Schichten des Bewusstseins und intrapsychischen Prozessen suchen. Mit seiner Kombination von Text, Übungen und Zeichnungen ist Eric Franklins Buch ein unschätzbar wertvoller Lotse durch diese kreativen Gewässer.

Es ist bezeichnend, dass wir sowohl im Buch als auch im persönlichen Alltag zuletzt bei „Ruhe- und Regenerationsphasen" (Teil IV) ankommen. Franklin schreibt: „Ich sage nicht etwa, dass Ihnen nicht erlaubt sei, Ihre Zeit so gut wie möglich zu nutzen. Aber Sie können mehr erreichen, wenn ihre Nerven ruhig und frisch sind." Indem man sich am Anfang einer Trainingsstunde die Zeit nimmt, sich jenseits des pragmatischen Selbst und seiner unmittelbaren Umgebung zu bewegen, öffnet dies Kanäle für neue Informationen und Leistungen. Er beschreibt wichtige Hilfen, die dazu dienen, Stadien der Entspannung und tieferen Bewusstseins zu erreichen, darunter die Kunst der Berührung, kinästhetische Unterstützung, Bewegungsstabilisator, Atemregulation und die Praxis der konstruktiven Ruhe (basiert auf Sweigards Methode). Dieser Teil hilft uns gewohnte Muster zu loszulassen und das Bewusstsein zu vertiefen.

Wo man dieses Buch auch aufschlägt – Bilder animieren die Phantasie und Ideen inspirieren den Verstand. Um die Leser dazu zu veranlassen, Vorstellungsbilder genauestens anzuwenden, vergleicht Franklin die Suche nach präzisen Bildern mit der Sorge des Malers, der mit feinsten Änderungen im Farbton die gewünschte Wirkung zu erreichen trachtet. Er erinnert uns auch daran: Wie geschliffen auch immer unsere Sinneswahrnehmung sein mag, wir kommen nicht an alle Kreaturen in der Natur heran, wie beispielsweise an den Hai, dessen Augen sieben Mal stärker sind als unsere und dessen Fähigkeit, bioelektrische Felder zu entdecken, ihn sogar dazu bringen kann, nach Dingen zu suchen, die unter dem Sandboden des Ozeans begraben sind.

Der Einsatz der Imagination beim Tanzen ist zu einer ausgereiften Methode geworden. Wenn sie die Tänzer auch nicht mit bioelektrischen Kräften ausstattet, so bietet sie doch einen Sondierstab an, mit dem die Tiefen des Könnens und der Intuition ausgelotet werden können, die die Tänzer auf der Bühne brauchen. Das Integrieren von Wissenschaft und

Kunst – das heißt, das Zusammenfügen solider Informationen über die Natur und Funktion des Körpers mit den gut entwickelten Sinneswahrnehmungen und dem poetischen Temperament der Künstler – wird zu neuen Entwicklungen in der künstlerischen Ausbildung und Praxis führen. Dieses Buch ist ein wichtiger Schritt auf diesem Weg.

Einführung

Als ich vor vielen Jahren anfing zu tanzen, schien es eine große Ähnlichkeit zwischen dem Tanz- und dem Sporttraining zu geben. Die Anweisungen enthielten viele Hinweise über Halten und Strecken, Stoßen und Drücken und darüber, wie man noch höher hinaufgehen und den Fuß noch schneller strecken konnte. Ich erinnere mich, dass ich angeleitet wurde, meine Oberschenkelmuskeln so fest wie möglich anzuspannen, um ein *Turn-out* im Hüftgelenk zu erreichen. Wird diese Technik angewandt, so verursacht sogar ein simples *Plié* Schweißausbrüche. Verschwitzt zu sein war das Zeichen einer guten Unterrichtsstunde und eines gründlichen Trainings. Dieses Abmühen war von viel Stolz darauf begleitet, dass man die Beine in die korrekten Positionen zwingen konnte. Die Ergebnisse waren das Allerwichtigste. Ein Bein, das man nicht ausdrehen konnte, war ein „schlechteres" Bein. Die Glieder schienen vom restlichen Körper getrennte Wesen zu sein, die ermahnt werden mussten: „Linkes Bein, warum drehst du nicht hinaus? Kannst du nicht so gehorsam sein wie das rechte Bein?" Erst in der Improvisationsklasse an der *New York University (NYU)* erkannte ich vollständig, dass mir einige wichtige Punkte fehlten.

Eine Sache, die wir in dieser Klasse übten, war das „Durchdringen des Raumes". Da wir damit von vermeintlich vordringlicheren Anstrengungen „abgelenkt" wurden (wie etwa vom Verbessern des gestreckten Fußes und vom Meistern mehrfacher *Pirouetten*), erschien uns das „Durchdringen des Raumes" als eine Plage. Ich meinte den Raum ja schon zu durchdringen, sonst wäre ich ja nicht fähig von einer Seite des Raumes auf die andere Seite zu kommen.

Die Lehrerin, Jeanette Stoner, beschrieb das Erleben der Körperoberfläche, die beim „Durchdringen des Raumes" sozusagen in vorderster Front steht. Sie erzählte auch vom „Gespräch" der Moleküle und vom „Wetter" im Körperinnern – was für mich nach lauter Unsinn klang. Weil ich aber ein pflichtbewusster Schüler war, versuchte ich immer und immer wieder, ohne viel Erfolg, den Raum zu durchdringen. Es gab lebhafte Erörterungen zwischen den anderen Schülern und der Lehrerin über das, was sie dabei gefühlt und erfahren hatten, während ich keine solchen Enthüllungen präsentieren konnte. Mir schien irgendetwas zu entgehen, die ganze Angelegenheit klang verdächtig „metaphysisch" (übersinnlich) und schien nicht unmittelbar anwendbar zu sein.

Wie ich beim Tanztraining die Imagination entdeckte

Später entdeckte ich, dass das „Durchdringen des Raumes" in all seinen Variationen eigentlich ein Vergnügen sein kann. Der Wendepunkt kam, als mir gesagt wurde, dass ich mit dem unteren Teil meines Körpers den Raum durchdrang und nicht mit meinem Gesicht. Ich war überrascht, dass solche „metaphysischen" Dinge von einem erfahrenen Auge beobachtet werden konnten. Durch „metaphysisch" erscheinende Übungen baute sich mein Bewusstsein von der Oberfläche meines Körpers auf, wuchs in mir das Bewusstsein von der Wirkung, die es hatte, wenn ich meine Aufmerksamkeit lenkte, und wurde mir die Änderung meines inneren Körpervolumens von Moment zu Moment bewusster. Dieses neue räumliche Bewusstsein fand viele direkte Anwendungen und verbesserte meine Technik, die Bewegungsqualität und meine ganzheitliche Körperpräsenz – lauter Dinge, die mein Repertoire an Ausdrucksmöglichkeiten erhöhten.

Ich bemerkte, dass diese Qualitäten vielen Tänzern nicht zugänglich waren, ebenso wenig wie sie es für mich gewesen waren. Einige Tänzer schienen mit der Form, die sie erzeugten, nur in einem technischen Sinn von richtiger und falscher Position beschäftigt zu sein (wie sie sich im Spiegel widergespiegelt oder vom Lehrer korrigiert wird). Ich fing an, einen Unterschied festzustellen zwischen Tänzern, die nur technisch gesehen ein gutes Niveau hatten, und Tänzern, die sich auch in der Bewegung *erlebten*. Für mich war der Tänzer, der sich in der Bewegung erlebte, viel interessanter anzuschauen als im Vergleich dazu ein Tänzer mit einer auffällig starken Technik. Ich verstand jetzt, was Larry Rhodes, der gerade Direktor des Tanz-Departments an der *NYU Tisch School of the Arts* geworden war, meinte, als er uns vor unserer ersten Unterrichtsstunde erklärte, Tanz sei „physisch, nicht emotional". Meine anfängliche Reaktion war: „Aber Tanz ist doch sehr emotional!" Wie auch immer, ich fing an wahrzunehmen, dass im Tanz der Ausdruck aus der physischen Wahrnehmung entsteht und nicht aus einer abstrakten Vorstellung von Gefühlen oder aus einem launenhaften Wunsch, eine Emotion auszudrücken.

An diesem Punkt begann ich zu sehen, wie die Tanzenden bei der Probe buchstäblich in ihr Körperbewusstsein hinein- und wieder aus ihm hinausschlüpften. Ein flüchtiger Blick in den Spiegel und ein Tänzer konnte aus dem Körper geworfen und zweidimensional werden. Wie Cathy Ward, ehemalige Haupttänzerin der *Erick Hawkins Dance Company*, oft betont, endet der Tanz (oder wird unterbrochen), wenn die Aufmerksamkeit (der Fokus) verloren geht. Der Tänzer wird wie eine flackernde Lampe und lässt den Zuschauer periodisch im Dunkeln.

Warum man Imagination beim Tanztraining einsetzen sollte

Es gibt viele Überschneidungen zwischen Improvisation und technischen Fähigkeiten. Egal wie nützlich ein Bild vielleicht ist – wenn Sie noch nicht in der Anwendung von Imagination trainiert sind, werden Sie Schwierigkeiten haben, es im Techniktraining anzuwenden. Zum Beispiel kann sich Ihr Verstand vielleicht einfach nicht auf die senkrechte Achse konzentrieren (ein reines *Bild* – es gibt kein solches Ding wie eine zentrale Achse in unserem Körper), während Sie sich abmühen, *Fouettés* zu machen. Einige Naturtalente können ein Bild zu ihrem Nutzen anwenden, ohne dass sie je von einem systematischen Training in Imagination gehört haben. Das heißt aber nicht, dass andere, denen diese Fähigkeit fehlt, nicht auch viel davon profitieren, wenn sie lernen, wie Imagination anzuwenden ist.

Improvisation bietet einen idealen Rahmen, innerhalb dessen sich jemand an die Anwendung der Vorstellungskraft heranwagen kann, ohne sich um bestimmte Schritte sorgen zu müssen. Improvisation nützt natürlich auch, wenn es darum geht, neue Bewegungsqualitäten und choreografische Ideen zu entdecken. (Jene, denen die Körperhaltung wichtig ist, verweise ich auf mein Buch *Befreite Körper*, in dem ich die Prinzipien der Körperhaltung diskutiere und geeignete Übungen vorschlage.)

Die „Ehe" zwischen den technischen Fähigkeiten und experimentellen sowie imaginativen Fähigkeiten ist fruchtbar, weil Tanzen mehr ist als nur das Ausführen einer Folge von Schritten. Die Schritte sind Vehikel, die unter anderem Informationen über Form und Haltung, Rhythmus und Musikalität, Raum und Richtung, Gewicht und Fluss, Bewegungsqualität und Bewegungsauslösung mit sich tragen. Der Tanzlehrer sollte den Tänzern über *sämtliche* Aspekte der Bewegung ein Feedback geben. Ich habe mich immer gefragt, warum Tänzer die folgende Situation akzeptieren: Während einer neunzigminütigen Lektion gibt der Lehrer nur drei Tänzern eine individuelle Korrektur. Normalerweise bringt er fünf allgemeine Korrekturen an, aber die meisten Tänzer bekommen überhaupt keine persönliche Rückmeldung. Ein Klavierlehrer oder Gesangslehrer hätte bald keine Schüler mehr, wenn er ihnen nur sagen würde, welche Melodie sie zu üben hätten, und ansonsten nichts kommentieren würde.

Ich habe häufig die andere Situation erlebt, dass eine strenge und manchmal sogar unhöfliche Lehrerin – nennen wir sie Frau Superstreng –, die Schritte präsentiert, die nur zur Hälfte tanzbar sind (nur ein oder zwei Tänzer in der Klasse können sie tanzen), die Menschen in Scharen anzieht. In dieser Klasse ist die ästhetisch korrekte Position des Beines wichtiger als die Frage, wie sich diese Position auf Ihr Knie auswirkt (nämlich dass es verdreht wird). Gleichzeitig versucht ihr Kollege, Herr Feinfühlig, im Trainingsraum nebenan, jedem einzelnen Schüler seine volle Aufmerksamkeit zu schenken – sein Unterricht verschwindet im Nu vom Stundenplan. Das überrascht vielleicht, bis man die Logik erkennt, die dem zugrunde liegt: Wenn die besten Tänzer („Y nimmt an dieser 'Stunde' teil, ist sie nicht schön?!") in Frau Superstrengs Unterricht gehen („Sie hat X die Hölle bereitet!"), dann muss das wohl derjenige sein, in dem man ein besserer Tänzer wird. Für unerfahrene Schüler ist es schwierig, die Lehrer einzuschätzen. Sie enden oft in Klassen, wo sie sich gut (oder eben schlecht) fühlen können mit sich selbst oder wo perfektes Tanzen stattzufinden scheint, auch wenn sie in Wahrheit nur wenig lernen. Zwar möchte ich nicht abstreiten, dass es von Nutzen ist, von guten *Tänzern* umgeben zu sein, aber ich finde es noch besser, wenn man von guten *Lehrern* umgeben ist.

Oft werden im Tanztraining wenig Korrekturen gegeben. Liegt dem die Logik zugrunde, dass Korrekturen etwas für Anfänger seien? Viele „fortgeschrittene" Tänzer wollen sich nicht mit Vorstellungen auseinander setzen, die sich nicht in ihre vertrauten Schemata einfügen lassen. Wenn ein fortgeschrittener Tänzer tausendmal aufgefordert worden ist, seine Gesäßbacken zusammenzuklemmen, damit sich sein *Turn-out* verbessert, wird es schwierig sein, ihn davon zu überzeugen, dass es auch einen Nachteil dieser Technik gibt. Da die bisherige Technik ihn zu einem besseren Tänzer machte, warum sollte er etwas anderes versuchen, auch wenn es für seine Hüftgelenke besser wäre? Niemand ist zu gut für eine Korrektur oder für neue Vorschläge, und doch ist es überraschend, wie viele Tänzer meinen, dass sie es vielleicht doch seien. Eine Veränderung bringt normalerweise eine Umstrukturierungsphase mit sich, ein Moment des Chaos im eigenen Konzept: „Aber ich habe es schon immer so gemacht!" – „Es fühlt sich seltsam an!"

Natürlich braucht eine Trainingsstunde einen bestimmten Rhythmus und muss sich ohne zu große Unterbrechungen durch eine bestimmte Folge von Übungen hindurch entwickeln, sonst verlieren die Tänzer ihre Aufmerksamkeit oder die Muskeln kühlen ab. Ich glaube, das wird kein Problem für erfahrene Lehrer sein, die den Schwung in der Lektion beibehalten und gleichzeitig Korrekturen zu Rhythmus, Raumbewegungsqualität und Ähnlichem geben können. Je besser die Lehrer ihre Schüler kennen, um ihre Stärken und Schwächen wissen, desto mehr können sie ihren Korrekturen eine persönliche Note geben. Wenngleich es in diesem Buch um Imagination geht, möchte ich nicht behaupten, dass Vorstellungskraft der *einzige* Weg sei, die Tänzer zu erreichen. Aber die meisten Lehrer könnten Imagination wirksamer einsetzen und mehr Lehrer sollten erkennen, dass sie Imagination instinktiv benutzen. Ich habe Klassen beobachtet, die von Lehrern unterrichtet werden, die von sich behaupten, dass sie keine Vorstellungskraft benutzten – aber ich habe sie damit überrascht, dass ich ihnen ein Blatt mit meinen Aufzeichnungen zeigte, das voll war mit *ihren* imaginativen Bildern.

Wie erreichen Korrekturen die Tänzer? Es gibt viele Möglichkeiten. Lassen Sie uns einmal annehmen, dass der Lehrer gerne die Qualität und Effizienz einer Sequenz schneller Sprünge verändern möchte. Er kann die gewünschte Qualität selbst *demonstrieren*, damit die Schüler sie imitieren können. Er kann die Qualität und korrekte Bewegungsauslösung *beschreiben* und eine *Metapher* benutzen wie etwa: „Stellen Sie sich Ihren Körper wie einen springenden Ball vor." Ein springender Ball kann ein *auditives* Bild sein (Ich höre den Ball), ein *kinästhetisches* Bild (Ich fühle mich wie ein springender Ball) oder ein *visuelles* Bild (Ich sehe den Ball). Für die Feineinstellung könnte der Lehrer vorschlagen, der Schüler solle das Becken als einen springenden Ball betrachten; dies würde das Becken stabilisieren und seinen Weg durch den Raum klären, während der Schüler das Gefühl des springenden Balles beibehält.

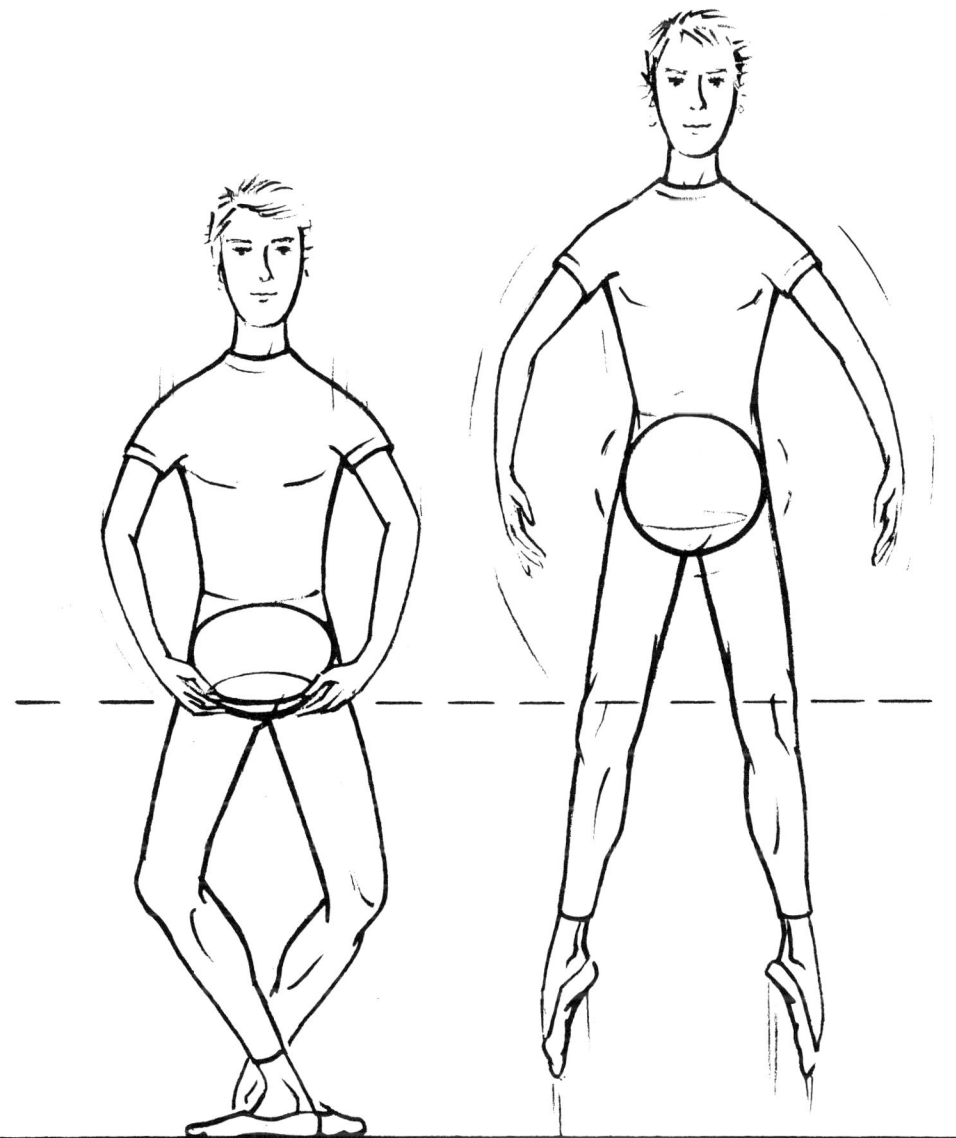

Wenn der Lehrer beim *Plié* das Gefühl von gleichmäßiger Gewichtsverteilung auf beiden Beinen kreieren möchte, benutzt er vielleicht einmal seine Hände, um die Tänzer durch die korrekte Bewegung zu führen, und schafft somit vielleicht ein starkes kinästhetisches Erlebnis. Wenn der Tänzer dieses Erlebnis als kinästhetisches Bild behalten kann – sei es nun das „neue Gefühl" des *Pliés*, das durch die Berührung geschaffen wird, oder seien es die Hände des Lehrers, der berührt und korrigiert –, kann der Tänzer die Korrektur unabhängig so lange verstärken, bis sie ein Teil des automatischen Bewegungsmusters wird.

Lassen Sie uns annehmen, dass der Lehrer die Notwendigkeit sieht, das Bewusstsein und die Ausdruckskraft des Brustkorbs zu verbessern. Er könnte als Visualisierung vorschlagen, dass sich in der Mitte des Brustkorbs eine Lichtquelle befindet, die zwischen den Rippen hindurch in den Raum hinausstrahlt. Dieses Bild kann dem Tänzer helfen, eine Aufführungspersona zu erzeugen, die sich von der erlebten Mitte des Tänzers ins ganze Theater ausdehnt. (Vgl. Abbildung S. 18)

**Abbildung 0.2:
Eine Lichtquelle in der Mitte
des Brustkorbs**

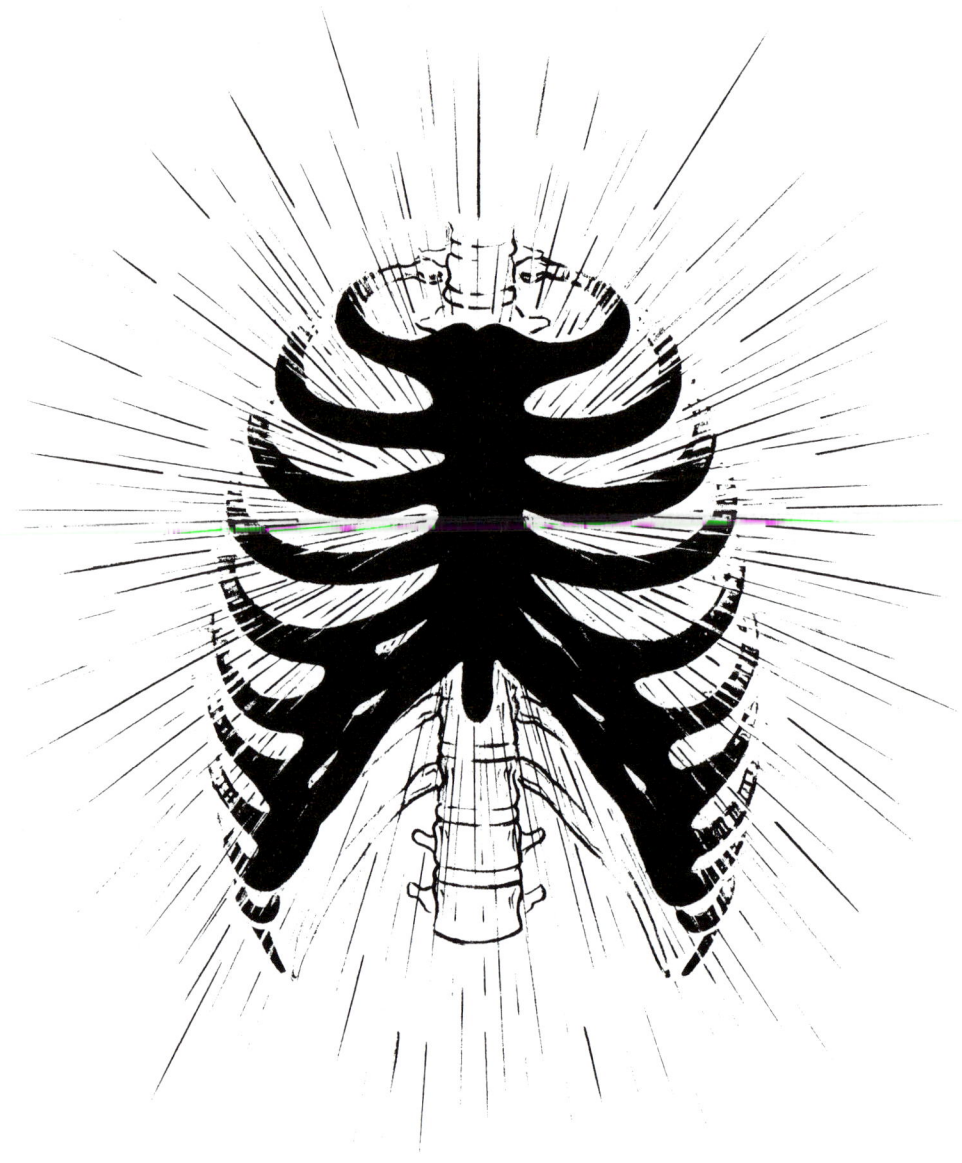

Wie dieses Buch aufgebaut ist

Der erste Teil des Buches erforscht die Imagination oder Vorstellungskraft im Rahmen der *Improvisation*. Der zweite Teil wird sich mit der Anwendung von Imagination im *Techniktraining* auseinander setzen.

Der dritte Teil untersucht, wie *Choreografen* Imagination benutzen können, um Informationen über Schritte zu vermitteln oder um die Intention und den Inhalt einer Bewegung zu klären. Am anderen Ende des kreativen Prozesses benutzen *Tänzer* ihr Vorstellungsvermögen, um sich besser auf eine Aufführung vorbereiten zu können, um das gewünschte *Gefühl* für eine Aufführung zu schaffen. Das Publikum *sieht,* was Sie (als Tänzer) fühlen. Wenn Sie sich unzulänglich fühlen (die Technik kann bekanntlich „nie gut genug" sein), ist dies vielleicht ihre Mitteilung, die das Publikum wahrnimmt, egal wie virtuos die Aufführung ist. Wenn Sie aber von einem Bild inspiriert werden und sich ganz damit identifizieren, dann wird Ihre Aufführung entsprechend aussagekräftig sein.

Ein sehr erfolgreiches Beispiel ist folgende Geschichte. Für die Premiere der Saison 1993 der *Martha Graham Dance Company* im *City Center* in New York studierte die russische Ballerina Natalja Makarowa das Werk *Der Weihrauch* aus dem Jahre 1906 wieder ein. In dieser Choreografie der *Modern-Dance*-Pionierin Ruth St. Denis stellte Makarowa eine Frau dar, die zum Weihrauch wurde, der dann abbrannte. Anna Kisselgoff von der *New York Times* beobachtete eine Kostümprobe und beschrieb darauf Makarowas Füße, „die sich beugten, als wären sie Lungen, die sich mit Luft füllten".

Der letzte Teil des Buches stellt schließlich einige Methoden dar, die dazu dienen, unseren Körper zu regenerieren und aufzutanken. Dieser Teil beschreibt die ideokinetische Konstruktive-Ruhe-Position und Lulu Sweigards neun Aktionslinien sowie geführte Imaginationsreisen. Den Körper wieder auftanken zu können, das stellt eine der wichtigsten Fähigkeiten dar, die Tänzer sich aneignen sollten, um eine lange und fruchtbare Karriere zu erleben.

Teil I

Vorstellungsbilder für die Improvisation

In diesem ersten Teil des Buches wollen wir Raum, Zeit, Dynamik und verschiedene spielerische Bewusstseinsstadien ausloten – grundlegende Vorstellungsbilder, die in jedem Bewegungszusammenhang angewandt werden können, um die Ausdruckskraft eines Auftritts zu verbessern. (Nähere Ausführungen über den Zusammenhang zwischen der Körperhaltung und einer Improvisation, der anatomische Vorstellungsbilder zugrunde liegen, finden Sie auch in meinem Buch *Befreite Körper*, Kirchzarten bei Freiburg: VAK, 2. Aufl. 2000.)

Kapitel 1

Grundlegende Bewegungsbilder und -übungen

Manchmal erlebt ein Tänzer in einer Trainingsstunde, beim Improvisieren oder auf der Bühne das Gefühl der Perfektion. Er beschreibt es vielleicht als Mühelosigkeit der Bewegung, als kinetisches *Flow*-Erlebnis, als totales Körpererlebnis, Ganzheit, Einssein, Verbundenheit, Inspiration, als ein Gefühl von Schönheit, als flüssiges Atmen, Brillanz, Klarheit, Freude an der Bewegung oder absolute Freiheit. (Fühlen Sie sich sogar noch in der letzten Mitternachtsprobe so, dann können Sie diesen Teil des Buches überspringen ...)

Kontinuierliches Anwenden „grundlegender Bewegungsbilder" – wie ich sie nenne – macht es leichter ein Körperbewusstsein zu erreichen, welches den ganzen Körper durchdringt. Diese Bilder sind „innere Lehrer", die helfen beim Tanzen aufs Ganze zu gehen. Letzten Endes muss jeder Tänzer seine eigenen grundlegenden Bilder entwickeln. Haben Sie das Gefühl, dass diese Vorstellungsbilder Sie „weniger körperlich" machen, dafür luftiger und intellektueller, dann benutzen Sie sie nicht richtig. Sie *beobachten* sich vermutlich eher dabei, wenn Sie das Bild ausführen, anstatt sich wirklich damit zu *identifizieren*. Im *Augenblick* zu sein ist der Schlüssel für jeden guten Auftritt, und das gilt nicht nur für den Tanz. In ihrem Buch *A challenge for the actor* schreibt die Schauspiellehrerin Uta Hagen:

„Laurette Taylor war mein Idol und eine Inspiration für mich. Sie glaubte, ihre Identifikation bliebe unvollständig, solange sie nicht auch die der jeweiligen Figur entsprechende Unterwäsche trage." (HAGEN 1991, S. 48)

Ihre subjektive Entwicklung von Handlung und Wörtern, die immer aus ihr heraussprangen, als wäre es das erste Mal, ihr Zurückweisen von schnellen Resultaten und Effekthascherei, ihr Offensein für imaginativen Einfluss auf ihr Bühnendasein, dies waren ideale Beispiele dafür, wie wir von innen nach außen arbeiten können. Trotzdem bestand sie darauf, dass sie keine Technik habe.

Das Gleiche können wir im Tanz sagen. Vollständige Konzentration wird grundlegende Vorstellungsbilder in starke Werkzeuge verwandeln. Wenn Sie sich ganz mit ihrem Bild identifizieren, wenn Sie glauben, dass sie das Bild wirklich sind, haben sie sich verwandelt und die Zuschauer werden die Magie fühlen, die von dieser Verwandlung ausgeht. Interessanterweise haben sie diese totale Identifikation bereits verloren, sobald sie wollen, dass das Publikum ihre Verwandlung spürt. Sie sind damit aus der Unmittelbarkeit des Bildes herausgesprungen. Ruth Zaporah sagt über Improvisation:

„Ist mein Geist nicht ruhig, kann ich meiner Erfahrung nicht glauben. Ich bin so damit beschäftigt, meinem mentalen Geschwätz (welches sich immer auf die Zukunft oder die Vergangenheit bezieht) zuzuhören und ihm zu glauben, dass ich nicht fähig bin, mich auf die gegenwärtige Erfahrung zu konzentrieren, und schon gar nicht, daran zu glauben." (Zaporah 1990, S. 25)

Intention

Die Intention ist der Anfang jeder Bewegung. Die Konzentration auf einen Körperteil zu richten mit der Absicht, diesen in eine bestimmte Richtung zu bewegen, das erzeugt Energie, die die Bewegung in diese Richtung unterstützt. Probieren Sie folgendes Experiment aus: Drehen Sie ihren Kopf nach rechts und wieder zurück in die Mitte. *Denken* Sie nun, dass Sie Ihren Kopf nach *links* drehen, während Sie Ihn in Wirklichkeit aber nach rechts und wieder zurück in die Mitte drehen. Vermutlich haben Sie mehr Widerstand festgestellt, als Sie den Kopf nach rechts drehten, während Sie die entgegengesetzte Bewegung visualisierten.

Dies zeigt, wie Gedanken Widerstand kreieren können. Wenn Sie sich einen Sekundenbruchteil vor der Auslösung auf eine Bewegung *konzentrieren*, wird die darauf folgende Bewegung klarer sein. Sie könnten sagen, dass Sie damit sich selbst „voraus" seien; in Wahrheit könnten Sie sich aber überhaupt nicht bewegen, wenn das Nervensystem nicht vorausplanen würde. Würden Sie (beim Bühnenauftritt) auf einer bestimmten Ebene nicht ununterbrochen vorausplanen, so würden Sie in den Orchestergraben fallen. Ich gebe zu, es ist schwierig sich am Rande eines tiefen Orchestergrabens – der voll ist von einer Armee stacheliger Geigenbögen, die auf sie gerichtet sind – voll und ganz auf Ihr Vorstellungsbild zu konzentrieren. Bedauerlicherweise programmieren auch Ihre negativen Absichten und Ihre Angst das Nervensystem in diese Richtung.

Das Präzisieren der Intention verringert den Aufwand, der für die jeweilige Bewegung erforderlich ist, während es gleichzeitig den Spielraum und die Klarheit der Gestik erhöht. Sie müssen nicht auf *jede* Intention mit Bewegung reagieren. Intention *ohne* Bewegung strahlt Willenskraft und Kontrolle aus. Auf *jede* Intention zu reagieren – seien es auch nur Fragmente von Vorsätzen – kann vielleicht ebenfalls ein interessantes Bild erzeugen. Wir können aber auch *verschiedene*, ja gegensätzliche Absichten in verschiedenen Teilen des Körpers haben, sozusagen widersprüchliche Wünsche. Den ganzen Körper dazu zu bringen, sich mit der gleichen Intention zu bewegen (eine grundlegende Fähigkeit im Tanz), das ist nicht immer leicht zu erreichen. Sehr oft erzeugen die Körpergewohnheiten

Schlupfwinkel des Nichtgewahrwerdens, einen Mangel an Intention, der in die richtige Ausführung eines gewünschten Schrittes eingreift – der Rücken wird durchgestreckt, der Kopf bleibt zurück und verdreht den Körper. Manchmal liegt der Grund, warum jemand nicht tänzerisch drehen kann, allein in der Tatsache, dass er in seinem Körper keine klare Intention für eine Drehung hat.

1. **Vor der Bewegung visualisieren:** Bevor Sie die eigentliche Bewegung machen, sehen Sie sie vor Ihrem inneren Auge. Versuchen Sie, sich so klar wie möglich zu sein über die Form der Bewegung. Ist die nächste Bewegung ein Armheben, so heben Sie nicht einfach den Arm. Sehen Sie den ganzen Körper in der neuen Form mit dem gehobenen Arm.

2. **Klare Intention im ganzen Körper:** Bevor Sie einen Sprung machen, lassen Sie die Intention des Sprunges den ganzen Körper ausfüllen, ohne diese Intention zu verzerren. Probieren Sie das Gleiche auch bei Drehungen aus. Denken Sie, Ihr ganzer Körper identifiziere sich mit dem Drehen. Erleben Sie diesen Augenblick der Drehung. Denken Sie: „Ich drehe mich, mein ganzer Körper, jeder Teil von mir." Wenden Sie dieses Prinzip bei jeder Bewegung an.

3. **Teilabsichten:** Lassen Sie nur einen Teil einer Intention in ihrem Geist aufsteigen und antworten Sie sofort auf den leisesten Ton einer Intention. Jedes Fragment eines Vorsatzes resultiert in einer Bewegung.

4. **Chaotische Intention:** Stellen Sie sich ihre Körperteile vor, wie sie verschiedene Bewegungen ausführen wollen, unfähig einen zusammenhängenden Plan zu bilden. Die Bewegungsabsicht ist zufällig, unerwartet und ohne jede räumliche Organisation.

**Übungen:
Die Intention
visualisieren**

**Abbildung 1.1:
Chaotische Intention**

Ganzkörper-Wahrnehmung

Yuriko, Mitglied der *Martha Graham Dance Company* von 1944 bis 1967, erinnert sich, wie Martha Graham sagte: „Lerne all deine Körperporen kennen. Sprich zu ihnen. Trainiere sie, bis du ein Kribbeln in deinem Körper spürst" (HOROSKO, 1991, S. 113). Ganzkörper-Bilder wie dieses maximieren das Sinnesbewusstsein eines Tänzers und lehren ihn, den Körper als ein Ganzes zu erleben, ohne Rücksicht auf eine bestimmte Körperform oder Intention. Ein anderes Ganzkörper-Bild ist dasjenige der Molekularmasse, wie es Jeanette Stoner, eine Choreografin und Tänzerin aus New York, in ihrem Unterricht verwendet. Man visualisiert und erlebt dabei, wie die Moleküle in jedem Teil des Körpers schwingen, vibrieren, sogar wenn man stillsteht. Wie ein Musiker von einem besser gestimmten Instrument profitiert, hilft dem Tänzer ein tieferes Erleben der Bewegung – was manchmal „Physikalität" genannt wird.

Gloria McLean, eine Lehrerin der Erick-Hawkins-Technik und Choreografin in New York, prägte den Satz: „Trage deinen Körper wie ein Kleidungsstück." Probleme tauchen auf, wenn ein Tänzer nur *Teile* seines Körpers trägt. (Anatomisches Wissen trägt entscheidend zur Entwicklung der Ganzkörper-Vorstellungskraft bei. Die Erörterung der holistischen Vorstellungskraft im letzten Kapitel des Buches *Befreite Körper* ist speziell dafür nützlich.)

Übungen: Das Körperbewusstsein üben

1. **Bewusstsein als Substanz:** Denken Sie sich einfach, Ihr Bewusstsein füllte Ihren Körper aus, als ob es eine Substanz wäre.
2. **Im Körper zu Hause sein:** Denken Sie, Ihr Körper sei Ihr Zuhause, in dem Sie sich wohl fühlen. Sind Sie nur in Teilen Ihres Körpers zu Hause, sind nur bestimmte Räume erleuchtet, während andere noch dunkel sind? Drehen Sie alle Lichter an, um alle Räume sichtbar zu machen. Das Licht (Erlebnis) muss das Haus (den Körper) durchdringen, um jede Ecke zu erreichen.
3. **Molekulare Masse:** Stellen Sie sich Ihren Körper als molekulare Masse vor. Unabhängig davon, wie viel oder wie wenig Sie sich bewegen, bewegen sich die Moleküle in ihrem Körper andauernd (nach Jeanette Stoner).
4. **Mit einem Bild auffüllen:** Füllen Sie Ihren Körper mit einem illustrativen Bild wie beispielsweise mit kaleidoskopischen Farben, die strahlen und vibrieren, wenn Sie sich bewegen. Stellen Sie sich vor, dass diese Farben in alle Teile Ihres Körpers fließen.
5. **Hologramm:** Hologramme sind dreidimensionale Fotos, die von Laserstrahlen hergestellt werden. Unabhängig davon, wie Sie diese Strahlen verzerren, werden Sie das ganze Bild immer noch sehen. Wie ein Hologramm drückt auch jeder Teil Ihres Körpers die gesamte Form aus. Selbst Ihre kleine Zehe, der Zehennagel und selbst die Ecke eines Zehennagels enthalten den totalen Ausdruck und können nicht davon getrennt werden. (Das wäre einen Gedanken wert – beim nächsten Schneiden Ihrer Zehennägel.)

Wenngleich ich den Raum als ein eigenes Grundbild behandle, wird das Erlebnis des Raumes natürlich das Ganzkörper-Erlebnis steigern. Beim klassischen Ballett ist die Annäherung an den Raum geometrisch orientiert, Hauptreferenzpunkt ist die zentrale Achse. Der (äußere) Raum wird als rechteckiger Raum gedacht und in verschiedene Richtungen aufgeteilt, an denen sich der Tänzer orientiert. Abbildung 1.2 zeigt ein dreidimensionales Raumnetz (im Zürcher Kunsthaus), das diese Raumauffassung veranschaulicht.

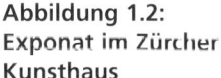

Raum

Abbildung 1.2: Exponat im Zürcher Kunsthaus

Im modernen Tanz und im deutschen „Ausdruckstanz" kann dieses Konzept durch einen nichtgeometrischen, freien Gebrauch des Raumes ersetzt werden. Der Begriff Ausdruckstanz ist vor dem Ersten Weltkrieg für den deutschen modernen Tanz kreiert worden. Pioniere des Ausdruckstanzes wiesen die Raumaufteilung des Balletts zurück. Der Weg durch den Raum kann hier auf interessante Weise visualisiert werden. Sabine Schaumann schreibt über Mary Wigman, eine der wichtigsten Repräsentantinnen des Ausdruckstanzes:

„*Der Tanz wird eingeführt wie eine Leuchtspur im Raum, beschrieben vom tanzenden Körper, um eine sichtbare Form im Unsichtbaren zu kreieren und die innerseelische Erfahrung zu manifestieren.*" (SCHAUMANN, 1990, S. 77)

Mary Wigmans Bewegung war so klar und bewusst, dass man ihren Weg durch den Raum als etwas Geschriebenes begreifen konnte, unauslöschlich in den Raum geprägt. Diese Fähigkeit, dem Publikum seinen Weg sichtbar zu machen, kann mit Hilfe der Vorstellungskraft entwickelt werden.

Der Raum, der den Körper umhüllt, der Raum als Initiator für Bewegung und der Körper, der den Raum durchdringt, sind andere grundlegende Bilder. Walter Sorell beschreibt Wigman:

„Sie steht in der Mitte, Augen geschlossen; sie fühlt, wie die Luft auf ihren Gliedern ruht. Die Arme heben sich, schüchtern berührend, schneiden durch den Körper des Raums, ihn vorwärts durchdringend, die Füße folgen: Richtung ist geschaffen. Dann reckt sich der Raum nach ihr, stößt sie auf dem soeben kreierten Weg zurück. Ein Spiel von Opposition beginnt, auf und ab, vorne und hinten, dich selber treffend, im Raum um Raum kämpfend. Tanz, zerbrechlich und doch sehr wild.“
(SORELL, 1986, S. 28)

Übungen:
Den Raum erleben

1. **Von der Peripherie zur Mitte:** Raum kann an der Peripherie Ihres Körpers erlebt werden. Stellen Sie sich vor, Ihre Haut reibe am Raum, wenn Sie sich bewegen. Fühlen Sie, wie die Schwingungen dieser peripheren Stimulation im Zentrum des Körpers widerhallen.
2. **Skulptur:** Nehmen Sie wahr, wie Sie den Raum beeinflussen. Sie formen ihn wie eine Skulptur. Gertrude Shurr erzählt, wie Martha Graham sie einst instruierte, sie solle „im Raum für sich selbst einen Platz herausschnitzen“. (HOROSKO 1991, S. 39) Laura Pettibone, ehemaliges Mitglied der *Erick Hawkins Dance Company*, schlug vor, dass Tanzende „den Raum essen, sich in den Raum graben“ sollten.
3. **Den Raum durchdringen:** Fühlen Sie die entsprechende Oberfläche Ihres Körpers, die das Durchdringen durch den Raum anführt. Seien Sie dabei so präzise wie möglich; beziehen Sie jede Zehe und jeden Finger darin ein, auch den Hinterkopf und die Kniekehle. Betrachten Sie dabei die Wirbel und Strudel, die dadurch unmittelbar hinter Ihrem Körper entstehen. (Vgl. Abbildung S. 29)
4. **Durch den Raum schlüpfen:** Sehen Sie, wie sich der Raum vor Ihnen teilt, so dass Sie zwischen den Teilen hindurchschlüpfen können.
5. **Einhüllender Raum:** Sehen Sie, wie der Raum Sie einhüllt und trägt. Der Raum kann Sie in jeder Stellung unterstützen. (Siehe dazu auch in Kapitel 2 den Abschnitt „Eine Form erzeugen“, Übung 1, Abbildung 2.2, sowie in Kapitel 11 die Abbildung 11.5.)

Wie eine Skulptur ist auch der tanzende Körper eine dreidimensionale Form im Raum. Aber anstatt statisch zu bleiben, verändert er sich beim Tanz fortwährend. Der Kritiker Jack Anderson schrieb über eine Aufführung von Jekaterina Maximowa, Startänzerin des Bolschoi-Balletts, im *Lehmann Center*:

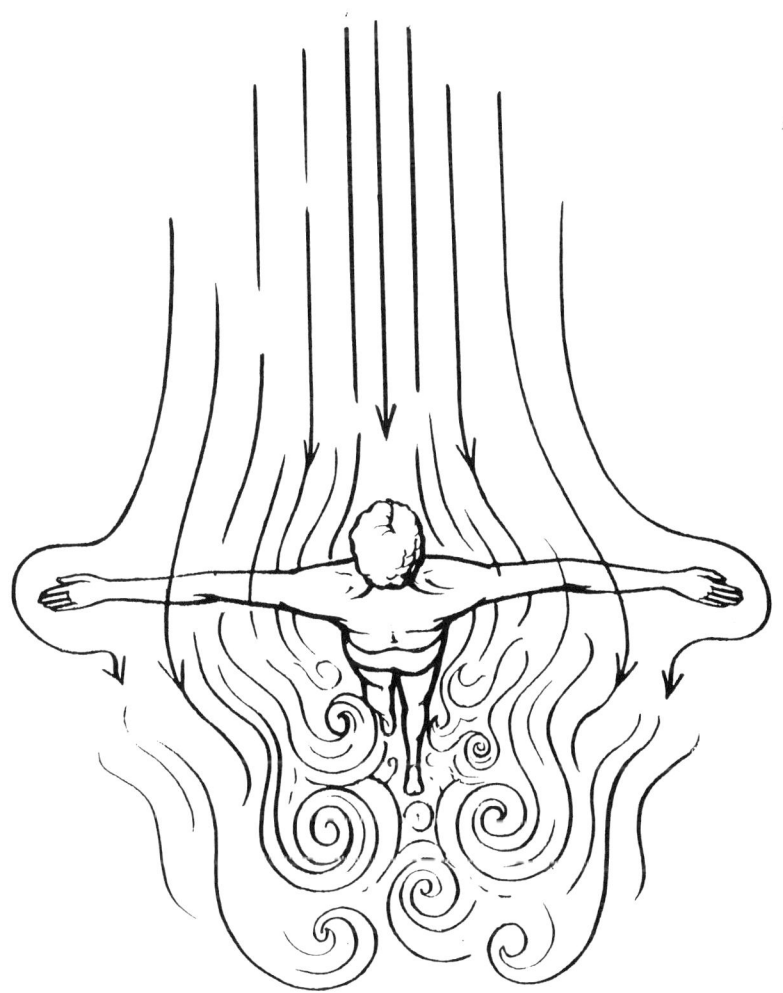

„Ihr Tanzen war flink und sanft in den Allegro-Passagen und die Art, wie sie den Bewegungsfluss mit der Sorgfältigkeit von plastischen Formen verband, machte sie gewandt in leidenschaftlichen Passagen." (ANDERSON in der *New York Times*, 15.12.1992)

Es gibt Skulpturen für einen Höhepunkt wie auch solche für Übergänge. Wie in der normalen Bildhauerei hat auch im Tanz die modellierte Skulptur eine Form, die für alle Zeiten da ist. Indes ist es auch das Ziel eine Form zu entwickeln, die den Inhalt ausdrückt. Berührung ist sehr hilfreich, um dieses formgebende Gefühl zu erhöhen. Abbildung 1.4 zeigt den Choreografen und Lehrer der Joos-Laban-Technik, Michael Diekamp, wie er für eine Tänzerin mit Hilfe seiner Hände ein kinästhetische Wahrnehmungsskulptur schafft. (Vgl. S. 30)

1. **Die Form des Körpers bewusst machen:** Um die gesamte Form des Körpers im Raum zu erleben, machen Sie folgende Partnerübung (abwechselnd). Ihr Partner stellt eine bestimmte Form dar, während Sie ihn überall abklopfen, sodass er die „Skulptur" seines Körpers von Kopf bis Fuß erlebt, bevor er in die nächste Position geht, bei der Sie den Prozess wiederholen.

**Übungen:
Die Form im Raum erleben**

2. **Lehm formen:** Stellen Sie sich vor, Ihr Partner sei ein Stück Lehm. Stellen Sie sich zuerst vor Ihrem inneren Auge eine bestimmte Form vor, die Sie mit dem Lehm herstellen wollen, und schreiten Sie dann zur Tat, um Ihren Partner entsprechend zu formen. (Ist Ihr Partner nicht gerade so gelenkig wie die Turnerin Nadia Comaneci, so halten Sie Ihre Vision bitte in den Grenzen der Beweglichkeit Ihres Partners).

Abbildung 1.4:
Berührung erzeugt ein
kinästhetisches Bild

Gewicht

Eines der wichtigsten kinästhetischen Bilder ist das Gewichtserlebnis, das Sich-verbunden-Fühlen mit seinem Eigengewicht. Doris Humphrey zitierte aus dem Buch *Foundation of Modern Art* des französischen Malers Ozenfant und stellte damit fest, dass jede Form das Echo in uns auf das Gewahrwerden der Schwerkraft sei und dass die unbewusste Teilhabe am ständigen Fallen und Wiederauffangen jedes sich bewegenden Objektes die Basis einer universellen Sprache des Fühlens sei (BROWN 1979a, S. 60). Physiker erklären uns, dass der Boden uns mit einer Kraft Widerstand leiste, die gleich groß sei wie diejenige unseres Körpergewichts – eine bedeutende Kraft, die wir normalerweise ignorieren. Wer wacht schon am Morgen auf und fragt sich: „Werde ich heute vielleicht den Gegendruck des Bodens spüren?"

Wir können diese Kraft wirksam durch unseren Körper führen, wenn wir sie auch erleben. So paradox es erscheinen mag: Wir können „abheben" und Längung des Körpers nach oben kreieren (unseren Körper aufrichten), indem wir an unser Gewicht denken. „Sein Gewicht fühlen" heißt nicht, dass man seinen Körper zusammensacken lässt. Es meint, dass man die Balance zwischen Gewicht und Gegenstoß so effektiv wie möglich ihre Arbeit verrichten lässt, ohne sie zu stören. (Ausführlich wird dies im Buch *Befreite Körper* beschrieben.) Viele Bewegungen verlangen, dass wir unser Gewicht abgeben wie beispielsweise in Doris Humphreys Fallen und Wiederauffangen *(Fall and Rebound)*. Angespannte Muskeln verhindern das Gewichtserlebnis, denn – wie Erick Hawkins einmal sagte: „Angespannte Muskeln können nicht fühlen."

1. **Das Gewicht der Gliedmaßen:** Liegen Sie auf dem Boden, während ein Partner eines Ihrer Gliedmaßen mit seinen Händen unterstützt. Vertrauen Sie das Gewicht dieses Beins oder Arms dem Partner ganz und gar an und lassen Sie ihn das Bein oder den Arm bewegen. Nachdem der Partner das Bein wieder auf den Boden gelegt hat, spüren Sie vielleicht ein neues Erlebnis von Gewicht und Volumen in diesem Körperteil. Vergleichen Sie das Gefühl dieses Beins oder Arms mit dem „unbehandelten" Bein oder Arm, bevor Sie dasselbe mit dem anderen Körperglied machen.

2. **Das Gewicht aller Körperteile:** Bevor Sie mit dieser Übung beginnen, stehen Sie einen Moment einfach ruhig da und achten darauf, wie sich Ihr Körper anfühlt. Dann legen Sie sich hin und erleben einen faulen, trägen Moment. Stellen Sie sich vor, Ihr Körper sinke in den Boden und das Gewicht der verschiedenen Körperteile hinterlasse einen Ein- oder Abdruck. Schauen Sie den Abdruck Ihres Hinterkopfs im Boden an, den Abdruck Ihrer Schulterblätter, Gesäßmuskeln, Fersen. Vielleicht ist es hilfreich, wenn Sie sich dabei vorstellen, Sie lagen auf weichem Lehm oder an einem Sandstrand. Heben Sie einzelne Körperteile leicht an und lassen Sie sie sanft auf den Boden zurückfallen. Erleben Sie das Gewicht jedes Teils. Regulieren Sie Ihren Atem in Verbindung mit diesen kleinen Bewegungen: Wenn Sie einen Körperteil anheben, atmen Sie aus; mit dem Einatmen lassen Sie ihn wieder auf den Boden fallen.

Nachdem Sie dies mit verschiedenen Körperteilen ausprobiert haben, kehren Sie das Atemmuster um. Atmen Sie ein, wenn Sie einen Körperteil anheben, und atmen Sie aus, wenn Sie ihn wieder auf den Boden sinken lassen. Nehmen Sie den Unterschied im Erleben zwischen diesen beiden Atemmustern wahr. Haben Sie das mit allen Extremitäten

**Übungen:
Ihr Gewicht spüren**

einmal durchgespielt, so stehen Sie langsam auf. Fühlen Sie, wie sich im Stehen Ihr Körperempfinden verändert hat. Sie haben vielleicht das Gefühl, als ob es Zeit für den Feierabend wäre, obwohl es erst 14 Uhr ist.

3. **Die Verbindung zum Boden** erzeugt Kraftlinien und Energiestrom: Spüren Sie, wie sich der Fuß mit dem Boden verbindet, wenn Sie irgendeine Form im Raum kreieren. Diese Verbindung erzeugt Klarheit und einen Strom an Kraft von den Beinen in die Arme. Abbildung 1.5 zeigt die Kraft, die durch den Kontakt mit dem Boden hergestellt wird und wie ein energetisches Feuerwerk aus der Hand schießt.

Abbildung 1.5: Verbindung zum Boden erzeugt Kraftlinie und Energiestrom

Nach all diesen Bildern zum Körpergewicht fragen Sie sich vielleicht: Wie kann ich meinen Körper längen? Die Antwort hat zwei Aspekte.

Erstens: Stellen Sie sich einmal auf Ihren (Fuß-) Knochen ab, ruhen Sie auf ihnen, so dass sie besser bereit sind, den „Erdrückstoß" entgegenzunehmen – was Ihnen die ganze Verlängerung gibt, die Sie brauchen. Vergessen

Sie die Anatomie und fühlen Sie nur Ihr Gewicht, wenn Ihre Beine Sie durch den Raum stoßen. Lassen Sie Ihren Körper sich selbst in eine Balance zwischen Stoß und Gegenstoß wiegen. Natürlich ist dies leichter gesagt als getan. Normalerweise müssen wir *ein* Festhalten im Körper nach dem anderen ausmerzen. Das Gewicht kann durch das Bindegewebe, die Organe und andere Körpersysteme fließen und sie so auf den Gegenstoß nach oben antworten lassen.

Zweitens: Setzen Sie die Vorstellungskraft ein, die eine optimale Längung Ihres Körpers fördert. Wichtig dabei ist, dass wir das Bild nicht nachahmen, sonst fallen wir sofort in das Muster von Anspannung zurück. (Siehe dazu auch *Befreite Körper*, Kapitel 12–14)

1. **Stellen Sie sich vor, Ihre Muskeln hingen von Ihren Knochen** (im Stehen): Denken Sie sich, dass dieses Bild Ihre Knochen belebe, sie in ihrer Aufrichtung aktiviere. Je mehr Ihre Muskeln hängen, desto mehr stoßen die Knochen nach oben in eine aufrechte Haltung.

2. **Stellen Sie sich vor, Ihre Muskeln wären wie frischer Morgentau**, der auf den Knochen ruht. Spüren Sie das Gewicht dieser Tautropfen. Stellen Sie sich vor, wie sie langsam nach unten gleiten und von den Knochen tropfen.

3. **Heben Sie Ihre Arme über den Kopf** (fünfte Position der Arme): Stellen Sie sich das Folgende recht schnell vor, ohne Ihre Stellung zu verändern. Spüren Sie das Gewicht Ihrer Hände auf Ihren Unterarmen ruhen. Spüren Sie das Gewicht Ihrer Unterarme und Hände auf den Oberarmen ruhen. Spüren Sie das Gewicht Ihrer Arme und Hände auf Ihren Schultern ruhen. Fühlen Sie das Gewicht Ihrer Arme, Hände und Schultern auf Ihrem Brustkorb ruhen. Spüren Sie das Gewicht Ihrer Arme, Hände, Schultern und des Brustkorbs auf Ihrer Wirbelsäule ruhen. Spüren Sie das Gewicht Ihrer Arme, Hände, Schultern, Ihres Brustkorbs und der Wirbelsäule auf Ihrem Becken ruhen. Fühlen Sie das Gewicht Ihrer Hände, Arme, Schultern, des Brustkorbs, der Wirbelsäule und des Beckens auf Ihren Beinen ruhen. Fühlen Sie das gesamte Körpergewicht auf Ihren Füßen ruhen. Wiederholen Sie diesen Vorgang und fühlen Sie, wie das gesamte Gewicht des Körpers sich auf den Boden überträgt. (Vielleicht nehmen Sie zwischendurch die Arme nach unten und ruhen sich einen Moment aus.)

Haben Sie einmal Ihr Körpergewicht gefunden, so merken Sie, dass Ihr Standbein stabiler ist. Sie finden das Gleichgewicht einfacher, die Gelenke sind freier, die Atmung tiefer und die Bewegungen fühlen sich mehr miteinander verbunden und flüssiger an. Sie haben mehr Energie, weil Sie Ihre Kräfte nicht in überflüssigem Festhalten verzetteln. Muskeln, die Sie vorher nie beachtet oder gespürt haben, scheinen jetzt aufzuwachen. Wenn Ihr Gewichtserlebnis existieren darf, haben Sie am Anfang vielleicht das Gefühl, dass Sie nichts machen oder zu wenig und dass dies nicht der

Übungen:
Lastendes Gewicht

richtige Weg sein kann. Dies rührt daher, dass wir meist mit mehr Muskel(an)spannung tanzen, als nötig wäre, um die Schritte auszuführen. Ein Zuviel an Muskelspannung verhindert das Gewichtserlebnis. Auf den Punkt reduziert resultiert wirksame Kraftentfaltung aus einer effizienten Gewichtsübertragung von einem Bein zum anderen. Manchmal wirkt besser, was sich nach weniger anfühlt.

Musik und Rhythmus

Einige Musiker sehen in ihren Instrumenten eine Verlängerung ihres Körpers. Sie werden eins mit ihrem Instrument und stellen sich vor, sie trügen die Musik in den Zuhörerraum hinaus. Der Tänzer – inspiriert durch den Rhythmus der Musik, die Melodie und die Stimmung – erzeugt eine lebendige, bildhafte Vorstellung. Billy Siegenfeld, Jazztänzer, Choreograf und Lehrer, schrieb über Fred Astaire:

„Er ist ein Modell dafür, wie sich der ganze Körper in ein Jazzinstrument verwandelt. Er scheint zu verstehen, dass ein Jazzrhythmus eine größere Chance hat den Zuschauer zu beeinflussen, wenn er sich durch verschiedene Körperteile gleichzeitig ausdrückt, nicht nur durch die Füße. ... Wie ein Schlagzeuger spielt er diese Gesten in den Raum hinein, als wäre die Luft mit Trommeln voll gepackt und als wäre es sein Hauptanliegen, diese mit der Präzision eines Scharfschützen zu spielen." (SIEGENFELD in der Zeitschrift *Dance Teacher Now*, Oktober 1992)

Der Ballett-Tänzer Nurejew erklärte einst, dass Fred Astaire nicht auf Signale in der Musik wartete, sondern dass er ein zusätzlicher Teil des Orchesters war. Auf der Bühne sähen die Zuschauer ein anderes Bild, wenn die Musik vom Tanz entfernt würde. Choreografen verwenden gezielt Musik und Geräusche, weil sie kraftvolle Generatoren für Bilder sind. Mitglieder des *Pilobolus Dance Theater* zum Beispiel nutzen die Musik auf geschickte Art und Weise, um innerhalb von Sekunden eine Stimmung zu erzeugen oder eine Situation, eine Szene oder ein Ereignis anzuregen. So erzeugen sie einen ganz neuen Zusammenhang für eine Begebenheit auf der Bühne. Gewisse Geräusche kreieren unmittelbar akustische Bilder auf dem geistigen Bildschirm: kreischende Autoreifen, zerbrechendes Glas, Donnergrollen, Regen, der auf die Veranda tropft, zwitschernde Vögel ... Musik und Geräusche können als materielle Kraft im Körper kinästhetisch erfahren werden.

Übungen: Musik und Rhythmus vorstellen

1. **Musikalische Berührung:** Lassen Sie die Musik verschiedene Körperteile berühren, als ob sie Hände hätte, die Sie streicheln könnten.
2. **Resonanz:** Wenn Sie zwei Tongabeln derselben Tonhöhe nebeneinander halten und die eine davon anschlagen, dann beginnt auch die andere zu schwingen und zu klingen. Lassen Sie Musik laufen, die Sie mögen, und lassen Sie die Strukturen in Ihrem Körper auf die Musik reagieren. Nehmen Sie wahr, welche Teile Ihres Körpers am bereitwilligsten auf die Töne reagieren.

3. **Bewegende Musik:** Wählen Sie Ihre bevorzugte Musik für Ihre Improvisation aus. Erlauben Sie dieser Musik, Sie durch den Raum zu treiben, als hätte sie eine physische Kraft. Lassen Sie die Musik Ihren Körper durchdringen und die Bewegungen so von innen her auslösen. Beobachten Sie, wie die Töne und Noten durch Ihre Gewebe und Gelenke gleiten und schlüpfen, sie lockern, sie empfänglich machen für die Musik und den Rhythmus, jegliche Anspannung im Körper lösend. Lassen Sie zu, dass die Musik Sie durch den Raum trägt. Seien Sie immer in Kontakt mit den Veränderungen der Musik und reflektieren Sie sie in Ihrem Körper.

Abbildung 1.6:
Musik kann Sie antreiben
und tragen

4. **Physisch gewordene Musik:** Wählen Sie Ihre bevorzugte Musik aus. Stellen Sie sich vor, Sie selbst seien die Materialisation dieser Musik. Denken Sie, Sie seien die Musik, die sich wie Flüssigkeit in den Raum ergießt und jede mögliche Form annehmen kann.

5. **Fließende Musik:** Die Musik hat Masse. Beobachten Sie, wie die Musik durch Ihren Körper fließt gleich einem Strom. Betrachten Sie den Musikstrom, wie er von einem Arm in den anderen fließt, wie er von den Füßen zum Kopf hinaufströmt und von dort wieder zu den Füßen hinunterstürzt.

6. **Herzschlag:** Beginnen Sie, indem Sie den Herzschlag spüren und hören. Dafür legen Sie sich zuerst hin, um sich in die Region hinter dem und leicht links vom Brustbein einzuschalten. (Es hilft, wenn Sie für diese Übung einen ruhigen Raum haben.) Versuchen Sie die Wirkung des Herzschlags in Ihrem ganzen Körper zu spüren. Sind Sie einmal mit dem Rhythmus Ihres Herzschlags in Kontakt, versuchen Sie

ihn weiterhin zu spüren, wenn Sie aufstehen. Vielleicht müssen Sie die Hand auf die Schlagader beim Handgelenk oder beim Hals legen. Fangen Sie an, sich zum Rhythmus Ihres Herzens zu bewegen. Visualisieren Sie die Bewegung Ihres Herzens und erlauben Sie seinem Rhythmus sich auf der Oberfläche Ihres Körpers als rhythmischer Puls zu manifestieren.

7. **Innerer Rhythmus:** Daniel Nagrin, Autor des Buches *How to Dance Forever*, verwendet in seinen Improvisationsklassen ein Konzept, das er „innerer Rhythmus" nennt. Um den inneren Rhythmus zu entdecken, müssen Sie sich beruhigen, in sich hineinschauen und ihn in sich aufsteigen lassen. Wie ich es erlebt habe, steigt der innere Rhythmus spontan aus der Tiefe der Person auf. Ihr innerer Rhythmus kann sich von Tag zu Tag verändern.

8. **Rhythmische Muskeln:** Stellen Sie sich vor, Ihre Muskeln seien der Rhythmus, und drücken Sie anschließend diesen Rhythmus aus. Larry Rhodes, mein Ballettlehrer an der *New York University* (NYU) und derzeit künstlerischer Direktor des *Grand Ballet Canadien*, riet uns immer, den Rhythmus in die Muskeln „einzubauen". Wenn Sie die Muskeln mit der Musik trainieren, werden sie zu Ihren rhythmischen Verbündeten; sie werden spontan rhythmisch sein. Wenn Sie die Musik ignorieren oder sie nur als Richtlinie brauchen, werden die Muskeln keine Rhythmik erwerben.

9. **Jeder Schritt hat sein Lied:** Um das Gefühl und die Phrasierung für einen Tanzschritt zu erhalten, versuchen Sie seinen Rhythmus und seine Melodie zu singen. Wie tönt der Schritt? Gehen Sie durch den folgenden Prozess, um das auditive Bild zu entdecken, das mit dem Tanzschritt oder einer Sequenz von Schritten verbunden ist:

a) Wie fühlt sich der Schritt an?

b) Stellen Sie sich vor, Sie hörten den Rhythmus und die Melodie des Schrittes.

c) Singen Sie laut, was Sie hören.

d) Fragen Sie sich selbst: Stimmt die Melodie mit der Idee des Schrittes überein?

Wenn Ihre Bewegung nicht so ausschaut wie die der anderen, dann hören Sie vielleicht eine andere innere Melodie oder einen anderen inneren Rhythmus. Die innere Melodie gibt dem Körper besonders feine Einsätze für ein präzises rhythmisches Ausführen des Schrittes.

Beziehungen im Körper

Das Bewusstsein von Zusammenhängen im Körper ist ein spontanes Erleben für viele Tänzer. Eine neu entdeckte Beziehung scheint wie eine Offenbarung zu sein. Das können geometrische Beziehungen sein, biomechanische Interaktionen, Kraftlinien oder Energieströme durch den Körper. Das historische Riesenrad im Prater von Wien (Abbildung 1.7) zeigt Myriaden von untereinander in Beziehung stehenden Kraftlinien.

Sein Körpergewicht zu erleben hilft ebenfalls Verbindungen im Körper zu kreieren. Der Reifentanz der amerikanischen Indianer unterrichtet uns über Verbindungen:

„Eine Legende erzählt von einem im Sterben liegenden Mann, der etwas auf Erden zurücklassen wollte. Der Schöpfer gab ihm einen Reifen und erklärte ihm, dass für jedes Lebewesen, das er kreieren könne, ein weiterer Reifen hinzukomme. Mit jedem Reifen, den er so hinzufügte, wurde er stärker und jedes Jahr erzeugte er neue lebende Wesen. Der Tänzer gestaltet diese Formen – einen Schmetterling, eine Schildkröte, einen Adler, Blumen, eine Schlange – und zeigt damit, wie alle Lebewesen verbunden sind, wachsen und sich verändern. "(Aus dem Programmheft des *American Indian Dance Theater*, Dezember 1993)

Alles in diesem Reifentanz entsteht aus dem gleichen Reifen – Kreisen. Man könnte den menschlichen Körper also auch als Kreislauf von miteinander verbundenen Energien betrachten.

**Abbildung 1.7:
Riesenrad im Wiener Prater**

Normalerweise werden wir uns durch unser Tanztraining gewisser Standardverbindungen bewusst: Verbindungen von einem Arm zum anderen, von einem Bein zum anderen, zwischen linkem Arm und linkem Bein, zwischen dem rechten Arm und dem rechten Bein sowie diagonal zwischen rechtem Arm und linkem Bein oder zwischen linkem Arm und rechtem Bein. Die Verbindung zwischen Kopf und Steißbein ist ebenfalls sehr wertvoll. (Siehe *Befreite Körper*, Kapitel 14, Übungen 2a und 2b) Wie auch immer, ich möchte gerne darauf hinweisen, dass es eine *unendliche* Zahl von Verbindungen im Körper gibt und dass es von Mensch zu Mensch unterschiedlich ist, wie hilfreich sie sind. So können Sie vielleicht einen wichtigen Informationsaustausch zwischen Ihrer Nase und dem Zwerchfell, zwischen Ihren Augenlidern und den Hüftpfannen oder zwischen der Zunge und der Wirbelsäule entdecken.

Übungen:
Mit Energiebahnen
experimentieren

1. **Energiebahnen verbinden die verschiedenen Teile des Körpers:**
   Stellen Sie sich vor, wie Energie auf diesen verschiedenen Wegen ausgetauscht wird. Energieströme dringen von außen in den Körper ein, durchqueren ihn und verlassen ihn dann wieder.
2. **Energiestrom durch die Arme:** Stellen Sie sich vor, dass Energie aus dem Raum um Sie herum in die Hände tropft und von einem Arm zum anderen fließt, um ihn dort wieder zu verlassen.

Abbildung 1.8:
Energiestrom durch die Arme

3. **Sandkorn** (im Stehen, in der Balance): Stellen Sie sich vor, ein Sandkorn liege mitten auf Ihrem Kopf. Stehen Sie auf einem Bein und beobachten Sie, wie das Sandkorn durch offene Räume in Ihrem Körper hinunterfällt bis in Ihr Standbein. Stehen Sie auf dem anderen Bein und sehen Sie ein anderes Sandkorn durch Ihren Körper in Ihren Standfuß hinunterfallen.

4. **Arabesque:** Visualisieren Sie eine Verbindung zwischen Ihrer Hand und Ihrem Bein in der *Arabesque*-Position. Sehen Sie zu, wie sich diese Linie verlängert. Stellen Sie sich einen Energiestrom von der Hand in den Fuß und vom Fuß in die Hand vor.

**Abbildung 1.9:
Verbindung zwischen Hand und Fuß in einer „modernen"
*Arabesque***

5. **Die Kanäle öffnen** (bei jeder Position und bei Improvisation): Stellen Sie sich vor, der Körper sei wie verschiedene Räume mit verschiedenen Formen, die miteinander verbunden sind. Stellen Sie sich vor, dass die Kanäle zwischen diesen Räumen in Ihrem Körper offen seien. Öffnen Sie den Kanal zwischen Ihrem Körper und den Armen. Öffnen Sie den Kanal zwischen Ihrem Becken und den Beinen. Kreieren Sie einen Kanal zwischen Ihrem Kopf und Ihrem Nacken. Verbinden Sie alle Kanäle in Ihrem Körper. Zu jeder Zeit ist jeder innere Raum in Ihrem Körper mit den anderen inneren Räumen verbunden.

Atmung und Fließen

Die Atmung bietet ein sehr wichtiges Bild, das eng verbunden ist mit dem Bewegungsfluss. Wenn die Atmung stoppt, dann kommt auch dieser Fluss zum Stillstand. Die Atmung kann Dramatik erzeugen. Vergleichen Sie den Atem beim Weinen und beim Lachen, den Atem während des Schlafes mit dem Atem, wenn Sie eine Treppe hinaufstürzen. Im Kern unserer Körpersprache reflektiert der Atem unser Wohlbefinden. In der Vorstellung können wir unseren Atem überallhin senden (innerhalb und außerhalb des Körpers). Bewegung, die durch einen uneingeschränkten Atem unterstützt wird, fließt. Es ist schwierig, sich fließend zu bewegen, während man seinen Atem festhält.

Wasser ist die Essenz des Fließens. Schwimmen bietet eine gute Möglichkeit, das Atmen zu lernen, da es Fließen und tiefes rhythmisches Atmen lehrt. Wenn Sie schwimmen, fließt das Wasser an Ihrem Körper entlang und Ihr Körper schneidet durch die Flüssigkeit. Wasser fließt in uns in unterschiedlicher Dichtigkeit und chemischer Zusammensetzung. Unser Atem ernährt das Wasser in uns. Luft fließt in die Lungen, um Sauerstoff ins Blut zu bringen, das dem Meerwasser ähnlich ist. Danach fließt es auf vielfältig untereinander verbundenen Wegen durch unsere Gefäße, weiße und rote Blutkörperchen mit sich tragend, die wie die Gondeln in den Kanälen von Venedig im Blut „mitreiten".

Atemübungen

1. **Gehaltene und befreite Atmung:** Halten Sie die Atmung an, während Sie ein *Pas de bourré* tanzen. Danach machen Sie es noch einmal, während Sie sich erlauben zu atmen. Obwohl der Unterschied offensichtlich ist, sieht man oft Tänzer, die bei verschiedenen Schrittkombinationen ihren Atem anhalten.

2. **Den Atem steuern:** Sie legen sich auf den Rücken und betrachten einfach Ihren Atem. Schicken Sie nun Ihren Atem in jeden Körperteil hinein. Denken Sie daran, dass Sie den inneren Luftstrom kontrollieren können. Üben Sie, Ihren Atem in sehr kleine Bereiche zu schicken, oder lassen Sie ihn in ein großes Gebiet des Körpers ausströmen. Loten Sie den ganzen Körper aus, vom Scheitel bis zu den Fußsohlen. Stellen Sie sich vor, Ihr Atem könnte Ihren ganzen Körper durchdringen.

3. **Räume öffnen:** Liegen Sie mit dem Rücken auf dem Boden und beobachten Sie, wie der Atem Ihren Körper füllt. Stellen Sie sich vor, dass der Atem Körperstellen von Verspannungen oder Bewegungseinschränkungen befreit, sie wie ein Daunenkissen aufschüttelt, entwirrt, „aufbettet" (wie man in Österreich zu sagen pflegt).

4. **Sauerstoff aufsaugen** (bei Improvisation): Wenn Sie sich bewegen, stellen Sie sich vor, dass Sie durch jede Körperstelle Sauerstoff aufnehmen können. Denken Sie, Sie wären ein Sauerstoffschwamm. Vergessen Sie keinen Teil Ihres Körpers. Nehmen Sie Sauerstoff durch den Kopfscheitel auf, durch die Fußsohlen, den Nacken, die Kniekehle, die Finger, die Zehen, die Augen.

5. **Bewegungsfluss** (bei Improvisation): Stellen Sie sich vor, Sie wären ein Fluss von der Form eines menschlichen Körpers vor. Der Raum um Sie herum wäre das Flussbett: Der Fluss strömt, wo auch immer sich ein Raum dafür öffnet. Sobald sich ein Raum öffnet, fließen Sie dort hinein.

6. **Körper und Atem:** Stellen Sie sich vor, dass die Luft, die Sie einatmen, eine gewisse Federungskraft hätte. Lassen Sie Ihren Körper aufgrund dieser Spannkraft fließen. Reiten Sie auf Ihrem Atem.

Kapitel 2

Vorstellungsvermögen und Improvisation

Das Einsetzen Ihrer Vorstellungskraft bei der Tanzimprovisation wird Ihnen helfen, ganz neue Möglichkeiten in Ihrem Körper zu entdecken. Dies wird sowohl Ihr Bewegungsrepertoire erweitern wie auch Ihre Ausdrucksmöglichkeiten wachsen lassen – Sie werden neue „Landschaften" in Ihrem Innern entdecken. In meinen Unterrichtsstunden konnten Tänzer durch Tanzimprovisationen Schmerzen abbauen und lindern. Andere berichteten von erhöhter mentaler Klarheit, sogar von Stressabbau oder dem Abbau von Ängsten. Durch die Improvisation lernt der Tänzer, wie er eine breite Palette differenzierter Bewegungsqualitäten kreieren kann, die die besonders intensive Präsenz des Bewegungskünstlers im Raum erzeugen.

Manchmal braucht es viel Zeit und Vorbereitung, bis ein neues Bild entsteht. Manchmal tauchen die Bilder spontan und mühelos auf und ein nächstes Bild erwächst aus dem vorhergehenden. Die Anwendung von Bildern, die andere vorgeschlagen haben, führt manchmal in einen Zustand, in dem man für eigene intuitive Vorstellungen empfänglich wird. Reiche Schätze warten in Ihrem Inneren darauf, entdeckt zu werden. Sollten Sie während der Improvisation ein tiefes Erlebnis haben, ist es wertvoll, danach darüber diskutieren zu können. In bestimmten Fällen, vor allem wenn Sie mit Bildern für das Becken arbeiten oder mit Bildern, die mit unseren Körperorganen in Verbindung stehen, kann leichtes Übelkeits- oder Schwindelgefühl entstehen. Im Idealfall kann der Lehrer eine Umgebung schaffen, die dem Schüler ermöglicht, solche Erfahrungen vertrauensvoll zu erleben. Falls die Lehrerin selbst solche Erlebnisse gehabt hat, kann sie der Schülerin mit dem Wissen zur Seite stehen, dass solche Momente wichtige Teile der Lernphase sind.

Vorstellungsbilder in der Improvisation sind ein choreografisches Instrument, da die Choreografen ohnehin immer nach „frischen" Bewegungen und Bewegungsmetaphern suchen. Die deutsche Choreografin Pina Bausch aus Wuppertal hat eine Choreografie geschaffen, die auf einer Reihe von Mini-Improvisationen basiert. Hier ist eine Sequenz von Bildern aus einem Walzer:

„Hier ist ein Bär, der versucht ihn zum Lachen zu bringen / klein, kleiner, am kleinsten / streicheln / Kinderreim / Achtung, das Programm wurde geändert / bereite dich für etwas Großes vor ... fließende Jungfrau / weißes Handtuch / Rumba-Bälle / sechs Töne der Entzückung / Beinkunst.“ (HOGHE 1986, S. 86)

Der Butoh-Tanz

An dieser Stelle muss – wegen des intensiven Einsatzes von Bildern – der japanische Butoh-Tanz erwähnt werden. Seine Wurzeln reichen zu einem beträchtlichen Teil bis in den deutschen Ausdruckstanz aus der Vorkriegszeit zurück, den wir weiter oben betrachtet haben. Nachdem sie bei Mary Wigman studiert hatten, gründeten Takaya Eguchi und Soko Miya in Tokio eine Schule, um den modernen Tanz in Japan zu entwickeln. Zu ihren Schülern gehörten die ersten Butoh-Tänzer Kazuo Ohno und Tatsumi Hijikata. Kazuo Ohno, der oft als Begründer des Butoh-Tanzes bezeichnet wird, war auch vom deutschen *Modern*-Tänzer Harald Kreutzberg beeinflusst worden, der mit seiner ersten Aufführung in Tokio im Jahr 1934 das Publikum fasziniert hatte (HAERDTER UND KAWAI 1986). Die Bilder im Butoh-Tanz sind oft aus der Natur entlehnt, oft auf komplizierte Art und Weise ineinander verwoben, oft gleichzeitig verschiedene Körperteile „bewohnend“. Die gesamte Aufführung kann eine Improvisation sein, die auf einer Reihe von Bildern beruht.

Abbildung 2.1:
Im japanischen Butoh-Tanz kann die gesamte Aufführung eine Improvisation sein, die auf einer Kette von Bildern beruht.
(Foto: Anne Nordmann)

In einem Vortrag beim ersten Butoh-Festival in Japan erklärte Hijikata:

„In einem Buch entdeckte ich die folgenden Phänomene: Ein Kind versucht seine Zehen zu füttern; ein anderes will seinem Oberschenkel die Landschaft zeigen; ein weiteres Kind versucht einen Stein aufzuheben und diesem die Umgebung zu zeigen. Ich nahm einst eine Schöpfkelle mit aufs Feld hinaus und ließ sie dort zurück, weil sie mir in der Dunkelheit der Küche leid tat – ich wollte ihr die ländliche Gegend zeigen. Ihre Glieder und die Körperteile als separate Gegenstände und Werkzeuge zu betrachten und umgekehrt Gegenstände zu lieben, als wären sie Ihr eigener Körper, darin liegt das große Geheimnis des Ursprungs von Butoh." (HAERDTER UND KAWAI 1986, S. 39)

Ein Artikel im *Dance Magazine* aus dem Jahr 1988 mit dem Titel „Verbeugung vor den Butoh-Meistern" berichtet:

„Hijikata suchte einen unbewussten Bewegungsausdruck aufzudecken, indem er tief in das Unterbewusstsein vordrang. Um die Tänzer zu inspirieren, rezitierte er Bild um Bild, schlug rhythmisch eine Trommel, spielte Musik von Rock 'n' Roll bis klassisch japanisch und bestand darauf, dass der Körper in einem Krisenstadium bleibe, an der Grenze, nie bequem."

Min Tanaka, ein Butoh-Tänzer, der mit Hijikata arbeitete, sagt:

„Er benutzte tausend Bilder aus der Natur, wandte diese quer durch den ganzen Körper an und ich musste mich an jedes erinnern. Jeden Tag änderte er die Reihenfolge der Bewegungen. Die Bilder waren etwa Wind oder Sonnenschein und er benutzte sie nicht, um eine bestimmte Form zu erzeugen, sondern um die Inspiration anzuregen." (TANAKA 1987, S. 66)

Akaji Maro, der ebenfalls mit Hijikata arbeitete, schreibt:

„Stellen Sie sich eine Schlange vor, die vor einem japanischen Bauern auftaucht und dann wieder davon schlängelt. Der Tritt, mit dem der Bauer die Schlange hätte zertreten können, hätte vielleicht der Anfang eines Butoh-Schrittes sein können." (TANAKA 1987, S. 76)

Improvisation und Tanztechnik

Von den vielen Improvisationsformen gehen wir diejenige Improvisation an, die sich um ein Bild dreht. Identifizieren Sie sich mit einem Bild so vollständig wie möglich. Analysieren Sie das Bild nicht intellektuell. Wenn Sie das Bild eines Blattes benutzen, denken Sie nicht nur an all das, was ein Blatt tun könnte. Identifizieren Sie sich mit dem Bild und finden Sie heraus, was ein Blatt *aus der Sicht eines Blattes* machen würde. Wie ein Kind werden Sie ein Blatt, das vom Wind abgehoben wird. Erliegen Sie Ihrer eigenen Inspiration. In einer Ausgabe der *International Herald Tribune* aus dem Jahr 1994 meinte der 24-jährige Joshua Redman, der „Jazz-Fackelträger" und ausgezeichnete Techniker (was meiner Ansicht nach in jeder Tanzform angewandt werden kann):

„Großartige und geduldige Improvisatoren müssen eine Vision haben, Kreativität, gefühlvoll sein, Klarheit im Ausdruck und die Energie und Konzentration, um diese Dinge alle willentlich aufleben zu lassen, Nacht um Nacht. Irgendwie müssen Sie einen kindlichen Enthusiasmus und die Spontaneität, mit der Sie angefangen haben, beibehalten und gleichzeitig reif sein können. Es braucht eine Dauerhaftigkeit in der Inspiration, ohne die Ideen durch ständiges Wiederholen erlahmen zu lassen. Sie müssen das Außergewöhnliche gewöhnlich machen. Das ist der schwierige Teil."

Improvisation wird Ihre Tanztechnik verbessern. Sie werden eine unendliche Vielfalt von Optionen dafür entwickeln, wie Sie mit einem gegebenen Moment in Bewegung und Zeit umgehen können. In einem Gespräch mit mir betonte Zvi Gotheiner, ein Choreograf aus New York:

„Nachdem ich so lange Ballett gemacht hatte, war es erfrischend, an einer Improvisationsklasse teilzunehmen. Eine Bewegung auf andere Art und Weise auszulösen, das Gewebe auf eine neue Art zu erleben und die Psychologie des Verhaltens auszuloten, das durch ein Bild ausgelöst wurde, dies war unglaublich bereichernd."

Während der Improvisation vergessen Sie die Tanztechnik und doch verbessert sich Ihre Technik letzten Endes. Sie vergessen Haltungsregeln und anatomische Anhaltspunkte und doch verbessert sich Ihre Haltung. Improvisieren ist eine Möglichkeit, ein Repertoire von Empfindungen aufzubauen, welches auf die Durchführung bestimmter Bewegungsformen und Bewegungssequenzen übertragen werden kann. Theoretisch haben wir eine unendliche Anzahl von Ausdrucksnuancen. Es gibt vieles auszukundschaften. Fähig zu sein, in einem Bild zu verweilen und es einfach vor Ihrem inneren Auge festzuhalten, das ist ein ertragreicher Weg um herauszufinden, was Sie als Tänzer und schließlich auch als Person eigentlich sind. Improvisation wird Ihr Repertoire und Ihre Ausdrucksmöglichkeiten über alle Grenzen hinaus erweitern.

Improvisation mit Kindern

Es ist hilfreich, in einer Gruppenimprovisation unter der Leitung eines Lehrers mit Vorstellungskraft zu arbeiten. Die Bilder müssen auf das Alter und die Erfahrungen der Gruppe abgestimmt werden. Viele der hier beschriebenen Bilder können in der Arbeit mit Kindern verwendet werden. In ihrem Buch *Dance for young children* (1988) schlägt Sue Stinson Bilder wie fallende Schneeflocken oder Knetteig vor, die es in jedem Alter wert sind ausgelotet zu werden. Ein humorvolles Beispiel: Bella Lewitzky wies einmal eine Lehrerin darauf hin, dass es keine gute Idee für ihre jungen Schülerinnen und Schüler sei, sich vorzustellen, sie seien ein Kürbis, da einem Kürbis offensichtlich keine Bewegung innewohne. Sie schlug stattdessen vor, mit dem Bild von wachsenden Wurzeln zu arbeiten.

Die Übungen dieses Kapitels sind in Kategorien unterteilt; diese sind aber natürlich künstlich und überschneiden sich: Bilder, die dynamische Wechsel erzeugen, verlangen auch eine Auslösung. Ein Bild, das die Körperoberfläche verändert, wirkt auch in den Raum hinein.

Einander beim Improvisieren zuzuschauen ist sehr lehrreich. Es kann interessant sein, die Beobachter nicht wissen zu lassen, mit welchem Bild Sie arbeiten, um zu sehen, ob sie es erkennen können. Wenn Sie sich vorstellen, Sie seien ein Roboter, und alle sagen, Sie hätten ausgesehen wie eine Qualle, dann wissen Sie, dass Sie an diesem Bild noch arbeiten müssen. Ich schlage vor, dass Sie sich Notizen machen über Ihre Erfahrungen, nachdem Sie eine Improvisation beendet haben. Sogar fremde Gedanken und Bilder, die Ihnen in den Sinn kamen, als Sie improvisierten, sind interessant. Welche Bilder forderten Sie am meisten heraus? Welche mögen Sie nicht? Zu welchen Körperteilen wurde mit einem bestimmten Bild der Zugang schwieriger? Eine Improvisation können Sie im Stehen, Sitzen, Liegen oder in jeder anderen bevorzugten Stellung beginnen. Lassen Sie das Bild in sich „sinken", bevor Sie beginnen. Am Ende einer Improvisation ist es wertvoll für die einzelnen Teilnehmer, mit den anderen über ihre Erfahrungen zu sprechen. Diese Diskussionen sind oft eine reiche Quelle an Informationen über die Beziehungen zwischen Vorstellungskraft und Bewegung.

Unabhängig davon, wie frei, bizarr, modern, antik oder avantgardistisch der Tanz ist – es gibt keine Form, der wir ausweichen müssen. Können Sie eine bestimmte Form nicht machen oder wissen Sie nicht, wie Sie sie wiederholen können, so fehlt Ihnen ein grundlegendes Handwerkszeug zum Tanzen. In einer meiner ersten Erfahrungen mit Körperskulpturen lag ich auf dem Rücken im Schnee und bewegte meine Arme und Beine auf und ab, um einen Engelsform zu kreieren. Während ich dies tat, war ich mir sehr bewusst, dass ich meinen Körper benutzte um eine Form zu kreieren – weil mir nämlich Schnee unter meine Kleider rutschte.

1. **Eine Form visualisieren:** Betrachten Sie die Oberfläche eines Objektes, beispielsweise die eines Blattes. Achten Sie auf die Silhouette und auf alle Details, die Blattadern und die wellenförmigen Ränder. Schließen Sie jetzt Ihre Augen und versuchen Sie die Form des Gegenstandes präzise zu visualisieren. Es kann vielleicht helfen, wenn Sie sich imaginäre Hände vorstellen, welche die ganze Oberfläche des Objektes berühren. Dies fügt dem Formerinnerungsvermögen eine kinästhetische Komponente hinzu.
2. **Die Gussform** (nach Jeanette Stoner): Bevor Sie eine bestimmte Position einnehmen, stellen Sie sich eine hohle Gussform vor, das Negativ, das im Raum auf Sie wartet. Sie passen gut in diese perfekte Gussform hinein. Beginnen Sie langsam, damit Sie sich die ganze Gussform in allen Details vorstellen können. Vielleicht ziehen Sie es vor, sich nur einen Teil der Gussform vorzustellen. Diese kann vielleicht elastisch

Improvisationsübungen mit Vorstellungsbildern

Das Erschaffen von Formen

Übungen: Formen erzeugen

sein wie Schaumgummi. Sie können Ihre eigene, bevorzugte Konsistenz kreieren. Jede Form, die Sie sich erträumen, können Sie sofort in eine Gussform verwandeln. Mit steigender Erfahrung können Sie sich immer schneller von Gussform zu Gussform bewegen. Sie können sogar in eine Gussform hineinspringen (vgl. Abbildung 11.5). Dieses Bild hilft kristallklare Formen zu erzeugen.

Abbildung 2.2:
Sich eine Gussform
vorstellen

3. **Die sechs Endpunkte:** Stellen Sie sich vor, dass Ihr Körper sechs Endpunkte hat: Kopf, Steißbein, Hände und Füße. Während Sie sich durch den Raum bewegen, stellen Sie sich vor, wie diese Punkte ihre relative Lage zueinander andauernd verändern. Bestimmen Sie Position Ihre mit Hilfe dieser Punkte. Kommen Sie mit allen sechs Endpunkten gleichzeitig oder zeitlich verschoben in einer Form an. Bereitet es Ihnen Schwierigkeiten, alle sechs Punkte gleichzeitig zu sehen, so üben Sie einzeln mit den Händen und Füßen sowie mit dem Kopf und dem Steißbein. Wenden Sie dieses Bild im Tanztechnik-Training an. Ich habe entdeckt, dass diese Vorstellung bei *Arabesque*- oder *Attitude-Drehungen* und ähnlichen Bewegungen dazu dient, während des Drehens klare Beziehungen der Körperteile zueinander aufrechtzuerhalten.

4. **Formen visualisieren:** Diese Übung eignet sich vor allem für das Üben in der Natur, zum Beispiel in einem Wald. Beobachten Sie sorgfältig die verschiedenen Formen um Sie herum. Wählen Sie sich eine Form aus, die Sie selbst verkörpern möchten. Visualisieren Sie ganz deutlich die Form, in die Sie Ihren Körper bringen möchten. Bringen Sie Ihren Körper so präzise wie möglich in diese Form. Haben Sie einmal geübt, eigene Formen zu machen, so stellen Sie sich vor, in welcher Beziehung Ihre Form zur Umgebung steht.

5. **Verzerrung der Form:** Wählen Sie eine Form von einer Fotografie oder aus Ihrer Erinnerung aus. Sobald Ihnen diese Form ganz klar ist, stellen Sie deren Reflexion im Wasser dar! Stellen Sie sich vor, wie das Wasser die Form verformt oder verzerrt. Dann stellen Sie sich vor, Sie seien die Originalform. Bewegen Sie sich mehrere Male zwischen Original und Reflexion hin und her.

Abbildung 2.3:
Verzerrung einer Form

6. **Schuhe und Handschuhe:** Stellen Sie sich vor, es schwebten Schuhe und Handschuhe im Raum, die auf diese Weise eine Position bestimmten. Führen Sie Ihre Hände und Füße in diese Schuhe und Handschuhe. Das ist vor allem beim Jazztanz von Nutzen. Probieren Sie auch rasche, explosive Bewegungen und verschiedene Schuhe und Handschuhe aus. Stellen Sie sich vor, Ihre Hände schlüpften in sehr lange, elegante Handschuhe hinein. Stellen Sie sich auch vor, wie Sie aus den Schuhen und Handschuhen herausgleiten.

7. **Seinen inneren Raum in Form bringen:** Werfen Sie den Raum in Ihrem Körper in die Form, die Sie erreichen wollen. Die Körperoberfläche folgt sofort der inneren Führung.

Abbildung 2.4:
Cathy Ward „wirft" ihren
Innenraum.

8. **In der Form verweilen:** Wenn Sie sich fortbewegen, stellen Sie sich vor, dass ein Teil Ihrer Form wie eine lichtdurchlässige Statue immer noch an dem Platz verweilt, den Sie kurz zuvor noch besetzt hatten. Nach einer Weile ist der ganze Raum mit Ihren Formen gefüllt – wie die Skulpturenabteilung eines Museums. „Radieren" Sie sie aus und beginnen Sie von vorne, den Raum mit Bildern aufzufüllen.

Interaktion mit dem Raum

Interaktion mit dem Raum ist ebenso wie das Durchdringen des Raumes von grundlegender Wichtigkeit beim Tanzen. Es ist die gleiche Beziehung, die der Bildhauer mit dem Lehm oder dem Marmorblock hat. Der Körper formt den Raum, erzeugt einen Platz für sich selbst und gleichzeitig einen „Negativraum", den Raum, der noch nicht in Besitz genommen worden ist. Ein deutscher Kritiker, der über die Ausdruckstänzerin Dore Hoyer schrieb, sagte, das sie etwas ausdrücken konnte, das weder durch Film noch durch Fotografie möglich gewesen wäre. Wie der Strich eines kalligraphischen Pinsels konnte sie sich den Raum zu Eigen machen, als ob sie ein Tanzschamane gewesen wäre (SIEBEN 1992).

Übungen: Mit dem Raum Interagieren

1. **Der Raum hat Sie in seiner Gewalt:** Stellen Sie sich vor, dass der Raum Sie in seiner Gewalt hat, einmal zart, einmal fest. Er lässt Sie gehen und packt Sie dann wieder wie eine riesige Hand, die mit Ihnen spielt. Wie sanft würden Sie einen gerade geborenen Vogel halten, der aus dem Nest gefallen ist? So sanft kann Sie der Raum berühren. Der Raum ist sowohl der Sender als auch der Empfänger. Er gibt Ihnen einen Stoß und fängt Sie am anderen Ende des Raumes wieder auf.
2. **Räumliche Erholung:** Der Raum hat eine kissenhafte, unterstützende Qualität, auf der wir ruhen können, wie wir das auch mit dem Bild der Gussform tun konnten. Der Raum kann uns aufrecht halten, uns sogar anheben. Ihre Arme ruhen auf einem warmen Luftpolster, Ihr Bein ruht auf dem Raum, auch in den höchsten Beinpositionen.
3. **Der Raum ist magnetisch:** Der Raum zieht Sie in bestimmte Formen, als ob verschiedene Teile des Raums anziehende und abstoßende Eigenschaften hätten. Er ist ein Kraftfeld, das Sie in neue und unübliche Formen biegt wie einen Draht, den er verdreht und wieder streckt. Spüren Sie die magnetische Kraft, die Sie in Richtung Decke hebt oder auf den Boden drückt, als würden Sie die Schwerkraft auf dem Planeten Jupiter wahrnehmen. Wie ein Nagel, der am Magnet klebt, sind Sie am Raum angeheftet und werden losgelassen, sobald dieser Magnet ausgeschaltet wird.

Das Durchdringen des Raumes

Jack Anderson, Kritiker der *New York Times*, beschrieb die Aufführung der *Dayton Contemporary Dance Company* (DCDC) mit Ulysses Doves Werk *Vespers* im Jahr 1992: „Jeder Sprung war von schneidender Schärfe. Jeder Stoß der Arme stach durch den Raum." Ich habe Sheri Williams von der DCDC bei den Proben für einige Soloteile des Company-Repertoires zugeschaut. Sie schnitt so klar durch den Raum, dass sie die Erinnerung an ihren Auftritt in meinen Geist geätzt hat, als ob der Raum eine Fotoplatte wäre. Wenn ich mich zurückerinnere, wie sie tanzte, muss ich vor meinem geistigen Auge einen Schritt zurücktreten, um ihrem Tanzen Raum zu geben.

Übungen:
Den Raum
durchdringen

1. **Den Raum durchdringen** (nach Jeanette Stoner): Stellen Sie sich vor, dass Sie den Raum mit jeder Bewegung durchdrängen. Beginnen Sie mit langsamen Bewegungen und steigern Sie sich zu Sprüngen und Drehungen.

2. **Durchs Wasser pflügen / den Raum durchschneiden:** Stellen Sie sich vor, wie Sie mit Ihrem Körper den Raum durchschnitten. Welche Körperoberfläche auch immer die Bewegung anführt, sie ist der Schiffsbug, der das Wasser teilt, während das Schiff vorwärts fährt. Typische Körperstellen, die wir normalerweise nicht gerne durch den Raum pflügen lassen, sind die Fußsohlen und die Rückseite des Kopfes. Loten Sie das Bild aus, bis Sie sich schnell und problemlos in jede Richtung bewegen und Ihr Augenmerk auf der den Raum durchdringenden Körperoberfläche halten können.

Abbildung 2.5:
Den Raum durchschneiden

3. **Durch den Raum „planschen":** Denken Sie an Ihre Füße und Hände, wie sie im Wasser planschen. Kreieren Sie einen großen Spritzer oder schneiden Sie die Oberfläche des Wassers.

Abbildung 2.6:
Durch den Raum „planschen"

4. **Das U-Boot:** Sie sind komplett unter Wasser. Durchdringen Sie das Wasser wie ein U-Boot, das die Tiefen des Ozeans durchpflügt. (Dieses Bild wird im Butoh-Tanz benutzt.)

5. **Sternenhaufen durchfliegen:** Dieses in Science-Fiction-Filmen häufig verwendete Bild wurde zum ersten Mal ausgiebig in Stanley Kubricks Film *2001 – Odyssee im Weltraum* eingesetzt. Heutzutage ist das eine Standardausstattung in Filmen und sogar in Videospielen. Sie stellen sich vor, wie Sie immense, mit Sternen gefüllte Galaxien und andere fantastische Landschaften fremder Welten durchdringen: Sterne kommen auf Sie zu und ziehen auf allen Seiten an Ihnen vorbei.

6. **Sturmwind:** Sie kämpfen sich durch einen Sturm. Spüren Sie den Druck des Windes gegen Ihren Körper. Spüren Sie die Schwankungen der Windrichtung. Bewegen Sie sich einmal *gegen* den Wind, einmal *mit* dem Wind. Riechen Sie die verschiedenen Düfte, die der Wind mit sich trägt. Durchdringen Sie den köstlichen Duft eines blühenden Apfelbaumes. Seien Sie ein leichter Gegenstand, der problemlos vom Wind bewegt werden kann, oder seien Sie ein schwerer Gegenstand, der vom Wind kaum bewegt werden kann. Lassen Sie den Wind mit Ihnen spielen, während Sie mit dem Wind spielen.

7. **Der Raum fällt in Sie hinein:** Während Sie sich bewegen, stellen Sie sich vor, dass der Raum Sie durchdringe. Denken Sie, Sie seien ein räumlicher Schwamm. Der Raum kommt in Ihren Körper. Der Raum wird durch Ihren Körper absorbiert.

8. **Raumlöcher:** Stellen Sie sich vor, der Raum hätte Löcher, durch die Sie in einen anderen Raum hindurchschlüpfen könnten. Schlüpfen Sie fortwährend in andere Räume.

Der innere Raum

Der Raum im Körper liegt für die meisten Nichttänzer außerhalb des Bewusstseins; deren Augenmerk ist nach außen, weg vom Körper gerichtet. Wie dem auch immer sei, lebensnotwendige Ereignisse finden jede Minute in unserem Körper statt. Kleine Leibwächter in Gestalt der weißen Blutkörperchen kämpfen jederzeit für unseren Schutz. Andere Zellen sorgen fortwährend für ein konstantes inneres Milieu. Das Wahrnehmen des inneren Raums ist für die Körperausrichtung von beträchtlichem Nutzen und ständige Veränderungen im inneren Raum spiegeln sich auf der Körperoberfläche.

**Übungen:
Den inneren Raum
erleben**

1. **Ausdehnung** (nach Jeanette Stoner): Beginnen Sie, indem Sie sich auf den Boden legen und Ihr inneres Auge in jeden Teil Ihres Körpers wandern lassen. Entdecken Sie den enormen Hohlraum in sich. Beginnen Sie sich als innerlich sehr weiträumig zu betrachten, so groß wie das Innere der Freiheitsstatue in New York. Sehen Sie die Verbindungen zwischen den Räumen. Jeder Teil des Körpers ist durch inneren Raum mit den anderen verbunden. Staunen Sie über die immense Weite dieses Raumes. Sie können in den Raum hineinrufen und hören das Echo Ihrer Stimme in weit entfernten Ecken Ihres Körpers. Wenn Sie sich jetzt langsam zu bewegen beginnen, behalten Sie dieses Bild vor Augen. Fragen Sie sich selbst, was geschieht, wenn ein so großer Hohlraum sich zu bewegen beginnt. Schauen Sie von der Innenseite hinein. Betrachten Sie Ihre Körperoberfläche von innen her. Wenn Sie nun aufstehen und sich bewegen, behalten Sie Ihre Konzentration auf der immensen Ausdehnung des inneren Raumes.

2. **Der innere Raum motiviert die Bewegung:** Haben Sie den inneren Raum einmal erlebt, so stellen Sie sich vor, dass er Ihre Bewegungen motiviert. Lösen Sie Bewegungen aus, indem Sie den inneren Raum verändern. Sie sind wie ein Heißluftballon – mit dem Unterschied, dass Ihre Innenluft Sie nicht nur nach oben, sondern in jede Richtung stößt, in die Sie sich gerne bewegen möchten.

3. **Körperoberfläche ruht auf innerem Raum:** Wenn Sie die Masse und die Realität des inneren Raums vollständig zu schätzen wissen, können Sie die Oberfläche des Körpers auf dem inneren Raum ruhen lassen. Der innere Raum unterstützt Ihren gesamten Körper, während er sich durch den Raum bewegt.

4. **Innere Taschenlampe:** Liegen Sie auf dem Boden und visualisieren Sie eine Taschenlampe, die durch Ihren Körper wandert. Beginnen Sie im Kopf. Es ist dunkel dort drinnen, bis Sie die Taschenlampe anzünden. Lassen Sie ihren Schein über die innere Oberfläche des Schädels leuchten und vergewissern Sie sich, dass Sie das Licht in jeden Winkel und in jede Ritze scheinen lassen. Gehen Sie weiter den Nacken und den Hals hinunter zu den Schultern. Beleuchten Sie alle inneren Oberflächen des Körpers, während Sie weitergehen. Erkunden Sie die inneren Arme. Sehen Sie zu, dass das Taschenlampenlicht in jeden Finger guckt. Entdecken Sie, wie der Brustkorb und wie das Becken von innen

Kapitel 2: Vorstellungsvermögen und Improvisation

aussieht. Wandern Sie zu den Beinen und Füßen. Haben Sie Ihre Reisen abgeschlossen, dann gehen Sie zu dem Punkt, den Sie als Körpermitte erleben. Mit dem hellsten Ihnen vorstellbaren Licht sehen Sie, wie das ganze Innere auf einmal aufleuchtet.

5. **Innere Landschaft:** Stellen Sie sich eine Landschaft in Ihrem Körper vor. Es kann ein Ozean, eine Wüste, eine Bergkette, ein englischer Garten oder ein Dampfbad sein. Wie fühlt es sich an, ein Dampfbad in Bewegung zu sein? (Sie würden in einem Dampfbad wahrscheinlich eher bewegungslos verharren.)

6. **Inneres Wetter** (nach Jeanette Stoner): Visualisieren Sie Wetter in Ihnen drin. Heiß oder kalt, windig oder ruhig, Regen oder Schnee. Kreieren Sie „lustiges Wetter": Lassen Sie Regen vom rechten Fuß in die linke Hand hinauffallen, während es gleichzeitig von der linken Hand in den rechten Fuß hinunterschneit. Ihr Knie erlebt einen tropischen Sturm, während durch Ihre Schultern arktische Winde blasen. In Ihrem Becken tobt ein Hurrikan, während Ihr Kopf von Sonnenschein durchstrahlt ist.

7. **Sich bewegende Materialien:** Wählen Sie ein Material aus wie Sand, Wasser oder Reis und stellen Sie sich dieses vor, wie es im Innern Ihres Körpers umherwandert bzw. -fließt. Stellen Sie sich vor, Ihre Körperteile wären mit verschiedenen Materialien gefüllt. Mit Ihren Bewegungen vermischen Sie diese Materialien miteinander.

Die Körperoberfläche

Die Oberfläche oder Außenseite des Körpers ist unsere wichtigste räumliche Abgrenzung. Als Kinder definieren wir den Raum zuerst im Zusammenhang mit unserer Körperoberfläche. Diese lehrt uns, wo wir beginnen und wo wir enden. Als Tänzer bringen wir mit dem Gewahrsein der Körperoberfläche Klarheit und Formbewusstsein in unsere Bewegungen.

**Übungen:
Mit der Körperoberfläche experimentieren**

1. **Raummassage:** Massieren Sie tanzend den Raum. Reiben Sie mit jedem Teil des Körpers gegen den Raum, als wären Sie eine Bürste. Stellen Sie sich vor, Sie würden den Raum streicheln und ihn damit weich und biegsam machen. Wie reagiert der Raum auf Ihre Massage? Oder verwandeln Sie sich in ein Stück Seife (in eine pH-neutrale Seife natürlich!). Reiben Sie damit den Raum ein, bis sich eine dicke Schaumschicht bildet. Lassen Sie jeden Teil der Oberfläche der Seife dazu beitragen.

2. **Bodypainting:** Sie liegen auf dem Boden. Stellen Sie sich vor, der Boden wäre ganz mit bunten, flüssigen Farben bedeckt. Sie gehen jetzt daran, ein den ganzen Boden bedeckendes modernes Kunstwerk auf einer riesigen Leinwand zu kreieren, indem Sie Ihren Körper als Pinsel benutzen. Improvisieren Sie, bis Ihr ganzer Körper voll Farbe ist. Visualisieren Sie das Kunstwerk, das dabei herauskommt.

3. **Seidenvorhänge:** Stellen Sie sich vor, dass Sie mitten zwischen weichen, seidigen Vorhängen stünden. Wenn Sie sich nun bewegen, reiben die Vorhänge an Ihrem Körper. Fühlen Sie, wie ihre weiche Seidigkeit Sie liebkost und streichelt.

4. **Reflektierender Körper:** Sie sind ein dreidimensionaler Spiegel. Die Oberfläche Ihres Körpers reflektiert alles, was Sie umgibt. Spüren Sie, wie die Reflexionen über Ihren Körper gleiten, wenn Sie sich bewegen. Denken Sie sich, Sie wären in einer ganz bestimmten Umgebung, in einer Naturlandschaft oder einer Galerie zum Beispiel, die sich auf Ihrer Körperoberfläche spiegeln. Wie auf der Oberfläche eines ruhigen Sees können Sie sehen, wie ein Vogel, der über Ihren Kopf fliegt, über Ihren Körper hinweghuscht.

5. **Stroboskop:** Stellen Sie sich vor, dass Sie sich unter einem Stroboskop fortbewegten. Drehen Sie die Frequenz der Lichtimpulse langsam an, so dass Sie in einem nachvollziehbaren Rhythmus angestrahlt werden. Beobachten Sie, wie Ihr ganzer Körper beleuchtet wird. Steigern Sie die Lichtfrequenz und beachten Sie die minutiösen Veränderungen Ihrer Bewegungen, während Sie sich bewegen. Sie ziehen es vielleicht vor an Blitze zu denken, die Ihren Körper inmitten der Dunkelheit erleuchten.

6. **Trickfigur, erst zweidimensional, dann dreidimensional:** Stellen Sie sich vor, Sie wären eine zweidimensionale, belebte Figur. Erkunden Sie die Situation eine Weile, dann sehen Sie zu, wie Ihr Körper sich in drei Dimensionen ausdehnt. (In der Computertechnik wird der Ausdruck *Extrusion* verwendet, wenn ein zweidimensionales Bild zu einem dreidimensionalen ausgebaut wird).

7. **Zeitlupeneffekt:** Während Sie sich bewegen, stellen Sie sich vor, dass ein Teil Ihres Körpers im Raum zurückbliebe, in dem Sie unmittelbar davor gewesen wären. Manchmal ist dieser Effekt beim Ausschalten eines Fernseh- oder Videogerätes sichtbar: eine Art Nachwirken des Bildes, obwohl sich die Szene schon weiterbewegt hat.

8. **Schichten:** Stellen Sie sich vor, Ihr Körper bestünde aus vielen Schichten, als ob Sie mehrere Mäntel gleichzeitig anhätten. Entfernen Sie Schicht um Schicht, um deren versteckte Schönheiten und spezielle Eigenschaften zu offenbaren. Eine der Schichten ist vielleicht ein glitzerndes Purpur, während die nächste ein verschwommenes Blau ist. Eine andere Schicht ist vielleicht hart und rau, während eine tiefere Schicht eine weiche, seidige Oberfläche an den Tag bringt.

9. **Innere Oberfläche:** Betrachten Sie die Oberfläche Ihres Körpers von innen her. Sehen Sie, wie die innere Oberfläche sich verändert, während Sie sich bewegen. Es kann vielleicht hilfreich sein, wenn Sie sich vorstellen, Sie wären ein Ballon, der die Form Ihres Körpers besitzt. Platzieren Sie Ihr inneres Auge im Innern des Ballons und betrachten Sie von Ihrem inneren Standpunkt, wie er sich verändert. Während Sie sich bewegen, dehnen sich einzelne Gebiete aus, während andere nach innen gezogen werden. Achte Sie speziell auf die Veränderungen der inneren Konturen des Ballons.

Der äußere Raum

Der äußere Raum kann in verschiedene Zonen unterteilt werden. Dem Körper am nächsten ist der *intime* Raum. Wenn jemand, den Sie nicht sehr gut kennen, in Ihre Intimzone eindringt, kann das sehr störend sein. Der *soziale* Raum beschreibt die „Cocktail-Party-Distanz". Wir plaudern, ein Glas in der Hand, in einem freundlichen Abstand. Unser *persönlicher* Raum umfasst ungefähr die Größe des Raumes, in dem wir leben. Wir haben ein scharfes Bewusstsein aller Veränderungen in diesem Raum. Demgegenüber nehmen wir den *öffentlichen* Raum zwar wahr, doch Geschehnisse, die hier stattfinden, brauchen uns nicht persönlich zu tangieren. Der Frankfurter Hauptbahnhof ist ein öffentlicher Raum, der uns bewusst ist, doch die meisten Dinge, die hier stattfinden, betreffen uns nicht. Der *unendliche* Raum schließlich existiert nur in unserer Vorstellung. Es ist der Raum jenseits unseres Sehvermögens (das Land, der Planet, das Sonnensystem, das Universum).

1. **Räumliches Bewusstsein:** Stellen Sie sich vor, Ihre Wahrnehmung expandierte in den Raum, breitete sich aus wie die Ringe im Wasser. Kreieren Sie ununterbrochen neue Ringe und senden Sie sie in den Raum hinaus.

**Übungen:
Den äußeren Raum
erkunden**

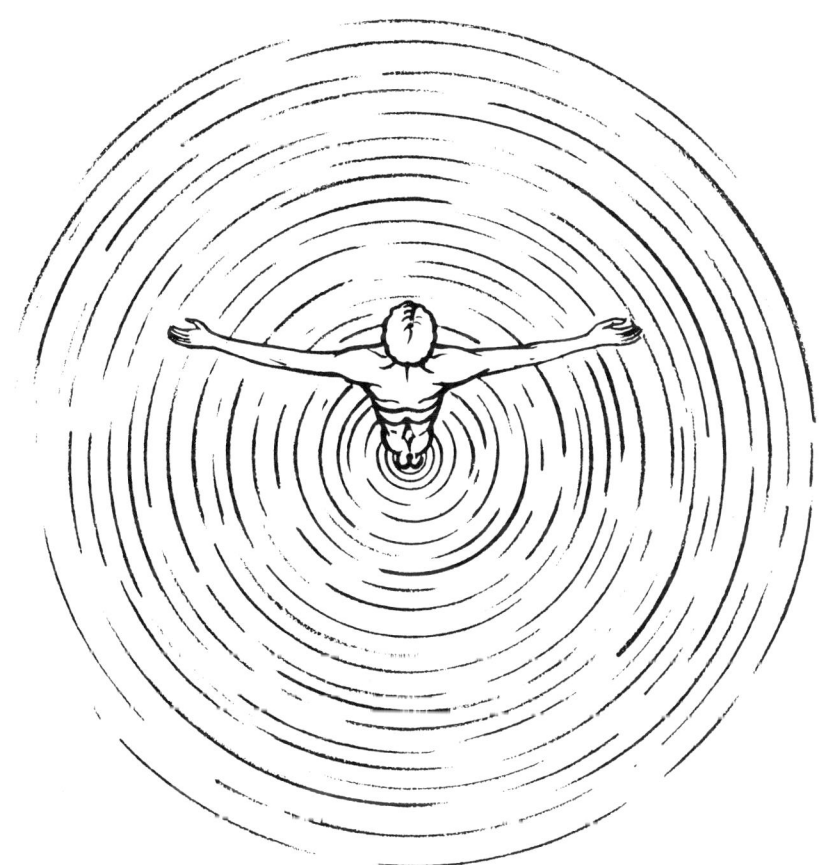

**Abbildung 2.7:
Das Bewusstsein in den
Raum ausdehnen**

2. **Den Raum anmalen:** Stellen Sie sich vor, Ihre Finger und Zehen wären Pinsel, die den Raum anmalen, während Sie sich bewegen. Farbige Striche erscheinen rund um Sie herum. Kreieren Sie große Flecken und dezente Farbenfäden, Schlingen, Vierecke und Spiralen. Nun tauschen Sie den Pinsel gegen einen größeren aus, der starke Borsten hat. Stellen Sie sich vor, dass diese den Raum reinigen, die Farbe wieder entfernen, bis der Raum bereit ist für das nächste Gemälde.

3. **Endlose Wurzeln:** Stellen Sie sich vor, Sie hätten endlose Wurzeln, die in alle Richtungen reichen, in den Boden, aber auch in den Himmel und zum Horizont hin.

Abbildung 2.8:
Endlose Wurzeln

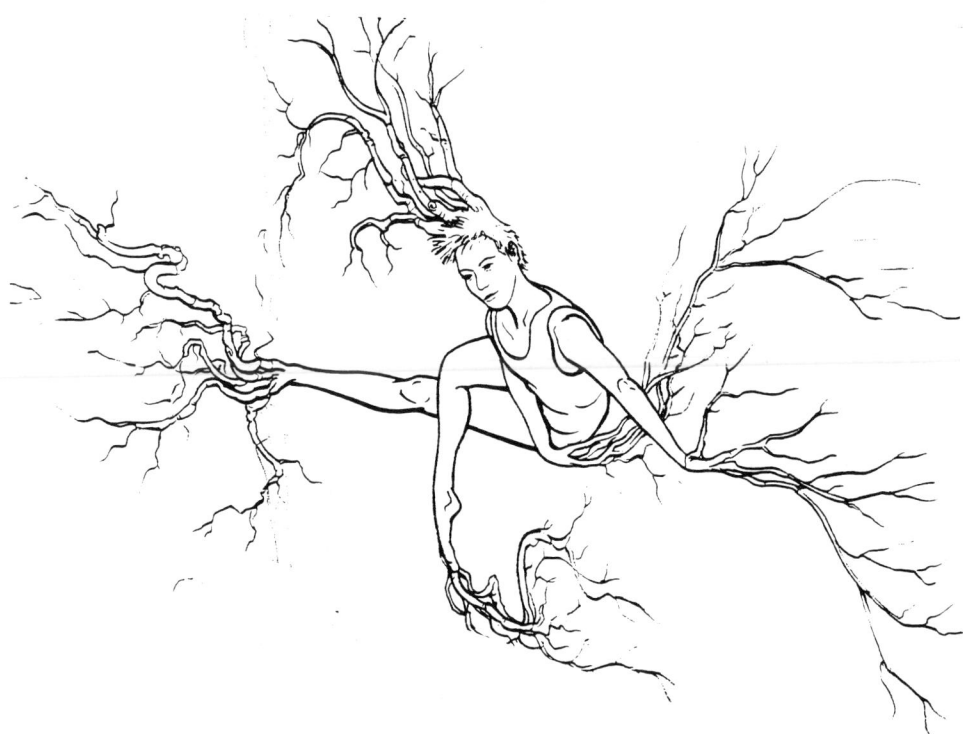

Abbildung 2.9:
Unbegrenzte Sicht

4. **Unbegrenzter Außenraum:** Tanzen Sie, als würden Sie auf einem Berg stehen mit einer grenzenlosen Aussicht. Tun Sie so, als ob Sie gerade auf dem Gipfel des Mount Everest angekommen wären. Dieser gewaltige Raum, der Sie umgibt, erlaubt Ihnen sich ohne Widerstand zu bewegen. Ihre Bewegungen können noch in 100 Kilometer Entfernung gesehen werden. Die Sicht ist unbegrenzt. (Vgl. Foto)

5. **Expandierender / schrumpfender Raum:** Stellen Sie sich vor, der Raum dehnte sich aus: Die Decke bewegte sich nach oben, die Mauern zur Seite und der Boden nach unten. Loten Sie aus, wie es sich anfühlt, wenn der Raum sich sehr schnell ausdehnt und wenn er sich langsam ausdehnt. Dann visualisieren Sie, wie der Raum so klein wird, dass Sie sich kaum mehr bewegen können. Danach lassen Sie ihn wieder sich ausdehnen.

6. **Parfüm:** Stellen Sie sich vor, Sie wären der Duft eines betörenden Parfüms. Der Duft kann provokativ und scharf sein oder süß und lieblich, was immer Sie mögen. Breiten Sie sich im Raum aus. Dringen Sie in alle Ecken und Fugen des Raums ein. Stellen Sie sich vor, wie Sie durch Risse dringen und in Schachteln und Tassen einsickern, durch haardünne Öffnungen in Fenstern und durch Schlüssellöcher ziehen.

7. **Gischt:** Sie sind die Gischt eines Wasserfalls. Wie der Wasserfall lassen auch Sie die Gischt sich in den Raum ausbreiten. Vielleicht wollen Sie sich auch nicht bewegen und nur zuschauen, wie die kleinen Tropfen durch den Raum spritzen und alles erfrischen, was sie berühren.

8. **Spinnennetz:** Stellen Sie sich vor, Sie webten ein riesiges Spinnennetz, das alle Teile des Raums miteinander verbindet. Ihr Netz ist leicht und verletzbar, trotzdem unglaublich stark. (Der Faden einer Spinne ist dreimal stärker als Stahldraht derselben Dicke.) Erforschen Sie Ihre Bewegungsmöglichkeiten mit sechs Beinen. Wie fühlt es sich an, auf Ihrem Netz zu sitzen oder dahinzugleiten, sich von der Decke abzuseilen (alles natürlich in Ihrer Imagination)?

**Abbildung 2.10:
Spinnennetz**

9. **Rauchwolke:** Denken Sie einmal, Sie wären eine Rauchwolke, die sich in den Raum verteilt. Stellen Sie sich vor, dass der Rauch zuerst dick ist, sich dann verflüchtigt und in verschiedene Richtungen verteilt.

10. **Bewegungsecho:** Stellen Sie sich vor, Sie säßen auf einer Alpweide und jodelten ins Tal, während Ihre Stimme von den Bergflanken reflektiert und leicht verzerrt zu Ihnen zurückkehrte: Nun „jodeln" Sie mit Ihrem ganzen Körper. Das Echo Ihrer Bewegungen „ertönt" im Raum.

11. **Leuchtturm:** Stellen Sie sich vor, Sie wären ein Leuchtturm: Ihre Augen sind die Signallichter, deren Licht 50 Kilometer auf den Ozean hinausscheint. Sie sind von weit, weit her sichtbar und nehmen ferne Ereignisse wahr.

**Abbildung 2.11:
Leuchtturm**

12. **Das Innere durchdringt das Äußere:** Sehen Sie, wie Ihr Innenraum sich durch den Außenraum bewegt und ihn verschiebt. Achten Sie auf die sich verändernden Beziehungen zwischen innerem und äußerem Raum.

13. **Universum:** Stellen Sie sich vor, dass Sie den ganzen Raum des Universums wahrnehmen könnten – den Raum zwischen der Erde und den anderen Planeten, zwischen den Sternen, zwischen den Asteroiden und Kometen, zwischen den Galaxien.

Es gibt unendlich viele Bahnen oder Wege, auf denen man sich durch den Raum bewegen kann. Denken Sie an all die Wege, die Sie in Ihrem Leben bereits gegangen sind, und stellen Sie sich diese als Linien vor, die auf eine riesige Leinwand gezeichnet werden. Stellen Sie sich vor, dass Ihre *schnellen* Bewegungen *dicke* Linien gezogen haben, die *langsamen* Bewegungen *dünne* Linien – es entsteht ein Design mit fantastischen Proportionen. Erforschen Sie Bahnen, indem Sie Linien auf ein Blatt Papier zeichnen und sie dann in den Raum übertragen. Inspiration für raumgreifende, den Raum teilende oder gestaltende Bahnen gibt es überall – von einem verworrenen Geäst im Wald bis zu den Spaghettis in der Schüssel. Einmal, bevor ich einen Workshop gab, legte ich mich im Hotelzimmer hin und entdeckte dabei eine interessante „Bahn" am unteren Ende eines Vorhangs.

Bahnen durch den Raum

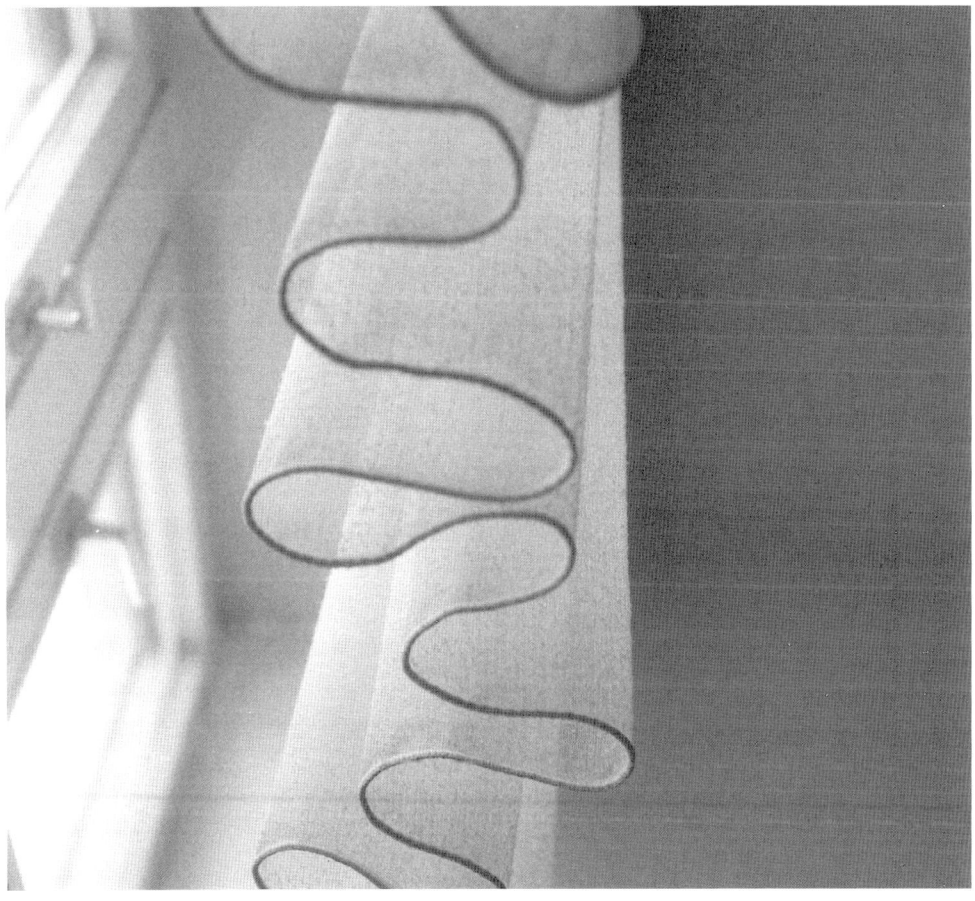

**Abbildung 2.12:
Eine interessante Bahn, gesehen an einem Vorhang**

1. **Den Weg erklären:** Diese Übung kann bereits bei Kindern ab dem vierten Lebensjahr eingesetzt werden, ist aber auch für Erwachsene wertvoll, wenn man die Fähigkeit pflegen möchte Wege zu visualisieren. Die Übung macht man zu zweit. Entscheiden Sie, wer die Person A und wer die Person B sein soll: A kreiert einen Weg durch den Raum, solange die Musik spielt (am Anfang nicht zu lange). Wenn A zu B zurückkommt, muss B der Person A erklären, welchen Weg A genommen hat. Um dies leisten zu können, muss B den Weg visualisieren können. Tauschen Sie anschließend die Rollen. (Nach Werner Huschka, deutscher Pädagoge)

**Übungen:
Bahnen und Wege visualisieren**

2. **Zweierlei Wege:**

   a) **Der Weg *vor* Ihnen:** Stellen Sie sich hin und visualisieren Sie vor sich einen Weg im Raum wie einen langen, mäandrierenden Pfeil. Bewegen Sie sich diesen Weg entlang bis zum Ende des Pfeils. Dann visualisieren Sie die Fortsetzung des Weges und bewegen sich weiter entlang dieses Weges bis an sein Ende. Gehen Sie nicht weiter, als Sie visualisieren können. Probieren Sie aus, wie weit Sie Ihren Weg ausdehnen können, ohne ihn zu vergessen, nachdem Sie mit dem Entlanggehen begonnen haben.

   b) **Der Weg *hinter* Ihnen:** Stellen Sie sich vor, dass Sie immer eine Spur hinterlassen, wo immer Sie auch hingehen – eine Spur wie der Kondensstreifen eines Flugzeugs. Wie lange können Sie sich an das Bild Ihrer Spur erinnern?

3. **Raumrutschbahn:** Wenn Sie je einmal eine dieser langen, gewundenen Kinderrutschbahnen hinuntergerutscht sind, dann wissen Sie, wie es sich anfühlt, wenn Ihr Körper geführt wird. Sehen Sie sich selbst vor Ihrem geistigen Auge, wie Sie von einer imaginären Rutschbahn mit perfekt passender Breite und Höhe durch den Raum getragen werden.

**Abbildung 2.13:
Rutschbahn**

4. **Achterbahn:** Stellen Sie sich vor, Sie wären auf einer Achterbahn. Diese Übung ist ähnlich wie die Raumrutschbahn, enthält aber auch Schwünge, Drehungen und Spiralen, sogar Umdrehungen um eine horizontale Achse.

5. **Energieströme:** Stellen Sie sich vor, dass Energieströme Sie wie starke Meeresströmungen entlang der Bahnen im Raum führen oder ziehen. Spüren Sie die Interaktion zwischen stärkeren und schwächeren Strömungen. Experimentieren Sie mit verschiedenen Formen von Strömungen: geradeaus, kreisend, halbkreisförmig, spiralförmig.

Auslöser für Bewegung

Bewegung kann überall im Körper ausgelöst werden. Bestimmte Bewegungen Sie mit dem ganzen Körper gleichmäßig auslösen, bei anderen beginnen Sie von einer bestimmten Stelle am Körper aus. Ein Faden am Finger könnte Sie beispielsweise in den Raum ziehen. Das Körperinnere kann die Oberfläche, die Außenseite bewegen, wie ein Sack mit Helium gefüllter Ballons Sie in die Höhe zieht (Abbildung 2.14a). Oder die Oberfläche kann das Innenleben bewegen, wie ein Sack, der Bälle am Boden entlangzieht.

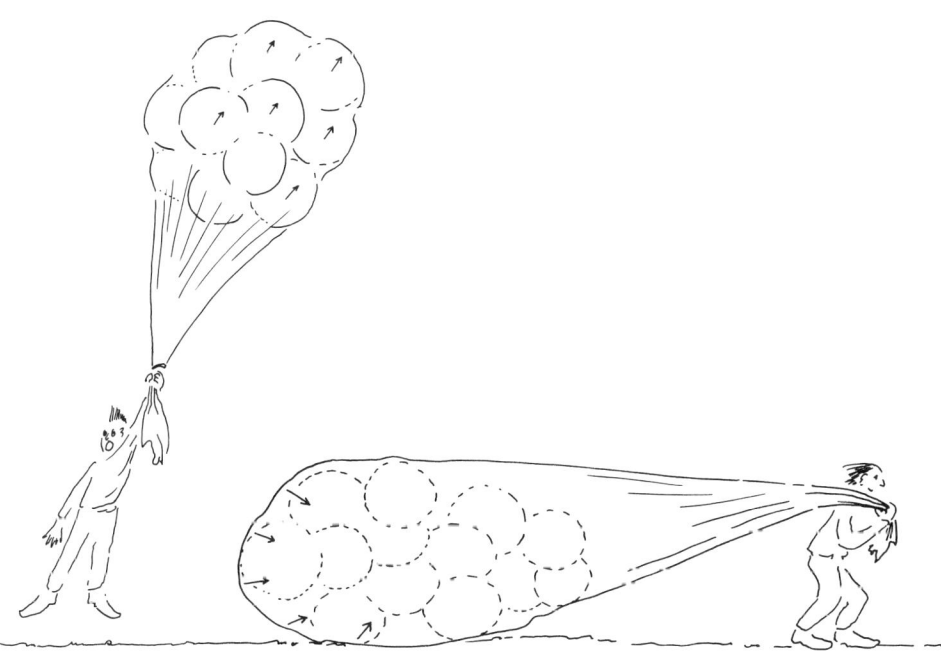

Abbildung 2.14 a)
Der Inhalt kann sein „Behältnis" bewegen.

b) Das Behältnis kann den Inhalt bewegen.

Übungen:
Bewegungen auslösen

1. **Windiges Wetter:**
   a) Windstoß (mit Partner): Der Partner löst die Bewegung in Ihrem Körper aus, indem er Ihnen einen sanften Stoß gibt, so als ob ein Windstoß auf eine bestimmte Stelle Ihres Körpers treffen würde.
   b) Windstoß (ohne Partner): Haben Sie einmal Erfahrungen mit Ihrem Partner gesammelt, können Sie diese Übung alleine machen und sich *vorstellen*, dass der Wind gegen den betreffenden Körperteil bläst und Sie in Bewegung versetzt.

2. **Sturm und Flaute:** Stellen Sie sich vor, Sie wären in einen Sturm geraten und würden heftig hin und her getrieben. Flauten und plötzliches Aufbrausen des Sturms heben Sie an, drücken Sie nieder und wirbeln Sie durch den Raum. Sie können auch visualisieren, wie der Wind erst nur mit Ihrem Arm spielt und wie dann ein plötzlicher Windstoß Ihren gesamten Körper in Bewegung versetzt, als wären Sie ein Blatt.

3. **Rollender Ball:** Stellen Sie sich einen Ball vor, der in Ihrem Körper umherrollt. Die Bewegungen des Balls initiieren und formen Ihre eigenen Bewegungen. Variieren Sie die Größe des Balls und experimentieren Sie mit der Anzahl von Bällen, die Ihre Bewegung auslösen.

**Abbildung 2.15:
Im Körper
umherrollender Ball**

4. **Marionette:** Stellen Sie sich vor, an Ihrem Kopf, Ihren Knien, Füßen, Ellbogen und Händen wären Fäden befestigt. Lassen Sie diese Fäden Ihre Bewegungen steuern. Setzen Sie weitere Fäden an. Seien Sie wie eine Marionette mit sehr lockeren Gelenken. Manchmal wird dieser Effekt in Choreografien benutzt, wie es beispielsweise aus einer Kritik von *Le Sacre du Printemps* vom 12. Juli 1913 in der *London Times* ersichtlich ist:

„Man scheint Marionetten zu betrachten ... und viele der Bewegungen scheinen das Resultat einer strengen und unsichtbaren Hand zu sein, die die Puppen einer unerbittlichen Verfügung folgend bewegt, deren Sinn dem Besitzer der Hand bekannt ist, aber nur in bestimmten Augenblicken den anderen mitgeteilt wird."

Der Energiestrom oder die Lebensenergie – *Chi*, wie sie in den östlichen Kampfsportarten und heilenden Künsten wie *Tai Chi* genannt wird – ist die „Nahrung" für die Bewegung. Ohne Energie wird die Bewegung dünn und unverständlich, ihre Intention undurchsichtig. Die Energie zu kanalisieren ist eine grundlegende Fähigkeit, die oft intuitiv eingesetzt wird. Zwar ist diese Energie nicht direkt sichtbar, doch ihre Manifestation (oder Nichtmanifestation) kann deutlich gesehen werden.

Energie

1. **Energiekreislauf:** Stellen Sie sich vor, Sie seien ein Energiekreislauf. Baden Sie in der Energie, die ununterbrochen Ihren Körper verlässt und wieder in ihn eintritt. Diese Energie wird zeitweise kräftig und intensiv, dann wieder sanft und zart. Sie zirkuliert in sich immer erneuernden Bahnen, dehnt sich aus, zieht sich zusammen, pulsiert und fließt.
2. **Ausdehnung der Energie:** Legen Sie sich hin. Denken Sie an ein Energiezentrum in Ihrem Körper, etwa an das Schwerkraftzentrum (Ihren Körperschwerpunkt); es ist ein konzentrierter Kraftpunkt, an dem sich Energien sammeln können. Stellen Sie sich nun vor, Ihre Energie breite sich von hier aus. Visualisieren und fühlen Sie die Ausbreitung der Energie in alle Teile Ihres Körpers hinein. Welche Bereiche Ihres Körpers brauchen mehr Energie? Schicken Sie ihnen Energie von der unerschöpflichen Quelle in Ihrer Mitte. Ist Ihr Körper dann voller Energie, fangen Sie an sich zu bewegen.
3. **Energie und Form:** Die Energie muss zum gleichen Zeitpunkt ankommen wie die Form. Jedes Mal, wenn Sie eine neue räumliche Form einnehmen, ist sie sofort und ganz mit Energie ausgefüllt. Experimentieren Sie auch mit dem Gegenteil: Die Energie der Form kommt an, bevor Sie die neue Stellung einnehmen.

**Übungen:
Energie erleben**

Eine Sache, auf die wir uns unbewusst verlassen, ist ein stabiler und unveränderlicher Boden. Normalerweise realisieren wir nicht, wie wichtig das Spüren eines Bodens für unsere körperliche und emotionale Stabilität ist.

Der Boden

**Abbildung 2.16:
Beispiel für ein Bodenmuster**

Menschen, die ein Erdbeben erlebt haben, bei dem der Boden in Bewegung kommt, nachgibt und somit nicht mehr unterstützend wirkt, können unter Umständen schwer wiegende emotionale Probleme bekommen. Der Wechsel der Bodenqualität kann deshalb eine intensive Wirkung auf den emotionalen Zustand haben. Manche Böden weisen ein bestimmtes Muster auf, das Ihre Bewegung beeinflusst. In diesem Muster ist vielleicht ein bestimmter Rhythmus, eine bestimmte Krümmung oder Struktur angelegt.

Übungen:
Auf verschiedenen Böden (Oberflächen) Erfahrungen sammeln

1. **Auf dem Eis:** Bewegen Sie sich, als ob Sie nur von einer dünnen Schicht Eis getragen würden.
2. **Der Boden lebt:** Stellen Sie sich vor, der Boden wäre der Rücken eines Riesen. Spüren Sie, wie er unter Ihren Füßen atmet.

Abbildung 2.17:
Ein „lebender Untergrund"

3. **Tanz auf dem Wal:** Stellen Sie sich vor, dass Sie auf dem Rücken eines riesigen Wals tanzten. Spüren Sie die gummiartige Haut unter Ihren Füßen und die enorme Kraft des Walkörpers. Sie sind umgeben vom wogenden, glitzernden Meeresspiegel.
4. **Auf Öl gleiten:** Gleiten Sie über den Boden, als ob Sie auf einer öligen Oberfläche wären. Erforschen Sie diesen Boden mit verschiedenen Tempi, vom langsamen Spaziergang bis zum schnellen Trippeln und Rennen. Drehen Sie sich spiralig zum Boden hinunter. Probieren sie es mit rollenden, herumwirbelnden und welligen Bewegungen.
5. **Tönende Trommeln:** Stellen Sie sich vor, Sie tanzten auf einer Trommel. Ihre Bewegungen kreieren den Rhythmus und hallen tief in den Boden hinein.
6. **Farbige Blätter:** Stellen Sie sich vor, der Boden wäre mit Blättern von blühenden Pflanzen und Bäumen übersät. Tanzen Sie knöcheltief in weißen Apfelblüten. Verändern Sie die Farben, Strukturen und Düfte der Blätter. Tanzen Sie in roten, blauen und purpurnen Blütenblättern.

7. **Tanz im Sand:** Stellen Sie sich vor, der Boden gäbe bei jedem Schritt nach, wie wenn Sie im Sand tanzten. Fühlen Sie, wie Ihre Fersen einsinken, während Ihre Zehen sich im warmen Sand winden.
8. **Auf Wasser laufen:** Stellen Sie sich vor, Sie könnten sich so leichtfüßig bewegen, dass Sie auf Wasser laufen könnten, ohne die Oberflächenspannung des Wassers zu durchbrechen.

Abbildung 2.18:
Auf Wasser laufen

Verbindung mit der Erde

Als ich einmal ein *Plié* machte, hatte ich plötzlich das Gefühl, dass ich die ganze Erdoberfläche unter meinen Füßen hätte. Ich konnte die gesamte Erde unter mir sehen, bis auf die andere Seite, und bis auf den Grund des Planeten (aus meiner Perspektive) spüren. Das war das erste Mal, dass ich die Erde nicht als etwas Flaches erlebte, sondern wirklich als etwas anderes. (Wissen ist ja etwas anderes als erleben.) Dieses spontane Bild erinnerte mich an die Zeichnungen, die ich als Kind in Antoine de Saint-Exupérys Buch *Der kleine Prinz* gesehen hatte, auf welchen der Prinz auf seinem Mini-Planeten steht und im All schwebt.

Die Erde und die Schwerkraft sind immer präsent, wie unser Atem, und manchmal vergessen wir, dass sie jeden unserer Schritte beeinflussen. Die Kontaktimprovisationstänzerin Nancy Stark Smith erklärte einmal: „Die Erde ist größer als du, also beginne dich mit ihr zu koordinieren." Kontaktimprovisation entstand in den frühen siebziger Jahren aus der Bewegungsforschung mit Tänzerpaaren, die immer in Kontakt bleiben (NOVACK 1990). Der frühen Gruppe von Kontaktimprovisatoren um Steve Paxton, der den Begriff geprägt hat, gehörten Nancy Stark Smith, Danny Lepkoff und David Woodberry an. Die Kontaktimprovisation wurde auch von der *Skinner-Releasing-Technik* beeinflusst, die Vorstellungsbilder anwendet. (Siehe dazu mein Buch *Befreite Körper*, Kapitel 1) In den Jahren 1982 und 1983 trat ich mit David Woodberrys *Running and Rolling Foundation* in New York auf. Es war eigentlich ein revolutionäres Gefühl, aus den Jahren des *Modern Dance*- und Ballett-Aufwärmens auszubrechen, wo jeder Tänzer für sich allein war, und dann mit David Woodberry zu arbeiten, der den Körper mit dem Üben des Fallens und mit Partnerübungen vorbereitete und dabei den Schwerpunkt auf Gewichtsunterstützung und Kontakt legte.

Übungen:
Sich mit der Erde
verbinden

1 **Mit der Erde verbunden:** Spüren Sie bei jedem Schritt, den Sie tun, Ihre Verbindung zur Erde. Bewegen Sie sich sehr langsam und nehmen Sie den Prozess wahr, in dem Ihr Gewicht von Moment zu Moment auf einen jeweils neuen Punkt verlagert wird. Spüren Sie die Bindung zwischen Ihren Füßen und dem Boden. Bringen Sie dann Ihren ganzen Körper, nicht nur die Füße, mit der Erde in Kontakt. Rollen Sie langsam über den Boden und spüren Sie, wie es sich anfühlt, wenn verschiedene Körperteile den Boden berühren.

2. **Lavastrom:** Stellen Sie sich einmal vor, Sie wären ausströmende Lava. Während Sie über den Boden fließen, spüren Sie Ihre Verbindung zum Erdinneren.

3. **Fruchtbarkeit der Erde:** Sie bewegen sich auf dunkler, fruchtbarer Erde. Riechen Sie deren Fruchtbarkeit und realisieren Sie, dass diese Erde bereit und in der Lage ist, neues Leben zu erzeugen.

4. **Teil der Erde:** Stellen Sie sich vor, Sie wären ein *Teil* der Erde (nicht auf der Erde). Sie wären eine Erhebung, die aus der Erde hervorgekommen ist, wie ein Fels oder wie eine Insel, die vom Meeresgrund emporragt.

Die Dynamik
von Bewegungen

Die meisten Bilder beeinflussen die dynamischen Aspekte der Bewegung wie Geschwindigkeit oder Beschleunigung und sie beeinflussen die damit verbundene Körperspannung. Wir erörtern hier nicht die biomechanischen Aspekte der Dynamik, sondern die qualitativen Veränderungen, die durch eine unterschiedliche Dynamik erzeugt werden. (An der Biomechanik der menschlichen Bewegung interessierte Leser möchte ich hier auf mein Buch *Befreite Körper* verweisen.) Der Körpertonus, die Körperspannung ist ein äußerst wichtiger Aspekt der Dynamik und Bewegungsqualität. Zwischen den Extremen von Schlaffheit einerseits und vollständiger Erstarrung andererseits, die natürlich nicht angestrebt werden sollten, liegt eine immense Bandbreite von Spannungsgraden. Viele Tanzstile haben ein bevorzugtes Spannungsniveau, in dessen Bereich die meisten Bewegungen vollzogen werden. Ein bestimmter Spannungsgrad wird dann aus ästhetischen Gründen als „korrekt" erachtet. Ich empfehle, verschiedene dynamische Möglichkeiten auszuloten und dann schnell von der einen in die andere zu wechseln.

Übungen:
Verschiedene dynamische Möglichkeiten ausprobieren

1. **Sprungfedern:** Stellen Sie sich vor, Ihre Arme und Beine wären Sprungfedern, die sich von jedem Punkt im Raum abstoßen können. Probieren Sie verschiedene Größen von Sprungfedern aus: große und starke Federn, träge Federn und kleine, schnelle Federn. Testen Sie, wie schnell Sie im Raum umherspringen können, indem Sie diese Sprungfedern benutzen.

2. **Feinste Bewegungen:**

   a) **Zunehmende Vibrationen:** Beginnen Sie mit kleinen Vibrationen; stellen Sie sich vor, Sie könnten die feinen Bewegungen in den Molekülen Ihres Körpers spüren. Dann spüren Sie das größere Pulsieren der *Zellen* in rhythmischen Kontraktionen. Die Bewegung wird größer. Die Organe, Muskeln, Knochen und schließlich der gesamte Körper vibrieren.

   b) **Kribbeln:** Stellen Sie sich vor, wie das Innere Ihres Körpers zu funkeln, zu glitzern und zu sprühen beginnt. Fühlen Sie, wie das Kribbeln sich von Ihren Finger- und Zehenspitzen aus im gesamten Körper ausbreitet.

3. **Roboter:** Der „Roboter" als Tanzstil war ein Vorläufer von *Breakdance* und *Electric Boogie*. Stellen Sie sich vor, alle Ihre Körperteile wären durch Scharniere miteinander verbunden. Die einzelnen Teile bewegen sich unabhängig voneinander, sind aber durch die mechanische Struktur in ihrer Bewegung eingeschränkt und können sich nur ruckartig bewegen.

4. **Gefangen im Netz:** Stellen Sie sich vor, Sie wären in einem Netz gefangen wie ein Fisch. Reißen und ziehen Sie das Netz hierhin und dorthin und versuchen Sie sich davon zu befreien.

5. **Elastische Bänder:** Stellen Sie sich vor, Sie wären an festen Gummibändern befestigt. Jede Bewegung muss den Zug dieser starken Bänder überwinden. Plötzlich lassen die Bänder los und Sie können sich frei im Raum bewegen. (Diese Übung kann natürlich auch mit echten Gummibändern geübt werden.)

6. **Schwebende Feder:** Stellen Sie sich vor, Sie wären eine weiche, zarte Feder, die im Raum schwebt. Geben Sie der Feder ihre spezielle Form und Farbe. Eine kleine Brise genügt, um die Feder durch den Raum zu bewegen.

7. **Seifenblasen:** Stellen Sie sich vor, Sie wären eine Seifenblase, die schwebt und „schwabbelt" und das Licht in kleinen Regenbogen auf ihrer Oberfläche reflektiert. Erforschen Sie auch, wie es sich anfühlt, wenn Sie eine ganze Traube von schwebenden Seifenblasen sind. Da Seifenblasen kurzlebig sind, erneuern Sie sich fortwährend als Blase anderer Größe und unterschiedlicher Flugbahn. Wie fühlt es sich an, von einem Luftzug durch den Raum gewirbelt zu werden? Wie fühlt es sich an, wenn Sie am Boden zerplatzen?

8. **Wurf:** Denken Sie, jede Bewegung wäre ein Wurf, als ob Sie einen Ball werfen würden. Werfen Sie auch „unübliche" Körperteile in den Raum hinaus, wie etwa die Nase, das Steißbein und die Schulterblätter.

Die Umgebung

In der Sportpsychologie ist das Kreieren einer realistischen Wettkampfumgebung ein wichtiger Teil des mentalen Trainings. Eine Umgebung zu kreieren verleiht Ihrem Tanz Tiefe. Wenn Sie in erster Linie mit Körperformen und mit der Bewegungsqualität gearbeitet haben, ist dies ein wichtiges, zusätzliches Forschungsobjekt, das Ihre „Technik" immens beeinflussen kann. Besonders wenn ich nur statische Übungen mache, liebe ich es mir vorzustellen, dass ich auf einer Klippe stehe und das Meer überblicke. Ich spüre dann, wie die Brise mit ihrem salzigen und scharfen Geruch gegen meinen Körper bläst, wie sie die Poren öffnet und durch mein Haar streicht. Obwohl mein Körper sich nicht bewegt, ist es nicht statisch. Es beinhaltet das Element von Bewegung. Nur schon den Raum um sich herum zu erleben ist ein erster Schritt in die Umgebung. Dann können Sie wunderschöne Landschaften kreieren oder fantastische, surrealistische Strukturen, die mit Ihren Bewegungen korrespondieren oder auch nicht.

Übungen:
Sich verschiedene
Umgebungen vorstellen

1. **Im Sand** (am Boden liegend): Stellen Sie sich vor, wie Sie sich in einer sandigen, warmen Umgebung ausruhen, etwa an einem Strand (Abbildung 2.19a). Beobachten Sie, wie der Wind Ihre nächste Umgebung allmählich verändert. Der Wind bläst den Sand hierhin und dorthin, ein kleiner Hügel verwandelt sich in einen Strudel und aufgewühlter Sand wird eingeebnet. Schließlich ergibt sich ein ganz neues Bild um Sie herum (Abbildung 2.19b).

Abbildung 2.19a:
Sich verwandelnder Sand

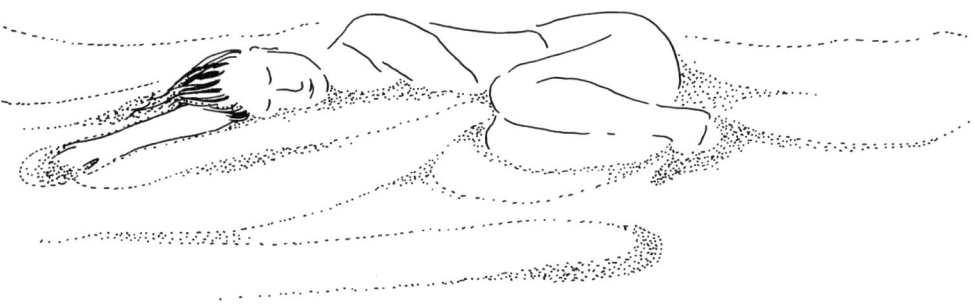

Abbildung 2.19b

2. **Ungewöhnliche Umgebung:** Versetzen Sie Ihre Bewegung in eine Umgebung, die in starkem Kontrast dazu steht: In Abbildung 2.20 stellt sich die Tänzerin beispielsweise vor, dass sie auf einem Surfbrett durch einen Wald gleite – ein Wald ist sicher kein geeigneter Ort zum Surfen. Stellen Sie sich vor, wie Sie auf einem Strom glühender Lava Ski fahren oder wie Sie auf einem Gletscher Rollschuh fahren. Sind Ihre Bewegungen abgehackt, so denken Sie an eine weiche, kurvenreiche Umgebung.

Abbildung 2.20:
Unpassende Umgebung

3. **Sonnenaufgang über weiter Ebene:** Bei Sonnenaufgang stehen Sie in einer weiten Ebene und sehen, wie die Sonne am Horizont aufsteigt, wie ihr Licht die umliegenden Hügelspitzen berührt und die Umgebung in frischen Farben erscheinen lässt. Sie spüren das Licht der aufsteigenden Sonne in Ihrem Gesicht. Achten Sie darauf, wie das Licht die Farben Ihres Körpers langsam verändert.

4. **Tiefer Abgrund:** Sie befinden sich am Boden eines tiefen Abgrundes mit Steinwänden, die sich rund um Sie herum erheben. Bewegen Sie sich an den Wänden entlang, bis Sie einen Ausweg finden.

5. **Im Nebel verloren:** Sie stehen in dichtem Nebel und können nicht weiter sehen als einige Zentimeter. Da sehen Sie irgendwo Licht. Plötzlich lichtet sich der Nebel und die Sonne bricht durch, um mit voller Kraft auf Sie zu scheinen.

6. **Sonnenstrahl durch den Nebel:** Stellen Sie sich vor, Sie wären ein Sonnenstrahl aus dem vorherigen Bild, etwa der Sonnenstrahl, der den Nebel teilt, eine Öffnung erzeugt und vage, undeutliche Formen in klare Konturen verwandelt.

7. **Im Dschungel:** Stellen Sie sich vor, Sie bewegten sich durch einen tropischen Dschungel. Spüren Sie die heiße, dicke und feuchte Luft. Sie streifen hängende Lianen und gigantische Blätter. Hören Sie die Schreie der Tiere und riechen Sie den scharfen Duft der dichten Vegetation. Kreieren Sie fantasievolle Pflanzen und Tiere.

Bewegungen von Tieren

Nicht nur für Kinder lohnt es sich, Tierbilder tiefer auszukundschaften. Aus ihnen können sich aufregende Formen ergeben. Ich erinnere mich, wie Martha Graham uns in einer Unterrichtsstunde erklärte: „Beobachtet Tiere. Findet heraus, wie sie sich bewegen, vor allem die Familie der Katzen. Geht in den Zoo und studiert die Tierbewegungen." Jack Anderson, Kritiker der *New York Times,* beschrieb das *Alvin Ailey Dance Theater* 1992 folgendermaßen: „Die katzenhafte Art und Weise, in der sich Gruppen von Tänzern durch Teile von *Night Creature* bewegten, machte pantherartige Menschen aus ihnen, welche die Nacht durchstreifen."

**Übungen:
Sich in ein Tier
verwandeln**

1. **Einzellige Lebewesen / Amöben:** Verwandeln Sie sich imaginativ in eine Amöbe, einen Einzeller, der sich durch den Raum bewegt. Eine Amöbe hat keine Gliedmaßen. Es ist eine unförmige Masse, die sich bewegt, ein Klecks, eine Haut mit einem gallertartigen Inhalt. Führen Sie als kompakte, konturlose Masse fließende Bewegungen aus. (Nach Jeanette Stoner)
2. **Tintenfisch:** Dieses Bild hilft überall im Körper die Beweglichkeit zu verbessern. Legen Sie sich hin und tun Sie so, als ob Sie ein Tintenfisch mit vielen Fangarmen wären. Nehmen Sie wahr, wie frei sich die Tentakel bewegen. Mit solchen Armen ist jede Bewegung möglich. Beginnen Sie sich zu bewegen, während Sie das Bild vom Tintenfisch in Ihrer Vorstellung behalten. Denken Sie daran, dass diese Tiere durch das Meer schießen, indem sie Wasser aus dem Zentrum ihres Körpers ausstoßen.

**Abbildung 2.21:
Tintenfisch**

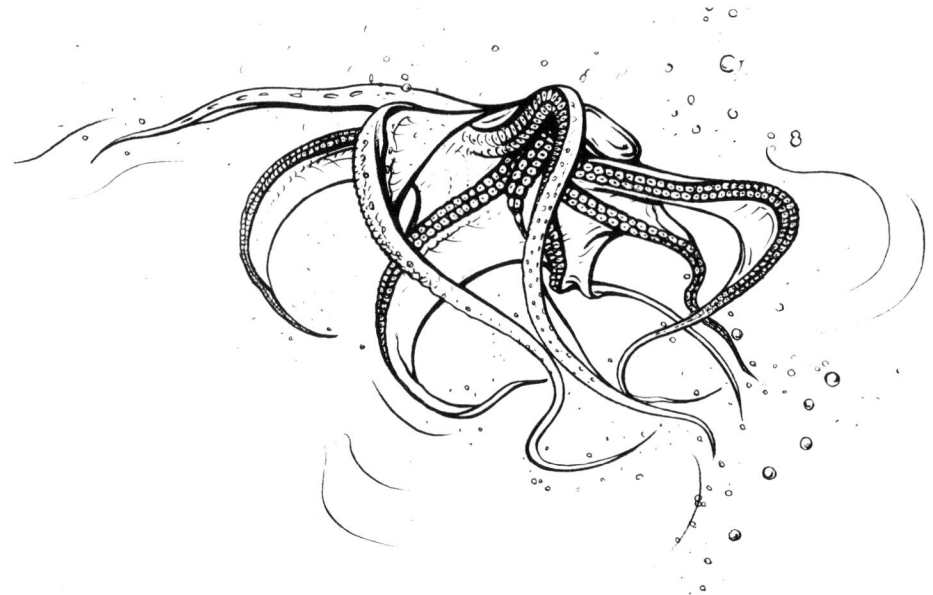

3. **Delphin:** Bewegen Sie sich wie ein Delphin, der auf offener See aus dem Wasser springt und herumspielt.

4. **Das Opfer anschleichen:** Sie sind wie eine Katze oder wie ein Tiger, der sein Opfer anschleicht. Bewegen Sie sich so leise wie möglich, Ihr Kopf schwebt über den Boden, gefolgt von der gesamten Masse Ihres Körpers, bevor Sie in einem Ausbruch wilder Energie vorwärts springen.

5. **Hüpfendes Insekt:** Stellen Sie sich vor, Sie wären ein Insekt, das wie regungslos im Raum schwebt und plötzlich an einen anderen Platz hüpft.

6. **Übermütiger Otter oder herumtollende Robbe:** Nach Joseph Cornell, dem Autor vieler Naturbücher, verbringt der Otter den ganzen Tag mit Herumtollen. Er ist die Verkörperung überschwänglichen Spaßes in der Natur. Tun Sie wie ein Otter und wirbeln Sie inmitten Ihrer Wasserlandschaft herum.

7. **Schmetterlinge:** Stellen Sie sich vor, wie Schmetterlinge in Ihrem Körper herumflattern. Werden Sie der schönste Schmetterling, den Sie sich vorstellen können. Entdecken Sie die Schönheit flatternder, flackernder Lebenslust.

8. **Adler:** Stellen Sie sich vor, Sie zögen durch die Lüfte wie ein Adler und ritten endlos auf den Strömungen des Windes auf und ab.

Abbildung 2.22:
Cathy Ward tanzt ihre Vorstellung von einem Vogel

Natur

Naturbilder können tiefe emotionale Reaktionen auslösen. Diesen Bildern begegnen die Augen der Menschen seit Zehntausenden von Jahren; sie sind unseren Genen sozusagen eingeprägt. In den „Gras-Tänzen" der amerikanischen Steppenindianer werden die Tänzer eins mit der Bewegung des hohen, sich kräuselnden Grases, während sie den Platz einstampfen, um einen Tanzkreis zu schaffen. Als die ehemalige Hawkins-Tänzerin Cathy Ward einmal einem Auftritt des *American Indian Dance Theater* mit seinen fedrigen, grell bemalten Kostümen zuschaute, fragte sie mich: „Hast du je Regenbogen tanzen gesehen?" Tanzende Regenbogen könnten problemlos ein Bild sein, das Butoh-Tänzer benutzen. Sie identifizieren sich oft ganz und gar mit ihrem Naturbild. Die Besprechung eines Tanzes von Kazuo Ohno berichtet: „Er stellt sich vor, er wäre eine Prinzessin, die wie Blütenpollen über die Erde fliegt."

Bei einer Zugfahrt in der Region am Arlberg (in Österreich) war ich einmal stark beeindruckt von der immensen Größe dieser Berge um mich herum. Es war mir plötzlich möglich, mich mit dieser Masse zu identifizieren und zu begreifen, was es heißt, ein so großes Volumen zu besitzen. Die Berge wurden real, waren nicht mehr länger nur eine pittoreske Fotografie. Bei einer anderen Gelegenheit flog eine Taube am Fenster eines Tanzstudios in New York vorbei, während ich inmitten der Probe einer Tanzsequenz war. Ihr sanftes Flattern und ihre schnellen, präzisen Bewegungen gaben mir das perfekte Bild für das, was ich gerade tat.

**Übungen:
Sich Bilder aus der
Natur vorstellen**

1. **Baum:** Bewegen Sie sich wie ein Baum im Wind. Bäume reagieren individuell auf den Wind. Nutzen Sie jede Gelegenheit, einen Baum in Bewegung zu sehen – Sie können daran die vollkommene und doch differenzierte Artikulation studieren. Einige Bäume scheinen zu gestikulieren, als ob sie eine wichtige Botschaft mitzuteilen hätten – vielleicht sprechen sie zu den Wolken und der Sonne. Andere schwingen harmonisch hin und her. Wieder andere sind wie ein Hagel einzelner Bewegungen von Blättern, die in der Sonne glitzern. Die Äste biegen sich und schwingen zurück, biegsam, nachgebend und doch stark.

2. **Hohes Gras:** Wenn der Wind über ein Feld mit hohem Gras bläst, werden Myriaden von Mustern erzeugt. Bewegen Sie sich wie die Wirbel, die Schneisen und die Strudel in diesem Feld.

3. **Wellen:** Versuchen Sie zu nuancieren – die tiefen Strömungen; der Schaum, der auf dem Wellenkamm reitet; der Saugeffekt, wenn sich die Welle wieder zurückzieht, und die Kraft, wenn die Welle bricht. Stellen Sie sich vor, ein Teil des Körpers folgte der Welle, während ein anderer Teil der Welle widerstünde. (Abbildung S. 73 oben)

4. **Wolken:** Die Wolken verändern ihre Form andauernd. Wenn ein Ende sich aufbauscht, zieht sich das andere zurück, dann weitet sich die gesamte Wolke plötzlich und breitet sich aus. Seien Sie wie eine Wolke, die sich auftürmt, wie eine flache Wolke, eine dichte Wolke, eine verdunstende Wolke, eine flaumige Wolke.

**Abbildung 2.23:
Tanzen mit der Vorstellung
von einer Welle**

5. **Fallende Blätter:** Ihr Körper besteht aus Blättern, die von einem Baum schweben und anschließend vom Wind davongetragen werden.

**Abbildung 2.24:
Fallende Blätter**

6. **Flammen:** Sie sind nun eine flackernde Flamme, die flimmert und nicht vorhersagbar ist. Sie wechseln die Farbe von Rot über Purpur bis ins Blaue. Feuer, eine explosive Erscheinung aus Licht und Hitze, wird durch die kleinste Brise beeinflusst.

7. **Galaxie:** Sie sind eine Galaxie, die im Raum rotiert. Denken Sie an die Millionen von Teilen der Galaxie: Die Sterne, die Nebel, die interstellare Materie wirbeln um ein gemeinsames Zentrum. Denken Sie an die immensen Entfernungen zwischen den einzelnen Sternen. Versuchen Sie sich die Menge an Licht vorzustellen, die von einer Galaxie erzeugt wird.

8. **Der größte Organismus:** Stellen Sie sich vor, Sie wären ein riesiger Organismus mit Tausenden von Querverbindungen. Der größte Organismus der Welt ist wahrscheinlich der 106 Hektar große und 6000 Tonnen schwere Wald von genetisch identischen Zitterespen in Utah, die aus einem einzigen, gemeinsamen Wurzelsystem wachsen.

9. **Sonnenschein:** Stellen Sie sich vor, Sie wären die Sonne mit all ihrer Wärme und Glut.

10. **Vom Samen zum Baum:** Sie sind ein kleines, in der Erde liegendes Samenkorn. Nun wachsen Sie zu einer riesigen Sequoia-Tanne heran.

Zeit

Das Erleben von Zeit ist beim Tanzen sehr wichtig. Cathy Ward bemerkte einmal: „Dehne die Zeit der Bewegung aus, so dass die Leute dich sehen können." Die individuelle Wahrnehmung der Zeit variiert. Wir alle haben schon erlebt, wie die Zeit vorbeiflog oder dahinkroch, je nachdem in welcher psychischen Verfassung wir gerade waren. (Wann kam die Zeit das letzte Mal hinter Ihrem Bett hervor und rief: „Aufstehen, aufstehen!"?) Die Zeitwahrnehmung der Zuschauer unterscheidet sich möglicherweise radikal von derjenigen des Tänzers oder Choreografen. Was uns als die perfekte Länge erscheinen mag, die es ermöglicht, eine Bewegung adäquat zu erleben, flitzt vielleicht an den Zuschauern vorbei oder langweilt sie. Was die Sache zusätzlich kompliziert, ist der Umstand, dass die Wahrnehmung der Zuschauer von vielen äußeren Faktoren abhängt. Ich habe erlebt, dass europäische Zuschauer generell viel toleranter gegenüber (und sogar begierig nach) *langen* Tanzabenden sind als das Publikum in New York. Sie erwarten ausgiebige Zugaben noch zu einem Zeitpunkt, da die New Yorker Zuschauer schon lange gegangen wären. Kulturelle Faktoren machen also die individuellen Unterschiede noch komplexer.

Oft ist unser Zeitsinn eng mit unserer Armbanduhr oder mit der Uhr an der Wand verbunden, die uns den zeitlichen Abstand bis zum nächsten Ereignis in unserem Leben angeben. Uhren gab es lange Zeit nicht, sie haben unsere Zeitwahrnehmung ganz und gar verändert. Bis zum Anfang des 16. Jahrhunderts wurde Zeit gemessen mit Hilfe regelmäßig wiederkehrender Vorgänge oder Abläufe wie beispielsweise Mahlzeiten oder Gebete. Das einzige äußere Signal für das Vergehen von Zeit war ein akustisches – das Läuten der Kirchenglocken – und einige wenige Kirchen hatten auch Zifferblätter. Es brauchte eine vergleichsweise kurze Periode, bis die Uhr weit verbreitet war; dies führte dazu, dass Aktivitäten in bestimmte Zeitspannen gepfercht wurden. Beim Tanzen wollen wir eine Vielfalt möglicher Zeitwahrnehmungen meistern, von der unbegrenzten Zeit, bis hinunter in die minutiösesten Unterteilungen.

**Übungen:
Mit der Zeit
experimentieren**

1. **Zeit gleichmäßig verteilen:** Verteilen Sie Ihr Bewusstsein gleichmäßig über den Zeitraum der Bewegung – wie Sand, den Sie gleichmäßig auf einer Fläche verteilen.
2. **1000 Jahre:** Stellen Sie sich vor, dass jede Bewegung, die Sie machen, 100 oder 1000 Jahre der Geschichte darstellt.
3. **Vergangene Zeit:** Stellen Sie sich vor, dass Ihr Tanzen etwas ist, das bereits vor Urzeiten stattfand. Tanzen ist eine der ältesten Aktivitäten in der menschlichen Entwicklung.
4. **Ein Tag:** Es gibt Insekten, die nur *einen* Tag lang leben. Stellen Sie sich vor, dass Sie das gleiche Schicksal haben. Ein Tag ist Ihr ganzes Leben. Wie beeinflusst dies Ihre Bewegungen?
5. **Die Zukunft:** Stellen Sie sich vor, dass wir 100 Jahre später leben und ein neuer Tanzstil entstanden ist. Tanzen Sie diesen neuen Stil.

Schwer und leicht

Die nachfolgenden Übungen stehen in Beziehung mit den vorhergehenden Erkundungen zu Gewicht und Dynamik. Hier legen wir unser Augenmerk auf die entgegengesetzten Empfindungen von Schwere und Leichtigkeit. Versuchen Sie so viele Abstufungen wie möglich zwischen den beiden Empfindungspolen zu entdecken.

**Übungen:
Mit den Vorstellungen
von Schwere und
Leichtigkeit spielen**

1. **Der Lift:** Stellen Sie sich vor, wie der Boden unter Ihren Füßen sich aufwärts bewegt und gegen Ihre Füße drückt – als ob Sie in einem nach oben fahrenden Lift tanzten.
2. **Tragen und hängen:** Während Sie sich bewegen, versuchen Sie zu spüren, welche Körperteile für das Stützen oder Tragen Ihres Körpers essenziell sind und welche Teile an den anderen aufgehängt sind und einfach mitbewegt werden. Spüren Sie die Hebelwirkung, die Sie fortbewegt? Wo genau wenden Sie die größte Anstrengung auf?
3. **Knochenballons:** Stellen Sie sich vor, dass Ihre Knochen Ballons sind. Spüren Sie das Zusammenspiel zwischen den Knochenballons, Ihren Muskeln und den Organen. Verwandeln Sie die Organe in schwere, wassergefüllte Ballons, während die Knochen luftige Ballons bleiben. Kehren Sie dann die Situation um und vergleichen Sie die jeweils daraus resultierenden Empfindungen und Bewegungen. (Vgl. S. 76)
4. Stellen Sie sich zunächst vor, dass Ihre **Knochen leicht und** Ihre **Muskeln schwer** sind; **dann umgekehrt:** Stellen Sie sich vor, dass Ihre Muskeln leicht und die Knochen schwer sind. Die folgenden Metaphern helfen Ihnen vielleicht bei diesen Erkundungen: Die Knochen sind aus schwerem, solidem Holz geschnitzt, während die Muskeln um sie

herum flattern wie weiche Seidenschals. In der umgekehrten Situation stellen Sie sich die Knochen als Bambus vor, während die Muskeln aus dickem, schwerem Stoff gemacht sind.

5. **Der Boden ist überall:** Stellen Sie sich vor, dass der Boden Sie überall im Raum unterstützen kann. Sogar wenn Sie aufrecht stehen, können Sie sich dann an den Boden anlehnen; Ihr Kopf und die Arme können auf einem Boden ruhen, egal in welcher Position sie sind. (Nach Eiko & Koma)

Abbildung 2.25:
Tanzende Knochenballons

Kunst

Meine Tochter fragte mich einmal: „Ist es möglich, dass man in eine Zeichnung hineingehen kann?" Offensichtlich kann sie das in ihrer Imagination tun. Im Erwachsenenalter erlaubt uns unsere Imagination Kunst auf eine neue und erfrischende Weise zu erleben, indem wir mit ihr interagieren.

Übungen:
Aus Kunstwerken
Vorstellungsbilder
gewinnen

1. **In ein Bild hineingehen:** Wählen Sie ein Bild aus einem Buch oder einer Galerie aus und studieren Sie es, bis Sie sämtliche Teile und Akteure des Bildes visualisieren können. Dann improvisieren Sie mit dem Bild, als ob Sie tatsächlich in diesem Bild wären, in der Szene, die dort abgebildet ist.

2. Die Schüler liegen am Boden und halten die Augen geschlossen, während der Lehrer **ein kurzes Gedicht** vorliest. (Er kann das Gedicht bei Bedarf wiederholen.) Die Tänzer achten auf die Bilder, die das Gedicht auslöst und die in ihnen aufsteigen; inspiriert von diesen Bildern beginnen sie sich zu bewegen, entweder auf dem Boden oder sie stehen auf,

je nachdem welcher Natur ihre Bilder sind. Der Gruppenleiter kann Teile des Gedichts weiter vorlesen, während die Tanzenden improvisieren. Für diese Übung ist es nützlich, einen Gedichtband zur Hand zu haben. Der Leiter kann jede beliebige Seite aufschlagen und daraus vorlesen. Oft führen solche zufälligen Experimente zu überraschenden Resultaten.

3. **Alle für einen, einer für alle:** Die Tänzer liegen mit geschlossenen Augen auf dem Boden. Der Lehrer lässt Musik laufen und die Tänzer folgen der Spur der Bilder, die vor dem inneren Auge passieren. Immer noch am Boden liegend erzählt ein Tänzer den anderen sein Bild. Die Tänzer ergründen dieses Bild gemeinsam. Wiederholen Sie diesen Schritt, bis jeder Tänzer *ein* eigenes Bild der ganzen Gruppe zum Erforschen gegeben hat.

4. **Kombination einiger oben genannter Elemente:** Kreieren Sie ein Bild aus einem Gedicht und verbinden Sie es mit verschiedenen Musikstücken. Erzeugen Sie ein Bild durch Musik und verbinden Sie es mit verschiedenen Gedichten. Treten Sie in ein Bild ein und verbinden Sie diese Erfahrung mit Musik.

Zellbewegung

Bewegung kann auf verschiedenen strukturellen Ebenen visualisiert werden. Man kann sehen, wie sich die (größeren) Körperteile bewegen – außerdem kann man sich aber auch vorstellen, wie einzelne Zellen sich bewegen. Diese kleinsten Bauelemente unseres Körpers enthalten unseren kompletten genetischen Code. Zellen können – zumindest theoretisch – unter geeigneten Bedingungen selbstständig überleben und sie haben offenbar eine eigene Intelligenz. Zellen können sich bewegen und können sich sogar sozusagen kriechend fortbewegen: Sie stülpen einen Teil ihrer Oberfläche in einer bestimmten Richtung aus und ziehen dann den Rest ihres „Körpers" nach.

Übungen: Die Zellen tanzen lassen

1. **Zellen lösen Bewegung aus:** Stellen Sie sich vor, wie Ihre Zellen eine Bewegung auslösen, die Bewegung stoppen, die Bewegung führen. Wenn Sie Ihre Richtung ändern, lösen alle Zellen gemeinsam die Bewegung aus. Wenn Sie springen, hüpft jede Zelle mit Ihnen hoch. Wenn Sie sich drehen, ist jede Zelle involviert. Die Intention des Ganzen ist in jeder einzelnen Zelle verankert.

2. **Zellen baden in Musik:** Lassen Sie die Zellen während einer statischen Pose in Musik baden, zu einer Melodie tanzen. Die Zellen lassen alle Positionen jederzeit lebendig und frisch aussehen.

3. **Vibrierende Zellmembranen:** Die Membranen ihrer Zellen können Töne hervorbringen, genauso wie die Membran einer Lautsprecherbox. Wenn sich die Musik ändert, ändern sich die Vibrationen der Membranen. Kleine Zellen vibrieren vielleicht schnell und erzeugen einen hohen Ton, während große Zellen langsam schwingen und einen Basston erzeugen.

4. **Kooperierende Zellen:** Die Zellen können sich einzeln und unwillkürlich bewegen oder im Einklang. Sie können sich aber auch fortschreitend bewegen, eine nach der anderen, wie eine kaskadenartige, fallende Reihe von Dominosteinen. Visualisieren Sie die unterschiedlichen Möglichkeiten, mit denen sich die Zellen in Ihrem Körper bewegen. Neigen Sie sich zur Seite und stellen Sie sich vor, die Zellen bewegten sich ebenso (alle gleichzeitig). Wiederholen Sie die Seitneigung und stellen Sie sich vor, die Zellen bewegten sich sequenziell, nacheinander, um die Bewegung auszulösen. Stellen Sie den Unterschied in der Bewegungsqualität fest, den die beiden Bilder erzeugen.

Weitere Bilder

Es gibt natürlich unzählige Bilder, die nicht einfach zu kategorisieren sind. In einem Artikel über die *Berry Brothers* etwa, afroamerikanische Varieté-Künstler der zwanziger bis vierziger Jahre, zitiert Harriet Lihs James Berry:

„Er (der Jazz) wurde 'Fußklopfer-Musik' genannt … Du kannst dich ungezwungen bewegen, wie losgelöst tanzen und trotzdem bist du in den 'Beat' eingehüllt … Gehe einfach wie Wasser in einer heißen Bratpfanne." (LIHS, 1994, S. 94)

Und während einer Aufführung von *Rejoyce (Pilobolus Dance Theater,* 1993) sah es so aus, als ob sich einer der Tänzer in Blasen verwandelt hätte, die in einer Bratpfanne auf und ab hüpfen. Er vollführte diesen Tanz im Liegen.

Das Unterrichten von Jazztanz erfordert auf seine Weise sehr viel Vorstellungskraft. Terrence Green, Mitglied der *Dayton Contemporary Dance Company* (DCDC) und Jazztanzlehrer, schlägt zum Beispiel vor: „Lass den Faden fortwährend durch das Nadelöhr laufen" (– bei der Nähmaschine; das soll heißen: Stoppe den Bewegungsfluss nicht). Oder: „Komm vom Dach herunter in den Keller." (Erde dich mehr, benutze dein *Plié.*)

Interessante Arbeit mit Vorstellungskraft wurde beim *American Dance Festival* (ADF) 1994 in einem Workshop von Eiko (Eiko & Koma) präsentiert. Sie forderte uns auf etwas „völlig Bedeutungsloses" zu machen, etwas, das sich gut anfühlt und das Sie für lange Zeit ohne bestimmtes Ziel weiterführen können. Sie erklärte dazu, dass jemand zum Beispiel einen Sonntagsspaziergang ohne Ziel machen könne. Später führte sie aus: „Wir nehmen immer etwas vom Raum weg, deshalb ist es gut, etwas in den Raum abzugeben, so dass er nicht so überfüllt ist." Wir stellten uns daraufhin vor, wir würden unsere Augenbrauen verlieren und die Löcher beobachten, die sich in unserem Körper bildeten, als wir Teile davon an den Raum verloren.

1. **Tanzen unbekannt:** Stellen Sie sich vor, Sie treten in eine Welt, in der es kein Tanzen gibt und die Menschen noch nie Tanz gesehen haben. Zeigen Sie ihnen, was Tanzen ist!

2. **Unterwasser-Vision:** Stellen Sie sich vor, Sie sind unter Wasser. Öffnen Sie langsam Ihre Augen. Erforschen Sie, wie das ist, sich unter Wasser zu bewegen und zu sehen.

3. **Den Raum schmecken:** Stellen Sie sich vor, Sie sind am ganzen Körper mit Geschmacksknospen übersät, mit denen Sie den Raum buchstäblich schmecken können.

4. **Ringen:** Stellen Sie sich vor, Sie ringen mit einem sehr beweglichen und gelenkigen Menschen (sozusagen mit einem Gummimenschen – versuchen Sie diese Improvisation mit dem Song *Rubberband Girl* von Kate Bush zu machen).

5. **Mobile:** Stellen Sie sich vor, Sie sind ein kunstvoll gearbeitetes Mobile, eine Konstruktion aus leichten, fein ausbalancierten Teilen, die an Fäden baumeln.

**Übungen:
Verschiedenste Bilder
ausprobieren**

**Abbildung 2.26:
Mobile**

6. **Drachen:** Stellen Sie sich vor, Sie sind ein Drachen, der vom Wind getragen und bewegt wird. Tauchen Sie ab, machen Sie Spiralen und Überschläge. Genießen Sie dieses Schweben!

7. **Schachtelmännchen:** Stellen Sie sich vor, Sie sind ein Schachtelmännchen. Denken Sie an das Element der Überraschung, wenn Sie sich aus der dunklen Schachtel herauskatapultieren. Sie werden von einer sehr starken, spiraligen Metallfeder emporgeschleudert und baumeln daran.

Abbildung 2.27:
Schachtelmännchen

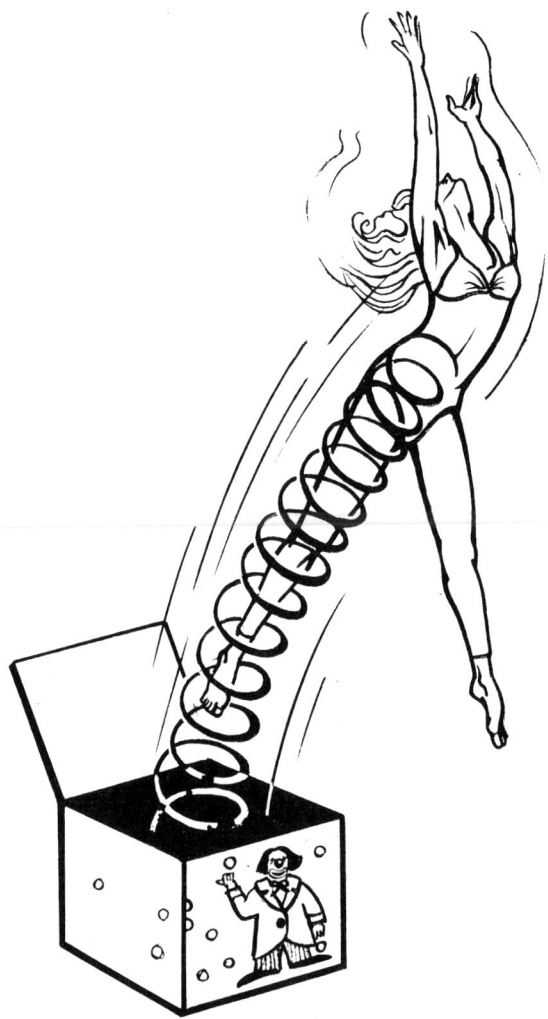

8. **Bewegen ohne bestimmtes Bild:** Halten Sie kein bestimmtes Bild in Ihrem Geist fest, um eine Bewegung zu erzeugen. Warten Sie einfach auf das Bedürfnis nach Bewegung. Dieses Bedürfnis kann in jedem Teil Ihres Körpers aufsteigen. Folgen Sie den Bewegungswünschen Ihres Körpers – dirigieren Sie die Bewegung nicht. Beobachten Sie die Gedanken und Bilder, die in Ihnen aufkommen, aber folgen Sie ihnen nicht.

Improvisation in einer Gruppe

Die meisten der bisher geschilderten Übungen können in einer Gruppe ausgeführt werden. Das gemeinsame Trainieren mit anderen Tänzern hat seine Vorteile, beispielsweise das Gefühl, durch ein gemeinsames Ziel oder eine Bewegungsqualität miteinander vereint zu sein. Wir können viel lernen, wenn wir einander beim Tanzen zuschauen und die Lösungen der anderen für eine Bewegungsaufgabe beobachten. Wie bereits erwähnt sollte Zeit eingeplant werden, damit man die Erfahrungen aus der Improvisation miteinander teilen kann. Ein Bild ist vielleicht nur der Startschuss, der uns zu neuen Bewegungskonzepten und neuen persönlichen Wahrnehmungen führt. Die folgenden Übungen sind speziell für Gruppen mit mindestens drei Tänzern entworfen worden.

1. **Stamm:** Stellen Sie sich Ihre Gruppe als einen prähistorischen Stamm vor, der ein wichtiges Ritual durchführt, um Sonne oder Regen für das Gedeihen der zukünftigen Ernte herbeizurufen (nach Mark Dendy).
2. **Tierrudel:** Die Gruppe ist eine Herde oder ein Rudel von Tieren, die miteinander spielen, die gleichen Bedürfnisse und Instinkte haben und mit den gleichen Feinden kämpfen.
3. **Vogelschar:** Stellen Sie sich vor, Sie sind eine Vogelschar, die in vollkommener Synchronizität fliegt und Bewegungen ausführt.
4. **Harfe:** Stellen Sie sich vor, dass jeder Tänzer eine Saite einer überdimensionalen Harfe darstellt. Imaginäre Hände streichen an den Saiten entlang und versetzen die Tanzenden in Bewegung.

**Übungen:
Vorstellungsbilder in einer Gruppe darstellen**

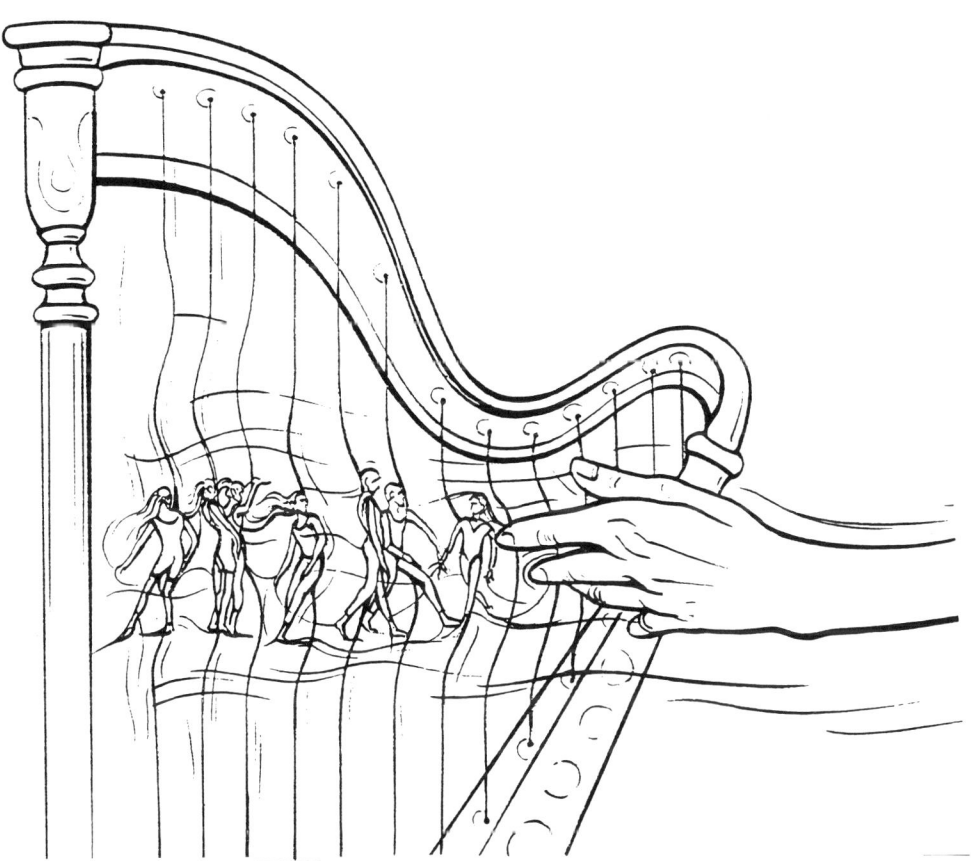

**Abbildung 2.28:
Überdimensionale Harfe**

5. **Maschine:** Stellen Sie sich vor, Sie sind eine Maschine mit unzähligen Schaltern, Rädern und Hebeln. Konstruieren Sie aus Ihren Körpern eine solche kunstvolle Maschine, die einen komplizierten Mechanismus hat, um ganz einfache Dinge zu bewerkstelligen. Diese Maschine lässt einen ausgeklügelten Prozess ablaufen mit surrenden Rädern, gestikulierenden Hebeln, mit knallenden und schleifenden Geräuschen und mit „durchdrehenden" Förderbändern, um eine simple Aufgabe zu erledigen wie beispielsweise eine Scheibe Brot zu toasten und bereitzustellen. Die lange Kette von Aktivitäten sollte so kompliziert und interaktiv wie möglich sein.

6. **Schneeflocken:** Stellen Sie sich vor, Sie sind Schneeflocken, die vom Himmel fallen. Visualisieren Sie Ihre kunstvollen Muster, während Sie herumgewirbelt werden. Verschmelzen Sie mit anderen Schneeflocken und bilden Sie einen Schneeball – danach werden Sie wieder vom Wind zerstäubt.

7. **Kommunizierende Symbole:** Tun Sie so, als würden Sie mit Ihren Körpergesten magische Symbole kreieren. Zeigen Sie diese Symbole den anderen Gruppenmitgliedern, die Ihnen mit noch mysteriöseren Gesten antworten.

8. **Schatten:** Stellen Sie paarweise jeweils einen Menschen und seinen Schatten dar. Bevor Sie damit beginnen, legen Sie fest, was und wo die Lichtquelle ist.

9. **Schachspiel:** Stellen Sie sich vor, dass Sie auf einem imaginären Schachbrett tanzen. Probieren Sie die möglichen Bewegungen der verschiedenen Schachfiguren aus. Bewegen Sie sich entsprechend den Zugmöglichkeiten eines Bauern, eines Springers oder der Königin. In einer Gruppenimprovisation kann jeder Teilnehmer eine andere Spielfigur sein. Wechseln Sie diese Rollen mehrmals. Beobachten Sie, wie Sie mit Ihren Limitierungen zurechtkommen.

10. **Kreuzung:** Teilen Sie den Raum in vier Quadranten auf. In jedem Teil befinden sich gleich viele Tanzende. In der Mitte des Raumes, wo alle vier Quadranten aneinander grenzen, ist eine imaginäre Kreuzung, ein Schnittpunkt, den jeder Tänzer passieren muss, der in einen der anderen Quadranten gelangen will. Wollen mehrere Tanzende gleichzeitig wechseln, müssen sie ohne Worte miteinander kommunizieren, wer zuerst und in welche Richtung geht.

Kontaktimprovisation

Steve Paxton, der oft als Begründer der Kontaktimprovisation bezeichnet wird, erklärte einmal:

„Kontaktimprovisation ist eine Studie in Physik, es geht um Stoß und Rückstoß, Gewicht und Reaktion, um die Newton'schen Gesetze. Wir sind aber nicht Beobachter physikalischer Ereignisse, wir sind Newtons Äpfel selbst, es geht darum, wie es sich anfühlt, solche Äpfel zu sein."

Während einer Kontaktimprovisation können Sie viele unterschiedliche Erfahrungen machen. Sie können vielleicht mit einer Empfindung beginnen, die sich in ein spezifisches Bild verwandelt, oder einfach den Kontaktpunkt mit Ihrem Partner beobachten, während er sich über Ihren Körper bewegt. Falls ein Vorstellungsbild Thema in der Kontaktimprovisation wird, so steigt es normalerweise aus den Empfindungen und Erlebnissen des sich entwickelnden Ereignisses auf. Als ich einmal flach auf dem Rücken meines Partners lag, fühlte ich mich plötzlich so, als ob ich auf dem Panzer einer riesigen Schildkröte transportiert würde.

Nach Steve Paxton ist Kontaktimprovisation aus dem Versuch entstanden, Tanzstile, Partnertechniken, Improvisation und Kampfkünste miteinander zu verschmelzen. In der Kontaktimprovisation kann man mit Imaginationen experimentieren, die sich auf die „Tiefe" des Kontaktes beziehen: Eine „Kinesphäre" berührt die andere, Körperoberfläche berührt Körperoberfläche, Körperhülle berührt Körperhülle und Kern berührt Kern. Nancy Stark Smith spricht deshalb von „Skinnesphäre" (ein Wortspiel mit engl. *skin* = Haut) und meint damit die Körperhaut, die in jahrelangen Erfahrungen der Interaktion mit dem Boden und mit anderen Tanzenden gleichzeitig angespannt und sensibilisiert wird. Die Qualität des Kontaktes variiert mit seiner Tiefe. In den Übungen (siehe unten) benutze ich das metaphorische Bild von zwei Ballons, die sich einander annähern. (Für nähere Beschäftigung mit dem Thema Vorstellungskraft und Kontaktimprovisation empfehle ich das Magazin *Contact Quarterly*.)

Die Tiefe des Kontakts

Sie können die nachfolgenden Ideen miteinander kombinieren und damit spielen, indem Sie beispielsweise die Körperoberfläche Ihres Partners mit Ihrem Kern berühren. Oft wechselt die Ebene des Kontaktes ständig.

- **Kinesphäre:** Sie stehen mit dem „Feld" Ihres Partners in Kontakt (vergleichbar mit dem elektrostatischen Feld rund um einen Ballon). Sie fühlen seine Dichte und interagieren mit ihm, ohne den Partner wirklich zu berühren.
- **Oberfläche:** In dieser Kontaktform, die auch „sich streifen" genannt wird (SKINNER, 1990), wird das Bewusstsein auf die Interaktion zwischen den Oberflächen gerichtet. Sie kontaktieren sozusagen die Oberfläche eines Ballons.
- **Körperhülle:** Hier reicht der Kontakt bis in die erste Körperschicht, aber nicht bis in den Kern. Die erlebte Interaktion findet gleich unter der Oberfläche statt, im Innern des Ballons.
- **Kern:** Sie berühren das, was Sie gerade als Ihren Kern erfahren. Es ist die Mitte des Ballons, der Punkt, der während einer Rotationsbewegung an seinem Platz bleibt.

Vorbereitung auf die Kontaktimprovisation

Die Vorbereitung sollte Rolltechniken und den richtigen Einsatz der Arme und Beine einschließen, damit man einen Fall abzubremsen lernt. Die nachfolgenden Übungen werden Ihnen auch helfen, sich für die Kontaktimprovisation vorzubereiten, indem Sie Ihrer Körperoberfläche einen Wahrnehmungsinput geben, den sie braucht, um das führende Sinnesorgan zu werden. Wenn der primäre Sinnesinput visuell ist, führt das tendenziell zum Halten und Packen des Partners, was in der Kontaktimprovisation vermieden werden sollte. Der Vorgang, dass wir ein Objekt sehen und es festhalten, ist im Alltag so häufig, dass wir hier eine Phase von Berührung und propriozeptiver Verstärkung einschalten müssen, bevor wir mit dem Kontakt beginnen.

- **Schwammigkeit:** Berühren Sie Ihren Partner, ohne dass Sie Hände und Arme benutzen. Bleiben Sie weich wie ein Schwamm, indem Sie Ihr ganzes Wesen mit Ihrem Atem durchdringen. (Nach Skura)

- **Streifen:** Der Kontakt findet an der Oberfläche statt. Wir bewegen uns weniger in gewichtsübertragenden Positionen, sondern wir gleiten sozusagen über unseren Partner. Die Empfindung ähnelt derjenigen von einer nassen Seife, die über die Haut schlittert. (Nach Skura)
- **Die Wahrnehmung vorbereiten:** Vor einer Probe oder einem Auftritt mit David Woodberrys *Running and Rolling Foundation* übten wir einfache Formen des Hebens. Das gewöhnte unsere Gelenk- und Muskelsinnesorgane an stärkere Kräfte und bereitete uns auf das Erleben des Gewichtes vor. Visualisieren Sie in vorbereitenden Formen des Hebens (wie zum Beispiel: Ihren Partner auf dem Rücken tragen, sein Bauch liegt auf Ihrem Rücken) den Körperschwerpunkt Ihres Partners und seine Beziehung zu Ihrem eigenen. Liegt der Körperschwerpunkt Ihres Partners senkrecht über dem Ihren? Wie fließt das Gewicht durch Ihren Partner auf Sie und in den Boden? Stellen Sie sich diesen Gewichtsfluss wie eine Strömung vor, die von Ihrem Partner zu Ihnen und in die Erde strömt.
- **Flüssigkeit:** Eva Karczag erklärte in einem Interview in *Contact Quarterly:* „In der Kontaktimprovisation geht es darum, dem Fluss seiner Energien zu folgen und zu schauen, wohin es Sie mit jemand anderem nimmt. Um das geschehen zu lassen, müssen Sie innerlich flüssig sein." (KARCZAG 1985,35) Viele der weiter oben beschriebenen Bilder helfen diese innere Flüssigkeit zu erzeugen. Der Begriff innere Flüssigkeit erinnert mich an die umweltfreundlichen Plastikbeutel, in denen zum Beispiel Milch verkauft wird. Die formbare, aber starke Haut beinhaltet cremige Milch.

Übungen: Vorstellungsbilder für die Kontaktimprovisation

1. **Ausschütten:** Stellen Sie sich vor, Sie könnten Ihren Körper über Ihren Partner ausschütten wie dicken Sirup. Er schüttet anschließend seinen Körper über Sie aus. Erforschen Sie verschiedene Qualitäten und Typen von Flüssigkeiten wie Sirup und Olivenöl.
2. **Delfin:** Sie sehen sich selbst aus dem Wasser springen, sich in der Luft drehen, wieder eintauchen und mit flossenbrechender Geschwindigkeit durch das Wasser schießen. Gleiten Sie an einem befreundeten Delfin hinauf, schlüpfen Sie über seine Schnauze und purzeln Sie unter seinen Bauch.
3. **Gemeinsam atmen:** Stellen Sie sich vor, dass Sie und Ihr Partner mit demselben Rhythmus von derselben Quelle atmen. Zwingen Sie Ihren Atem nicht, sich dem Atem Ihres Partners anzugleichen – lassen Sie es einfach geschehen.
4. **Verschmelzende Tropfen:** Stellen Sie sich vor, Sie und Ihr Partner sind aus dem gleichen Material geschaffen, aus der gleichen Substanz, die sich in zwei Tropfen teilen kann. Sobald sich die Tropfen berühren, verschmelzen sie und werden wieder eine Kugel. Die Tropfen können sich jederzeit wieder trennen und selbstständig werden, übereinander rollen und wieder verschmelzen.

5. **Robben:** Die Robben sind sehr verspielt. Erlauben Sie Ihrem Gewicht auf dem Partner zu ruhen und es gegen das Gewicht das Partners zu bewegen, als wären Sie beide Robben mit runden, elastischen Körpern. Spüren Sie die gummiartige Masse Ihres Partners, wenn Sie sich an ihn lehnen. Spüren Sie die Verspieltheit in allen Knochen, Muskeln und Sehnen Ihres Partners.

Abbildung 2.29:
Robben

6. **Zwei Kieselsteine:** Stellen Sie sich vor, Sie und Ihr Partner sind zwei Kieselsteine, die im klaren Wasser eines Baches liegen. Die Strömung des Wassers trennt Sie und rollt Sie wieder zueinander. Sie purzeln bachabwärts wie Würfel, mit denen gerade gewürfelt wird.
7. **Arme und Beine austauschen:** Kehren Sie die traditionellen Rollen um – stellen Sie sich vor, dass die Arme Beine sind und die Beine Arme werden. Erlauben Sie den Beinen, Dinge zu tun, die sonst die Arme machen, und umgekehrt.
8. **Verbunden:** Schaffen Sie eine Verbindung, eine imaginäre Schnur, eine Kraft, die Sie zuverlässig mit Ihrem Partner verbindet, als wären Sie beide eine Seilschaft an einem Kletterseil. Ihre Schicksale sind nun miteinander verbunden. Sie können einander helfen, was immer auch geschehen mag.

Teil II

Vorstellungsbilder für das Tanztechnik-Training

Dieser Teil behandelt die Anwendung der Vorstellungskraft beim Erlernen der Tanztechnik. Viele Tanzlehrer nutzen die Vorstellungskraft in ihren Tanzklassen. Für einige ist es ein spontaner Teil ihres Unterrichts, für andere ist es ein spezifisches Werkzeug. Martha Myers (1986, S. 7), Direktorin des *American Dance Festival*, schreibt:

„Wie können Schüler und Lehrer das Gleichgewicht zwischen der Feinfühligkeit persönlicher Sinneswahrnehmungen auf der einen Seite und der Anpassung an von außen auferlegte Rhythmen und Formen auf der anderen Seite finden? Tanzlehrer sind intuitiv auf den Einsatz von Bildern gestoßen – oft sind es poetische und manchmal lächerliche –, die ihnen helfen diese Balance zu erreichen. Würde ein Fußballtrainer vorschlagen, dass ein Spieler den Ball wegkickt, als wäre es eine Feder? Würde der Übungsleiter in einem Fitnessstudio seine Übungsteilnehmer auffordern an Pfannkuchen zu denken, während sie ihre Beine anheben, und zwar an Pfannkuchen, die langsam die Oberschenkel heruntergleiten? Heutzutage tun sie es vielleicht."

Kapitel 3

Wie man Vorstellungsbilder findet

Bevor wir den Einsatz von Vorstellungsbildern im Tanztechnik-Training erörtern, wollen wir uns einige Methoden anschauen, mit denen wir Vorstellungsbilder entdecken und erzeugen können. Bilder kommen auf vielerlei Art und Weise auf uns zu: spontan während einer Improvisation oder Technikstunde, unter der Dusche oder bei einem Spaziergang im Park. Ein Bild, das sich während einer Massage oder Körpertherapie einstellt, erzählt Ihnen vielleicht etwas über die Natur eines bestimmten Schmerzes. Gemäß dem Psychologen Arnold Mindell (1985), Begründer der prozessorientierten Psychologie, versucht ein Körpersymptom Ihnen etwas mitzuteilen. Das Symptom löst vielleicht ein Bild aus, das die Situation klären kann.

Vorstellungskraft scheint eng verbunden zu sein mit Einsicht und Entdeckung. Anthony Stevens, Autor des Buches *Archetypes* (1983), weist darauf hin, dass der Astronom Johannes Kepler sich mit Platons Philosophie beschäftigte und glaubte, dass seine wissenschaftlichen Entdeckungen daher resultierten, dass Bilder oder Ideen, die bereits in seinem Kopf waren, auf äußere Gegebenheiten zutrafen. Östliche Weise wie die Rishis in Indien, die Autoren der Veden, waren Menschen der Vision, die in ihren Meditationen Sachverhalte, Zusammenhänge in Bildern sahen, oftmals in symbolischen Bildern, die vielleicht einer Erfahrung vorausgehen oder sie begleiten und sie in eine konkrete Form umsetzen, schreibt Sri Aurobindo (1971, S. 12). Der Strom der Vorstellungsbilder resultiert oft aus Sinneswahrnehmungen und Erlebnissen.

Bilder aus der Natur

Die Natur bietet uns eine Fülle an Inspiration für die Vorstellungskraft. Wenn Sie einmal einen Ausflug aufs Land machen oder nur schon in einen Park oder einen Garten gehen, so betrachten Sie die kontrastreichen Formen und Linien von mit Gras bewachsenen Flächen. Berühren Sie sie; lassen Sie sie in Ihr Sinnesgedächtnis hineinfließen. Beobachten Sie die vielfältigen Formen, die die Reflexionen des Sonnenlichts auf dem Wasser erzeugen. Betrachten Sie die Natur in Bewegung: Flüsse, Wasserfälle, Sonnenuntergang, Wolken, die über den Himmel fegen, die Fluganordnungen der Zugvögel. Spüren Sie das Gras um Ihre Beine streichen, den Wind durch Ihr Haar blasen, die Sonne Ihre Haut wärmen. Hören Sie die Vögel zwitschern, die Bäume ächzen, den Bach gurgeln, den Wind durch die Äste pfeifen. Riechen Sie den Klee und den saftig-bitteren Duft des Mooses, das auf den Bäumen wächst. Die Natur ist eine unerschöpfliche Quelle für Sinneseindrücke.

Bilder aus Filmen

Wenn Sie zur Natur nicht leicht Zugang finden, können Sie sich vielleicht einen Film anschauen und eine der reichsten Quellen unserer Kultur für kollektive Archetypen erleben. Viele Filmliebhaber müssen bei den Wörtern Film und Vorstellungskraft gleich an Federico Fellini (1920-93) denken, den Regisseur so bekannter Filme wie *La Strada* (1954), *La Dolce Vita* (1960) und *Amarcord* (1973). Fellini äußerte einmal, dass Phantasie Erinnerung sei. Aber nur wenige andere Filmemacher waren wie Fellini fähig, Erinnerungen in erstaunliche visuelle Vorstellungskraft umzusetzen. Fellini sagte auch, dass Geschichtenerzählen das einzige Spiel sei, das es wert sei gespielt zu werden.

Trickfilme sind reich an interessanten Vorstellungsbildern. Vom revolutionären Disney-Klassiker *Fantasia* bis zu neueren Produktionen wie *Die kleine Meerjungfrau* kann man Innovationen in den detaillierten Darstellungen dessen sehen, wie Blumen und Tiere tanzen, wie das Haar einer Meerjungfrau im Wasser fließt und die gemeine Hexe ihre Tentakel ausbreitet. Ein Mund verwandelt sich in eine Trompete, ein Vogel zieht einen Reißverschluss herunter, um sein Zuhause im Baum zu schließen. Eine Form fließt in die andere über und verwandelt sich sofort, unmögliche Verzerrungen erzeugend, grotesk-skurrile Fortbewegungsarten und humorvolle Übertreibungen – all das nährt den „Vorstellungs-Muskel".

Bilder aus der Literatur

Kraftvolle, resonierende Bilder sind augenscheinlich in der Mythologie und Literatur aller Zeitalter zu finden. Ob Sie nun Ovids *Metamorphosen* oder Kafkas *Die Verwandlung* lesen – die Bilder, die Sie entdecken, können Ihre Imagination nur bereichern.

Mythologie

Mythen haben unzählige Choreografen des *Modern Dance* inspiriert, etwa Martha Graham und Erick Hawkins, und sie dienen auch weiterhin als Ausgangspunkte für Choreografien. Schöpfungsmythologien aus aller Welt, so sehr sie sich auch unterscheiden, sind alle reich an Vorstellungskraft. Viele Bilder, die einschlagen wie ein Blitz, erwachsen aus dem Kampf zwischen den Elementen. Die Welt wurde vielleicht aus Millionen herumwirbelnder Teile zusammengefügt oder wurde vielleicht aus einem Ei geboren; vielleicht kam die Welt auch von oben herab oder, wie es in einigen Mythologien nordamerikanischen Prärieindianer der Fall ist, sie stieg von unten herauf, indem alle Menschen, die lange Zeit unter der Erde weilten, durch das Pawnee-Mutterkorn langsam nach oben geführt wurden.

Hervorragende Tanzlehrer wie Cathy Ward haben Gedichte im Tanztraining rezitiert, um auf einem weniger wörtlichen Weg, vielmehr auf eher bildhafte Art zu kommunizieren. Joan Skinner benutzt Gedichte in so genannten „Ganzheits-Bildern", um eine *Release*-Improvisation zu inspirieren. Diese Art Improvisation tauche das Individuum in einen Zustand der Orientierungslosigkeit, der die Freiheit gebe, neue Erfahrungen zu machen (SKINNER 1990). Hier ein Beispiel:

Das ganze Selbst verwandelt sich
in eine Konfiguration von
schlangenhaften Wirbelsäulen
schlangenhafter Energie
erlöst seine Macht
ohne Warnung

Ein anderes Beispiel von Vorstellungskraft in einer poetischen Form ist Remy Charlips *Take Space* („Nimm Raum"):

Nimm Raum:
Stelle dir Luftpolster
Zwischen allen deinen Wirbeln vor.
Erlaube deinem Kopf hinauszuspringen
(In den Raum)
Von innen
(Dem Zentrum der Erde)

Mach deine Wirbelsäule so lang wie irgend möglich,
und schaffe größtmögliche Beweglichkeit in deinem Körper,
indem du den pfeilförmigen Knochen hinten an deinem Kopf
(das Hinterhauptbein)
möglichst weit nach oben und weg von deinem pfeilförmigen
Schwanzknochen bewegst
(dem Kreuzbein)

Nun betrachte das Kreuzbein
wie es sich nach unten verlängert, weg vom Hinterkopf

Sieh mehr Raum zwischen Himmel und Erde,
wie Wolken sich ausbreitender Knochen.
Du kannst zwei Finger in die Zwischenräume an den Gelenken
deiner Handwurzel einführen,
an deinen Schultergelenken,
an deinen Hüftgelenken.

Stelle dir zahllose zahllose Welpen vor, wie sie jeden deiner
Knochen abschlecken.

Kritiken

Kompetente und wortgewandte Tanzkritiker können den Strom der Vorstellungsbilder auf der Bühne aus der Sicht der Zuschauer oft in gelungener Weise wiedergeben. Hier ist ein Eindruck von Balanchines *Walpurgisnacht*, getanzt vom *New York City Ballet*, den Anna Kisselgoff für die *New York Times* aufgeschrieben hat (26.11.1991):

„Whendy Whelan hat ein hartes Funkeln in ihrem klar geformten Tanzen, das sie zu ihrem Vorteil ausnutzen kann, und es gab der Choreografie eine wunderschöne neue Ausstrahlung. Ihr erster Pas de deux mit Philip Neal war gekennzeichnet von plötzlichen leidenschaftlichen Stürzen in die Arabesque. Kraft und Sinnlichkeit kolorieren ihre Phrasierung: Sie sah wie eine Frau von Welt aus, die ihren unsichtbaren Zigarettenhalter hält, als sie – auf den Zehenspitzen stehend – die Knie beugte und in die Arme ihres Partners zurückkehrte.“

In einer Kritik von Jennifer Dunning über die *Rhythm Technicians' hip-hop dance and rap performance* von *So! What Happens Now? (New York Times*, 26.11.1991) enthüllen sogar die Beinamen der Solotänzer interessante Bilder: Steve „der Wacklige" Clemente, Richard „verrückte Beine" Colon, Gabriel „Schnellschritt" Dionisio, Leon „Oberdreher" Chesney, John „Lock-A-Tron" Christian und Charles „S. K. Mystique" Sanchez.

Bilder aus der Musik

Es gibt zahlreiche New-Age-Aufnahmen, die darauf abzielen, die Visualisierungsfähigkeit zu fördern, doch wird jede Musik, die Sie inspiriert, Bilder auslösen. Machen Sie es sich bequem, hören Sie sich verschiedene Musikarten an und betrachten Sie Ihren inneren Bildschirm. Es braucht vielleicht ein bisschen Zeit, aber mit der richtigen Musik werden Sie neue, interessante Körperformen, Szenerien und Bewegungen entdecken. Ich empfehle Bedřich Smetanas *Moldau* und Werke neoklassischer Komponisten wie Michael Torke und John Adams. Sogar *Free Jazz* kann zu Bildern inspirieren. Die Musik des *Art Ensemble* of Chicago mit Cecil Taylor und Anthony Davies schafft höchst faszinierende Klangbilder.

Bilder aus der bildenden Kunst

Der Maler Henri Matisse mahnte einmal, dass wir die Fähigkeit nicht verlieren sollten, die wir als Kinder hatten, nämlich den Dingen immer wieder mit frischem Blick, aus einem neuen Blickwinkel zu begegnen (ESSERS 1986). Diese Art von Offenheit wird Ihnen sehr gute Dienste tun bei dem Bemühen, Ihr Bilderrepertoire zu vergrößern. Ob es nun um den menschlichen Körper geht oder um etwas anderes – bildende Kunst ist naturgemäß eine gute Quelle für die Vorstellungskraft. Zum Beispiel erzeugt Salvador Dali mit seinem Bild *Geburt einer Göttin* (1960) ein unglaubliches Raumgefühl, indem er die transparente Büste einer Göttin auf einen kleinen Berg projiziert, der in einer weiten Ebene mit einer Bergkette im Hintergrund liegt. Probieren Sie es aus: Sie sind so groß, dass ein Berg in Ihre Brust hineinpasst.

Georg Schmidts Buch *Kunst und Naturform* (1960) beinhaltet eine Schatztruhe von Analogien zwischen der Kunst und dem menschlichen Körper im Allgemeinen und im Einzelnen. In einem Fall vergleicht er die Handwurzelknochen, welche die Basis der Hand bilden, mit Paul Klees 1929 entstandenem Bild *Lichtbreitung*. Die Ähnlichkeit zwischen der Anordnung der Knochen und der „Lichtbreitung" ist frappierend.

Manchmal haben wir im Tanz die Möglichkeit, mit kreativen Künstlern aus anderen Bereichen direkt zusammenzuarbeiten; dies kann die imaginative Qualität der Aufführung nur bereichern. Zum Beispiel arbeitete Marc Chagall mit Leonid Massine zusammen, dem früheren Ballettmeister von Serge Diaghilews *Ballet Russe*, und schuf Bühnenbilder und Kostüme für *Aleko* und für Strawinskys *Feuervogel*. Leuchtende Hintergründe, die „östliches" Licht und östliche Farben benutzen, scheinen von selbst zu strahlen. Einige Zeichnungen der verspielten Kostümentwürfe sehen so aus, als ob sie im Inneren der Figuren schwebten, und sie vermitteln ein umfassendes Verständnis der jeweiligen Charaktere.

Skulpturen

Einige der fantastischsten Skulpturen in Hinsicht auf Körperhaltung und Bewegungsfluss hat Rodin geschaffen. Besonders gerne mag ich die Figur *La Danaide*, bei der sich die Haare der dargestellten Frau in einen Strom zu verwandeln scheinen. *Die Hand Gottes* zeigt zwei ineinander verflochtene Figuren, die in einer riesigen Hand ruhen. Geometrische räumliche Beziehungen und Bahnen können wir aber nicht nur in traditionellen Skulpturen finden, sondern in allem um uns herum. Abbildung 3.1 zeigt eine „Maschine" des Schweizer Künstlers Tinguely. Wenn die Maschine läuft, sieht man ihre Teile rotieren oder wirbeln, schlagen oder gleiten, all das in einem Ausbruch von Aktivität, ohne dass ein Resultat sichtbar wäre.

Abbildung 3.1:
Eine „Maschine" des Schweizer Künstlers Jean Tinguely

Übungen:
Vorstellungsbilder
von Skulpturen

Betrachten und berühren Sie Skulpturen: Schauen Sie einen Bildband von Rodins Skulpturen an und finden Sie *La main crispé* (1885), *La cathedrale* (1908) und seine ganze Serie *Mouvement de danse* aus dem Jahr 1910. Schließen Sie die Augen und visualisieren Sie die Skulpturen so deutlich wie möglich.

Architektur

Architektur kann die Vorstellungskraft von Tänzern ebenfalls inspirieren. Hugo Kükelhaus, Maler, Bildhauer und Berater unzähliger architektonischer Projekte, kämpfte dafür, dass architektonische Strukturen menschliche organische Bedürfnisse und Gesetze widerspiegeln müssten. Seine Schriften sind voll von Beschreibungen der Beziehungen zwischen Architektur und Anatomie und wie diese Beziehungen die Sinneswahrnehmungen stimulieren (oder verändern). Er fand, dass Grenzen (wie etwa Mauern) gegliederte Strukturen seien, die einen osmotischen Austausch erzeugten. Das von außen kommende Licht entfaltet sich, entwickelt sich und formt sich in dem Moment, wenn es durch die Fenster hereinfällt. Architektonische Proportionen finden ihre Basis in der menschlichen Anatomie und im Rhythmus menschlicher Bewegung. Füße müssen vom Boden herausgefordert werden, Treppen sind Treffpunkte mit einer natürlichen Theatralität. (KÜKELHAUS 1978)

Es ist keine Überraschung, dass die Architektur Choreografen wie Régine Chopinot beeinflusst hat. Ihr Werk *St. Georges* (1991) basiert auf intensiven Studien der romanischen Kirchenarchitektur und zeigt Tanzende, wie sie Brunnen, Friese, Reliefs, Heiligenstatuen aus Stein, Rosettenfenster und Fratzen schneidende Dämonen darstellen, die auf dem Boden herumkriechen. Der Boden selbst zeigt sich als Ornament. Da sie viele Ähnlichkeiten zwischen indischen und romanischen Skulpturen entdeckte, nahm Chopinot an, dass diese grundlegenden Körperformen in uns wohnen.

Gibt es „geborene Visualisierer"?

Es scheint eine angeborene Neigung zur häufigeren Nutzung der Vorstellungskraft zu geben. Ein Mensch mit einem reichen inneren Leben und mit Fantasie wird es leichter haben, Bilder zu kreieren, aber er hat vielleicht Schwierigkeiten ein Bild zu benutzen, das der *Lehrer* vorgeschlagen hat. June Balish, Tänzerin und Schriftstellerin aus New York, berichtet von ihren Erfahrungen:

„Seit ich klein war, kamen mir Bilder in den Sinn. Vor allem wenn ich nicht mit Proben ausgelastet war, suchte ich nach Lehrern, die mit Bildern arbeiteten. Ich studierte bei Christopher Pilafian von Jennifer Muller / The Works, der uns reichhaltige Bilder gab, beispielsweise dasjenige, bei dem wir die Brustmuskeln als warme Brötchen sahen, die frisch aus dem Ofen kamen. Eine Ballerina aus derselben Klasse war erstaunt, wie ich auf die Bilder reagierte. Sie verstand sie, konnte sich aber nicht richtig mit ihnen identifizieren.

Als ich noch Teenager war, vergötterte ich Frau Darvashs Tanzstunden, weil sie uns lehrte, dass Schritte nicht einfach Schritte sind, sondern dass jede Bewegung eine Geschichte erzählt. Wenn ich zu jener Zeit einen Tänzer bewunderte, entschied ich mich ganz bewusst: Ich werde nun XY sein, werde tanzen wie XY ..., um das gute Tanzen aufzusaugen, das ich sah."

June Balish beschreibt die Fähigkeit, sich mit einem Bild zu identifizieren, also es nicht einfach nachzuahmen, sondern es für eine bestimmte Zeit wirklich zu *sein*. Viele berühmte Dichter, Bildhauer und Musiker hatten diese Begabung ebenfalls. In ihren Ausführungen über den Dichter John Keats schreibt Mary Maxwell in *Human evolution* (1984, S. 116):

„Er behauptete, wenn ein Spatz vor sein Fenster komme, nehme er teil an dessen Dasein und picke im Kies herum. Ein andermal konnte sich Keats – laut Woodhouse – sogar wie eine Billardkugel fühlen, ihr Rundsein miterleben, ihre Weichheit und ihre Geschwindigkeit in der Bewegung."

Es scheint, dass künstlerisches Genie sehr viel mit der Fähigkeit zu tun hat, das Kunstwerk zu visualisieren. Mozart wie Beethoven schienen ihre Musik zu „sehen":

„... und das Ganze, wenn es auch lang sein mag, steht praktisch vollständig und fertig vor meinem inneren Auge, so dass ich es überblicken kann, wie ein schönes Bild oder eine Statue", schreibt Mozart. (MAXWELL 1984, S. 116)

Es heißt, dass Goethe sich selbst beim Klavierlernen half, indem er seine Vorstellungskraft benutzte. Maxwell schreibt (1984, S. 115):

„Rodin behauptete, dass es beim Anfertigen einer Büste nicht so sehr darauf ankomme, die Details des Gesichtes auszuführen, eines nach dem anderen, sondern darauf, dass man sich das fertige Werk von Anfang an vorstelle, mit allen Profilen auf einmal."

Der Bildhauer Henry Moore schrieb:

„Das ist es, was ein Bildhauer tun muss: Er muss sich ununterbrochen bemühen, an die Form in ihrer vollen räumlichen Ganzheit zu denken und sie zu benutzen. Er hat dann die feste Form, wie sie sein soll, in seinem Kopf – er denkt an sie, welche Größe sie auch immer hat, als ob er sie in der hohlen Hand halten würde. Mental visualisiert er eine komplexe Form von allen Seiten her; er weiß, während er die eine Seite betrachtet, wie die andere Seite aussieht." (MAXWELL 1984, S. 117)

Die Fähigkeit, Ihre Körperform als ganze wahrzunehmen und zu visualisieren, ganz und gar präsent zu sein in ihr, verbessert Ihre Körperhaltung und Ihre Bewegungsfähigkeiten. Es ist eigentlich *die* kreative Art und Weise Ihren Körper zu verändern.

Kapitel 4

Wie man Vorstellungsbilder im Training einsetzt

Die Tanzstile von Ballett und *Modern Dance* verlangen in ähnlicher Weise Kraft, Koordination und Beweglichkeit. Sowohl im *Modern-Dance-* als auch im Ballettunterricht benutzen Sie dieselben Muskeln, wenn Sie ein Bein strecken. Die genauen Formen hängen von der jeweiligen Ästhetik ab, ebenso die Auslöser, die Qualitäten und Metaphern der Bewegungen, die ausgedrückt werden sollen. Die Unterscheidungen zwischen Ballett, *Modern Dance* und Jazz verwischen sich zunehmend, seit *Modern*-Choreografen Werke für Ballettkompanien entwerfen und *Modern*-Tänzer Ballettstunden nehmen. Im Licht dieser Grenzüberschreitungen überrascht es kaum, dass die meisten Bilder in beiden Sparten angewandt werden können.

Um den Zugang zu vereinfachen, orientiere ich die im Folgenden beschriebenen Bilder an bestimmten Schritten oder Übungen. Wenngleich einzelne Schritte spezifisch für *eine bestimmte* Tanzrichtung sein mögen, können die meisten dieser Bilder doch universell eingesetzt werden. Da die Illustrationen in diesem Buch nach Fotografien von Tänzern in Aktion angefertigt wurden, widerspiegelt die Körperhaltung verschiedene Trainingshintergründe und Stile, die vielleicht nicht immer Ihren ästhetischen Idealen entsprechen. Wie auch immer, das Bild verliert dadurch nichts von seiner Aussage. Ohne ihre Gültigkeit zu verlieren, können die meisten Bilder in den vom jeweiligen Lehrer bevorzugten Stil übertragen werden.

Die wohl überlegte Auswahl der Vorstellungsbilder ist im Training von entscheidender Bedeutung. Bestimmte Bilder helfen vielleicht nur einem einzigen Tänzer in der Klasse, während die andern dasselbe Bild als komisch oder sogar befremdend empfinden. Das Bild „Ich bin ein Stein, der von einer Steinschleuder abgeschossen wird" kann für einen Tänzer kontraproduktiv sein, weil er in seiner Kindheit eine schlechte Erfahrung damit gemacht hat.

Manchmal kann ein Bild, das heute wirkt, morgen nutzlos sein und umgekehrt. Das Bild kann eine Eintagsfliege sein, die ein neues Erlebnis erzeugt, das, einmal integriert, weggelegt wird. Im Kapitel über die *Pirouetten* können die Bilder von drehenden Kreiseln und Gummibändern manchen Tänzern den Zugang zu demjenigen Erlebnis verschaffen, das sie brauchen, um die Drehung verbessern zu können. Ist das notwendige Körpergefühl einmal erreicht, braucht man die Metapher vielleicht nie wieder. Sie hat ihre Rolle als Instrument zur Veränderung erfüllt.

Bei allem Bemühen um Verbesserung der Technik sollten wir immer daran denken, dass die wichtigste Technik beim Tanzen die Liebe zum Tanz ist, die Freude am Tanzen. Ist man ins Bewegen „verliebt", so verbessert sich die Technik enorm und man wird fähig Schönheit auszudrücken. Dazu Cheng Phon, einer der wenigen überlebenden Khmer-Hoftänzer von Kambodscha: „Eine Tänzerin von höchster Güte ist eine solche, die sowohl innere Reinheit als auch äußere Schönheit zur Perfektion bringen kann." Und: „Eine Tänzerin von höchster Güte denkt nicht ans Publikum, während sie tanzt." (MYDANS 1993)

Hinweise für Lehrer

Bevor wir uns mit Bildern beschäftigen, möchte ich einige Hinweise geben, *wie man im Tanztechnik-Unterricht mit der Vorstellungskraft arbeiten kann*. Viele Lehrer benutzen eine Kombination von Methoden, um ihr Ziel zu erreichen. Die Reaktionen der Schüler und nicht die Vorlieben der Lehrer sollten aber die Methode bestimmen – etwa eine Demonstration, die Arbeit mit der Vorstellungskraft oder mit Musik und Rhythmus, mündliche Anweisungen oder Instruktionen mit Berührung der Schüler. Der Lehrer kann eine ganze Unterrichtseinheit um ein Vorstellungsbild herum aufbauen, wie es beispielsweise beim Butoh-Tanz oder bei der Skinner-Releasing-Technik gemacht wird. Der Unterricht sollte eine Basis von Wissen und Erlebnis schaffen, die es dem Schüler ermöglichen, gesunde und kreative Bewegungsentscheidungen zu treffen. Er kann dann seinen eigenen Weg gehen und seine Fähigkeiten bis zum höchsten Stand entwickeln.

Ziel sollte sein, dem Tänzer zu helfen, sich selbst zu helfen und seine eigenen Bilder zu entdecken. Das selbst entdeckte Bild wirkt immer am besten. Es besteht die Gefahr, dass man die Tänzer mit Bildern und Feedback überhäuft. Bevor Sie einen Tänzer korrigieren, fragen Sie sich, ob dieser Hinweis in diesem Moment der hilfreichste für ihn ist. Anfangs werden Korrekturen und Bilder auf grundlegende Probleme des Tanzers abgestimmt. Sobald der Schüler gelernt hat damit umzugehen, kann der Lehrer anfangen, Details zu betonen. Dies bedeutet nicht, dass die anfänglichen Korrekturen ungenau sind, aber sie sollten eine sinnvolle Basis für die weitere Schulung schaffen. Es ist vernünftig, grundlegende, gesundheitsschädliche Gewohnheiten sobald wie möglich zu korrigieren. Je länger Sie warten, desto schwieriger wird es, sie zu eliminieren.

Sind Schüler begeistert, so werden sie lernen, egal wie „limitiert" sie vielleicht nach dem Urteil der Lehrer zu sein scheinen. Irmgard Bartenieff, Körpertherapeutin und langjährige Kollegin von Rudolf von Laban, sagt: „Es gibt Grenzen der Veränderung ..., aber die meisten Menschen haben ungenutztes Potential." Ein Arzt sagte mir einmal, dass ich nicht tanzen solle, weil meine Achillessehne zu kurz sei und ich nicht fähig sei, sehr hoch zu springen. Ich wurde ein überdurchschnittlicher Springer. Jeder Tänzer hat bevorzugte Bewegungsqualitäten, die zum Teil auf Größe und Körperbau zurückgehen. Aber Bartenieff zufolge sollten nur zwei Typen von Menschen wirklich keine Tänzer sein: „Jene, die zum Tanzen kommen, um irgendeine Art von emotionalen Problemen zu lösen, und jene mit bestimmten ernsthaften strukturellen Problemen." (MYERS UND PIERPONT 1983)

Jeder Lehrer sollte und wird natürlich seine eigene intuitive Methode finden, nach der er die Vorstellungskraft einsetzt. Die folgenden Orientierungshilfen sollten deshalb nicht als starre Regeln dienen, sondern als hilfreiche Hinweise.

1. Finden Sie heraus, welche Tänzer in der Klasse überhaupt auf Vorstellungsbilder *allgemein* reagieren und auf welche Arten von Bildern sie besonders stark ansprechen. Ein Tänzer, der auf visuelle Bilder nicht reagiert, könnte vielleicht kinästhetisch-taktile Bilder schätzen, oder umgekehrt. Einigen Tänzern, die während des Tanztechnik-Trainings *nicht* von den Bildern profitieren, nutzen diese vielleicht im Choreografietraining oder in einer Improvisationsklasse.

2. Die Vorstellungskraft kann auch zum Zweck der *Motivation* genutzt werden. Christopher Pilafian, ein ehemaliger Tänzer von Jennifer Muller, benutzte (wie June Balish berichtet) die Vorstellungskraft oft dann, wenn bei seinen Schülern die Energie nachließ. Als es einmal darum ging *Ronds de jambes en l'air* zu machen, sagte er: „Kennt ihr das Spiel, bei dem ihr einen Ballon antippt und in der Luft haltet, damit er den Boden nicht berührt? Wir sind jetzt an diesem Punkt angekommen, dass der Ballon den Boden berührt, falls ihr ihn nicht oben haltet."

3. *Anatomie und Biomechanik* können als Bildquellen genutzt werden, wenn die Tänzer genügend anatomisches Wissen besitzen. Haben sie das nicht, so müssen Sie den Fortgang des Trainings unterbrechen, um Details zu erklären. Die Anweisung „Bewegt das Bein vom Hüftgelenk aus" verlangt ein Wissen über den genauen Sitz des Hüftgelenks, soll eine ungenaue Interpretation verhindert werden. Fügen Sie den Satz hinzu „Lass den Oberschenkelkopf locker in seiner Pfanne rotieren", so führt Sie das bereits in den Bereich ausgeklügelter Vorstellungsbilder. Korrekturen wie „Spüren Sie Ihren Körperschwerpunkt" oder „Verbinden Sie sich mit dem Erdrückstoß" können Schüler, die nicht mit Physik vertraut sind, möglicherweise verwirren. Auf einzelne Muskeln hinzuweisen und den Schülern zu sagen, sie sollten sie auf eine bestimmte Art und Weise benutzen, ist normalerweise nicht hilfreich, da wir Muskeln nicht individuell kontrollieren können.
Benutzen Sie eine Sprache, die die Schüler verstehen. Benutzen Sie Ihre Hände um auf taktile Weise zu erklären, was intellektuell nicht

unterrichtet werden kann. Idealerweise stehen den Lehrern beide Wege offen: der intellektuelle, der auf Wissen basiert, und der Weg der Erfahrung, der auf nicht biomechanischen Bildern basiert, auf Musik, Berührung und inspirierender Demonstration.

4. Ein Bild ersetzt unter Umständen lange Erklärungen. Der Tänzer kann es dann als Ausgangspunkt für seine eigenen Entdeckungen benutzen. Da man argumentieren könnte, dass *das Zeigen einer Zeichnung* die Kreativität der Tänzer einschränkt, da das Bild damit in eine bestimmte Form gepresst wird, würde ich nicht für jedes vorgeschlagene Bild eine Zeichnung zeigen. Wahrscheinlich sollte eine gute Strategie drei Dinge kombinieren: eine kurze Anweisung wie „Schwebe wie eine Wolke", eine genaue Erläuterung (drei bis fünf Sätze sollten reichen) und eine Zeichnung dazu. Jede Lehrkraft kann dann ihre eigene Mischung oder Auswahl aus diesen Elementen anwenden.

5. Als ich einmal mit taubstummen Tänzern an der Telos-Ballettschule von Ursula Bischof Musshake in Stuttgart arbeitete, fand ich heraus, dass sie enorm schnell auf *Berührungskorrekturen* reagieren. Da die akustische „Ablenkung" fehlt, ist ein gehörloser Mensch auf Körpererlebnisse fokussiert. Auf einfache Weise können Sie mit Ihren Händen ein neues, kinästhetisches Bild für Raum, Größe und Richtung vermitteln. Und denken Sie nicht, eine gehörlose Tänzerin könne den Rhythmus nicht korrekt annehmen. Sie nimmt ihn über den „Druck" der Musik wahr.

6. Benutzen Sie bei Ihren Anweisungen bestimmte Ausdrücke mit Vorsicht. Worte wie „packen", „zusammendrücken", „auspressen" oder „festhalten" veranlassen zu einem *Anspannen von Muskeln*, das das freie Fließen und koordinierte Bewegen behindert. Auf der anderen Seite können solche Bezeichnungen im Zusammenhang mit Improvisation vielleicht nützlich sein und der Komik der Situation entsprechen: „Presse die Füße fest auf den Boden, als ob du auf Trauben treten würdest, um Wein zu machen." Oder: „Drücke das letzte Stück Zahnpasta aus deinem Körper."

7. Vermeiden Sie Aussagen, die für die Tänzer nicht unbedingt klar sind, wie etwa „Organisiere dich" oder „Steh auf deinen Beinen". Linda Tarnay, Lehrerin an der *Tisch School of the Arts* der *New York University*, bemerkte einmal: „Wie kann ich *nicht* auf meinen Beinen stehen? Jeder, der die nächste Straße runterläuft, steht auf seinen Beinen." Wenn Sie nun protestieren, dass Sie diese Redensarten mit guten Resultaten verwenden, haben Sie meinen Respekt. Aber es gibt unzählige Interpretationen von „Steh auf deinen Beinen", einschließlich derjenigen, dass ich von ihnen herunterkomme, wenn ich schon darauf stehe. Wir sollten uns fragen:

Was ist unser Ziel, wenn wir einen solchen Satz aussprechen? Wissen wir, was *unsere spezifische Absicht* ist, oder wiederholen wir nur, was wir von anderen gehört haben? Können wir im Zusammenhang damit unser persönliches Körpererlebnis erklären? (Fragen Sie drei Personen nach der Bedeutung dieses Satzes und Sie bekommen drei verschiedene Antworten.) Heißt es das Becken ausrichten? Zentriert stehen? Die Vorderseite des Beckens anheben und die Rückseite fallen lassen? „Also, … es bedeutet einfach … – wieso verstehst du das denn nicht? … Eben: auf den Beinen stehen! Kannst du das nicht spüren?"

8. *Vermeiden Sie negative Bilder.* Ich hörte einmal, wie ein Lehrer zu seinem Schüler sagte: „Streck dich, du Buckliger!" Diese Aussage gibt dem Schüler ein sehr klares Bild, eines, das ihm bestimmt nicht gut tut. (Als ich mit Tanzen anfing, wurde mir gesagt, mein Rücken sehe aus wie eine Banane. Ich brauchte Jahre, um dieses Bild loszuwerden.) Weisen Sie den Schüler stattdessen in die erwünschte Richtung: „Achte darauf, dass deine zentrale Achse im rechten Winkel zum Boden steht." Oder: „Stell dir vor, dein Kopf schwebte senkrecht nach oben. Spüre, wie sich dein Steißbein nach unten verlängert." (Weitere anatomische Bilder zur Körperhaltung finden Sie in meinem Buch *Befreite Körper.*)

9. Geben Sie den Schülern das Bild während einer *Pause* zwischen den Tanzschritten, nicht inmitten einer schwierigen Tanzkombination, zum Beispiel einer *Pirouette*. Nur sehr versierte Tänzerinnen und Tänzer können während des Tanzens Bilder, die ihnen zugerufen werden, gleich umsetzen.

10. Es ist sinnvoll, ein Bild, das die Körperhaltung verbessern soll, gleich zu *Beginn* des Trainings einzuführen. Später während der Trainingsstunde ist es vielleicht hilfreicher, vermehrt *motivierende* Bilder einzusetzen.

11. Wann immer möglich verwenden wir die Bilder, welche die Schüler im Unterricht spontan vorschlagen. Gehen Sie auf ihre Schülerinnen und Schüler ein. Was fühlen und denken sie, was stellen sie sich vor, wenn sie tanzen? Benutzen sie diese *Bilder der Schüler*, weil sie für den individuellen Tänzer stimmig sind. Wenn eine Klasse (wegen allzu strenger Führung?) nicht aufmuckt und es nicht wagt auch nur *ein* Wörtchen über ihr Innenleben preiszugeben, ist es an der Zeit sich mit diesen Tänzern hinzusetzen und herauszufinden, was in ihnen vorgeht.

    Dies soll keine Psychoanalyse werden, sondern nur ein Beantworten der Frage: „Was fühlst du beim Tanzen?" Oft werden negative Bilder hervorkommen wie: Unsicherheit, Selbsthinterfragung, Angst vor Lehrer- oder Elternkritik, oft aber auch Freude und Genuss am Tanzen. Es ist für die Schüler wichtig zu wissen, dass der Lehrer ihre eigenen

Gefühle als wertvoll betrachtet; so werden sie auch die vom Lehrer vorgeschlagenen Ideen besser umsetzen können. Aus einer geistigen Verspannung heraus entwickeln sich keine guten Tänzerinnen und Tänzer.

12. Aus dem erwünschten Resultat lässt sich nicht immer das beste Bild ableiten. Wenn wir wünschen, dass eine Tänzerin eine lange, nicht gestauchte Wirbelsäule hat, ist dies sicher ein gutes Trainingsziel. Aber wenn wir einfach das Ziel „Mach eine lange Wirbelsäule! Langen Nacken machen!" als Bild verwenden, so kann dies eine ungünstige Wirkung auf die Tanztechnik haben. Sie können dies gerne ausprobieren: Wenn Sie mit lockerem Nacken ein *Battement* (Beinhochschwung) ausführen, wird das Bein höher gehen, als wenn Sie den Nacken willentlich durchstrecken (– was die Beinbewegung einschränkt). Idealerweise kann die Lehrkraft den Schülern auf eine organische Weise beibringen die Wirbelsäule aufzurichten und zu verlängern, ohne dabei die (Ver-) Spannung zu erhöhen. Wenn der Schüler entdeckt, wie der Kopf locker auf dem obersten Wirbel der Wirbelsäule schaukelt, kann die Halswirbelsäule zum Beispiel auf natürliche Weise mehr Länge finden. (Vgl. *Befreite Körper*)

13. Schenken Sie der *Atmung* Aufmerksamkeit. Sollte ein Bild eine Schülerin dazu veranlassen, die Atmung anzuhalten, dann wird sie das Bild wahrscheinlich nachmachen, aber es sich nicht wirklich vorstellen. Die Tanzenden setzen einen großen Teil ihrer physischen Kraft dafür ein, dass das Bild funktioniert, anstatt dass sie es sich einfach vorstellen, sich damit identifizieren. Der Unterschied zwischen Vorstellen und Nachmachen liegt in der Identifikation. Ein Kind, das eine Katze spielt, macht vielleicht „miau" und läuft auf allen Vieren (macht dabei das äußere Benehmen einer Katze nach), während es gleichzeitig wirklich glaubt, eine Katze zu sein (es identifiziert sich mit einer Katze). Beim Tanzen benutzen wir die Vorstellungskraft hauptsächlich für die Identifikation, nicht um einer äußeren Imitation nachzukommen. Die Wurzeln, die aus Ihrem Standbein in den Boden wachsen, müssen so real wie möglich sein, sollen sie eine signifikante Auswirkung auf unser Nervensystem haben. Sogar wenn Sie sich vorstellen, sie seien ein Delphin, imitieren sie nicht einfach nur die Bewegungen des Delphins. Sie versuchen herauszufinden, wie es sich anfühlt ein Delphin zu sein, durchs Wasser zu schießen, an die Wasseroberfläche zu gleiten um nach frischer Luft zu schnappen.

14. *Direkte Bilder* mit einer kinästhetischen Ausrichtung sind allgemein geläufig bei Bewegungs- oder Haltungsproblemen in einer Tanzklasse. „Deine Hüftgelenke liegen auf einer waagerechten Ebene" oder „Achte darauf, dass die Linie, die deine Hüftgelenke verbindet, während des *Dégagé* in der gleichen Ebene bleibt", – dies sind direkte Bilder. Eine Tänzerin verarbeitet dieses Bild, indem sie (a) erhöhte Wahrnehmung

zu den Hüftgelenken leitet, (b) den inneren Radar überprüft, um die relative Stellung der Hüftgelenke zu spüren, (c) das innere Bild erhält, dass die Hüftgelenke nicht auf gleicher Höhe sind, und (d) die Haltung korrigiert.

Die Realität ist natürlich viel komplexer. Was ist, wenn die Tänzer, als Antwort auf eine Korrektur, nicht spüren, dass etwas nicht stimmt? Und wenn die Tänzer fühlen, dass etwas nicht stimmt, warum korrigieren sie es nicht selbst? Was ist, wenn die Tänzer sogar nach einer kinästhetischen Unterstützung das Problem oder den Unterschied nicht erleben? Was ist, wenn die Tänzer den „falschen" Unterschied spüren – etwas, das gar nicht in Bezug zum Problem steht? Was ist, wenn sie überkompensieren oder eine Korrektur vortäuschen (um dem Lehrer zu gefallen), obwohl das Becken perfekt ausgerichtet zu sein scheint? Der Lehrer hilft, soviel er kann, indem er mit Berührung arbeitet und die Becken der Schüler in die korrekte Position führt. Hier kommt es entscheidend auf die Fähigkeiten und das Geschick des Lehrers an. Ich habe Berührungen erlebt, die „neue Welten" öffneten, und solche, die sich anfühlten wie zweifelhafte Zudringlichkeiten.

Hinweise für Schüler

Mentales Training im Tanzunterricht

1. Ihre Aufwärmphase sollte auch *mentale Vorbereitung* beinhalten. Sie sollten Vorstellungsbilder nutzen, um Ihre Haltung und Ihre Koordination zu verbessern, um sich zu konzentrieren und überschüssige Spannung loszulassen. Sie entschließen sich vielleicht, in der Position der „Konstruktiven Ruhe" (KR-Position) zu arbeiten, wie es in Teil IV dieses Buches beschrieben wird. *Mentales Training* ist genauso wichtig wie körperliches Training. Nehmen Sie es in Ihr tägliches Übungsprogramm auf. Um beim Tanzen schnellere Fortschritte zu erzielen, sollten Sie Ihren Geist und Ihren Körper als eine Einheit betrachten, die auf Zusammenarbeit angewiesen ist.

2. Die Balance und Abstimmung zwischen Körper und Geist erlaubt Ihnen, von einem Tag auf den anderen Änderungen in Ihrer Ausrichtung und Ihrer Muskelspannung festzustellen. (Viele der Übungen in Teil I sind darauf ausgerichtet, diese Fähigkeiten zu optimieren.)

3. Erproben Sie die Anwendung der Vorstellungskraft im Tanztraining. Hilft Ihnen beispielsweise das Vorstellen der Schulterblätter beim Drehen? Was passiert, wenn Sie sie auf derselben Höhe visualisieren oder wenn Sie sich vorstellen, sie seien schwer? Beobachten Sie, wie die Schulterblätter in Ihrem Rücken nach unten rutschen, wenn Sie Ihre Arme anheben. Stellen Sie sich vor, Ihre Trapezius-Muskeln (diejenigen Muskeln in Ihren Schultern, die zu Verspannungen tendieren) hingen herunter wie schwere Strähnen von Spaghetti. Wie wirkt sich das auf Ihre Beinbewegungen aus?

4. Entwickeln Sie prägnante *mentale Verstärkungen*, die ein Bild, einen mentalen Zustand oder eine Idee enthalten, die während eines bestimmten Tanzschrittes oder einer Bewegungsfolge präsent sein sollen (eine Methode, die auch von Leistungssportlern benutzt wird). Die komplexesten Bewegungen können durch solche kurz gefassten inneren, auf Selbsthilfe ausgerichteten Aussagen unterstützt werden. Ich empfehle, dass Sie Sätze entwickeln, die Sie mit einer Qualität oder einem technischen Aspekt assoziieren, den Sie pflegen wollen. Wählen Sie daraus je ein Wort, das Ihnen als präzise Gedächtnisstütze dienen soll. Hier sind einige Beispiele: Ich fühle die gesamte Form. (FORM) – Ich bin im Hier und Jetzt. (JETZT) – Ich bin in meinem Körper zu Hause. (ZU HAUSE) – Ich halte diese Bewegung einfach. (EINFACH) – Ich bin die Essenz des Drehens. (DREHEN) – Ich fließe durch den Raum. (FLIESSEN)

In einer Kritik über Bill T. Jones benutzte Burt Supree (1991) ein Bild, das mich stark beeindruckte: „Jones ist immer bereit gewesen, sogar eifrig, für seine Überzeugungen in einen gewagten Einbeinstand zu gehen, aber wenn dieses Bein nun bricht, kann er einfach in der Luft weiterleben, aus seiner eigenen sicheren Kraft." Von dieser Kritik nahm ich den Teil „in der Luft weiterleben" heraus (oder: „Ich lebe in der Luft") und ich benutzte ihn bei Sprüngen, um das Bewusstsein der Zeit anzureichern, in der ich in der Luft schwebte.

5. Üben Sie zwischendurch einmal auf folgende Weise: Wählen Sie einen Teil Ihres Körpers, auf den Sie sich konzentrieren, während Sie einen Tanzschritt ausführen. Ich schlage den Nacken vor, das Zentrum des Beckens oder ein Zentrum unmittelbar hinter dem Brustbein. Sie können aber auch einen Körperbereich frei wählen. Führen Sie die gleichen Tanzschritte mit der Aufmerksamkeit jeweils auf verschiedene Körperteile aus. Beobachten Sie, wie die Wahl des Körperbereichs, auf den man sich konzentriert, das Ausführen Ihrer Schritte verändert. Die meisten von uns ändern den Fokus nach einem Gewohnheitsmuster, wenn wir einen Schritt ausführen. Indem wir diese Gewohnheit verändern und den *Fokus variieren*, können wir unsere Technik oft stark verbessern.

6. Studien haben gezeigt, dass *das örtlich begrenzte Anwenden eines Bildes* wirksamer ist als dessen globale Verwendung. Das Bild sollte auch die Richtung der dabei wirkenden Kräfte anzeigen, entsprechend den von Sweigard formulierten Prinzipien. (HANRAHAN 1994) Das hängt hauptsächlich vom Können des Tänzers ab, der die Vorstellungskraft benutzt (– und dieses entspricht nicht unbedingt seiner äußerlich sichtbaren Technik). Wenn Sie versiert sind im Einsatz der Vorstellungskraft, benutzen Sie ein lokal begrenztes, gezielt ausgerichtetes Bild, um eine bestimmte Aktion zu verstärken während Sie gleichzeitig ein globales Bild wahrnehmen. Zum Beispiel haben Sie beim *Battement* die Vorstellung, dass ein Windstoß Ihr Spielbein von hinten erfasst und es nach

oben stößt, während Sie gleichzeitig das Volumen des Raumes in Ihrem Körper visualisieren.

7. Stuart Hodes erzählte mir einmal während einer Probe, dass Martha Graham gesagt habe, man beherrsche ein Tanzstück nicht wirklich, solange man sich nicht *die gesamte Schrittabfolge im Kopf vorstellen* könne. Sie wusste über mentales Training offensichtlich Bescheid. Mentales Training sollte ein wesentlicher Bestandteil des Tanztrainings sein. Sie können dann zum Beispiel, während Sie darauf warten, im Training an die Reihe zu kommen, die Schritte mental durchgehen.

8. Es gibt viele Wege, die Wirkung des mentalen Trainings zu verbessern: Denken Sie an einen Tanzschritt, den Sie gerne verbessern würden. Nennen Sie die Bewegungen mit Ihrer inneren Stimme beim Namen. Zählen Sie die Schläge mit Ihrer inneren Stimme. Singen oder summen Sie den Rhythmus, die Musik dazu mit Ihrer inneren Stimme. Verinnerlichen Sie das visuelle Bild vom Lehrer, der den Schritt perfekt vorführt. Bauen Sie dabei auch die Umgebung ein, den Raum, in dem Sie normalerweise trainieren, die anderen Schüler, sogar den Geruch und das Licht, das Sie umgibt; gestalten Sie die Situation so realistisch wie möglich.

9. *Mentales Proben* ist ein ausgezeichneter Weg, sich auf eine Aufführung vorzubereiten, vor allem wenn Sie wenig Zeit haben die Schritte zu lernen. Stellen Sie sich vor, wie Sie den einzelnen Schritt, eine längere Abfolge oder die gesamte Choreografie perfekt aufführen, auch unter Umständen, die vielleicht nicht ideal sind. Das Räuspern der Zuschauer, eine gewisse Nervosität im Inneren, das blendende Licht, das Kostüm, das etwas zu eng sitzt ..., die Situation in ihrer vollen Realität gehört zur Imagination.

Umgang mit Korrekturen

1. Es kann sein, dass Sie bei der Arbeit mit Vorstellungsbildern aufblühen; es kann aber auch sein, dass sie Sie *ablenkt*. Wenn Sie sich kaum an den Schritt erinnern können und sich dann beispielsweise auch noch Augen in ihren Hüftgelenken vorstellen sollen, wird das Ihre Verwirrung nur noch vergrößern. Falls Sie das Bild nicht mögen, das vom Lehrer präsentiert wird, verändern Sie es so, dass es ihrem eigenen ästhetischen Empfinden entspricht. Sobald Sie erfahrener sind, können Sie einem Bild ein wenig Aufmerksamkeit schenken, so dass es Ihnen helfen kann, Ihre Haltung zu korrigieren, ohne dass Sie für den Rest des Trainings über imaginäre Seifenblasen nachdenken müssen.

2. Soll eine Korrektur Teil Ihrer neuen Bewegungsweise werden, so muss sie *in Ihr Körperbild integriert* werden. Ihr Körperbild ist Ihre physische Identität, die Art, wie Sie Ihren Körper fühlen, sich vorstellen und

erleben. Ihre Körperhaltung, die Höhe der Spannung in den Muskeln, Ihre Atem- und Bewegungsmuster sind alle Teil Ihres Körperbildes. Zum Körperbild gehört, was sich für Sie natürlich anfühlt, wo Sie bewegungsmäßig „zu Hause" sind, auch wenn unter biomechanischen Gesichtspunkten betrachtet Ihre Körperhaltung nicht ideal ist und ihre Muskeln und Gelenke darunter leiden. Wenn Sie beispielsweise Ihren Kopf immer nach links neigen, während Sie mit jemandem sprechen, könnte sich dies für Sie normal anfühlen. Wenn jemand Ihren Kopf in die „richtige", senkrechte Position brächte, fühlten Sie sich etwas seltsam, wenngleich Sie sich dann in einer effizienteren Körperhaltung befänden. Sie fühlten sich dann so, als ob dies nicht Sie wären, weil Ihre gesamte Identität mit einer bestimmten Haltung verbunden ist. Dies wirft ein bedeutendes Problem beim Verbessern Ihrer Bewegung und Ihrer Haltung auf. Was vom Gesichtspunkt der Körperhaltung und Bewegungseffizienz besser ist, fühlt sich anfänglich oft falsch an.

3. Wenn der Lehrer Ihnen ein Bild gibt und Sie profitieren sofort davon, sollten Sie vorsichtig sein, den Nutzen nicht zunichte zumachen, indem Sie die Bewegung immer und immer wiederholen, nur um sicherzugehen, dass die Korrektur sitzt. Sie können die Korrektur mental so oft wiederholen, wie Sie es wünschen, aber wenn Sie sie körperlich wiederholen, fallen Sie vielleicht in Ihre alten Muster zurück. Ein Lehrer sagt zum Beispiel: „Spannen Sie den Nacken nicht an, wenn Sie mehrfache Drehungen machen. Stellen Sie sich vor, dass Ihr Nacken weich bleibt." Der Schüler wendet die Korrektur an und dreht sofort zwei *Pirouetten* mehr als vorher. Überglücklich versucht er es wieder und die Pirouetten gehen noch besser. Aber der Schüler übt weiter, ermüdet das Nervensystem und ruft so das alte Muster zurück. Bald ist er wieder dort, wo er begonnen hat.

4. Anfangs ist eine Korrektur nur wie ein schwacher Verband über einem alten Muster. Wenn Sie sie zu stark körperlich trainieren, fällt das neue Muster weg und enthüllt das alte, das darunter lauert und nur darauf wartet, zurückzukommen. Alte Muster haben den Vorteil, dass sie über Jahre ihre Wurzeln getrieben haben, wohingegen neue Muster nur wenige Minuten alt sind. Besser ist es die Korrektur in Ihr Nervensystem einzubauen, indem Sie vor dem inneren Auge üben und sie in Ihrem Ganzkörperbild verankern. Damit sie Teil Ihrer Identität wird, sollten Sie nicht nur während des Trainings oder der Probe, sondern auch sonst ab und zu *an das neue Muster denken*. Auch können Sie das alte Muster abschwächen, sobald Sie es erkennen. Sie sind gegen ein Muster nur dann hilflos, wenn Sie ihm so automatisch folgen, dass Sie es nicht wahrnehmen. Sobald Sie einem unerwünschten Bewegungsmuster von Angesicht zu Angesicht gegenüber stehen, können Sie sagen: „Nein, ich habe genug von dir."

5. Eine mündliche Anweisung ruft vielleicht ein Bild in Ihnen hervor, auch wenn die Wörter an sich kein bestimmtes Bild beschreiben. Formulierungen wie „Verbinden Sie die Bewegung", „Umsegeln Sie einfach das Ganze", „Greifen Sie es an", „Die Energie löst sich auf" und „Jetzt beginnen Sie sich zu entwinden" benötigen wenig Zusätzliches, um sich in komplette Vorstellungsbilder zu verwandeln. Um sich dem anzunähern, was der Lehrer möchte, können Sie *Ihre eigenen Bilder* hinzufügen: „Umsegeln" Sie einfach das Ganze wie ein Segelschiff auf dem Wasser. „Lösen Sie sich auf" wie Schnee auf dem Boden oder Atemhauch in der Luft.

6. Sie können sich auch *selbst korrigieren*, indem Sie sich im Spiegel betrachten und sich dafür sensibilisieren, Fehlhaltungen mit bloßem Auge zu erkennen. Allerdings stellt sich dabei die Frage, wie viel neuromuskuläre Reorganisation unter diesen Umständen wirklich stattfindet. Dauerhafte Veränderung wird nur dann stattfinden, wenn Sie neue Muster in Ihr Körperbild integrieren. Wenn das Problem im Training weiter besteht oder wenn es das Ergebnis eines strukturellen Ungleichgewichts ist (wie eine Differenz in der Länge Ihrer Beine, so sind Unterrichtsstunden in erlebter Anatomie mit Schwerpunkt Haltungsschulung ein guter Ort die notwendigen Korrekturen vorzunehmen.

7. Ihr Lehrer arbeitet möglicherweise mit Berührungen, um Ihnen zu helfen den Unterschied zu erkennen zwischen dem, was Sie jetzt machen, und dem, was Sie machen sollten. Um die Kraft einer taktilen Korrektur beizubehalten, *stellen Sie sich eine Berührung vor* und spüren Sie, wie Ihr visualisierter Lehrer Sie in die korrekte Körperhaltung bringt.

8. Nehmen Sie sich nach dem Training einige Minuten Zeit, um sich in einer bequemen Position hinzulegen und Ihre Vorstellungskraft dazu zu nutzen, überschüssige Spannung loszuwerden, die sich während der Trainingsstunde angesammelt hat. Mehr dazu erfahren Sie in Teil IV. Es ist auch ratsam, vor oder zwischen den Proben eine kurze *Konstruktive Ruhe* zu machen. Sie werden bemerken, dass der Nutzen dieser kurzen „Aufschübe" die „verlorene Zeit" mit Abstand überwiegt.

Kapitel 5

Bodenarbeit

Zwischen dem physischen und mentalen Aufwärmen und dem Abkühlen gibt es viele Gelegenheiten, die Vorstellungskraft im Techniktraining zu nutzen. Der Lehrer kann im Verlauf eines Trainings einen Augenblick für das Üben rein mentaler Vorstellungsbilder einbauen. Dieses Zwischenspiel mit mentalem Training sollte von kurzer Dauer sein, so dass die Muskeln nicht zu sehr abkühlen.

Bestimmte Übungen im modernen Tanz werden als „Bodenarbeit" bezeichnet. Die Tänzer benutzen den Boden, um ihren Körper auf besondere Weisen zu trainieren. Manche moderne Tanztechniken wie die von Limon und Cunningham verwenden diese Übungen im Sitzen oder Liegen selten oder überhaupt nicht. Andere wie Graham und Hawkins benutzen die Arbeit am Boden ausgiebig. Einige Trainingssysteme im modernen Tanz wie die von Horton und Muller integrieren Übungen an der Stange, während einige Ballett-Trainingstechniken wie die Kniaseff-Methode auf dem Boden ausgeführt werden. Im Vergleich zur stehenden Position verändert die Bodenarbeit die Hebelwirkung der Gliedmaßen, da man auf dem Rücken, dem Bauch oder seitwärts liegt.

Die Bodenarbeit schafft eine stabile Basis, welche hilft, Kraft, eine gute Körperhaltung und Bewegungsauflösung aufzubauen. Idealerweise können diese Errungenschaften in die stehende Position übertragen werden. Ob dies gelingt, hängt von der Wahrnehmung der Schüler und dem Geschick der Lehrer ab. Training am Boden kräftigt die Becken- und Oberkörpermuskulatur, verbessert die Wahrnehmung des Beckenbodens und der Verbindungen zwischen dem Becken und dem Brustkorb. Die Vorstellungsbilder, die benutzt werden, variieren mit den Zielen des Lehrers und der entsprechenden Technik. Hier folgen nun Beispiele für die Anwendung der Vorstellungskraft in der Bodenarbeit. Für viele der Bilder habe ich die Hawkins-Technik gewählt.

Das Becken stärken

Das Becken ist von starken Muskeln eingefasst, die koordiniert und gut tonisiert sein müssen. Wegen seiner Größe beeinflusst bereits eine kleine Verschiebung des Beckens den gesamten Körper in beträchtlichem Maße. Jede Schwäche oder Unausgeglichenheit im Becken verursacht Probleme an der Peripherie des Körpers. Die auf ästhetischen Prinzipien beruhende Körperführung im Ballett führt durch das Beckenzentrum; auch eine *Contraction* im modernen Tanz hat hier ihren Ursprung. Fehlstellungen des Beckens behindern Gleichgewicht, Drehungen und Sprünge, wohingegen eine starke Beckenbasis eine beinahe verlorene Bewegungssituation retten kann.

**Übungen:
Vorstellungsbilder
für das Becken**

1. **Sitzbeinhöcker:** Visualisieren Sie im Sitzen Ihr Becken. Sitzen Sie ausgeglichen auf Ihren Sitzbeinhöckern (die beiden Knochen unten am Becken, auf denen Sie sitzen). Stellen Sie sich vor, die Oberfläche, auf der Sie sitzen, wäre aus weichem Ton. Stellen Sie sich vor, wie die Sitzbeinhöcker langsam in diese Oberfläche einsinken und zwei Eindrücke gleicher Größe erzeugen.

2. **Beckenschüssel** (im Sitzen): Sitzen Sie gleichmäßig auf Ihren Sitzbeinhöckern. Stellen Sie sich das Becken als eine schwere, kreisförmige Schüssel vor. Erlauben Sie den „Inhalten" der Schüssel, gegen die innere Oberfläche der Schüssel zu drücken. Spüren Sie das Gewicht der Organe oder füllen Sie die Schüssel in Ihrer Vorstellung mit Wasser oder weicher Erde. Stellen Sie sich vor, die Schüssel stünde auf Sand. Das Gewicht der Schüssel führt dazu, dass sie in den Sand sinkt und einen kreisförmigen Eindruck hinterlässt.

3. **Becken und Kopf als Gegenpole:** Je mehr Sie das Gewicht des Beckens fühlen, das vom Boden unterstützt wird, desto mehr kann der Kopf nach oben schweben. Dies befreit die zwischen diesen beiden Polen liegende Wirbelsäule und erlaubt den Armen, im Raum zu schweben. Die Hände sind Blumen, die von diesem geerdeten Stamm unterstützt werden. Von aller Sorge um Unterstützung befreit leuchten sie in den Raum hinaus.

**Abbildung 5.1:
Becken und Kopf als
Gegenpole**

4. **Wurzeln vom Becken in die Erde:** Der von Graham beeinflusste Choreograf Mark Dendy schlägt vor: „Stellen Sie sich vor, dass Ihr Becken von der Erde eingehüllt wird und tief in der Erde verwurzelt ist." Der Oberkörper ist eine Pflanze, die sich wie eine Spirale aufwärts zum Himmel windet und dreht.

5. **Felsen und Alge:** Halten Sie sich das Becken vor Augen, als sei es ein Stein auf dem Boden eines seichten Meeres. Der Rumpf und der Kopf sind Meeresalgen, die am Stein befestigt sind. Die Meeresalge schlingert sanft aufwärts, hängt frei im Wasser. (Nach Nancy Lyons)

Ein starkes Becken wird die Bewegungen Ihres Oberkörpers befreien. Sobald Ihre Arme und Beine mit einem zuverlässigen Zentrum verbunden sind, nehmen Verspannungen ab und die Beweglichkeit verbessert sich. Außerdem wird es leichter, die Beziehungen zwischen Ihren oberen und unteren Gliedmaßen zu entdecken.

Den Oberkörper bewegen

Abbildung 5.2: Kreisende Roulettekugel

1. **Sitzbeine verlängern** (bei Seitneigung): Bei einer Seitneigung stellen Sie sich das Sitzbein der Gegenseite vor, wie es sich auf der Rückseite Ihres Beines nach unten verlängert, um sich fest im Boden zu verwurzeln.

2. **Weizenhalm im Wind** (Seitneigung): Stellen Sie sich vor, Ihr Körper wäre der Stiel eines Weizenhalmes, der im Becken verwurzelt ist und von einem zärtlichen Wind zur Seite geblasen wird. Wenn der Wind von der linken Seite bläst, biegt sich der Weizenhalm nach rechts, und umgekehrt. Sehen Sie die Achse des Oberkörpers in einer harmonischen Kurve sich zur Seite biegen. Je mehr der Halm zur Seite geblasen wird, desto stärker strecken sich die Wurzeln in den Boden und erlauben dem Oberkörper, sich frei zur Seite zu neigen.

3. **Roulettekugel** (beim Kreisenlassen von Kopf und Oberkörper): Stellen Sie sich Ihren Kopf als ein Roulettekugel vor, die in einer großen Schüssel kreist.(Siehe Zeichnung oben)

Übungen: Vorstellungsbilder fur den Oberkörper

4. **Aufsteigender Dampf** (Oberkörper schwebt vom Becken nach oben): Denken Sie sich das Becken als eine Schüssel. Oberkörper, Kopf und Arme sind Dampf, die von der Beckenschüssel aufsteigen.

5. **Sonne und Planeten** (Oberkörperbewegungen relativ zum Becken): Das Becken ist die Sonne, das Zentrum des Körpersystems, um das sich der restliche Körper dreht. Es gibt eine ständige Wechselwirkung zwischen der Sonne (Becken) und den Planeten (Kopf, Schultern, Arme, Hände, Beine und Füße). Die Planeten wollen von der Sonne fliehen und fühlen sich gleichzeitig von ihr angezogen.

6. **Spirale:** Denken Sie an zwei Spiralen auf einmal. Die äußere Spirale beginnt an der Außenseite des Beckens und windet sich um das Becken und den Rumpf herum nach oben. Die innere Spirale bewegt sich um Ihre zentrale Achse in entgegengesetzter Richtung. Sie fängt zwischen den Sitzbeinhöckern im Beckenboden an. Es gibt sogar noch eine untergeordnete Spirale, eine „Subspirale", die um den ausgestreckten Arm nach außen führt. Die Kräfte der beiden Hauptspiralen balancieren sich gegenseitig aus.

Abbildung 5.3:
Spirale

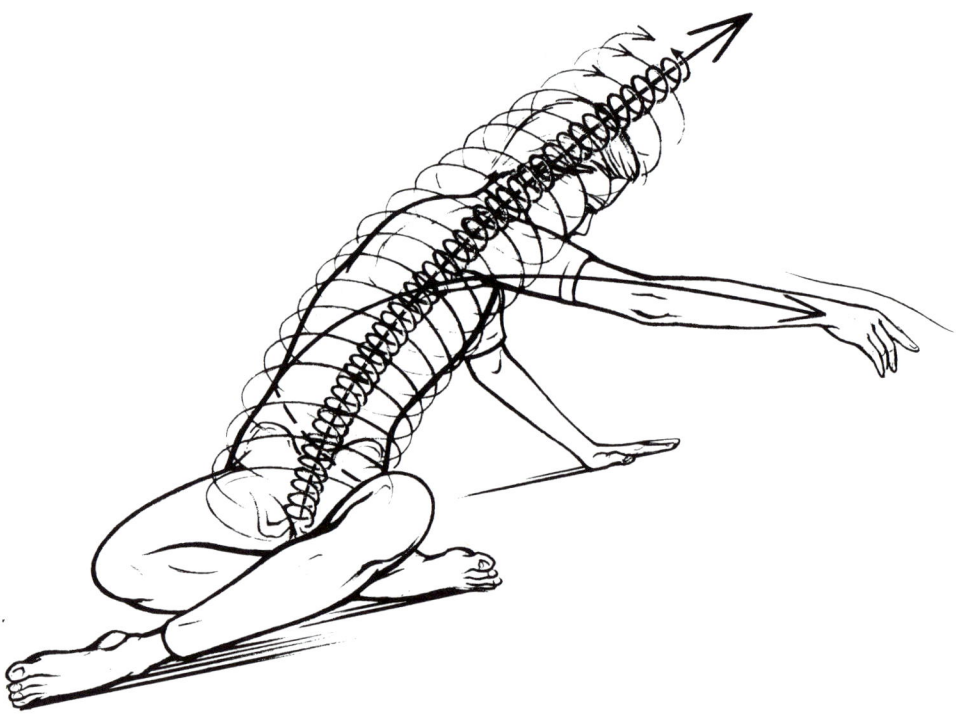

Zu Boden fallen

Eine gute Technik beim Fallen auf den Boden ist wesentlich für die Gesundheit Ihrer Gelenke. Die Kampfsportarten vermitteln ausgezeichnete Techniken für das Fallen. Für verletzungsfreies Fallen ist auch die Atmung von großer Bedeutung. Wenn man eine gute Atemtechnik hat, fühlt sich der Boden tatsächlich „weicher" an. Indem Sie die Dauer des Aufpralls auf den Boden verlängern, können Sie die in jedem Moment auf den Körper einwirkenden Kräfte reduzieren.

1. **Sich beim Fallen anlehnen:** Lehnen Sie sich bei Ihrem Partner an. Indem Sie sich *langsam* der Schwerkraft hingeben, gleiten Sie am Partner entlang zu Boden. Entdecken Sie sämtliche Möglichkeiten, wie Sie *langsam* zu Boden gleiten können: über den Rücken des Partners, an der Seite des Körpers, an den Beinen entlang.
2. **Luftkissen** (bei Zu-Boden-Fallen oder Improvisation): Während Sie zu Boden fallen, stellen Sie sich vor, dass ein weiches Polster Ihren Sturz abbremst.

Abbildung 5.4:
Luftkissen
(Foto: Mark Skolsky)

3. **Fallschirmspringer:** Als ob Sie ein Fallschirmspringer wären, so zieht ein immenser Luftdruck Ihren Körper nach oben und bremst Ihren Fall ab.
4. **Magnet** (beim Zu-Boden-Fallen): Während Sie sich auf den Boden fallen lassen, stellen Sie sich vor, eine starke magnetische Kraft zöge Sie nach oben, um Ihren Fall abzubremsen.
5. **Unter einen Teppich rutschen:** Wenn Sie fallen, stellen Sie sich vor, Ihre Arme und Hände rutschten unmittelbar unter die Oberfläche des Bodens, als ob Sie unter einen Teppichrand rutschten.
6. **Rutschbahn im Raum:** Benutzen Sie eine imaginäre Rutschbahn, um sanft auf den Boden zu gleiten. Nehmen Sie ein imaginäres Kissen für zusätzliche Polsterung hinzu. (Siehe Abbildung S. 112 oben)

Übungen:
Vorstellungsbilder
für das Fallen

Abbildung 5.5:
Imaginäre Rutschbahn

7. **Landepiste:** Stellen Sie sich eine Landebahn vor, die Ihrem Körper eine elegante, fließende Landung ermöglicht.

Abbildung 5.6:
Imaginäre Landebahn

8. **Wasserpolster:** Stellen Sie sich vor, dass eine Schicht Wasser auf dem Boden Ihren Aufprall abmildert.

9. **Hirsekissen:** Stellen Sie sich vor, Sie wären ein Hirsekissen. (Sie können Ihr imaginäres Kissen auch mit Reis oder Sand füllen.) Beim Fallen auf den Boden werden Sie als Kissen nicht aufprallen, weil Sie sich „ausbreiten" und ihre elastische Energie ablegen. (Alternative: ein Stück weichen Ton visualisieren, das zu Boden fällt und in die Breite geht.)

10. **Spiralförmig nach unten und wieder nach oben:** Während Sie spiralförmig fallen, stellen Sie sich vor, dass Sie sich wie ein dickes Gummiband verschrauben oder aufdrehen. Setzen Sie diese gespeicherte elastische Energie frei, um wieder nach oben zu kommen.

11. **Luftballon im Becken:** Stellen Sie sich vor, Sie hätten einen mit Helium gefüllten Ballon in Ihrem Becken, der Ihren Fall bremst und Ihnen hilft, sachte zu Boden zu sinken.

12. **Ständiges Fallen:** Betrachten und erleben Sie jede Bewegung, die Sie machen, als ein Fallen, selbst wenn Sie einen Körperteil nach oben bewegen. In diesem Fall stülpen Sie das im Gedächtnis gespeicherte Erlebnis des Fallens über eine Aufwärtsbewegung. (Nach Stephanie Skura)

Am Boden rollen

Rollen am Boden ist eine unserer ersten Fortbewegungsarten. Noch bevor sie krabbeln können, versuchen Babys einen gewünschten Gegenstand, vielleicht ein buntes Spielzeug, zu erreichen, indem sie auf ihn zurollen. Rollen gibt es in vielen Variationen: gerade, verschraubt, gebogen, um eine senkrechte oder horizontale Achse. Üben Sie Rollen (ohne zu viele blauen Flecke zu bekommen), um Ihr Gefühl der Körperachse und des Zentrums zu verbessern und um sich auf die Kontaktimprovisation vorzubereiten.

Übungen: Vorstellungsbilder für das Rollen

1. **Auf der rollenden Erdkugel rollen** (bei Improvisation): Stellen Sie sich vor, die Erdkugel rollte unter Ihnen in die entgegengesetzte Richtung, wie Sie rollen. Gehen Sie davon aus, dass die Erde das Rollen auslöst, nicht Sie.

Abbildung 5.7: Auf der rollenden Erdkugel rollen

2. **Einen Hügel hinunterrollen** (Improvisation): Stellen Sie sich vor, dass Sie ständig einen Hügel hinunterrollen. Purzeln Sie in verschiedene Richtungen mit dem Gefühl, dass es immer bergab geht.

3. **Beachball** (Improvisation): Stellen Sie sich vor, Sie wären ein leichter Ball am Strand, der von starken Windböen herumgerollt wird.

4. **Durch hohes Gras rollen:** Fühlen Sie, wie Sie durch hohes Gras rollen und so einen Pfad durch das Gras bahnen. (Stellen Sie sich den *Bauern* lieber nicht vor – er würde dies keinesfalls schätzen.)

5. **Sich in einen Teppich einrollen:** Stellen Sie sich vor, dass Sie am Ende eines langen Teppichs liegen. Ergreifen Sie den Rand und rollen Sie sich in diesen Teppich ein, bis Sie von Dutzenden von Schichten flaumigen Stoffs umhüllt sind. Kehren Sie das Bild um und entrollen Sie den Teppich wieder.

Kapitel 6

Stehen, gehen, laufen

Oft ist es schwieriger, für eine Minute still zu stehen und dabei noch zu „tanzen", als eine Serie aufregender Schritte zu zeigen. Wenn die Choreografie von Ihnen fordert, für einen Moment an Ort und Stelle zu bleiben, müssen Sie einen Weg finden, das Gefühl von Bewegung beizubehalten. Denken Sie an eine Pause in der Jazzmusik. Offensichtlich ist sie nicht ein „toter" Moment, sondern sie ist ebenso wichtig wie das eigentliche Spiel der Band. Genauso wie man in einer Pause weiter „swingt", so bewegt man sich auch in einer Ruheposition weiter.

Gehen und Laufen in all ihren Spielarten sind in Choreografien und im Tanztraining allgegenwärtig. Das Gehen ist leichter und effizienter als das Stehen. Das Drehmoment, das durch die Vorwärtsbewegung geschaffen wird, reduziert die Anzahl muskulärer Korrekturen, die man braucht, um aufrecht stehen zu bleiben. Viele der im Improvisationskapitel erwähnten Übungen zum Thema Raum sind gute Übungen für das Gehen und Laufen.

Bewegungslos stehen oder langsam bewegen

Im Stehen ist der menschliche Körper von Natur aus instabil. Auch wenn Sie denken, dass Sie vollkommen ruhig dastehen, führen Sie ständig winzige „Stürze" aus und fangen sich wieder auf. Dieses Geschehen wird durch Reflexe gesteuert, automatisch und ohne dass es nötig wäre, bewusste Kontrolle auszuüben. Im menschlichen Körper liegt der Schwerpunkt (oder das Massezentrum) ziemlich hoch und unser Oberkörper wird von langen Beinen auf einer recht schmalen Basis gehalten – anders als beispielsweise bei einem Ochsen, der sein Gewicht nahe dem Boden auf vier kurzen, dicken Beinen trägt.

Japanische Sumo-Ringer sind Meister im Stabilisieren ihrer Körper und sind praktisch unerschütterlich, außer durch einen anderen Sumo-Ringer. Außer durch ihr hohes Körpergewicht wird dies durch eine Kauerstellung und das damit verbundene Senken des Schwerpunktes erreicht. Schon der Anblick dieser stabilen Masse wird einen Angreifer frustrieren. Dies ist natürlich keine Option für einen Tänzer. Allerdings ist es nicht generell schlecht, instabil zu sein und einen hoch liegenden Körperschwerpunkt zu haben. Es ermöglicht uns, Gewicht schneller als die meisten anderen

Lebewesen in eine beliebige Richtung zu bewegen; dies verleiht uns die Behändigkeit, die wir brauchen, um von einer Pfütze auf der Straße wegzuspringen, bevor wir von einem Auto nass gespritzt werden.

Übungen:
Ruhe visualisieren

1. **Lauernde Spinne** (im Stehen): Stellen Sie sich vor, dass Sie bewegungslos und konzentriert verharren, wie eine Spinne, die in ihrem Netz auf Beute wartet. Verursachen Sie auch nicht die kleinste Störung, die eine nichtsahnende Beute warnen könnte. Seien Sie trotzdem bereit jederzeit nach vorne zu springen.
2. **Eis** (Improvisation): Stellen Sie sich vor, dass Sie von einem Block Eis (warm und bequem) umhüllt sind. Sie können sehen, was um Sie herum vor sich geht, aber Sie können sich nicht bewegen. Das Eis schmilzt langsam und dies erlaubt es Ihnen, sich wieder zu bewegen. Wie ist es, sich zu bewegen, nachdem Sie im Raum eingefroren waren?
3. **Eine Eisdecke prüfen:** Stellen Sie sich vor, Sie prüfen die eisige Oberfläche eines gefrorenen Sees. Falls Sie nicht vorsichtig sind, wird das Eis brechen und Sie fallen ins Wasser.
4. **Sich nicht zu bewegen wagen** (Improvisation): Stellen Sie sich vor, dass Sie bis zum Hals im Wasser stehen. Ihre Bewegungen müssen sehr zurückhaltend und langsam sein, damit Sie keine Wellen an der Oberfläche des Wassers verursachen.
5. **Sich geräuschlos bewegen** (Improvisation): Versuchen Sie, sich ohne das kleinste Geräusch zu bewegen. Falls irgendein Geräusch zu hören ist, ist Ihr „Tanz" zu Ende.

Gehen und laufen

Ein Lauf kann linear, vorwärts, rückwärts, seitwärts, beschleunigt, verlangsamt, unterbrochen sein, zickzackförmig, kreisförmig, gebogen, mäandernd oder geschlängelt. Hanya Holm weist darauf hin:

„Ein Gang hat keinen Wert, außer wenn er so beschaffen ist, dass Sie ihn jederzeit verändern können. Sie sollten fähig sein, einen bösen Gang, einen schwebenden Gang, einen deprimierten Gang oder einen zielstrebigen Gang zu zeigen, der den Raum messerscharf durchschneidet." (BROWN 1979b, S. 74) Und sie fügt hinzu:
„Sie müssen viele Tage im Kreis laufen, bevor Sie wissen, was ein Kreis ist. Dann werden Sie plötzlich erkennen, dass Sie nicht mehr Sie selbst sind und dass Ihr Raum dynamisch und kraftvoll ist." (Ebd., S. 80)

Die nachfolgenden Bilder dienen dazu, eine bestimmte Bewegungsqualität zu erzeugen, und nicht dazu, eine bestimmte äußere Form oder einen Stil zu schaffen. Anatomisch gesehen entsteht ein leichter oder schwebender Gang, indem man die Beckenmuskulatur aktiviert, besonders die Iliopsoas-Gruppe. Wenn das Becken beim Gehen oder Laufen nach vorne kippt (Hohlkreuz), fällt Ihr Körpergewicht zu stark nach vorne, was Ihre

Bewegung schwerfüßig aussehen lässt. Idealerweise *schweben* die Beine unter einem aufgerichteten Becken oder, um diesen Gedanken umzukehren, die Beine treiben ein aufgerichtet schwebendes Becken durch den Raum voran.

Viele der Bilder in Teil I dieses Buches können für das Gehen und das Laufen benutzt werden: den Raum durchdringen oder durchschneiden, der Raum hat magnetische Kraft, das Schweben durch den Raum, der Wind wirbelt Sie durch den Raum und so weiter.

**Übungen:
Vorstellungsbilder für
das Gehen und Laufen**

1. **Gondel** (im Gehen): Stellen Sie sich das Becken so vor, als wäre es eine Gondel in den Kanälen von Venedig. Die Beine sind die Stangen, die diese Gondel durch das Wasser schieben. Stellen Sie sich vor, dass die Gondel immer auf gleicher Höhe bleibt, wenn Sie sich bewegen. Die Beine müssen dabei nicht durchgestreckt bleiben wie zwei Stangen.

**Abbildung 6.1:
Das Becken als Gondel**

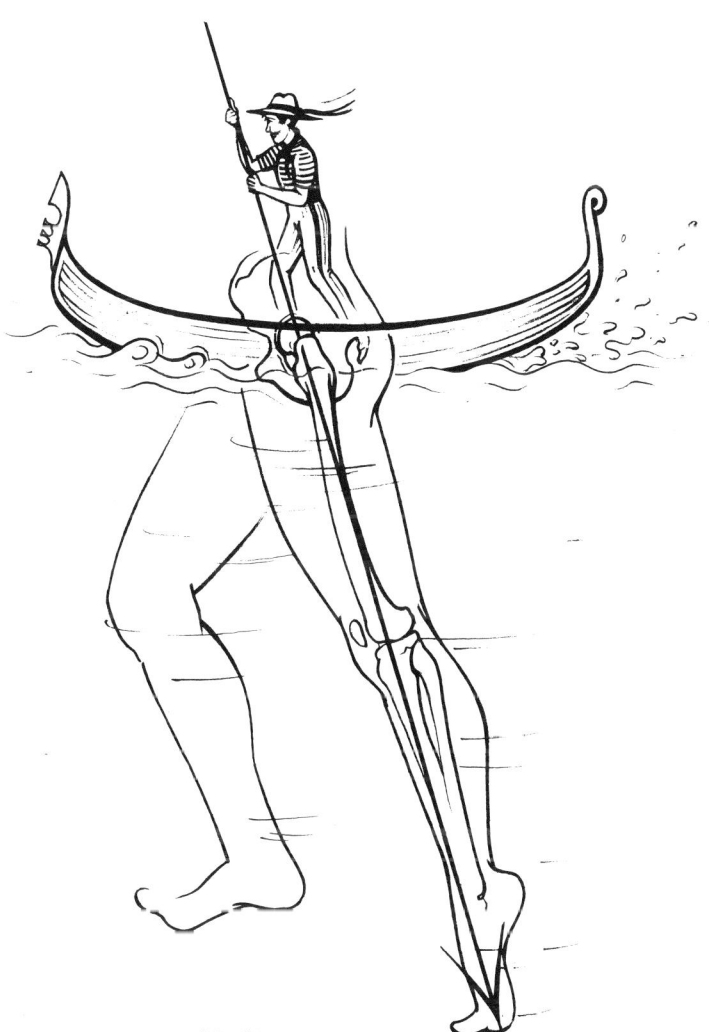

2. **Oberschenkelköpfe rollen auf Zirkusseil** (im Gehen oder Laufen): Stellen Sie sich die kugelförmigen Köpfe der Oberschenkel vor, wie sie auf zwei parallelen Drahtseilen rollen.

Abbildung 6.2:
Die Oberschenkelköpfe
rollen wie auf einem
Zirkusseil

3. **Heißer Boden** (im Gehen oder Laufen): Stellen Sie sich vor, dass Sie über eine heiße Fläche laufen. Sie berühren die Oberfläche so wenig wie möglich.

4. **Hängegleiter** (im Gehen oder Laufen): Sie hängen an einem Gleitschirm; mit jedem Ihrer Finger ist eine der Schnüre des Gleitschirms verbunden. Schweben Sie über den Boden, ihn nur knapp berührend, mit diesem Gefühl des Hängens an einem Gleitschirm.

Abbildung 6.3:
Hängegleiter

5. **Weiche Füße** (im Gehen oder Laufen): Stellen Sie sich Ihre Füße als weich und verformbar vor, so dass Sie fähig sind, sich dem holperigsten Boden anzupassen.

6. **Seidige Füße** (im Gehen oder Laufen): Stellen Sie sich vor, Ihre Füße wären aus Seide – sie streichelten den Boden, sie huschten über den Boden. Kehren Sie die Situation um. Stellen Sie sich vor, der Boden wäre aus Seide oder aus weichem Fell, das locker zwischen den Zehen gleitet. Wie beeinflussen diese Fuß- und Bodenbilder das Bewegungsgefühl im ganzen Körper?

7. **Teppich ausrollen** (im Rückwärtsgehen oder -laufen): Während Sie rückwärts gehen oder laufen, tun Sie so, als rollten Sie einen Teppich mit Ihren Fersen aus.

8. **Kissen** (im Gehen oder Laufen): Stellen Sie sich einen Lufthauch unter den Füßen vor, der Ihre Füße bei jedem Schritt polstert und so auf effiziente Art und Weise das Abrollen der Füße unterstützt. Verwandeln Sie Ihre Füße in Luftkissenboote. Heben Sie vom Boden ab, indem Sie Luft aus den Sohlen blasen.

9. **Laufen im Kreis:** Visualisieren Sie einen deutlichen Kreis im Raum. Färben sie den Kreis mit einer hellen Farbe ein. Während Sie diesen Kreis entlanglaufen, sehen Sie immer den gesamten Kreis. Ihr Kreis gewinnt an Höhe und verwandelt sich in eine kreisförmige Mauer. Lehnen Sie sich daran an, um sich selbst in eine perfekte Kreisbahn zu führen.

10. **In der Mitte befestigt** (Laufen im Kreis): Während Sie in einem Kreis laufen, stellen Sie sich vor, dass Sie durch eine Schnur mit der Mitte des Kreises verbunden sind.

11. **Immer schneller werdendes Laufen oder Gehen:** Stellen Sie sich vor, dass ihr Laufen die Lautstärke einer Melodie im Innern Ihres Körpers kontrollierte. Während Sie Ihre Geschwindigkeit erhöhen, wird die Musik lauter; werden Sie langsamer, so wird die Musik leiser.

12. **Atmen** (im Gehen oder Laufen): Fühlen Sie den Unterschied zwischen dem Laufen mit Ausatmung und dem Laufen beim Einatmen. Denken Sie, der Atem trüge Sie vorwärts.

13. **Jagen, Fliehen** (beim Laufen): Stellen Sie sich vor, Sie liefen auf etwas zu, das Sie packen wollen; danach laufen Sie vor etwas Gefährlichem davon. Was ist der Unterschied im Bewegungsgefühl zwischen Gejagtwerden, jemanden verfolgen und von etwas weglaufen. Stellen Sie sich vor, dass Sie einem Menschen entgegenlaufen, den Sie lieben und den Sie lange Zeit nicht gesehen haben.

Kapitel 7

Grundübungen an der Ballettstange

Das Training an der Stange im klassischen Ballett ist eine der ältesten systematischen Trainingsmethoden in der Tanzkunst des Westens. Einige Übungen und Schritte des modernen Tanzes wie auch des Jazztanzes haben ihren Ursprung in diesen klassischen Übungen. Zwar gibt es innerhalb der klassischen Methode verschiedene Schulen, etwa die französische, die italienische und die russische, doch sind die anatomischen und biomechanischen Prinzipien, die dem Meistern dieser Schritte zugrunde liegen, überall die gleichen.

Die Vorstellungskraft verbessert sowohl die Biomechanik als auch den künstlerischen Ausdruck dieser Schritte. Der künstlerische Ausdruck ist ein universales Ziel, wenngleich die Meinungen darüber, wie dieses Ziel zu erreichen ist, sehr stark variieren. Dennoch kann gesagt werden, dass die totale Präsenz, das vollständige Erleben der Bewegung im gesamten Körper die Basis des künstlerischen Ausdrucks in der Bewegung bildet. Präsenz bedeutet, dass man in allen Teilen des Körpers voll und ganz erlebt, wie er sich von einem Augenblick zum nächsten in seiner Position, in Zeit und Raum verändert.

Wie wir in Kapitel 1 gesehen haben, dienen Vorstellungsbilder, die mit allen Sinnen wahrgenommen werden, dazu, diese Erfahrung zu entwickeln. Mangel an Präsenz begrenzt die technischen Fähigkeiten, weil feine Anpassungen der Körperausrichtung dann nicht erfasst werden können. Die gedankliche Klarheit, die diese Präsenz erfordert, erlaubt es Ihnen, eine Intention oder Geschichte auszudrücken, die Ihnen der Choreograf vorschlägt. Ohne sie wird Ihr Geist seine eigene, möglicherweise zufällige „Tagesordnung" haben.

Ein Kopf voller Sorgen (wegen des Meisterns der Schritte) vermindert das Erleben einer Bewegung oder die theatralische Präsenz. Ein wichtiger Teil der Rolle des Tänzers ist es, dem Publikum zu zeigen, wie es sich anfühlt, sich durch eine inspirierende Choreografie zu bewegen. Wenn seine primären Empfindungen Sorge und Unsicherheit sind, wird das auch die primäre Botschaft sein.

Das Erlernen der gedanklichen Präsenz im Tanztraining sollte auf keinen Fall mit Stress für die Tänzer verbunden sein. Die Präsenz der Tänzer sollte auf Bewegungsfreude basieren. Was auf der Bühne zu sehen ist, wurde im Training vorbereitet; sonst hat solche Vorbereitung keinen Zweck. Im Training bereitet man die ganze Persönlichkeit auf die Aufführung vor, nicht nur das Fußgewölbe. Der mentale Zustand ist integraler Bestandteil dieser Vorbereitung und manifestiert sich in jeder Zelle des Körpers.

Sind Sorgen oder Selbstkritik erst einmal fest mit dem Zeigen von Tanzschritten verknüpft, wird es schwer, diese „Botschaft" jemals wieder loszuwerden. Gefurchte Stirn, angespanntes Gesicht und angehaltener Atem weisen darauf hin, wie hart das Tanzen ist. Sie denken vielleicht: „Aber es ist tatsächlich schwer, es braucht Disziplin", und kein Zweifel, Tanzen ist ein anstrengender Beruf. Aber die meisten von uns fühlten sich aus Freude an der Bewegung zu diesem Beruf hingezogen. Wenn überhaupt, dann sollte diese Freude die primäre Mitteilung sein.

Der Tänzer muss alles daran setzen, die Schritte zu meistern, ohne sich dabei andauernde Sorgen zu machen, und dabei kann ihm die Lehrkraft enorm helfen. Leider können viele Tänzer und Tänzerinnen Geschichten davon erzählen, wie ihnen ohne Rücksicht auf die mentalen Folgen von Lehrern, Direktoren oder Choreografen Bilder „nachgeworfen" wurden, die nur schwer wieder aus dem Kopf zu entfernen sind. Jeder, der es versucht hat, weiß, was für ein Kampf es sein kann, den Kopf leer zu machen. Die Vorstellungskraft liefert einen konstruktiven Fokus beim Wechsel von gewohnheitsmäßig surrenden Gedanken zu reiner Präsenz.

Beim Beobachten von Tänzern habe ich gelernt, dass ein großer Teil technischer Probleme im Grunde rein geistiger und nicht physischer Natur ist. Viele Tänzer mit den physischen Voraussetzungen für eine große Karriere üben konsequent eine Form von Selbstsabotage. Indem sie die gleichen Fehler in verzweifelter Anstrengung immer wieder repetieren, um eine Bewegung zu meistern, verwurzeln sie die falschen Bewegungsmuster nur noch mehr. Diese Tänzer würden weit bessere Ergebnisse erzielen, wenn sie vermehrt mental übten.

Zwar gibt es viele mögliche Variationen, doch führt klassisches Ballett-Training durch eine größtenteils gleich bleibende Reihe von Übungen an der Stange, gefolgt von Übungen in der Mitte. Im Allgemeinen beginnen die Übungen an der Stange mit *Pliés*, gefolgt von einfachen *Battement tendus*, *Battement tendu jetés (dégagés)*, *Rond de jambe par terre*, *Rond de jambe en l'air*, *Fondu*, *Frappé*, *Adagio* (Üben von langsamen Extensionen wie *Développé, Arabesque, Attitude*) und großen *Battements*. *Relevés* und *Port-de-bras*-Übungen werden überall in die Übungen an der Stange eingestreut.

Die Mitte fängt normalerweise mit einem *Adagio* an, dem ein *Tendu* und eine *Dégagé*-Übung sowie ein Walzerschritt folgen, um schließlich in *Pirouetten* zu münden. Das Training endet mit einem *Petit allegro*, kleinen schnellen Sprüngen, einem *Grand allegro*, großen Sprüngen, und einer *Révérence*, einer Verbeugung zum Lehrer und dem Pianisten. Eine Klasse für Frauen wird die Arbeit auf Spitze betonen; die Klasse für Männer wird sich auf große Sprünge und Pirouetten konzentrieren.

Plié

Das *Plié* ist einer der wichtigsten Teile des Tanztrainings. Es ist das A und O, die Vorbereitung und das Finale vieler Tanzschritte. *Pliés* in all ihren Varianten sind die Schlüssel zu vielen anderen Trainingselementen: zum Einwärmen, um Kraft in den Beinen zu entwickeln und um den Körper daran zu gewöhnen in einer ausgedrehten Position zu arbeiten. Ein richtig ausgeführtes *Plié* verbessert alle Tanzschritte. Die Fähigkeit, Bewegungen miteinander zu verbinden und zu phrasieren, in einem *Relevé* in der Vertikalen zu bleiben (erforderlich bei *Pirouetten*), und effizient zu springen hängt vom korrekten *Plié* ab. Je nach Schrittart gibt es viele verschiedene *Pliés* – schnelle aktive, flüssige, elastische und federnde.

Im klassischen und im modernen Tanz wird die grundlegende *Plié*-Übung auf beiden Beinen durchgeführt, damit man sich auf das Wichtigste konzentrieren kann – Körperhaltung (senkrechte Bewegung im Raum), Flexibilität in den Hüft-, Knie- und Sprunggelenken, Rhythmus und Bewegungsfluss durch die Muskeln und Gelenke. Während des *Pliés* ist es wichtig, das Gewicht ausgeglichen auf beiden Beinen wahrzunehmen. Selbst kleine Diskrepanzen müssen eliminiert werden, da durch das ständige Üben muskuläre Disbalancen entstehen können. Das Becken soll während des *Pliés* waagrecht bleiben. Ein gut tonisierter Beckenboden wird diese Horizontalität erleichtern, die Leichtigkeit und den Fluss in der Bewegung vergrößern und den Druck in den Hüft- und Kniegelenken reduzieren.

Beim *Demi plié* beugt man die Beine nur so weit, dass die Fersen noch auf dem Boden bleiben können. Heben die Fersen bei einem *Demi plié* vom Boden ab, erzeugt dies eine zusätzliche Belastung der Knie, der Achillessehne und der daran befestigten Muskeln. Die in den Knien und der Achillessehne entstehenden Kräfte sind beträchtlich und übersteigen oft das Körpergewicht. Das Heben der Ferse im *Demi plié* beim Landen von einem Sprung kann Probleme in den Knien, Wadenmuskeln und in der Achillessehne verursachen, falls es zur Gewohnheit wird. Oft wird dabei nur eine Ferse vom Boden abgehoben, wobei zusätzlich noch ein Ungleichgewicht zwischen den Beinen entsteht.

Im *Grand plié* des klassischen Balletts heben die Fersen vom Boden ab, weil man den Körperschwerpunkt noch weiter nach unten verlagert. Wenn Sie die Fersen bei einem *Demi plié* oder beim Nach-oben-Kommen aus einem *Grand plié* aktiv in den Boden drücken, könnte eine gewisse Dehnwirkung entstehen; meistens ist die Begleiterscheinung ein zusätzliches Spannungsmuster im ganzen Körper. Besser ist es einfach den Kontakt der Fersen mit dem Boden wahrzunehmen, indem Sie sich das Gewicht Ihrer Fersen vorstellen oder visualisieren, wie die Fersen in den Boden sinken, ohne sie aktiv nach unten zu zwingen. Wenn Sie sich daran gewöhnt haben, die Fersen hinunterzudrücken, kann sich das Spüren des Gewichts der Fersen so anfühlen, als würden sie zu wenig leisten.

Wie auch immer, es wird genügend Verlängerung produzieren und die Muskeln stärken, denn die Schwerkraft – kombiniert mit einer guten Körperhaltung – wird dafür sorgen, dass die richtigen Muskeln trainiert werden. Zudem drehen die meisten Tänzer beim *Grand plié* mehr aus als beim *Demi plié*. Dies ist möglich, weil die Bänder des Hüftgelenks in dieser Position lockerer sind. Wird diese Ausdrehung beim Strecken der Beine beibehalten, resultiert daraus ein gefährliches Verdrehen der Kniegelenke.

Es gibt Tanzdozenten, die das *Grand plié* aus dem Trainingsrepertoire entfernen wollen, weil es für die Knie eine große Mehrbelastung gegenüber dem *Demi plié* bedeutet. (Das oftmals hörbare Knacken beim ersten *Grand plié* des Tages zeugt davon.) Das ist eine Frage der Spezifität des Trainings. Normalerweise trainiert man Bewegungen, die man später auch einsetzt. Das *Grand plié* wird bei kaum einem Ballettschritt eingesetzt. Es ist also ein reiner „Trainingsschritt" und es lohnt sich die Frage zu stellen, ob sich die Belastung der Knie unter diesen Umständen auszahlt. Im *Grand plié* wirken starke Kräfte auf die Knie, vor allem wenn sie mehr als 90 Grad gebeugt werden. Ein Teil des schädlichen Drucks auf die Knie rührt vom „Festhalten" der Oberschenkelmuskulatur (oft ein Kraftakt, der das Ausdrehen im Hüftgelenk vergrößern soll), anstatt dass das Körpergewicht in einem leichten, aufrechten Bewegungsfluss getragen wird.

Besondere Sorge muss dem Beibehalten einer guten Körperausrichtung gewidmet werden, damit Sie Ihren Körper nicht auf irgendeine Weise „absacken" lassen, wodurch das Gewicht in Ihre Knie fallen würde. Ein gut trainierter und ausgerichteter Körper ist ein guter Anfang. Um die Knie zu schonen, schlägt Clouser (1994) vor, das *Grand plié* am Anfang einer Trainingsstunde wegzulassen und es zu einem späteren Zeitpunkt zu machen, wenn die Tänzer warm genug sind, damit sie das Gewicht des Oberkörpers besser tragen können. Er weist auch darauf hin, dass das *Grand plié* in der vierten und fünften Position nur von fortgeschrittenen Tänzern verlangt werden sollte.

Die beliebte Anweisung „Ziehen Sie nach oben, wenn Sie hinuntergehen, und drücken Sie nach unten, wenn Sie nach oben kommen" ist hilfreich als *Bild*, nicht aber als Technik, die aktiv ausgeführt werden sollte. Ein gut ausgerichteter Körper mit einer normalen Körperspannung wird nicht auseinander fallen, wenn die Muskeln während eines *Pliés* nicht zusätzlich angespannt werden. Wären wir auf solch eine Weise entworfen worden, dass wir unseren Brustkorb künstlich heben müssten, um unsere Beine erfolgreich zu beugen, dann hätten es unsere Vorfahren nie in ihre Höhlen geschafft.

Das Ziehen nach oben, wenn Sie im *Plié* nach unten gehen, stört die Körperaufrichtung (es überstreckt den Rücken) und schafft ein ungünstiges Bewegungsmuster. Tänzer mit dieser Gewohnheit wackeln bei *Pirouetten* und haben Schwierigkeiten senkrecht zu springen, weil ihre Bein-Rumpf-Koordination gestört ist. Dieses weit verbreitete Problem rührt von einer Vermischung von ästhetischen Zielen und guter Biomechanik her. Die Tanzlehrer sollten zwischen einer Bewegungsausführung, welche die Technik vereinfacht, und ästhetischen Wünschen unterscheiden können. Die Tänzer sollten diese beiden Aspekte in ihrem Körper unterscheiden können.

Ein Tänzer, dessen Becken nach vorne oder hinten kippt, setzt vielleicht Körpertherapien, Vorstellungskraft und Konditionstraining ein, um das Problem zu korrigieren. In einer akuten Situation (mit Knieschmerzen) ist es allerdings nicht klug zu warten, bis mit der Vorstellungskraft eine Änderung bewirkt wird. Kräftigungs- und Dehnungstechniken können ineffiziente Bewegungsmuster nicht ausschalten. Stattdessen verlangsamen sie vielleicht die Degeneration und geben dem Nervensystem Zeit, effiziente und ausgeglichene Bewegungsformen zu entwickeln.

Richtige Körperhaltung stärkt diejenigen Muskeln, welche eine gute Körperhaltung verstärken. Schlechte Körperhaltung stärkt diejenigen Muskeln, welche eine schlechte Körperhaltung unterstützen. Was sich gut anfühlt, weil es vertraut ist, muss nicht eine gute Körperhaltung sein. Gute Körperhaltung, die keine Anstrengung erfordert, fühlt sich vielleicht seltsam an, weil sie nicht das ist, was der Tänzer normalerweise und mit mehr Anstrengung macht. Bewegungsmuster, in denen man sich „zu Hause" fühlt, sind oft ungünstige Bewegungsmuster. Um aus diesen Mustern aussteigen zu können, braucht man eine Zeit der bewussten Verstärkung der neuen Muster. (Näheres dazu finden Sie in meinem Buch *Befreite Körper*.)

Ich muss zugeben, dass ich viel über das *Plié* gelernt habe durch das Beobachten meiner Kinder, als sie gerade lernten zu stehen, ohne sich an etwas festzuhalten. Sie standen und wackelten leicht, mit minimaler Anstrengung (ohne Festhalten), und sahen sich um, als sei dies die normalste Sache – obwohl sie es nie zuvor gemacht hatten. Dann fielen oder glitten ihre Becken zwischen ihren Beinen hinunter und plumpsten auf den Boden, abgefedert von ihren Windeln. Als ich dieses „Ur-*Plié*" das erste Mal sah, dachte ich: „Wow, das ist sehr lehrreich!" Dieses *Plié* war eine klare Bewegung des Beckens auf dem direktesten Weg, ein ganz klare, direkte und unkomplizierte Aktion.

Abbildung 7.1:
Der Oberschenkel gleitet am Becken herunter

Wo nicht ausdrücklich auf anderes hingewiesen wird, beziehen sich die Übungen auf die klassischen *Demi* und *Grand pliés*.

1. **Der Oberschenkel gleitet am Becken herunter** (im Liegen): Konzentrieren Sie sich auf die Stelle (den Knick), wo das Bein ins Becken übergeht (die Hüftfalte). Während Sie eine Hüftbeugung machen, stellen Sie sich vor, dass Falte am Anfang Ihres Oberschenkels sich nach unten verschiebt. Stehen Sie danach in paralleler Position. Beginnen Sie nun ein *Plié*, indem Sie sich vorstellen, wie die Hüftgelenksfalten tiefer werden, bis sie zwischen den oberen Enden der Beine hindurchfallen. Wiederholen Sie dies in ausgedrehter Position. (Abbildung S. 124)

2. **Senkrechte Ausrichtung** (erste Position): Fühlen Sie Ihr Gewicht, wie es auf beide Füße gleich verteilt wird. Stellen Sie sich Ihre zentrale Körperachse vor, wie sie sich genau senkrecht ausrichtet. Würden die Schultern nun senkrecht nach unten fallen, so würden sie den Beckenkamm wie eine Haube bedecken. Die Hüftgelenkspfannen und die Knie liegen in der gleichen Sagittalebene wie die zweite Zehe. Der Nacken ist weich und das Kinn entspannt.

3. **Gelenkspalten öffnen:** Die Gelenkspalten der Hüften, der Knie und der Knöchel öffnen sich und erlauben den Beinen sich zu beugen. Diese Öffnung fängt im Zentrum des Gelenks an und dehnt sich kugelförmig von diesem Zentrum nach außen aus. Sehen Sie die Rückseite des Knies als breit und offen, als ein „gähnendes" Gelenk. Schicken Sie Ihren Atem in die Gelenkräume und erlauben Sie ihnen, Sie leicht ins *Plié* gleiten zu lassen.

4. **Gleich viel Gewicht auf beiden Beinen:** Stellen Sie sich vor, Sie stehen auf Sand. Hinterlassen beide Füße gleich tiefe Abdrücke? Wenn Sie nun (beim *Plié*) nach unten und oben gleiten, drückt ein Fuß mehr in den Boden und macht er einen tieferen Abdruck als der andere? Achten Sie ständig darauf, dass die Abdrücke ausgeglichen sind.

5. **Baumelnde Sitzbeinhöcker:** Visualisieren Sie ihre Sitzbeinhöcker auf der gleichen waagerechten Ebene. Während Sie ins *Grand plié* gehen, sehen Sie, wie die Sitzbeinhöcker sich voneinander entfernen. Wenn Sie wieder nach oben kommen, sehen Sie, wie die Sitzbeinhöcker sich der Mittellinie des Körpers annähern. Lassen Sie die Sitzbeinhöcker locker „baumeln". Vergewissern Sie sich, dass sie in allen Phasen des *Plié*s gerade nach unten zeigen. Stellen Sie sich vor, die Sitzbeinhöcker hängen schwer wie zwei Ballastgewichte – so helfen sie das Becken gerade auszurichten.

6. **Ein mit Wasser gefülltes Becken:** Stellen Sie sich vor, das Becken ist eine Schüssel, die mit Wasser gefüllt wird. Wenn Sie sich nun bewegen, bleibt die Oberfläche des Wassers (fast) ruhig und es läuft auf der linken Seite nicht mehr Wasser über als auf der rechten und vorne nicht mehr als hinten.

7. **Waagerechte Kämme:** Achten Sie beim Ausführen des *Plié*s darauf, dass die Beckenkämme auf der gleichen horizontalen Ebene bleiben.

8. **Fliegender Teppich:** Stellen Sie sich vor, der Beckenboden ist ein fliegender Teppich, der Sie nach unten ins *Plié* schweben lässt und dann wieder nach oben trägt.

9. **Die Senkrechte:**

   a) **Axiales *Plié:*** Visualisieren Sie, wie sich Ihre zentrale Achse senkrecht zum Boden ausrichtet, vielleicht wie eine Holzstange oder ein Lichtstrahl. Während Sie ins *Plié* (also nach unten) gleiten, scheint sich die Achse relativ zu Ihnen nach oben zu bewegen. Verlängern Sie sie nicht aktiv; lassen Sie das Bild seine Arbeit verrichten. Wenn Sie wieder nach oben kommen, sieht es so aus, als ob sich die Achse (relativ zu Ihnen) nach unten bewegte.

   b) **Fahrstuhlschacht:** Wir alle haben diese relative, scheinbare Gegenbewegung schon in einem Aufzug erlebt: Wenn wir nach unten fahren, sehen die umliegenden Mauern so aus, als ob sie aufstiegen. Stellen Sie sich vor, Ihr Körper würde senkrecht nach unten und oben geführt, als ob Sie sich in einem Zylinder oder Fahrstuhlschacht bewegten.

   c) **Rückenunterstützung:** Stellen Sie sich vor, dass Ihr Rücken von einer weichen Matratze unterstützt wird, die aufrecht hinter Ihnen steht. Fühlen Sie im *Plié*, wie Ihr Rücken entlang dieser Matratze nach unten gleitet. (Abbildung 7.2)

Abbildung 7.2:
Der Rücken gleitet an einer Matratze herunter

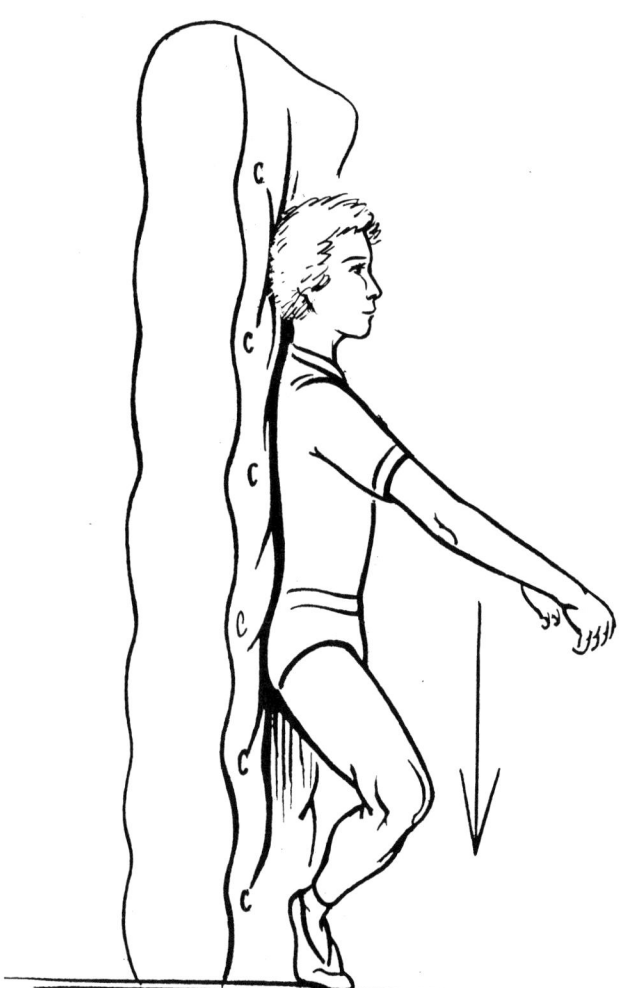

10. **Äußere Kräfte:**

   a) **Der Raum hebt den Körper:** Wenn Sie vom *Grand plié* nach oben kommen, stellen Sie sich vor, wie der Raum ihren Körper nach oben drückt. Die Oberschenkel und der Beckenboden werden von unten her angehoben. Auch die Arme schweben aufwärts.

Abbildung 7.3:
Der Raum hebt den Körper

   b) **Aus dem Raum fallen:** Stellen Sie sich vor, dass der Raum Sie hält. Das Hinuntergehen ins *Plié* wird vom Raum ermöglicht, der langsam loslässt, der Sie langsam nach unten gleiten lässt. (Vgl. auch in Kapitel 2, „Interaktion mit dem Raum", Übung 1)

   c) **Musik in den Beinen:** Stellen Sie sich vor, dass die Musik die Kraft ist, die den Rumpf auf den Beinen trägt. (Vgl. auch in Kapitel 1, „Musik und Rhythmus", Übung 3)

11. **Größer / kleiner werdender Luftballon:** Stellen Sie sich den Oberkörper vor, wie er sich auf einem großen Luftballon ausruht. Um das *Plié* einzuleiten, lässt man aus dem Luftballon die Luft heraus und der Oberkörper und das Becken schweben sanft auf dem Luftballon nach unten. Nun bläst sich der Luftballon auf und der Oberkörper wird schwebend wieder nach oben gehoben.

12. **Sich ausbreiten:** Betty Jones, ein Gründungsmitglied der *José Limon Company*, erzählte mir, dass dies eines der Bilder war, die Limon einsetzte, um das Gefühl des Sichweitens im *Plié* zu verstärken. Ihre Beine sind wie ein großer, weicher, vielschichtiger Rock, der bis auf den Boden reicht. Im *Plié* breitet sich der Rock nach vorne, hinten und zur

Seite aus. Betty Jones empfiehlt auch (in Anlehnung an die biblische Geschichte), sich vorzustellen Ihre Beine würden beim *Plié* das Rote Meer „teilen". Stellen Sie sich vor, dass Sie die neblige Gischt eines Wasserfalls sind, die sich im Raum verteilt, wenn Sie ins *Plié* gehen.

13. **Die Spannung in den Knien reduzieren** (Ausrichtung der Knie):

a) **„Sandfall":** Stellen Sie sich vor, dass Sand aus Ihren Knien fließt. Der Sand fällt senkrecht nach unten in einer Ebene, die durch Ihren zweiten Zeh, das obere Sprunggelenk, das Kniegelenk und das Hüftgelenk definiert wird. Sie können sich auch Wasser vorstellen, Reis oder was immer Ihnen Spaß macht aus den Knien zu gießen.

b) **Weiche Oberschenkel, Sand fließt aus den Fersen:** Während Sie ins *Plié* gehen, beobachten Sie, wie die oberen Enden der Oberschenkel weich werden und um das Hüftgelenk herum zu schmelzen beginnen. Stellen Sie sich Sand vor, der aus den Fersen in den Boden fließt, und Ihre Zehen, wie sie sich auf dem Boden ausbreiten und entspannen. Stellen Sie sich Ihre Zehen vor, wie sie sich verlängern – wie Honig, der sich langsam auf einem Stück Toast ausbreitet.

Abbildung 7.4:
Weiche Oberschenkel

14. **Organballons:** Um Ihrem Rumpf zu helfen, mühelos auf den Beinen zu schweben, stellen Sie sich Ihre Bauch- und Beckenorgane wie Luftballons vor, die dem Körper Auftrieb geben, während Sie aus dem *Plié* nach oben kommen.

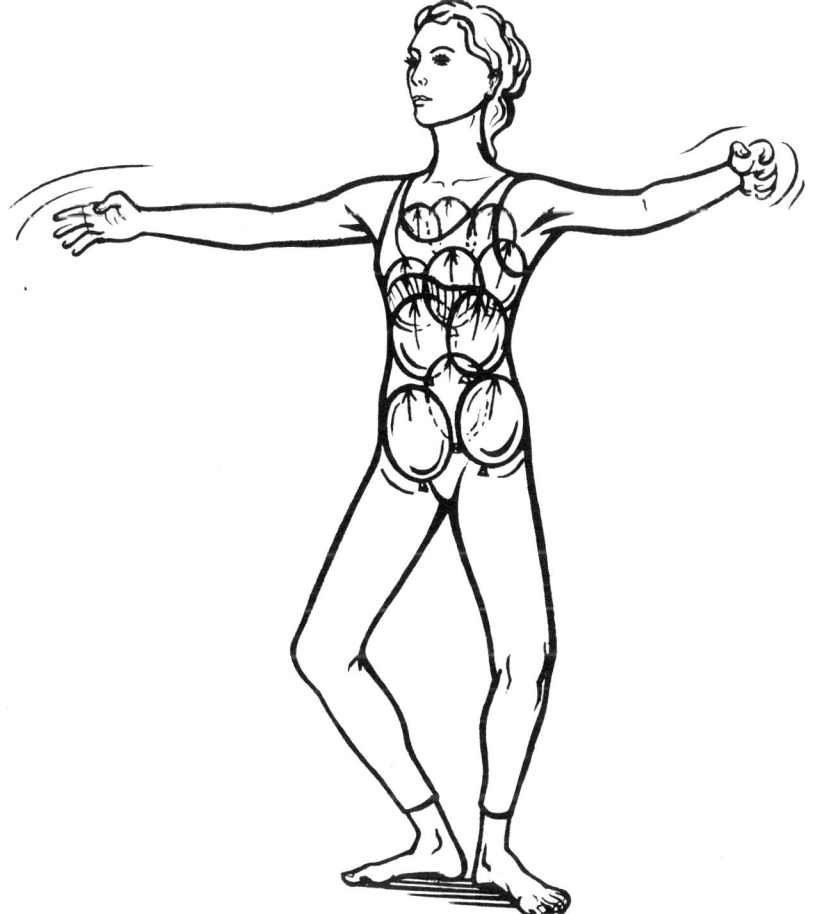

**Abbildung 7.5:
Organballons**

15. **Umgebung:** Christopher Pilafian, ehemaliger Tänzer von *Jennifer Muller / The Works*, schlug einmal vor, sich beim *Plié* eine üppige, „saftige" Vegetation oder etwas Weiches vorzustellen, so als ob die Beine sich durch Schlagsahne bewegten. Ein weiterer *Plié*-freundlicher Vorschlag ist die Vorstellung, dass Ihre Beine in warmes Wasser eintauchen, wenn Sie ins *Plié* gehen. Wasser, das genau die richtige Temperatur hat, hilft den Muskeln, sich auf flüssige und elastische Art zu bewegen.

Die Füße streben danach, genauso empfindsam wie die Hände zu sein. Ich sah einmal einen Maler, der nur mit seinen Füßen arbeiten konnte, weil seine Hände gelähmt waren. Er malte mit erstaunlicher Geschicklichkeit. Der Fuß kann sehr ausdrucksfähig werden, wenn er trainiert wird. Die Hände können den Füßen ebenfalls beibringen, empfindsamer und ausdrucksvoller zu sein. Die Füße eines neugeborenen Kindes können genauso zugreifen wie die kleinen Hände. Die Aktivitäten von Fuß und Hand sind

*Battement tendu,
Battement jeté /
dégagé*

129

in dieser Phase ähnlich, weil sich der Fuß noch nicht an den dauernden Druck beim Gehen angepasst hat und noch nicht in die lederne Zwangsjacke eingezwängt worden ist, wie sie die meisten Schuhe darstellen. Der Fuß ist, mit anderen Worten, frisch und befreit, ähnlich wie es sich anfühlt, wenn wir auf Sand gehen.

Wie erlangen wir die „Behändigkeit" in den Füßen wieder, ohne eine Hütte am Strand kaufen zu müssen? Im modernen indischen und indonesischen Tanz bleiben die Füße nackt und erlauben so größere Freiheit. Eines der Probleme ist aber, dass der Fuß nicht für asphaltierte oder gepflasterte Gehsteige und auch nicht für den flachen, glatten Tanzboden gemacht ist, sondern für die vielfältigen Herausforderungen, die natürlicher Boden bietet. Wenn Sie über Berg und Tal wandern, merken Sie, dass Ihre Füße auf dem steinigen Pfad durch Tausende von Anpassungen und feinen Veränderungen hindurchgehen müssen. Diese variierende Anregung hält die Muskeln in einer guten Kondition, ähnlich wie bei dem Training, das in der Rehabilitation nach einer Fußverletzung betrieben wird.

Gehen Sie einige Meilen auf einem Gehsteig, so ist das viel ermüdender, als wenn Sie auf einem Waldweg laufen, der mit Tannennadeln bedeckt ist. Das liegt nicht nur daran, dass der Gehsteig hart ist. Füße gedeihen auf einem Pfad, der ununterbrochen kleine Herausforderungen und frische Düfte produziert. (Haben Sie schon angefangen, Tannennadeln in Ihrer Wohnung zu streuen?)

Es geht mir nicht darum Schuhe zu verdammen. Sie haben bestimmt ihre Vorteile und heutzutage gibt es neuartige Schuhe, welche das natürliche Gehen reproduzieren sollen. Auch würde ich Schuhe vermissen, wenn ich auf einem klebrigen Boden rutschen oder drehen oder wenn ich in vollem *Pointé* stehen müsste. Aber wir müssen die vielen Muskeln wach halten, welche die Aktivitäten des Fußes steuern. Der Fuß kann dann üppige *Tendus* und *Jetés* produzieren, Grundelemente, die bei Ballett, Jazztanz und *Modern-Dance*-Training benutzt werden. In einem Vortrag beim *American Dance Festival* (ADF) erzählte Stuart Hodes von Martha Graham, die einem Tänzer erklärte, er habe Füße, die wie Wärmeflaschen aussähen. Sie empfahl ihm Übungen, die dazu führen sollten, dass die Füße eher wie Pfeile aussahen.

Klassisches Ballett unterscheidet zwischen dem *Tendu*, das „Strecken" bedeutet, dem *Dégagé*, das „Sich-voneinander-Wegbewegen" bedeutet, und dem *Jeté*, das „Werfen" bedeutet. In ihrem Buch *Both sides of the mirror* bemerkt Anna Paskevska (1981, S. 94):

„*Battement-Jeté wird oft als eine Vergrößerung von Battement tendu beschrieben, bei der die Zehen am Ende der vollen Öffnung den Boden verlassen. Diese Erklärung ist zwar technisch korrekt, ignoriert aber die dynamische Idee vom Werfen, welches ein wichtiger Teil dieser Bewegung ist. ... Denken Sie einmal nach: Beim Dégagé geht es nur um die Öffnung eines Beins, um das Entfernen eines Beins weg vom anderen. Ein Tendu jeté (gestreckter Wurf) steht beinahe im Gegensatz zu diesem Vorstellungsbild. Vergleichen Sie dazu auch das Ablegen eines Buches auf einem Tisch mit dem Hinwerfen auf den Tisch.*" (PASKEVSKA, 1981, S. 94)

In diesem Fall enthält die französische Terminologie bereits ein Vorstellungsbild, das die Qualität der Ausführung aufzeigt.

Tendus und *Jetés* lehren Sie, wie Sie mit der Gewichtsverlagerung auf *einen* Fuß und *ein* Bein fertig werden. Sie lernen, sich auf Ihrem Standbein zu zentrieren, während Sie die eine gute Körperhaltung beibehalten. Beim Ballett hilft uns das Training an der Stange unsere Zentrierung beizubehalten, wenn wir damit beginnen auf *einem* Bein zu üben. Anfänglich sollten Sie die Stange aktiv für diesen Zweck benutzen. Wenn Sie jedes Mal Ihr Gewicht ganz auf das Standbein verlagern, während Sie ein *Tendu* machen, werden Sie nie diejenigen Muskeln entwickeln, die eine mehr zentrierte Körperhaltung unterstützen – Muskeln, die wichtig sind, wenn Sie Bewegungsphrasen durch den Raum ausführen.

Jede Position, die wir praktizieren, schafft neuromuskuläre Muster und Kraft, die genau diese Position unterstützen helfen. Verlagern Sie Ihr Gewicht nur zwei Zentimeter zum Standbein hin, so verändert sich die Kombination der Muskeln, die diese Position unterstützen. Wird ein Schüler zu früh in seinem Training aufgefordert, die Stange loszulassen, um sein Gleichgewicht zu testen, so ist das deshalb nicht hilfreich, weil er noch kein zentriertes Gleichgewicht auf einem Bein entwickelt hat. So wird sein Standbein zu wenig auf das Tanzen ohne Stange vorbereitet, sein Schwerpunkt ist in der Fortbewegung labil, was Probleme bei der Gewichtsverlagerung verursacht – und Gewichtsverlagerung ist das A und O beim Tanzen.

Die Bewegungen des Spielbeines sollten den Rest des Körpers weder verdrehen noch anderweitig stören. Manchmal versuchen Tänzer eine „gute Haltung" beizubehalten, indem sie die Muskeln im Becken- und Bauchbereich anspannen und versuchen sich dort „festzuklammern". Dieser Versuch Bewegungskontrolle zu erreichen ist offensichtlich kontraproduktiv.

Zwar mag das Festhalten des Beckens bei kleinen Bewegungen noch möglich sein, doch werden spätestens bei größeren Bewegungen durch den Raum Bewegungsfluss und Gelenkbeweglichkeit in Mitleidenschaft gezogen. Es folgt ein andauernder Kampf zwischen Loslassen (um sich zu bewegen) und Festhalten (um das Becken auszurichten). Das Resultat sind unklare Körperverlagerungen, unkontrollierte Schwingungen des Beckens, also das Gegenteil von dem, was beabsichtigt war. Es ist überflüssig zu sagen, dass die Gelenke diese Bewegungsweise nicht genießen.

Ein letzter Gedanke über das angestrengte In-den-Boden-„Stoßen" des Spielbeinfußes während eines *Tendus* und *Jetés* und über das Zusammendrücken der Beine (wenn die Beine wieder in die erste oder fünfte Position schließen): Beide Muster führen zu Verspannungen und zu Überentwicklung von Muskeln. Denken Sie einfach an eine Bürste: Wenn Sie Sand von einer Oberfläche wegbürsten wollen, drücken Sie die Bürste nicht fest auf die Oberfläche, sondern Sie streichen mit vorsichtigen Bewegungen, bei welchen die Borsten ihre größte Wirkung zeigen. Nach einem solchen feinfühligen, kontrollierten „Bürsten" kommt der Fuß in dem

Moment in eine volle Streckung, da er den Boden für *Dégagé / Tendu jeté* verlässt. Der Fuß sollte sich sofort strecken. Geschieht dies auch nur einen kleinen Moment, *nachdem* er den Kontakt mit dem Boden verloren hat, so ist es zu spät, um die Hebelkraft für das Springen zu verbessern.

Übungen: Vorstellungsbilder für das *Jeté*

Die nachfolgenden Übungsanleitungen benutzen den Begriff *Jeté* für das *Battement-Jeté* oder *Dégagé*.

1. **Die Füße haben die Qualitäten der Hände** (bei Improvisationen oder bei beliebigen Fußbewegungen): Stellen Sie sich vor, Ihre Füße hätten sämtliche Qualitäten und auch das Bewegungsrepertoire flinker Hände: lebhaft, fein, wendig, vornehm, ausdrucksvoll, charmant, raffiniert, geschmückt, geschmeidig und schnell.

2. **Beckenvorhang** (bei *Battement tendu, Jeté-en-avant*): Sehen Sie einen weichen Vorhang unmittelbar vor dem Becken nach unten hängen, bis auf das Niveau der Hüftgelenke. Wenn Sie das Bein nach vorne bewegen, wird der Vorhang weder vom Bein noch vom Becken nach vorne geschoben, sondern er bleibt senkrecht hängen.

3. Legen Sie Ihre **Finger auf die großen Rollhügel der Oberschenkelknochen** außen oben an den Beinen: Stellen Sie sich vor, dass die beiden großen Rollhügel in der gleichen waagerechten Ebene balancieren. Beobachten Sie beim *Tendu*, wie sich der Rollhügel des Spielbeines unter Ihren Fingern leicht zurückbewegt. Aber keiner der beiden Rollhügel sollte abtauchen oder sich anheben. Visualisieren Sie sie, wie sie in ihrer gemeinsamen waagerechten Ebene bleiben, während Sie abwechselnd mit dem linken und dem rechten Bein ein *Tendu* machen. Beenden Sie die Berührung und wiederholen Sie die Übung ohne taktile Unterstützung. (Sie spüren vielleicht immer noch die Stellen, die Sie mit Ihren Fingern berührt haben.)

4. **Linie zwischen den Sitzbeinhöckern** (bei *Tendu, Jeté* vorwärts und zur Seite): Visualisieren Sie eine Linie, welche die beiden Sitzbeinhöcker miteinander verbindet. Diese Linie bleibt an Ort und Stelle, in ihrer waagrechten und frontalen Ebene, während das Spielbein sich bewegt.

5. **Sitzbeine zu den Fersen** (bei *Tendu* und *Jeté*): Stellen Sie sich vor, beide Sitzbeinhöcker fallen gerade zum Boden hinunter.

6. **In Wasser eingetaucht** (bei *Tendu* und *Jeté*): Stellen Sie sich vor, wie Sie bis zur Taille im Wasser stehen. Das Bewegen Ihrer Beine bringt die Oberfläche des Wassers nicht in Bewegung.

7. **Der Oberschenkelkopf fällt** (beim *Jeté*): Bewegt sich das Bein nach außen, so stellen Sie sich vor, wie die Rückseite des Femurkopfes nach unten fällt und relativ zur Gelenkpfanne nach unten gleitet.

8. **Die Ferse rutscht vorwärts** (bei *Tendu* oder *Jeté-en-avant*): Wenn sich das Spielbein vom Standbein wegbewegt, spüren Sie, dass die Ferse sich schneller bewegt und schneller am Boden entlangrutscht als der Vorderfuß.

9. **Ausrichtung des Oberkörpers:**

   a) **Die axiale Körperhaltung beobachten** (bei *Tendu* und bei *Jeté*): Während sich das Bein nach außen und wieder zurück bewegt, visualisieren Sie die zentrale Achse senkrecht zum Boden. Sehen Sie die Achse, wie sie hinter dem Schambein nach oben steigt, die Vorderseite der Lendenwirbelsäule streift, hinter das Brustbein taucht und sich durch die Mitte des Halses bewegt, um am Scheitel zu enden. Diese Achse bleibt ruhig und unverrückbar, falls die Spielbeinbewegung eindeutig vom Hüftgelenk ausgelöst wird.

   b) **Die senkrechte Ebene beobachten** (bei *Tendu* oder *Jeté*): Stellen Sie sich eine senkrechte Ebene hinter Ihrem Rücken und Ihrem Becken vor (oder einen Vorhang oder eine Matratze). Fühlen Sie, wie beide Seiten des Rückens und beide Pobacken diese Ebene berühren. Nehmen Sie wahr, was mit Ihrem Rücken und Ihren Pobacken im Verhältnis zu dieser Ebene geschieht, wenn Sie ein *Tendu* nach vorne oder zur Seite machen.

   c) **Nach hinten aufblähen** (bei *Tendu* und *Jeté*): Stellen Sie sich vor, dass Ihr Rücken weit bleibt, sich sogar nach hinten ein wenig aufbläht wie ein Segel, wenn Sie ein *Tendu* oder *Dégagé* machen. Richten Sie ihre besondere Aufmerksamkeit auf die *Dégagés* zur Seite und zurück.

10. **Den Fuß strecken** (beim *Tendu*): Stellen Sie sich vor, dass Ihr Fuß sich in den Boden hinein ausdehnt, als ob die Spitze des Fußes die weiche Erde durchdringen könnte.

11. **Schwingende *Jetés*:**

    a) **Pendel** (beim *Jeté*): Denken Sie an ein Pendel, das rhythmisch vorwärts und zurück schwingt. Nachdem Sie dieses kinästhetische Gefühl herbeigezaubert haben, führen Sie hintereinander einige *Jeté*s durch. Wenden Sie das Bild auch in *Jeté*s an, wenn Sie *Jeté*s aus der oder in die *Coupé-Position (cou-de-pied)* machen.

**Abbildung 7.6:
Kreisförmige Verbindungen**

b) **Kreisförmige Verbindungen** (bei *Tendu* oder *Jeté*): Während Sie ein *Jeté* machen, stellen Sie sich einen Kreis durch die Pfanne des Hüftgelenks vor, der sich um die Zehen schlingt und zur Hüftgelenkspfanne zurückkehrt. Fühlen Sie das *Dégagé* als eine kreisförmige Aktivität mit der Energie einer Kreisbewegung, die sich auf der Rückseite des Beines nach unten bewegt, um vorne wieder nach oben zu kommen. (Vgl. Abbildung S. 133)

12. **Geisterbein** (bei *Tendu* und *Jeté*): Während sich das Spielbein wegbewegt, stellen Sie sich vor, dass Sie immer noch auf beiden Beinen stehen: auf dem Standbein und auf einem (zweiten) „Geister"-Standbein, das ebenfalls auf dem Boden bleibt. (Das gleiche Bild kann beim *Développé* und bei jeglicher Beinextension angewandt werden.)

13. **Zehen in den Raum** (beim *Jeté*): Stellen Sie sich vor, dass die Zehen den Fuß in den Raum hinausführen. Vermeiden Sie ein Krallen oder Einziehen der Zehen, lassen Sie die Zehen den Raum erspüren.

14. **Raum schiebt Bein** (bei *Tendu* und *Jeté*): Bei einem *Dégagé* nach vorne schiebt der Raum hinter dem Spielbein Ihr Bein nach vorne. Sie setzen keine muskuläre Anstrengung ein. Der Raum macht alle Arbeit für Sie. Als Variante stellen Sie sich vor, dass die Bewegung des Beines von einem Windhauch ausgelöst wird, der das Bein in die gewünschte Richtung bläst.

15. **Bewegung voneinander weg** (bei *Tendu* oder *Jeté*): Bei einem *Dégagé*, *Tendu* oder *Jeté* lassen Sie zu, dass sich die Beine leicht voneinander wegbewegen. Experimentieren Sie mit den folgenden Wahrnehmungen: Das Spielbein bewegt sich weg vom Standbein, das Standbein bewegt sich weg vom Spielbein, Spiel- und Standbein bewegen sich gleichzeitig voneinander weg.

Abbildung 7.7
Bewegung voneinander weg

16. **Innenraum** (bei *Tendu* und *Jeté*): Stellen Sie sich vor, dass der Raum innerhalb des Spielbeins der Antrieb ist, der Sie eine neue Position einnehmen lässt. Es gibt keine Anstrengung an der Oberfläche des Beines, der Innenraum leistet die ganze Arbeit. Nehmen Sie die sich verändernde Konfiguration des gesamten inneren Raumes des Körpers wahr, während sich das Bein hinaus und hinein bewegt. (Vergleichen Sie mit den Bildern für *Battement développé*, Übung 11, Abbildung 7.16.)

17. **Innerer Himmel** (bei *Tendu* oder *Jeté*): Stellen Sie sich die immense Offenheit und Klarheit des blauen Himmels in Ihrem Fuß und im ganzen Bein vor. Spüren Sie, wie luftige Wolken durch Ihr Bein schweben, umgeben von den unendlichen Räumen des Himmelsgewölbes.

18. **Pelziger Boden** (bei *Tendu*): Der Boden hat eine Pelzschicht. Indem Sie mit Ihren Füßen über ihn hinwegbürsten, verwöhnen Sie Ihre Füße. Kämmen Sie den imaginären pelzigen Boden mit ihrem Fuß. Stellen Sie sich vor, dass der bürstende Fuß den Pelz entwirrt und einen neuen Pfad durch seine Strähnen schafft. (Vergleichen Sie dazu in Kapitel 2: „Auf verschiedenen Böden (Oberflächen) Erfahrungen sammeln", Übung 2 und Abbildung 2.17.)

Rond de jambe par terre

Das *Rond de jambe* ist ein Kreisen des Spielbeines, das *en dehors* ausgeführt werden kann (auswärts – von vorne nach hinten) oder *en dedans* (einwärts – von hinten nach vorne). Das ununterbrochen sich bewegende Spielbein geht während jeder Umdrehung einmal durch die erste Position. Das *Rond de jambe* stellt die Fähigkeit zur (geraden) Ausrichtung des Körpers auf die Probe, besonders im Bereich des Beckens. Die Muskeln der Hüfte und des Beins durchlaufen einen komplexen Prozess wiederkehrender Ereignisse und die Muskelkonstellation, welche an der Bewegung beteiligt ist, ändert sich ständig.

Im klassischen *Rond de jambe* muss die Ausdrehung beibehalten werden und die Größe der Ausdrehung unterscheidet sich mit dem Winkel des Beines. *Rond de jambe* ist deshalb ausgezeichnet für das Lernen einer reinen Hüftgelenksbewegung. Die Beinaktion kann frei und flüssig sein, wenn das Bild des Femurkopfs als Drehzentrum klar ist. Indem man das Gewicht des Spielbeines bis zu einem bestimmten Grad vom Boden tragen lässt, entlastet man die Muskeln um das Hüftgelenk. Die Spielbeinseite des Beckens funktioniert entgegengesetzt zum Bein, um die Drehbewegung zu stabilisieren. Dies kann mit Vorstellungskraft erleichtert werden. Vergleichen Sie die Situation mit einem Segelboot, das sich ständig von einer Seite zur anderen neigt: Die Bootsbesatzung muss ihr Gewicht immer auf die jeweilige Gegenseite des Bootes verlagern, um das Gleichgewicht zu behalten.

Beim Nach-hinten-Bewegen des Beines im *Ronde de jambe* findet eine kleine Ausgleichsbewegung in der Lendenwirbelsäule statt. Es handelt sich um ein minimales Vertiefen der Lendenkurve (Lordose) und ein damit verbundenes minimales Vorkippen des Beckens, welches aber unbedingt während der Spielbeinbewegung von der Seite nach hinten in beiden Beckenhälften gleichmäßig stattfinden soll (*En-dehors*-Bewegung). Diese Ausgleichsbewegung ist nötig, weil die Bänder des Hüftgelenkes das Strecken des Beines im Hüftgelenk einschränken. Wird diese Bewegung in Lendenwirbelsäule und Becken verhindert, hebt sich die Beckenhälfte auf der Spielbeinseite an und das Standbein wird verdreht.

**Übungen:
Vorstellungsbilder
für das *Rond de jambe***

1. **Fließband:** Stellen Sie sich vor, dass Ihr gestreckter Fuß auf einem ganz speziell für das *Ronde de jambe* platzierten Fließband transportiert wird. Lassen Sie zu, dass der Fuß und das ganze Bein mühelos von diesem Fließband bewegt werden.
2. **Schmieröl:** Stellen Sie sich zusätzlich ein Schmieröl vor, das in die Hüftgelenkpfanne geträufelt wird. Der Femurkopf dreht sich jetzt noch geschmeidiger in der Gelenkpfanne. Die Muskeln um die Gelenkpfanne baumeln locker wie Seidentücher.
3. **Femurkopf:**
   a) **Zentriert:** Orten Sie nun in Ihrer Wahrnehmung das Zentrum des Femurkopfs. Beim *Rond de jambe* bleibt dieses Zentrum an Ort und Stelle, während der Femurkopf locker in seiner Gelenkpfanne rotiert.
   b) **Bewegung:** Stellen Sie sich die Bewegung des Femurkopfs, den Ball in der Gelenkpfanne des Spielbeins, vor. Der Ball rollt in die Gegenrichtung des Spielbeinfußes. Bewegt sich der Fuß vorwärts, so rollt der Ball zurück (Abbildung 7.8a); geht der Fuß zur Seite, so rollt der Ball Richtung Zentrum (Abbildung 7.8b); bewegt sich der Fuß nach hinten und hinter Sie, rollt der Ball vorwärts (Abbildung 7.8c); und wenn das Bein sich nach innen bewegt, rollt der Ball nach außen (Abbildung 7.8d).

**Abbildung 7.8:
Die Bewegung des Femurkopfs von oben gesehen**

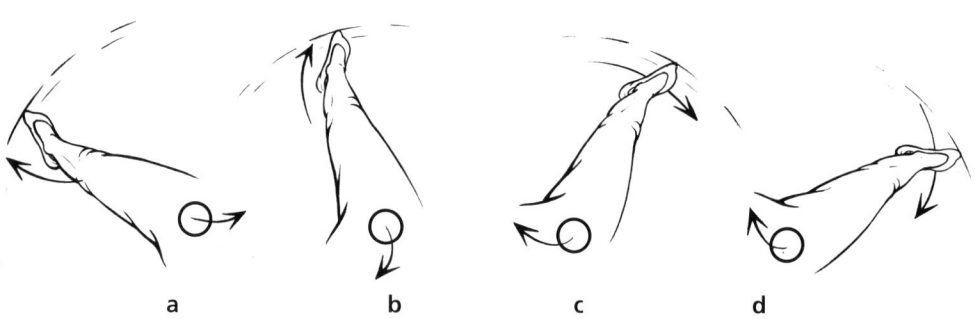

a   b   c   d

4. **Gegenschwung des Beckens:** Während sich das Spielbein nach hinten bewegt, stellen Sie sich vor, dass das Becken ganz leicht vorwärts schaukelt. Die Lendenkurve wird leicht betont. Während das Spielbein sich nach vorne bewegt, stellen Sie sich vor, wie das Becken ganz leicht nach hinten schaukelt. Die Lendenkurve wird leicht abgeschwächt. In allen Positionen behält die Wirbelsäule eine klare symmetrische Ausrichtung.

5. **Klavier unter den Füßen:** Beim *Rond de jambe* gleiten ihre Zehen über die Tasten eines Flügels und produzieren die aufregendsten Melodien. (Sie können sich auch die Saiten einer Harfe vorstellen, die auf der Bahn ihres Spielbeins liegen.)

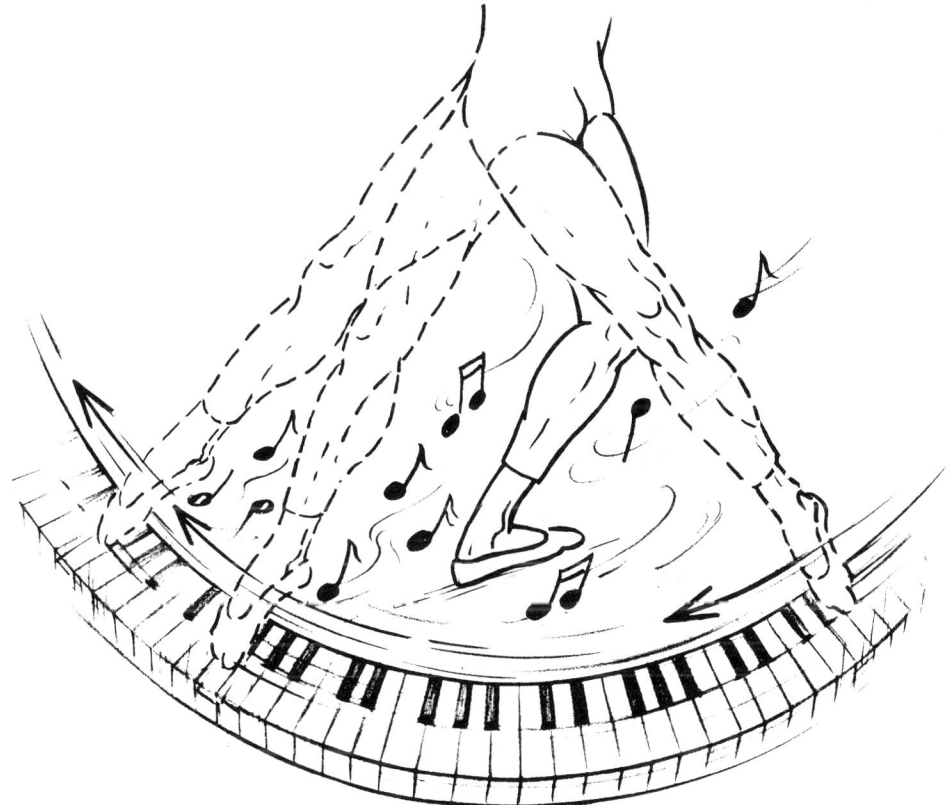

Abbildung 7.9:
Ein Klavier unter den Füßen

Fondu / Plié auf einem Bein

Ein *Fondu* (vom französischen Verb *fondre* = schmelzen) besteht aus dem Beugen der Standbeins, während das Spielbein in die Position des *Cou-de-pied* (normalerweise *Pointé*) gebracht wird, und dem anschließenden Strecken des Standbeins, während das Spielbein nach vorne, zur Seite oder nach hinten gestreckt wird. Der Fuß des Spielbeins kann den Boden berühren oder so weit angehoben werden, wie es beliebt (wobei es dann *Fondu développé* genannt wird). Im modernen Tanz und im Jazz kann ein *Fondu* auch parallel ausgeführt werden.

Im französischen Teil der Schweiz ist es ein ungeschriebenes Gesetz, das kein Tourist das Land verlässt, ohne dass er eine Portion dieser Schweizer Spezialität verschlungen hat, die *Fondue* genannt wird. Dabei wird ein Stück Brot, das an einer langen Gabel steckt, in einen großen Topf mit geschmolzenem Käse getaucht. Wenn man das Brot herauszieht, bilden sich manchmal lange Strähnen von Käse. Überflüssig zu sagen, dass der Name *Fondu* die langsame, flüssige, schmelzende Qualität dieser Übung andeutet.

Werden *Fondu*s richtig geübt, so hilft dies die aufrechte Körperhaltung auf einem Bein zu trainieren. Die Koordination des *Plié* auf dem Standbein mit dem Strecken und Wiedereinziehen des Spielbeins bildet die Basis vieler Tanzschritte, einschließlich der Bewegungen, die von einem Bein initiiert werden oder auf einem Bein landen (beispielsweise *Saut de basque*). Wenn Sie einem Schweizer Tänzer erzählen, dass er mit einem *Fondu*-Gefühl landen solle, wird er dieses Bild leicht begreifen. (Er wird auch eine stabile Landung haben, weil das *Fondue* im Magen liegt wie Blei.)

Wie allen flüssigen Bewegungen sollte dem *Fondu* ein gutes Rhythmusgefühl innewohnen. Dies hilft den Muskeln das Körpergewicht angesichts der großen, auf die Knie wirkenden Kräfte besser zu tragen. Am Umkehrpunkt zwischen dem Nach-unten- und dem Nach-oben-Bewegen im *Demi plié* ist es wichtig nicht anzuhalten, sondern die durchgehende Bewegung wahrzunehmen.

Übungen:
Fondu / Plié
auf einem Bein

Alle oben erwähnten Bilder für die waagerechte und die axiale Ausrichtung des Beckens können auch beim *Fondu* angewandt werden.

1. **Beim Auf- und Abbewegen:** Denken Sie daran, dass die Kraft für die Bewegung vom Standbein kommt, und benutzen Sie bereits beschriebene Vorstellungsbilder, um die Haltung des Rumpfes beizubehalten. (Vorstellungsbilder für das *Plié*, Übung 10a)
2. **Horizontale Ausrichtung:** Stellen Sie sich die waagerechte Ebene vor, die vom Boden kreiert wird. Benutzen Sie diese Ebene als Orientierungslinie für Ihre aufrechte Haltung: Liegen die Linien, welche die Hüftgelenke oder die beiden Beckenkämme oder die beiden Schulterhöhen miteinander verbinden,, parallel zu dieser Ebene?
3. **Fließende Bewegung:** Ihr Standbein ist mit Luft gefüllt. Beim *Plié* lässt der Ballon gerade so viel Luft hinaus, dass Sie nach unten gehen können. Der Ballon bläst sich wieder auf, um Sie nach oben zu stoßen.
4. **Sitzbeinhöckerkegel:** Stellen Sie sich Ihre Sitzbeinhöcker als Kegel vor, die senkrecht auf der Plattform des Beckenbodens stehen. Machen Sie in jeder Raumrichtung ein *Fondu*, ohne dabei die Kegel umfallen zu lassen.
5. **Glockenklöppel:** Stellen Sie sich die Sitzbeinhöcker wie Glockenklöppel vor. Lässt Ihr *Fondu* die Glockenklöppel vor- und zurückschwingen? Tendieren sie dazu, nur auf *eine* Seite zu schaukeln? Stellen Sie sich sie vor, wie sie *gerade nach unten* hängen und durch Ihre Bewegung nur minimal in Schwingung versetzt werden.
6. **Knie über der zweiten Zehe:** Stellen Sie sich das Dreieck vor, das durch folgende drei Punkte gebildet wird: die Kniescheibe, die zweite Zehe und das Zentrum der Ferse. Visualisieren Sie die sich verändernde Form des Dreiecks während des *Fondu*. (Die Projektion der oberen Spitze nach unten sollte immer die Grundlinie (oder die verlängerte Grundlinie) des Dreiecks kreuzen.)

7. **Feder zwischen Knie und Fuß:** Stellen Sie sich eine Spiralfeder vor, die zwischen dem Knie und dem Fuß des Standbeins ausgespannt wird (an beiden Enden gepolstert). Diese Feder dient als flexible, aber starke zusätzliche Unterstützung für das Standbein. Je tiefer das *Plié*, desto größer ist die stärkende Unterstützung der Feder.

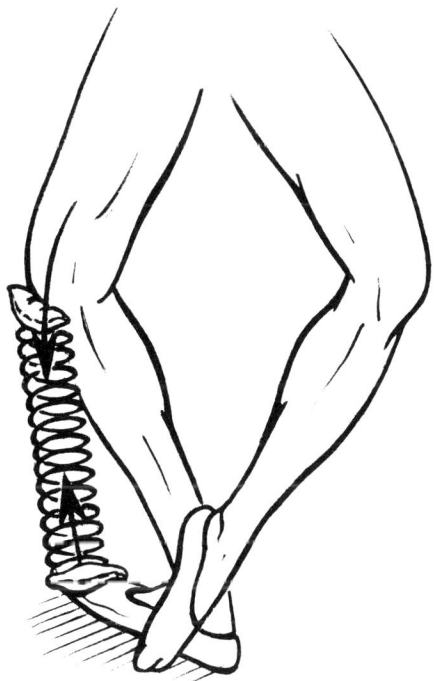

Abbildung 7.10:
Feder zwischen Knie und Fuß

8. **Schmelzen:** Denken Sie an das Schmelzen beim *Fondu*. Fließen Sie abwärts und – sehr wichtig – fließen Sie auch aufwärts.

Frappé

In Frankreich nennt man ein mit Eis gemischtes alkoholfreies Getränk, dessen verschiedene Bestandteile durch Schlagen miteinander vermischt werden, *Frappé* (französisch für „geschlagen"). Beim Ballet fängt ein *Frappé* mit dem Fuß in der Position *Cou-de-pied* an. Das Bein bewegt sich schnell hinaus, die Zehen streifen den Boden (in den meisten Schulen), der Fuß stößt sich dabei ab und das Bein streckt sich voll aus. In einem doppelten *Frappé* wechselt der Fuß schnell von einer Seite des Knöchels zur anderen, bevor sich das Bein wieder streckt.

In sämtlichen schnellen Bewegungen (wie *Frappé*) ist es wichtig, ruhig zu bleiben. Je ruhiger wir sind, desto schneller können wir uns bewegen. Verspannung verlangsamt uns. Die Geschwindigkeit dieser Bewegung enthüllt gegebenenfalls ein Ungleichgewicht in der Körperhaltung oder eine Ungenauigkeit im Auslösen der Bewegung.

Bei einem *Frappé* sollte das Bein nie zu einer ruckartigen Streckung kommen, welche in das Kniegelenk schlägt und damit das Bindegewebe, die Gelenke und Muskeln verspannt. Vermeiden Sie das „Einrasten" der

Gelenke in der Endposition und lassen Sie die Gelenke die Bewegung nicht unterbrechen. „Sich festklammernde" Muskeln erzeugen eine Wirkung ähnlich dem Zuschlagen einer Tür: Das ganze Haus vibriert und Sie wecken die Nachbarn auf.

Übungen: Vorstellungsbilder für das *Frappé*

1. **Luftdruck:** Stellen Sie sich vor, dass die Kraft des *Frappé* vom Hüftgelenk kommt. Druckluft schießt vom Hüftgelenk in das Bein und bläst es bis zur vollen Streckung auf.
2. **Schaumgummipolster:** Stellen Sie sich eine Muldenform aus Schaumgummi vor, die Ihr Bein in der vollen Streckung empfängt und polstert.
3. **Hüpfende Steine:** Visualisieren Sie einen flachen Stein, der übers Wasser hüpft. Er springt elegant und in einer flachen Flugbahn vom Wasser ab, mehrere Male hintereinander. Führen Sie *Frappés* aus, die beim Streifen des Fußes auf dem Boden sich so anfühlen wie das Hüpfen eines Steins auf dem Wasser.

Battement développé

Im klassischen Ballett beginnt ein *Développé* normalerweise in der fünften Position. Der Fuß des Spielbeins wird am Standbein entlang nach oben zum Knie gehoben (Position *Retiré* oder *Passé*) und anschließend wird das Bein horizontal oder höher ausgestreckt. *Développés* werden in alle Richtungen ausgeführt, mit dem Standfuß flach auf dem Boden, auf dem *Demi-Point* (auf dem Fußballen) oder auf der Spitze. Parallele *Développés* gibt es im Vokabular des modernen und des Jazztanzes. Ein „gutes" *Développé* im klassischen Ballett geht in der zweiten Position (zur Seite) über die Höhe der Schultern hinaus.

Beim klassischen *Rond de en l' air* beginnt das Bein in der zur zweiten Position, ausgestreckt in einer Höhe von 45 bis 90 Grad, abhängig vom gewünschten Stil. Der Fuß führt eine ovale Bewegung aus, zunächst in das *Passé* und dann wieder in eine völlig gestreckte zweite Position. Bei *Ronds en dehors* beginnt das Oval hinten, bei *Ronds en dedans* beginnt es vorne. In doppelten *Ronds* kreisen der Fuß und der Unterschenkel zweimal, während der Oberschenkel auf dem gleichen Niveau bleibt.

Mehrere Faktoren bestimmen eine „gesundes" *Développé*, ein *Développé*, das keine Probleme in Füßen, Knien und im Rücken verursacht. Beim klassischen Ballett bleiben die Hüften so lange wie möglich horizontal ausgerichtet. (Wenn Ihr Bein neben Ihrem Ohr ist, sind die Hüften offensichtlich nicht mehr waagrecht.) Ein verbreitetes Problem ist, dass die Spielbein-Beckenhälfte zu früh, zusammen mit dem Bein angehoben wird, wodurch das Becken aus der Balance gebracht wird. *Modern Dance* und Jazztanz-Techniken verlangen des Öfteren diese Asymmetrie; sie setzt den richtigen Einsatz der Beckenboden- und der tiefen Beckenmuskulatur voraus. Dieser gewährleistet eine gute Ausrichtung des Standbeins. Im Folgenden beschreibe ich Vorstellungsbilder für *Développé*, sowohl für das Ballett als auch für Techniken des *Modern Dance*. *Modern*-Tänzer können natürlich die klassische Haltung benutzen und umgekehrt.

Eines der verbreitetsten Probleme beim *Développé* nach vorne und zur Seite ist das Nach-vorne-Ziehen der Sitzbeinhöcker, das das Bein noch etwas höher heben soll, als es mit der reinen Hüftbeweglichkeit möglich wäre. Dadurch entsteht ein Rundrücken, das Becken wird nach hinten gekippt und das Standbein verschraubt. Dieses „Unterziehen" des Beckens hat womöglich noch einen psychologischen Aspekt: Tänzer wollen oft ihren Po als möglichst schmal wahrnehmen und das Unterziehen hilft ihnen dabei. Vor allem bei Tänzern mit kurzen *Hamstrings* (Hüftstrecker-muskeln, welche am Sitzbeinhöcker ansetzen) verstärkt das Beckenrück-kippen das Problem nur noch mehr. Hat man jahrelang so trainiert, ist die Rückkehr zu einem gesunden Bewegungsmuster ernüchternd: Man hat das Gefühl, man könnte das Bein nicht mehr richtig anheben.

Dies kommt daher, dass man eine neue Muskelkonstellation aufbauen muss, um das korrekte *Développé* auszuführen. Muskeln passen sich genau an das Bewegungsmuster an, das man normalerweise ausführt, egal wie stark die Gelenke darunter leiden. Es dauert manchmal Jahre, bis sich Fuß-, Knie- oder Rückenschmerzen melden, und dann hat man das Muster schon so integriert, dass die Umstellung Zeit und Geduld braucht. *Développé* mit Beckenrückkippen erfordert eine andere Zusammenstellung der arbeitenden Muskeln als *Développé* mit Betonung auf Hüftbeweglichkeit. Dabei ist die *Beweglichkeit* meist nicht das Problem, sondern die *Bewegungsgewohnheit*. Auch wenn man noch keine Schmerzen hat, sollte man dieses ungünstige Muster so schnell wie möglich ändern. Der Schlüssel dazu ist, das Hüftge-lenk wiederzuentdecken und in seiner vollen Beweglichkeit einzusetzen.

Tänzer klagen beim *Développé* oft über die Bildung von Muskelbäuchen und Verspannungen direkt oberhalb des Hüftgelenks. Dies geschieht, wenn der gerade Oberschenkelmuskel *(M. rectus femoris)* und die kleineren Hüftbeugermuskeln im Verhältnis zur kräftigen Lenden-Darmbein-Mus-kelgruppe überarbeitet sind *(M. iliopsoas)*. Indem der Iliopsoas frühzeitig die Arbeit der Hüftbeugung übernimmt, wird das *Développé* leichter. Dies rührt daher, dass beim Anheben des Beines über 90 Grad nur noch der Lenden-Darmbein-Muskel ein wirksamer Hüftbeuger ist. (Mehr darüber finden Sie in meinem Buch *Befreite Körper*.) Wenn die Hüfte bei Tänzern mit der *Passé*-Bewegung des Spielbeins nach oben wandert, übt dies Druck auf das Knie des Standbeins aus. Unter diesen Umständen ist es schwierig, die Anstrengungen der oberflächlichen Hüftbeuger zugunsten des Lenden-Darmbein-Muskels zu reduzieren. Die korrekte *Passé*-Technik senkt momentan vielleicht die Höhe des *Développé*, auf die Dauer wird sie jedoch die gesamte Technik verbessern.

Ein weiterer Grund für das Anheben des Beckens auf der Seite des Spielbeins ist das übermäßige Anspannen der Gesäßmuskeln *(M. glutaeus)* für die Beckenhaltung und Stabilität im Stehen. Der Glutaeus ist ein Hüft-strecker, Abduktor (hebt das Bein zur Seite) und Ausdreher im Hüftgelenk. Dies ist für die Technik nicht sehr vorteilhaft. Ein *Plié* kann man nicht wirksam ausführen, wenn die Gesäßmuskeln fest angespannt sind, denn der Glutaeus ist ein Hüftstrecker und das *Plié* erfordert eine Hüftflexion.

Bei der Hüftflexion muss sich der Gesäßmuskel verlängern. Ist das Anspannen des Gesäßmuskels zur technischen Gewohnheit geworden und Sie führen dann ein *Développé* aus, werden Sie Ihre Hüfte auf der Spielbeinseite anheben: Die Hüftbeugung wird so erschwert, weil Sie den Gesäßmuskel festhalten. Zudem dreht diese Gewohnheit das Spielbein einwärts, weil Sie das Bein zu stark mit der Abduktionskraft des Gesäßmuskels und nicht mit den Lenden-Darmbein-Muskeln anheben. Viele Tänzerinnen könnten ihr *En dehors* innerhalb weniger Minuten verbessern, wenn sie diese Tatsache beachten würden. Trotzdem gibt es immer noch Lehrer, die ihre Klassen mit (spitzem) Bleistift in der Hand unterrichten, bereit, irgendeine Pobacke zu prüfen, die vom Aussehen her zu der Vermutung Anlass geben könnte, nicht genug angespannt zu sein und Bewegungsmuster zu erzeugen, die später schwer wegzubringen sind.

Tänzer denken beim *Développé* oftmals daran, wie sie die Rückseite des Beins verlängern, oder sie „stoßen" das Bein von der Rückseite her hoch. Ein Muskel kann nicht stoßen. Deshalb ist dies ein Vorstellungsbild, nicht ein biomechanisches Konzept, das aber trotzdem hilft, die Gegenspieler der Hüftbeuger zu verlängern, und so die Arbeit der Hüftbeuger vereinfacht.

Übungen: Vorstellungsbilder für das *Battement développé*

1. **Sitzbeine senkrecht ausrichten** (klassisches *Développé*): Während Sie das Bein nach vorne strecken, zeigen die Sitzbeinhöcker senkrecht zum Boden. Sie können sich die Sitzbeinhöcker wie kleine Ballastgewichte vorstellen, die das Becken aufrichten. Während des *Développés* bleiben die unteren Spitzen der Sitzbeinhöcker in der gleichen horizontalen und frontalen Ebene. Achten Sie besonders darauf, dass sich der Sitzbeinhöcker auf der Standbeinseite nicht nach vorne bewegt, weil dies die Ausrichtung des Beines gefährdet. (Vergleichen Sie auch unter „Bilder für das *Jeté*" in diesem Kapitel, Übungen 9b und 9c.)

2. **Psoas-Balance** *(Passé développé)*: Beachten Sie beim *Développé*, dass der linke und der rechte Psoas-Muskel möglichst senkrecht und parallel links und rechts der Lendenwirbelsäule liegen. Stellen Sie sich vor, wie sich diese nach unten verlängern, die Lendenwirbelsäule von beiden Seiten umschmiegen und unmittelbar neben der Wirbelsäule einen Energiestrom nach unten schaffen.

3. **Der kleine Rollhügel baumelt** *(Passé développé)*: Stellen Sie sich die Ursprünge des linken und rechten Psoas-Muskels auf einer gemeinsamen waagerechten Ebene vor. Konzentrieren Sie sich auf die kleinen Rollhügel beider Beine, die Ansätze des Psoas, am oberen Ende und auf der Innenseite des Femur. Lassen Sie die Rollhügel nach unten hängen und mit Leichtigkeit unter Ihrem Hüftgelenk baumeln. Sie können sich auch vorstellen, dass die Rollhügel durch die Strömung des Psoas nach unten geschwemmt werden.

4. **Gegenbewegung Psoas – Wirbelsäule** *(Passé développé)*: Visualisieren Sie den Psoas, der beiderseits der Wirbelsäule wie ein Fluss nach unten strömt. Die Wirbelsäule, die wie bei einem Sandwich inmitten dieses Abwärtsstroms liegt, kontert mit einer starken Energie nach oben.

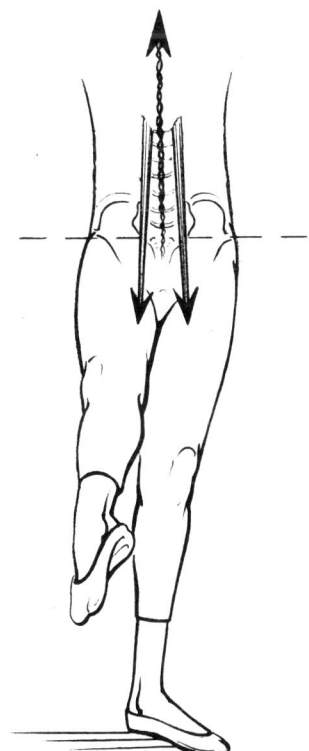

Abbildung 7.11:
Gegenbewegung
Psoas – Wirbelsäule

5. **Das *Passé* unterstützen** *(Passé développé* nach vorne und zur Seite): Während Sie vom *Passé* in die Extension gehen, stellen Sie sich vor, dass der Oberschenkel in einem unterstützenden Band liegt. Das unterstützende Band erlaubt es Ihnen, die Höhe des Knies beizubehalten und alle überschüssige Muskelspannung während des *Développés* abzugeben. Benutzen Sie dieses Bild beim *Rond de jambe en l'air*, um den Oberschenkel mühelos zu stabilisieren.

Abbildung 7.12:
Das *Passé* unterstützen

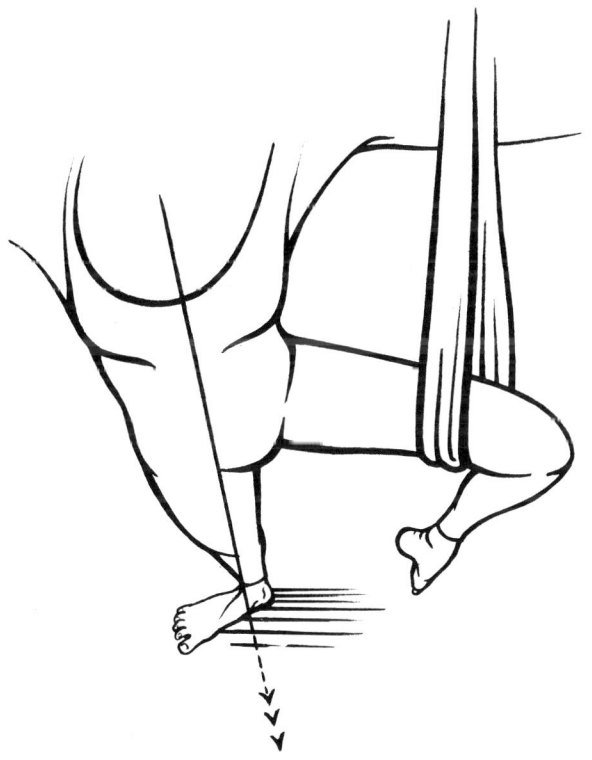

6. **Die Hüftfalte schmilzt:** Wenn Sie vom *Passé ins Développé* gehen, konzentrieren Sie sich auf die Hüftfaltung oberhalb des Hüftgelenks. Sehen Sie dieses Gebiet schmelzen und nach unten fließen wie ein Sahneeis.

7. „Beinbürste" (*Développé*):

a) **Nach vorne, zur Seite:** Stellen Sie sich eine Bürste vor, die unmittelbar vor dem Sitzbeinhöcker des Spielbeins liegt. Während Sie Ihr Bein ausstrecken, gleitet die Bürste auf der Rückseite des Beins nach vorne; das hilft dem Bein, ohne Anstrengung an Höhe zu gewinnen. Versuchen Sie dies mit einer echten, weichen Bürste: Während Sie das Bein strecken, bürstet Ihr Partner die Rückseite des Beins vom Sitzbeinhöcker bis zum Fuß.

b) *Développé* **nach hinten:** Hier startet die imaginäre Bürste unter dem Hüftgelenk des Spielbeins und bürstet nach außen, an der Unterseite des Beins entlang zum Fuß.

8. **Beinachse** (nach vorne): Stellen Sie sich die Achse des Spielbeins vor. Diese Achse entsteht im Raum, geht durch den Fuß, die Mitte Ihres Beins, die Pfanne des Hüftgelenks und tritt durch die Rückseite des Beckens aus. Stellen Sie sich die Achse auch vor, wie sie im Raum hinter Ihnen beginnt, durch die Rückseite des Beckens in die Pfanne des Hüftgelenks gelangt und durch das Bein und den Fuß in den Raum hinausschießt.

Abbildung 7.13:
Beinachse

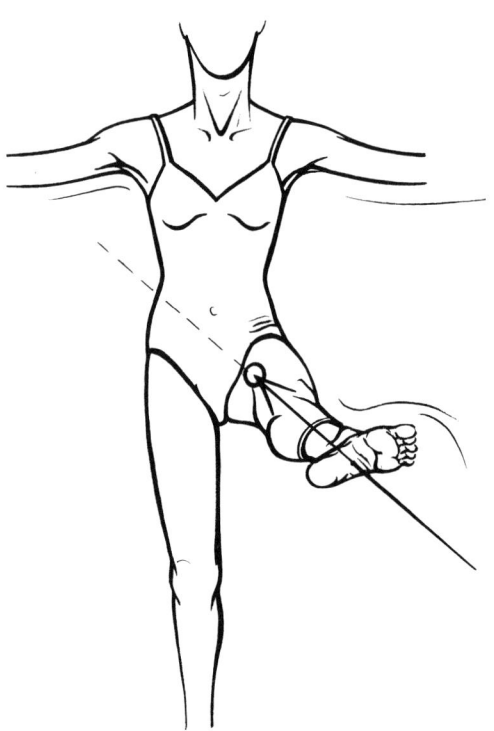

9. **Ausstrahlung von der Mitte aus:** Stellen Sie sich vor, dass die Kraft für das Heben des Beins oder das *Développé* in der Mitte Ihres Körpers entsteht (wo immer Sie diese Mitte erleben). Dieses Zentrum sendet Lichtstrahlen aus, welche sich in Ihren Gliedmaßen ausbreiten und schließlich im ganzen Raum. (Abbildung S. 145 oben)

**Abbildung 7.14:
Ausstrahlung von der Mitte
aus**

10. **Augen, die den Rücken weiten:** Zwei „Augen" spähen aus Ihrem
    Rücken hinaus; eines liegt zwischen den Schulterblättern, das andere
    in der Lendenwirbelsäule. Die Augen schauen in den Raum hinter
    Ihnen hinaus, um eine Öffnung und das Erlebnis der Ausdehnung zu
    fördern. Dies erlaubt auch den Pobacken sich nach unten zu entspan-
    nen, während sich das Bein streckt.

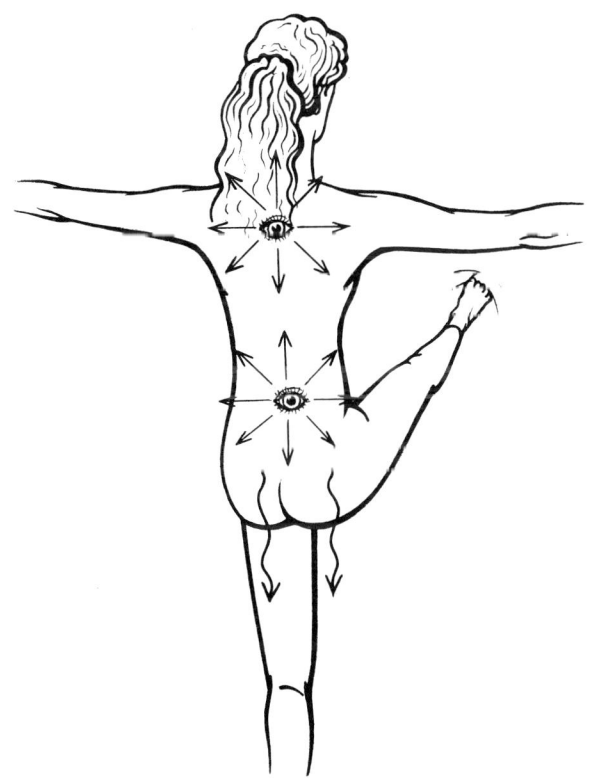

**Abbildung 7.15:
Augen, die den Rücken
weiten**

11. **Der innere Raum bewegt das Bein:** Stellen Sie sich nun vor, dass der Raum in den Beinen die Kraft für das *Développé* erzeugt. Diese räumliche Kraft fängt auf der Rückseite des Beins an und wandert bis zu den Zehenspitzen hinunter. Die Oberfläche des Beins kann sich leicht auf dem inneren, unterstützenden Raum ausruhen. (Abbildung 7.16; vergleichen Sie auch in Kapitel 2, „Den inneren Raum erleben", Übung 2.) Dies ist ein besonders hilfreiches Bild für *Rond de jambe en l'air*. Der Raum im Oberschenkel bleibt an Ort und Stelle und unterstützt das Bein, während der Raum im Unterschenkel und der Fuß das *Rond* kreieren.

Abbildung 7.16:
Der innere Raum bewegt das Bein

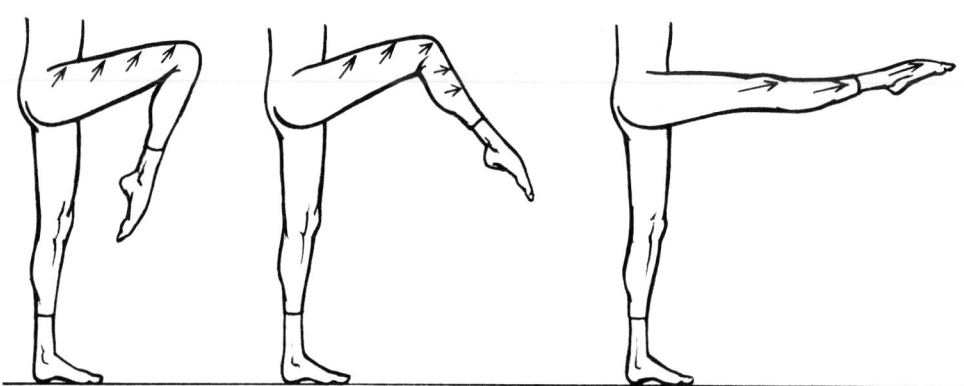

12. **Wasserdruck:** Stellen Sie sich Wasser vor, das unter dem Hüftgelenk hinausschießt. Dieses Wasser spritzt an der Unterseite des Beines entlang in den Raum hinaus. Der Wasserstrom löst Spannungen in den Muskeln und unterstützt die Verlängerung der Muskulatur. Ähnliche Wasserströme schießen aus den Achselhöhlen hervor und spritzen unter den Armen in den Raum hinaus.

Abbildung 7.17:
Wasserdruck

13. **Ventilatorenkraft:** Stellen Sie sich einen großen Ventilator vor, der eine Luftböe erzeugt, welche die Beine in ein mühelos hohes *Développé* treibt. Abbildung 7.18 kann auch als erfrischendes, abkühlendes Bild dienen, wenn Sie in der südlichen Sahara auf Tournee sind.

**Abbildung 7.18:
Ventilatorenkraft**

14. **„Geisterbein":** Das Geisterbein-Bild, dem wir in den *Battement-tendu*-Übungen in diesem Kapitel begegnet sind, kann auch beim *Développé* benutzt werden: Während das Spielbein den Boden verlässt, ersetzt ein unterstützendes Phantombein das Spielbein. In Ihrer Phantasie stehen Sie immer noch auf zwei Beinen, egal wie hoch das Spielbein in Wirklichkeit nach oben geht. (Vergleichen Sie auch unter „Bilder für das *Jeté*", Übung 14.)

Balance, Arabesque, Attitude

Den Körper im Gleichgewicht zu halten, das verlangt Geschicklichkeit im Einstellen oder Anpassen des Schwerpunktes und im Wahrnehmen der Körpermitte. Um Steine aufeinander legen zu können, wie es in Abbildung 7.19 zu sehen ist, muss man deren Schwerpunkt spüren, eine Empfindung, die sich mit Übung verbessern lässt. Der menschliche Körper ist an sich keine stabile Struktur; sein (im Verhältnis zu seiner Standfläche) hoch liegender Schwerpunkt lässt den Körper, sofern er muskulär und organisch nicht genügend aktiv wird, umfallen.

**Abbildung 7.19:
Figur aus aufeinander
gelegten Steinen**

Bei der *Arabesque* zum Beispiel muss eine relativ große Masse über einer kleinen Standfläche ausbalanciert werden. Die Masse wird relativ gesehen groß bleiben, auch wenn Sie den ganzen Tag nur Möhren essen und Kaffee trinken (nebenbei: bestimmt keine ausgewogene Ernährung für Tänzer). Schon die kleinste Bewegung weg von der optimalen Ausrichtung über der Standfläche erhöht die Hebelkraft enorm und beschleunigt den Sturz. Die Fallbeschleunigung nimmt mit jeder Millisekunde zu, deshalb müssen wir sofort reagieren, wollen wir mit einem Lächeln aufrecht stehen bleiben.

Eine Vorbedingung für gutes Gleichgewicht ist konzentrierte Ruhe, denn je früher Sie entdecken, dass Sie fallen, desto früher können Sie reagieren. Psychologie spielt ebenfalls eine Rolle. Angst vor dem Fallen und negative Erinnerungen oder Selbstzweifel („Warum kann ich nicht balancieren?") bringen Ihre Nase dem Boden noch näher. Während einer Trainingsstunde erklärte Christopher Pilafian einmal: „Wenn Sie ins *Relevé* gehen, lassen Sie besser all Ihre Probleme auf den Boden fallen."

Bewusstes Atmen ist sehr hilfreich für das Gleichgewicht. Konzentrieren Sie sich auf Ihren Atem, so scheint das anfänglich weniger Kontrolle zu bedeuten, vor allem wenn Sie die Gewohnheit haben, den Körper anzuspannen, um im Gleichgewicht zu bleiben. Erinnern Sie sich einfach daran, dass wir Menschen so gebaut sind, dass wir gleichzeitig atmen und uns bewegen können. Entspanntes Atmen senkt den Schwerpunkt ein wenig; dadurch wird man stabiler, weil man das Eigengewicht besser spürt und so geerdeter ist.

Unser Gleichgewichtsorgan im Innenohr (der Vestibularapparat) wird bei einem Balanceakt richtiggehend durchgeschüttelt. Wenn der Kopf in einer guten Haltung ist, muss das Gehirn keine zusätzlichen Berechnungen machen, um irgendwelche Abweichungen zu kompensieren. Die Augen helfen ebenfalls das Gleichgewicht zu halten und profitieren von einem gut ausgerichteten Kopf. Man kann den Vestibularapparat sogar außer Kraft setzen und dennoch lernen, wie man im Gleichgewicht bleibt. In seinem Buch *Der Mann, der seine Frau mit einem Hut verwechselte* schreibt der Neurologe Oliver Sacks:

„Die Propriozeption [= Wahrnehmung der Körperposition im Raum] kann in einem beträchtlichen Maß Defekte des Innenohr kompensieren. Deshalb können Patienten, die operativ ihres Labyrinths beraubt wurden (wie es manchmal bei starker Menière-Krankheit gemacht wird, um unerträgliche Gleichgewichtsstörungen zu erleichtern) und zunächst unfähig sind gerade zu stehen oder einen einzelnen Schritt zu tun, wunderbar lernen, ihre Propriozeption anzukurbeln und zu verbessern; speziell können sie die Sensoren des gewaltigen Latissimus-dorsi-Muskels im Rücken – des größten und beweglichsten Muskels im Körper – als ein zusätzliches und neuartiges Gleichgewichtsorgan nutzen, sozusagen ein Paar von großen, flügelähnlichen Propriozeptoren." (SACKS, 1985, S. 70)

Je mehr Sie sich Ihres gesamten Körpers in seinem vollen Ausmaß bewusst sind (– ein Thema, das ich beharrlich erkunde und auslote), desto subtiler können die Propriozeptoren sich am Sichern des Gleichgewichts beteiligen.

Selten denken wir darüber nach, wie viel Aktivität ständig stattfinden muss, damit wir im Gleichgewicht bleiben können. Nur wenn etwas mit unserem Gleichgewichtssystem falsch läuft, bemerken wir, wie abhängig wir von seinem korrekten Funktionieren sind. In einem anderen interessanten Fall beschreibt Oliver Sacks einen Menschen, der immer in einer Seitneigung ging, dies aber nicht bemerkte, bis er sich in einer Videoaufzeichnung sah. Sein internes „Gleichgewichtsgerät" funktionierte nicht, deshalb wurde ein externes Gerät in seine Brille eingebaut. Danach konnte er seine Augen viel wirksamer dazu benutzen, sein Gleichgewicht zu überprüfen.

Da wir beim Tanzen meistens auf unseren Füßen balancieren und nicht auf den Händen, sollten die Füße zu differenziertem Agieren befreit werden und nicht zusammengepresst und in engen Schuhen eingesperrt ihr Leben fristen. Die Füße sind ständig mit feinen Stößen gegen den Boden beschäftigt, welche den Boden zu einer „Reaktion" in die richtige Richtung veranlassen, so dass er uns ins Gleichgewicht zurückstößt. Außer der Erdanziehungskraft ist der Boden die einzige „Kraft", die in der Balance auf den Körper einwirkt. Deshalb muss die Feinfühligkeit in Zehen und Fersen so aktiv wie möglich sein. Zum Vergleich: Ein Taschendieb feilt die

Spitzen seiner Fingernägel ab, um mehr Sensibilität zu gewinnen, indem er dadurch die Berührungsrezeptoren „freilegt". Tänzer müssen in Richtung Boden die Sensibilität von Taschendieben entwickeln – auch ohne tägliche Pediküre.

Wenn Sie auf Spitzen tanzen, werden entsprechende Einstellungen und Anpassungen weiter oben im Sprunggelenk vorgenommen. Sie brauchen einen starken und erfahrenen Fuß, um dies erfolgreich zu bestehen. Wie der Fuß für die feinen Anpassungen verantwortlich zeichnet, ist das Becken für die groben Anpassungen des Gleichgewichts zuständig. Eine kleine Verlagerung der großen Beckenmasse beeinflusst die gesamte Stabilität massiv. Die Arme fungieren als versteckte Balancestangen nach dem Muster der Zirkusakrobatik.

Es klingt einfach: Die einzige Vorbedingung für Gleichgewicht ist, dass der Schwerpunkt über der Standfläche ausgerichtet bleiben soll. Solange wir das sicherstellen, können wir in jeder Position balancieren, auch in einer ganz verschrobenen! Beim Tanzen wollen wir allerdings in einer sehr spezifischen Körperhaltung balancieren, die uns große technische Freiheit erlaubt und die der Ästhetik der jeweiligen Tanztechnik entspricht, die wir praktizieren. Das wird uns erlauben, Pirouetten zu drehen und das Gewicht schnell von einer Position in die andere zu verlagern und dabei die gewünschte Figur beizubehalten. Bei einer spiralförmigen Drehung zum Beispiel soll die Figur, die erreicht werden soll, innerhalb der mechanischen Bedingungen einer ausgeglichenen Position spiralförmig sein.

Wenn Sie bei einer Tanzdarbietung nach vorne auf ein Bein fallen und dann elastisch auf das Standbein zurückfedern, müssen Sie mit dem ganzen Körper im Gleichgewicht in der gewünschten Position ankommen. (Im Englischen nennt man dies *fall and rebound*.) Es wäre viel leichter, wenn Sie in einer *zufälligen* Position ins Gleichgewicht zurückkommen könnten. Hier kommen wir zum Thema Ballettstange zurück: Wenn Sie unerfahrenen Ballettschülern sagen, sie sollten loslassen und die Balance halten, können sie meist das Gleichgewicht halten, aber nicht in einer Stellung, welche für die Technik nützlich ist. Die Kraft für die Balance muss in die korrekte Stellung eingebaut werden. Die Haltung und Form wird dem Gleichgewicht nicht geopfert – allenfalls im äußersten „Notfall".

Übungen: Vorstellungsbilder für die *Balance*

Die meisten der folgenden Übungen können in der *Arabesque*, in der *Attitude*, im *Penché* und im *Relevé passé* angewandt werden.

1. *Relevé*-**Präsenz:** Stellen Sie sicher, dass Sie in jeder Phase eines *Relevés* präsent sind. Oft sieht man einen Tänzer sich ins *Relevé* stoßen und er erlangt die Konzentration erst wieder, wenn er „dort oben" angekommen ist; dann versucht er zu balancieren. Festes und klares Gleichgewicht wird von einer bewussten und rhythmischen Bewegung nach oben geschaffen, nicht durch verzweifelte Maßnahmen am Ende der Bewegung. Ich vergleiche dieses Phänomen mit einer Fahrt in einem Fahrstuhl. Wenn Sie zur zwölften Etage hinauffahren, müssen Sie jede

Etage beachten, an der Sie vorbeikommen, und Sie sollten nicht nach der ersten Etage einschlafen und erst durch den Ruck geweckt werden, wenn der Fahrstuhl angekommen ist. Natürlich gilt das Gleiche für das Herunterkommen von einem *Relevé*.

2. *Relevé* **mit dem ganzen Körper:** Während Sie ein *Relevé* ausführen, spüren Sie, wie der ganze Körper gleichmäßig in der korrekten Körperstellung nach oben geht.

Abbildung 7.20:
Relevé mit dem ganzen
Körper

3. **Unterstützung durch den Raum:** Während Sie ins *Relevé* gehen, steigt der Raum, der Sie umgibt, mit Ihnen auf und unterstützt Ihre Position. Sehen Sie den Raum als eine bequeme Oberfläche, die sich perfekt Ihrem Körper anpasst und ihn in eine ausbalancierte Position führt. (Vgl. auch Abbildung 2.2 und Kapitel 2, „Mit dem Raum interagieren", Übung 1)

4. **Weichheit:** Lassen Sie die ganze Position, egal wie schwierig sie scheint, in einem Bett von Federn liegen. Fühlen Sie die Weichheit überall um Sie herum. Die samtweichen Federn erlauben es Ihrem Atem ruhig zu sein und Ihre Muskeln lassen los. (Nach David Howard, Ballettlehrer in New York)

5. **Atmende Figuren:** Während Sie von einem Schritt zum nächsten übergehen, atmen Sie weiter. Lassen Sie den Atem die Vorbedingung für die Bewegung sein.

6. **Höherer Körper und tieferer Körper:** *Ein* imaginärer Körper schwebt *über* Ihnen, ein anderer *unter* Ihnen, vielleicht ist er sogar unterirdisch. Stellen Sie sich einen oder beide Körper *gleichzeitig* vor. Beobachten Sie, wie diese Zusatzkörper Ihr Gleichgewicht beeinflussen.

Abbildung 7.21:
Höherer Körper und tieferer Körper

7. **Saugnapf:** Der Fuß des Standbeins verbindet Sie mit dem Boden wie ein Saugnapf. Es hilft Ihnen daran zu denken, wie sich ein Staubsauger manchmal am Teppich festsaugt.

8. **Energiebahnen in den Raum:** Stellen Sie sich Energiebahnen vor, die von Ihren Händen und Füßen in den Raum führen, Sie mit der Weite des Raumes verbinden und Sie in Balance halten.

9. **Hängematte als Unterstützung:** Visualisieren Sie, wie eine Hängematte Sie bei der *Arabesque* unterstützt. Lassen Sie die Hängematte einen perfekten Bogen schaffen, der sich in den Raum hinein erstreckt.

**Abbildung 7.22:
Hängematte als
Unterstützung**

10. **Spuren im Raum:** Wie Tinkerbell in *Peter Pan* hinterlassen Ihre ausgestreckten Glieder Spuren funkelnden Staubs, während sie sich durch den Raum bewegen.

**Abbildung 7.23:
Spuren im Raum**

11. **Sechs Endpunkte:** Konzentrieren Sie sich auf sechs „Endpunkte" des Körpers – Scheitelpunkt, Steißbein, beide Hände und beide Füße. Stellen Sie sich kleine Lichter an diesen Endpunkten vor. Sehen Sie die sich verändernden Beziehungen der Punkte zueinander. (Vgl. Kapitel 2, „Formen erzeugen", Übung 2)

12. *Penché arabesque* mit dem Steißbein als Unterstützung: Sie beginnen in der *Arabesque* und bewegen sich langsam in ein *Penché*. Stellen Sie sich Ihr Steißbein vor, wie es sich in einer Kurve nach hinten oben ausstreckt. Stellen Sie sich vor, sie hingen an Ihrem Steißbein.

13. **Solide Unterstützung:** Stellen Sie sich Ihr Standbein vor, als wäre es bis zum Becken in die Erde eingelassen. So viel Unterstützung garantiert eine perfekte Balance.

Grand battement

Viele der Prinzipien, die in Hinsicht auf *Tendu* und *Jeté* erörtert wurden, können auch beim *Grand battement* angewandt werden. In ihrem Buch *Basic Principles of Classical Ballet* äußerte sich Agrippina Vaganova zu dieser Übung:

„Der Körper sollte keine unbeabsichtigten Bewegungen machen, irgendein Schwanken, welches das Ergebnis falscher Anstrengungen ist. Der Körper wird ruhig bleiben, wenn das Bein unabhängig funktioniert und keine anderen Muskeln in die Bewegung verstrickt werden. Die unerfahrene Tänzerin tendiert dazu, Schulter, Hals und Arm anzuspannen." (VAGANOVA, 1946, S. 30)

Die Vorstellungskraft kann helfen, dieses Stadium der Aktivität der Beine bei gleichzeitiger Entspanntheit der Schultern und Arme zu erreichen. Die Beine gehen sicherlich höher hinauf, wenn die Schultern entspannt sind. Das *Grand battement* bildet die Basis vieler hoher Sprünge. Ein Mangel an Freiheit im Oberkörper erzeugt beim Springen unerwünschte Verdrehungen und Mitbewegungen. Viele der nachfolgenden Vorstellungsbilder beziehen sich auf dieses Thema.

Das Ypsilon-Band (zwischen dem Becken und dem Femur) beschränkt die Streckung des Femurs im Hüftgelenk beim *Battement en arrière* (nach hinten). Um die Streckung zu erleichtern, muss sich die Wirbelsäule elastisch verlängern und das Becken darf je nach stilistischen Präferenzen leicht nach vorne kippen. Das Bein hat mehr Freiheit nach vorne und zur Seite; Beschränkungen sind meist muskulärer Natur, nur selten kann ein Tänzer seine ganze potentielle Beweglichkeit ausschöpfen, außer er optimiert seine Bewegungskoordination. Die Aktivität des Standbeins ist wichtig, um dem hoch gehobenen Spielbein einen Gegenpol zu bieten. Ein erfolgreiches *Battement* hängt von der effizienten stabilisierenden Aktivität des Standbeins und des ganzen Körpers ab. Wenngleich ich bei den folgenden Bildern den klassischen Begriff *Battement* benutze, könnten auch Majoretten oder Kung-Fu-Künstler von diesen Ideen profitieren.

Alle nachfolgenden Übungen beziehen sich auf das *Grand battement*, außer in den Fällen, in denen es dazu eine zusätzliche Bemerkung gibt.

1. **Schmelzende Anspannung:** Spüren Sie, wie Ihre Schultern schmelzen, während Sie ein *Grand battement* beginnen. Je höher das Bein, desto mehr schmelzen die Schultern nach unten. Beobachten Sie, wie Ihr Nacken weich wird und wie sich Ihr Kiefer entspannt, während Sie ein *Grand battement* ausführen.
2. **Standbein in den Boden:**
   a) Beobachten Sie, wie sich das Standbein in den Boden verlängert, während das Spielbein nach oben geht. Sie können sich auch vorstellen, wie das Standbein während des *Battements* in den Boden *sinkt* oder *fällt*.
   b) Stellen Sie sich vor, dass das Standbein bis zum Erdmittelpunkt reicht.
   c) Während des *Battements* stellen Sie sich vor, dass sich das Standbein bis zur Schulter auf der gleichen Körperseite verlängert.
3. **Sitzbeinhöcker schießen nach unten:** Beobachten Sie, wie die Sitzbeinhöcker senkrecht nach unten schießen und Sie während des *Battements* erden.
4. **Proximales Ende des Femurs fällt:** Stellen Sie sich vor, dass das obere (proximale) Ende des Spielbeins zum Fuß hinunterfällt (distales Ende), während der Fuß nach oben fliegt. (Vgl. Sie dazu auch „Vorstellungsbilder für das *Jeté*", Übung 5.)
5. **Fallender Sand:** Stellen Sie sich vor, dass das Spielbein mit Sand gefüllt ist. Beim *Battement* fällt der Sand vom Spielbein ins Standbein, wodurch das Spielbein leicht wird und das Standbein sich stabilisiert.

**Übungen:
Vorstellungsbilder für
das *Grand battement***

**Abbildung 7.24:
Fallender Sand**

6. **Rakete an der Ferse:** Stellen Sie sich vor, dass die Ferse des Spielbeins einen Raketenantrieb hat, der den Fuß und das ganze Bein zum Himmel schießt. (Nehmen Sie Ihre Nase aus dem Weg …) Platzieren Sie die Rakete so geschickt, dass sie die Ausdrehung des Beins unterstützt. Nanette Charisse, eine Lehrerin des *New York City Ballet*, pflegte zu sagen: „Hinauf wie eine Rakete, hinunter wie eine Feder.“

**Abbildung 7.25:
Rakete an der Ferse**

7. **Katapult** (*Battement en avant* vom *Tendu en arriére*): Betrachten Sie Ihr Spielbein als Katapult. Der Fuß wird von einer Gummischlinge zurückgehalten. Wenn Sie die Schlinge loslassen, fliegt das Spielbein mühelos nach oben.

8. **Zehenbogen:** Stellen Sie sich vor, dass die Zehen Ihres Spielbeins sowohl beim Nach-oben-Gehen als auch beim Sinken einen Bogen in den Raum „schnitzen“.

9. **Imaginärer Stoß unter den Fuß:** Stellen Sie sich vor, dass ein Trainer Ihrem Fuß genau dann einen zusätzlichen Stoß gibt, wenn Sie das Gefühl haben, dass es nicht mehr weitergeht.

10. **Magnet zieht Bein nach oben** (beim *Battement* zur Seite): Der Oberkörper ist auf der Seite des Spielbeins „magnetisch“ und zieht das Bein magnetisch nach oben. Die magnetische Kraft lässt dann langsam nach, so dass das Bein wieder nach unten sinkt.

11. **Eine Gussform empfängt das Bein:** Stellen Sie sich eine perfekt platzierte Gussform vor, die Ihr Spielbein aufnimmt, wenn es seine höchste Höhe erreicht. „Werfen“ Sie das Bein hoch in diese Form. Platzieren Sie die Form so hoch wie möglich. Die Form hält Ihr Bein für einen Moment, bevor es wieder abwärts gleitet.

Kapitel 8

Schwünge, Bögen und Spiralen

Schwünge, Spiralen, Kontraktionen, Seitneigungen sowie so genannte *over-curves* und *undercurves* des Oberkörpers gehören zu den Kennzeichen des *Modern Dance*. Es sind spannende Bewegungen, weil sie die dreidimensionalen und skulpturellen Aspekte des menschlichen Körpers betonen.

Schwünge und Bögen

Alle Bewegungen des Oberkörpers bringen auch Bewegungen im unteren Teil des Körpers mit sich. Die Kraft des Beckens, der Beine und der Füße schafft die Basis für Freiheit im Oberkörper. Wir haben bereits in Kapitel 5 („Bodenarbeit") einige Übungen erlebt, die den Oberkörper betonen. An dieser Stelle folgen entsprechende Übungen im Stehen. Hier gibt es keine allgemein gültige Namensgebung; jede Technik hat ihre eigene Nomenklatur.

Absichtlich ausgeführte Neigungen des Oberkörpers, und zwar im Stehen, finden wir nur beim Menschen. Weil erwachsene Menschen ihre Arme und den Oberkörper normalerweise nicht für die Fortbewegung benötigen, ist die Wirbelsäule (mit mehr als hundert Gelenken) viel freier ihr Bewegungspotential zu erforschen. Tausende wellenförmiger Bewegungen, Kurven und Drehungen warten in dieser flexiblen Säule auf Entdeckung. Damit die Darstellung übersichtlicher wird, unterteile ich die folgenden Übungen in Beugungen nach hinten, nach vorne und zur Seite – obwohl ich weiß, dass es viele weitere Variationen gibt.

Schwingende Bewegungen des Oberkörpers sind in der Humphrey-Technik sowie in anderen Techniken des *Modern Dance* wichtig. Es gibt viele Möglichkeiten, einen Schwung auszulösen: von den Schultern aus, von den Rippen und der Wirbelsäule, vom Becken oder von den Beinen aus. Ein Schwung kann mit aufrechtem oder mit gebeugtem Oberkörper ausgeführt werden. Schwünge sind eine ausgezeichnete Art, etwas über das Körpergewicht zu erfahren und die Schultermuskulatur von Spannung zu befreien.

1. **Sich über einen Ball beugen** (Neigung in beliebiger Richtung): Stellen Sie sich einen großen Ball vor, der die Neigung Ihres Körpers nach vorne unterstützt; Sie können sich in der Vorstellung ganz auf diesen Ball legen. Wenn sich der Ball aufbläst, wird die Neigung des Oberkörpers

Übungen: Vorstellungsbilder für Schwünge und Bögen

157

größer. Wenn Luft entweicht, entsteht eine kleinere Beugung. Versuchen Sie das gleiche Bild in der Seitneigung und bei einer Neigung nach hinten anzuwenden.

2. **Sich über ein Kissen beugen** (Neigung in beliebiger Richtung): Stellen Sie sich ein großes, weiches Polster oder Kissen vor, über das Sie Ihren Oberkörper neigen. Fühlen Sie seine weiche Unterstützung. Wenden Sie das gleiche Bild auch bei der Seitneigung und bei der Neigung des Rückens nach hinten an.

3. **Brustbein schaut zur Decke** (Rückneigung): Stellen Sie sich vor, dass das Brustbein nach oben an die Decke schauen möchte. Stellen Sie sich die Stelle genau vor, die das Brustbein beobachtet. Bringen Sie das Brustbein mit einer Deckenlampe in Verbindung und stellen Sie sich vor, wie deren Lichtstrahl das Brustbein beleuchtet. Das Brustbein reckt sich der Lichtquelle entgegen, wie eine Pflanze der Sonne entgegenwächst.

4. **Gewölbte Achse** (Rückneigung): Ihre zentrale Körperachse ist nach hinten gewölbt. Stellen Sie sich nun eine Kraftlinie vor, die unten in ihrer Achse entsteht, aber durch das Brustbein hindurch gerade nach oben verläuft und sich bis zur Decke erstreckt. Diese Kraftlinie unterstützt das Brustbein.

Abbildung 8.1:
Gewölbte Achse

5. **Am Brustbein aufgehängt** (Rückneigung): Stellen Sie sich in der Rückneigung vor, Ihr Körper sei an Ihrem Brustbein aufgehängt.

6. **Rückneigung in den Raumvorhang** (Fallen nach hinten mit Rückneigung und zurückschwingen): Stellen Sie sich vor, dass ein großer, kräftiger Samtvorhang Ihren Rücken stützt, auffängt und Sie in die aufrechte Position zurückschiebt.

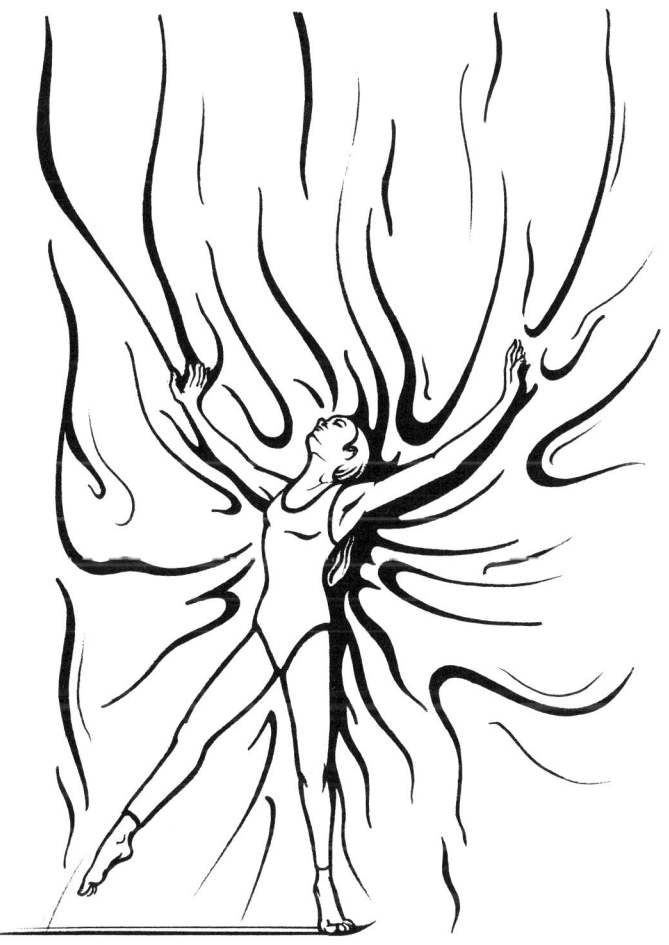

Abbildung 8.2:
Rückneigung in den
Raumvorhang

7. **Rückneigung auf das Wasser, wie eine Robbe:** Herumtollende, ausgelassene Robben und Seeotter sind Studienobjekte für Bewegungen der Wirbelsäule. Sie strecken ihre Nasen aus dem Wasser und gleiten mit stoßenden Bewegungen rücklings auf der Wasseroberfläche. Fühlen Sie die Unterstützung unter Ihrem Rücken bei der Rückneigung; stellen Sie sich vor, dass Sie mit dem Rücken auf einer stützenden Oberfläche gleiten.

8. **Seitneigung in ein Fass:** Visualisieren Sie sich selbst, wie Sie sich seitwärts in die *innere* Krümmung eines großen Fasses neigen und einpassen. Danach versuchen Sie sich *außen* über das Fass zu beugen. Wie unterscheiden sich die beiden Erlebnisse? (Nach Michael Diekamp)

9. **Seitneigung mit einer Kugel** (Bewegung): Während Sie sich (im Sitzen oder Stehen) seitwärts neigen, schmiegt sich Ihre Wirbelsäule seitwärts an eine große Kugel. Lassen Sie die Kugel die Krümmung der Wirbelsäule abstützen.

10. **Körper als Pfeil und Bogen:** Visualisieren Sie, wie Ihr Körper die Kraft von Pfeil und Bogen entwickelt. In der Seitneigung ist die „lange" Seite des Körpers der Bogen und ein fiktiver Pfeil zeigt quer dazu durch die Mitte des Rumpfes. Lassen Sie das Geschoss losschnellen und kehren Sie pfeilschnell in die senkrechte Körperhaltung zurück.

Abbildung 8.3:
Körper als Pfeil und Bogen

Abbildung 8.4:
**Kreisförmige Spuren
im Raum**

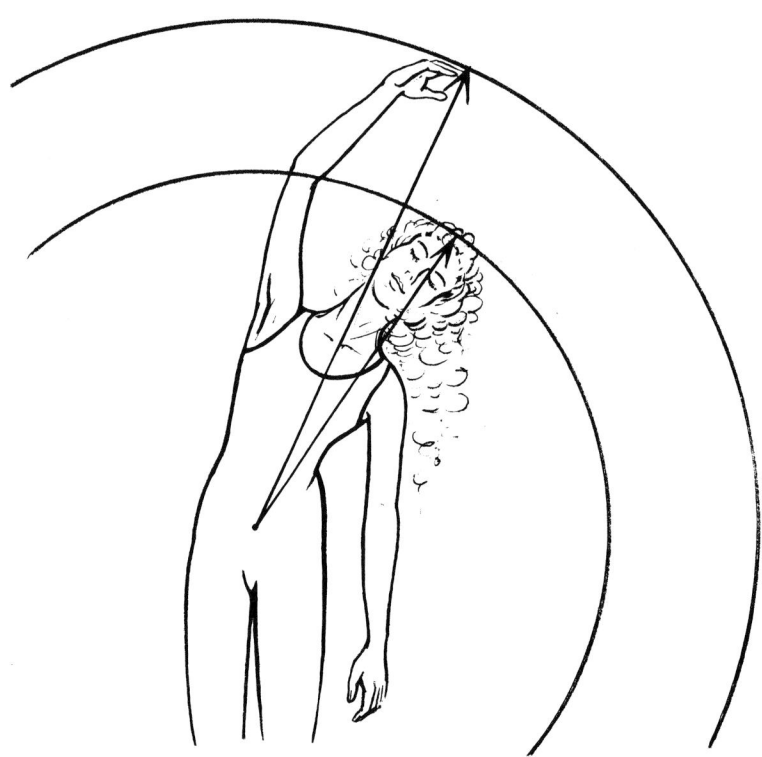

11. **Kreisförmige Spuren im Raum:** Machen Sie eine Seitneigung nach links mit dem rechten Arm oben und dann umgekehrt. Ihr Scheitel erzeugt dabei eine Spur durch den Raum, die Finger der erhobenen Hand ebenfalls. In welcher Beziehung stehen diese Spuren zueinander? Wenn sich diese Spuren zu Kreisen vervollständigten, hätten diese beiden Kreise dann einen gemeinsamen Mittelpunkt? Spüren Sie die Verbindungen zwischen diesem Mittelpunkt, Ihrem Scheitel und Ihren Fingerspitzen. Stellen Sie sich vor, das Zentrum dieser Kreise wäre der Schwerpunkt Ihres Körpers. (Abbildung S. 160 unten)

12. **Drehende Seitneigung:** Jemand hält Ihre Hand und zieht sie in das Innere eines Kreises, während Sie sich nach außen lehnen. Auf dem Foto (Abbildung 8.5) sieht man, wie Betty Jones mit Hilfe einer Schülerin die gewünschte Wahrnehmung erzeugt. Anschließend führt man dieselbe Bewegung *ohne* Partner aus.

Abbildung 8.5:
Drehende Seitneigung

13. **Fallen und zurückschwingen** (Doris Humphrey / Limon-Technik; Neigungen des Oberkörpers in beliebiger Richtung): Visualisieren Sie den Raum um Sie herum als eine Sprungfeder, die zusammengepresst wird, wenn Sie fallen, und die Sie dann wieder in die Ausgangsposition zurückschwingen lässt.

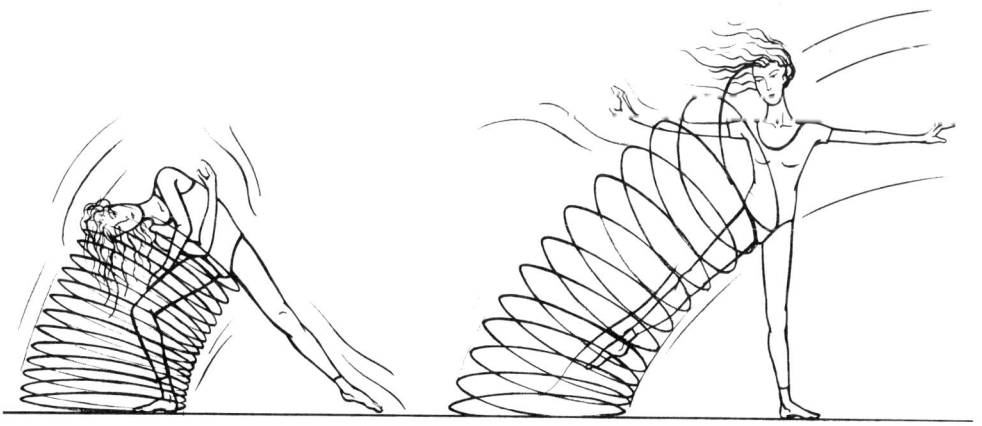

Abbildung 8.6:
Fallen und zurückschwingen

14. **Achterbahn:** Wenn Sie mit dem Oberkörper eine Kreisbewegung ausführen wie in der Humphrey-Technik, so denken Sie an eine Achterbahn, die abwärts fährt, Schwung gewinnt, und wieder aufwärts rollt. Die Schwerkraft leistet dabei die meiste Arbeit.

15. **Beckenboden breitet sich aus:** Sehen Sie den Beckenboden sich ausbreiten und mit dem Boden verbinden, während Sie Ihren Oberkörper in eine beliebige Richtung neigen.

16. **Schwingen von der Basis der Wirbelsäule:** Schwingen Sie beide Arme vorwärts und zurück. Stellen Sie sich vor, dass Sie von der Basis Ihrer Wirbelsäule her, von den großen Wirbeln der Lendenwirbelsäule aus und den Muskeln, die sie umgeben, schwingen. Fühlen Sie, wie Ihre Energie von der Wirbelsäule in die Fingerspitzen hinausfließt.

17. **Wirbelsäule schwingt Arme:** Fangen Sie mit wellenförmigen Bewegungen Ihrer Wirbelsäule an. Beziehen Sie in diese Bewegungen auch die Arme mit ein. Stellen Sie sich vor, dass die Wirbelsäule die Arme in verschiedene Richtungen wirft und schwingt.

18. **Wirbelsäule schwingt weichen Stoff:** Beginnen Sie wie bei der vorherigen Übung, stellen Sie sich aber vor, dass die Rippen, die Arme und der ganze Körper aus weichem Stoff geschaffen sind. Lassen Sie die Wirbelsäule die Bewegung des Stoffes auslösen. Erproben Sie eine Vielfalt von Bewegungsarten: Die Wirbelsäule wirbelt, packt und wirft den Stoff wieder, lässt ihn um sich herumschweben …

Spiralen

Spiralen sind die Grundlage vieler Strukturen in der Natur, angefangen bei den DNS-Molekülen über Schneckenhäuschen und Muscheln bis hin zu Galaxien. Muskelketten im Körper benutzen ebenfalls spiralförmige Wege, um kraftvoll verbundene Bewegungen zu ermöglichen. Eine spiralige Bewegungsfolge tritt beispielsweise an den Tag, wenn jemand einen Speer oder einen anderen Gegenstand wirft. Statten Sie dem Zoo einen Besuch ab und beobachten Sie, wie ein Otter oder eine Robbe sich spiralförmig bewegen: „Gepolstert" vom umgebenden Wasser beginnen sie die Bewegung mit der Nasenspitze und lassen mit eleganten Umdrehungen durch den gesamten Körper fließen. Stuart Hodes schreibt über die Übernahme von Spiralen in die Martha-Graham-Technik:

„Sie wollte insbesondere, dass wir auf die Abfolge von Phasen der Bewegung und Phasen des Innehaltens im Wachstum von Pflanzen achteten. 'Beobachtet, wie sie spiralförmig zur Sonne streben', sagte sie. 'Leben fließt einen spiralförmigen Pfad entlang.' Bald merkte ich, dass Spiralen in vielen unserer technischen Bewegungen betont und in andere eingeführt wurden." (HOROSKO 1991, S. 116).

Ich erinnere mich, dass der New Yorker Choreograf Lar Lubowitsch sagte, dass spiralförmige Bewegungen besonders spannend seien, weil die ihnen innewohnende Spannung nach einer Entscheidung suche.

Ein Wirbel ist eine spiralförmig kreisende Masse aus Luft oder aus Wasser. Orkane, Tornados und Strudel sind Wirbel. Wirbel bilden sich hinter nicht stromlinienförmigen Gegenständen. Wenn Sie rennen, besonders bei kühlem Wetter, fühlt es sich vielleicht zwischen Ihren Schulterblättern am kältesten an, weil sich dort Wirbel bilden (vgl. Kapitel 1, „Den Raum erfahren", Übung 3 und Abbildung 1.3.) In einem Orkan bewegt sich die Luft umso schneller, je mehr man sich seinem Zentrum nähert. Aber sein „Auge" selbst ist vollkommen ruhig. Das Auge ist die „zentrale Achse" des Sturmes. Ohne Wirbel wäre es für Vögel sehr schwierig, in der Luft zu bleiben. Sie reiten auf einem Luftwirbel aufwärts.

Beachten Sie auch in Kapitel 5: „Vorstellungsbilder für den Oberkörper", Übung 6, Abbildung 5.3, sowie in Kapitel 10: „Vorstellungsbilder mit kindlichen Bewegungsmustern".

**Übungen:
Vorstellungsbilder
für Spiralen**

1. **Das Auge des Orkans** (bei Ganzkörper-Spiralen, spiralförmigen Drehungen): Stellen Sie sich vor, dass Ihr äußerer Körper sich spiralförmig um einen ruhigen inneren Raum dreht.
2. **Wirbel** (Ganzkörper-Spiralen, spiralförmige Drehungen): Sie sind in der Mitte eines schnell drehenden Wasserwirbels. Bleiben Sie bei dem Empfinden der immerfort neuen Energie des Wirbels.

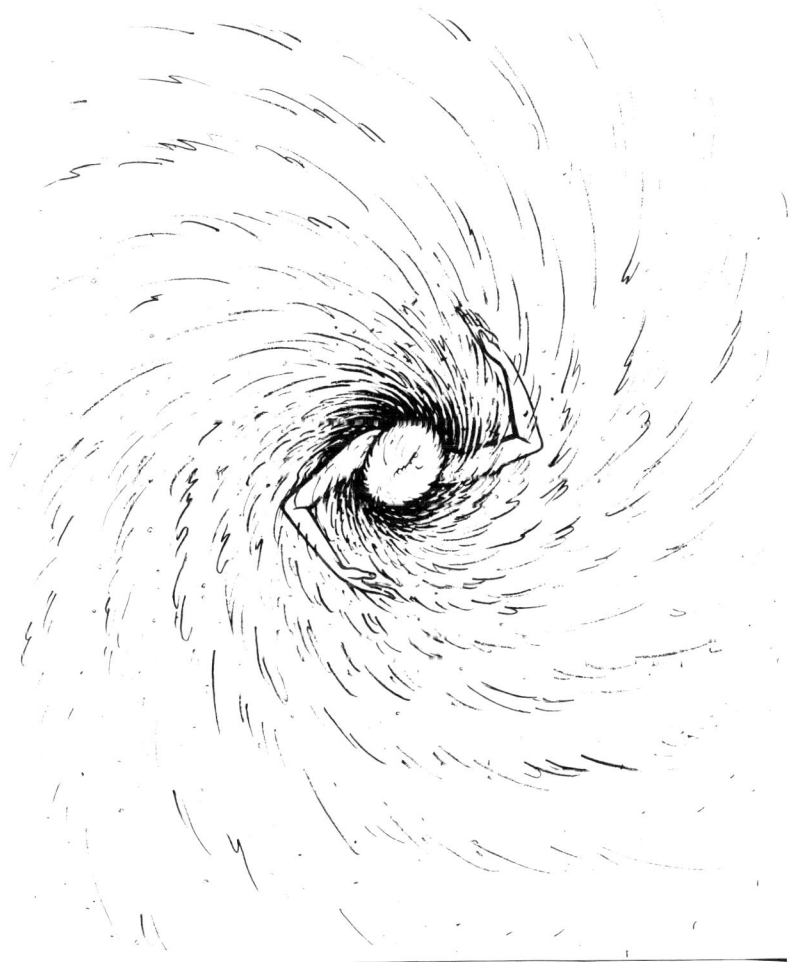

**Abbildung 8.7:
Wirbel**

3. **Spiralförmige Drehung von den Füßen aus** (im Stehen): Stellen Sie sich einen Wirbel vor, der an der Standfläche Ihres Körpers, bei den Fußsohlen, entsteht. Dieser Wirbel wandert nach oben durch den Körper und treibt ihn in eine spiralförmige Drehung.

Abbildung 8.8:
Spiralförmige Drehung von den Füßen aus

4. **Spirale in die Mitte** (bei spiralförmigen Drehungen): Lenken Sie eine imaginäre Spirale zur zentralen Achse Ihres Körpers. (Vgl. auch Abbildung 10.13)
5. **Galaxie** (Improvisation): Stellen Sie sich vor, Sie sind eine Galaxie von Millionen von Sternen, die in Gestalt spiralförmiger Arme um ein gemeinsames Zentrum versammelt sind.
6. **Spiralförmiger Sprung:** Stellen Sie sich eine Spirale durch Ihren Körper vor und springen Sie dann in diese Form. (Abbildung 8.9)
7. **Gegenläufige Spiralen** (Improvisation): Abbildung 8.10 zeigt zwei gegenläufige Spiralen. Wenn der Gegenstand gedreht wird, scheint sich die innere Spirale aufwärts zu bewegen und die äußere Spirale nach unten. Stellen Sie sich eine Spirale vor, die im Uhrzeigersinn um die Körpermitte nach oben dreht, und eine Spirale, die sich im Gegenuhrzeigersinn an der Oberfläche Ihres Körpers entlang nach unten bewegt. Stellen Sie sich dann vor, dass die Spirale in der Körpermitte im Gegenuhrzeigersinn nach oben dreht, während die Spirale an der Körperoberfläche im Uhrzeigersinn nach unten dreht. Welche der beiden Versionen fühlt sich besser an? Stellen Sie sich gegenläufige Spiralen vor, während Sie eine Vielfalt von Bewegungen ausführen (zum Beispiel Oberkörperspiralen, spiralförmige Drehungen).

Abbildung 8.9:
Spiralförmiger Sprung
(Gloria McLean in *The Gods*
are in the floor, **1993.**
Foto: John Elbers)

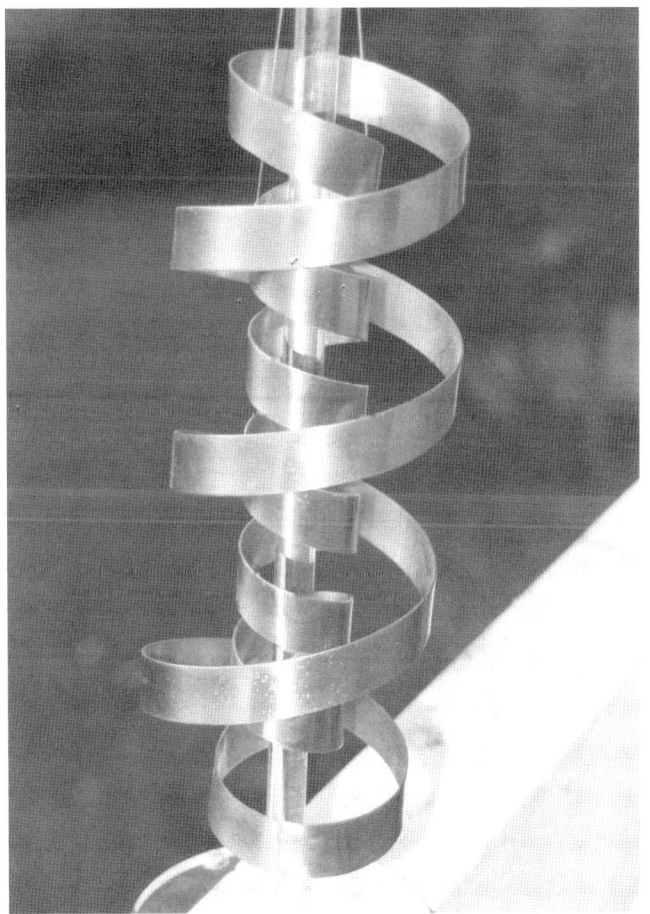

Abbildung 8.10:
Gegenläufige Spiralen

165

Kapitel 9

Bewegungen des Oberkörpers

Sofern Tanztraining sich übermäßig mit den Beinen befasst, verpasst es die bezaubernden Qualitäten von Nacken und Gesicht, von Armen und Händen. Das Publikum ignoriert oftmals die Beine und Füße und bevorzugt das Betrachten anmutiger Armbewegungen. (In den hinteren Reihen des Theatersaals ist dies vielleicht das Einzige, was das Publikum überhaupt sehen kann.)

Port de bras, Arm- und Hand-bewegungen

John M. Wilson, den ich als „Theaterphilosoph" bezeichnen möchte, weil ich keine adäquatere Bezeichnung finde, hielt einmal einen Vortrag über die sechzehn elementaren Armbewegungen, die in der ganzen Welt, über alle kulturellen Grenzen hinweg, zu finden sind. Diese Gesten werden in den unterschiedlichen Gesellschaften auf ähnliche Weise wahrgenommen. Seine Bezeichnungen für diese Gesten sind reich an Vorstellungsbildern: nährend, üppig gedeihend, belastet, Sieg und Niederlage, der Philosoph, die Venus, das betrübte Herz, die Kraft, der tanzende Krieger, die Flamme, das Ungeformte, Rückkehr zum Herzen ... Wenn ich unsere Politiker im Fernsehen beobachte und sie in meiner Vorstellung im römischen Stil einkleide, so sehen ihre Gesten wohl ähnlich aus wie diejenigen von Cäsar und Cicero vor zweitausend Jahren. Gesten haben sich wenig weiterentwickelt.

Die Hände sind äußerst wichtige, ausdrucksvolle Instrumente. Wenn Sie sich eine menschliche Gestalt vorstellen, in der alle Körperteile gemäß der Anzahl von Neuronen, die sie im Gehirn repräsentieren, proportioniert sind, so nehmen die Hände einen Raum ein, der so groß ist wie der gesamte Oberkörper! (Nur der Mund hat eine ähnlich große Anzahl assoziierter Neuronen wie die Hände.) In den Muskeln, den Gelenken und der Haut der Hände gibt es zahllose Nervenendungen. Noch mehr als unsere Fähigkeit, unsere Daumen zu opponieren, unterscheidet uns die feinfühlige Kontrolle unserer Hände, über die wir verfügen, von den Primaten. Jose Limon schreibt:

„Von der Hand kann gesagt werden, dass sie atmet wie die Lungen. Sie dehnt sich aus und zieht sich zusammen. Sie kann Bewegungen scheinbar in die Unendlichkeit projizieren oder sie bündeln und zurückführen zu ihrer Quelle innerhalb des Körpers. Sie ist wie ein Sprachrohr, ein Moderator." (BRAUN 1979c)

Ein Bewusstsein der Beziehung zwischen Wirbelsäule und Gliedmaßen zu erzeugen ist die wesentliche Aufgabe, wenn Sie schöne Oberkörperbewegungen kreieren wollen. (Abbildung 9.1) Agrippina Vaganova schreibt:

„Port de bras ist der schwierigste Teil des Tanzes und erfordert die größte Arbeit und Konzentration … Dem Arm beizubringen ruhig zu bleiben, von der Bewegung der Beine frei und unabhängig zu sein, ist ein sehr wichtiger Schritt in der Entwicklung eines Tänzers." (S. 44-45) Sie zeigt Vorstellungsbilder, die ein *Port de bras* im italienischen Stil beschreiben: *„Die Finger gestreckt, als ob sie die Luft durchschneiden, und … die Arme entspannen sich leicht im Ellbogen und sinken sogar leicht; sie sind weich und ohne Anstrengung, ähnlich wie Flossen."* (VAGANOVA 1946, S. 48)

(Wenn schon Flossen, dann schlage ich vor, dass Sie bei den Armen an *lange* Flossen denken, lieber an einen Fliegenden Fisch als an eine Forelle mit Flossenstummeln.)

**Abbildung 9.1:
Sheryl Ware
(Foto: Steven Speliotis)**

Im klassischen Ballett besteht *Port de bras* aus einer Serie von Gesten mit kleiner Veränderung am Torso. Den Brustkorb, die Schlüsselbeine und Schultern starr festzuhalten, um die Arme „ruhig" zu halten, das verhindert fließende Armbewegungen. Ruhe wird durch ein Bewusstsein von den feinen, andauernden Bewegungen des Körpers auf der molekularen, zellulären, Ebene und sowie auf der Ebene des Atems erreicht, nicht durch das Unterdrücken von Bewegung. Ruhe wird erreicht, indem Sie sich Ihres Atems bewusst sind und ihn fließen lassen, und nicht indem Sie ihn anhalten.

Im *Modern Dance* dagegen kann eine Armbewegung eine Kombination von Bewegungsauslösungen im Becken, am Rumpf oder irgendwo sonst am Körper sein. Ballett-Tänzer müssen ihre Arme ebenfalls mit dem gesamten Körpergefühl verbinden. (Abbildung 9.2) Einige Techniken schlagen vor, dass Sie fühlen, wie die Arme im „Rücken" verwurzelt sind

Abbildung 9.2:
Eric Hoisington vom
San Francisco Ballet
in einer Choreografie
von Zvi Gotheiner
(Foto: Steven Speliotis)

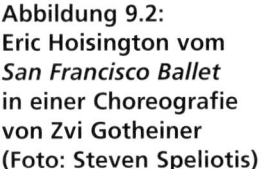

oder vom „Rücken" her kommen. Der *Musculus latissimus dorsi* verbindet das proximale Ende des Oberarms in der Tat mit dem Rückgrat und dem Becken. Das Schulterblatt, das sich auf dem Rücken „ausruht", dient als Basis für die Unterstützung des Arms oder als dessen Anker. Ich glaube, es hilft ebenfalls sich vorzustellen, dass die Arme an der Vorderseite des Körpers verankert sind oder von dort ihre Unterstützung erhalten, oder vom Beckenboden oder vom Scheitelpunkt des Kopfes oder von irgendeinem anderen Ort oder von überall gleichzeitig.

In vielen Tanzformen im Osten nehmen die Bewegungen des Oberkörpers, und besonders die Hände und die Augen, eine bedeutende und ausdrucksstarke Stellung ein. Im indischen Tanz können die Hände und die Augen die ganze Geschichte erzählen. Die sprechenden Körperhaltungen und Handbewegungen von balinesischen Priestern und Kathakali-Tänzern sind höchst symbolisch und bedeutungsschwanger. Manchmal setzen balinesische Priester lange Fingernägel auf, um die Linien ihrer Finger zu verlängern.

1. **Geerdete Arme** (für *Port de bras* oder beliebige andere Armbewegungen): Konzentrieren Sie sich auf die Sohlen Ihrer Füße. Fühlen Sie die feinen Gewichtsveränderungen, die geschehen, während Sie Ihre Arme bewegen. Stellen Sie sich vor, dass Ihre Armbewegungen vom Druck des Bodens gegen die Sohlen Ihrer Füße hervorgerufen werden.

2. **Die Arme mit der Körpermitte verbinden** (*Port de bras* o. beliebige andere Armbewegungen): Stellen Sie sich vor, dass die Energie für alle Armbewegungen in der Körpermitte entsteht. Fühlen Sie, wie die Bewegung von diesem Zentrum ausgelöst wird, während Sie die Arme von der zweiten Position (zur Seite ausgestreckt) in die fünfte Position (oben) bewegen. Stellen Sie sich vor, dass alle Arm- und Beinbewegungen aus der gleichen natürlichen Quelle entspringen. Versuchen Sie auch sich Armbewegungen vorzustellen, die vom Nabel oder vom Beckenboden herrühren. Vergleichen Sie diese drei Erfahrungen miteinander.

3. **Die Glieder in den Gelenkpfannen ausruhen lassen:** In einer sitzenden Position (auf dem Boden) heben Sie Ihre Beine und Ihre Arme gleichzeitig in die Luft. Balancieren Sie auf Ihrem Becken, während Sie sich vorstellen, dass Ihre Arme und Beine mit der Mitte Ihres Körpers verbunden sind. Lassen Sie die Extremitäten in ihren Gelenkpfannen „ausruhen". Ihre Arme, Beine und der Kopf „fallen" in Richtung Zentrum Ihres Körpers. Je besser die Gliedmaßen in ihren Gelenkpfannen ruhen können, desto leichter schweben Hände und Füße aufwärts in den Raum.

4. **In den Gelenkpfannen ausruhen** (Arme in fünfter Position ausruhend, über dem Kopf, und in Rückenlage): Lassen Sie das Gewicht der Arme in den Pfannen der Schultergelenke ausruhen. Schaffen Sie einen Kreislauf von Energie, die durch Ihre Arme und Schultern strömt. Stellen Sie sich vor, wie Ihre Schultern herunterschmelzen und so einen noch stärkeren Energiekreislauf erzeugen.

**Übungen:
Vorstellungsbilder
für das *Port de bras*
(Armbewegungen)**

169

Abbildung 9.3:
Die Glieder in den Gelenk-
pfannen ausruhen lassen

Abbildung 9.4:
Kreislauf von Energie, die
durch Arme und Schultern
strömt

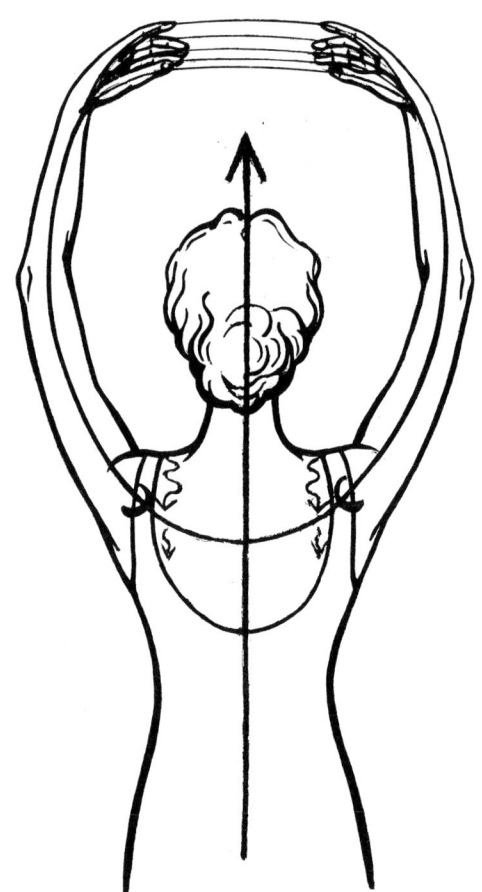

5. **Diagonale Verbindung** (klassisches Ballett, dritte oder fünfte Position): Während Sie stehen, bringen Sie Ihre Arme in die fünfte Position (über dem Kopf). Spüren Sie eine diagonale Verbindung zwischen dem linken Arm durch die Körpermitte zum rechten Fuß. Spüren Sie die entsprechende Energiebahn vom rechten Arm zum linken Fuß.

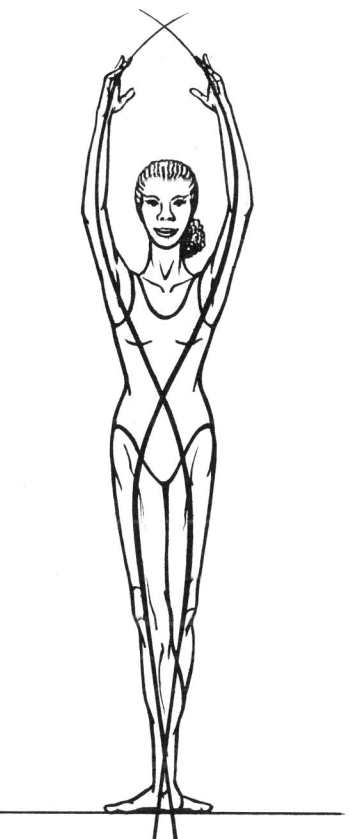

Abbildung 9.5:
Diagonale Verbindung

6. **Aktionsradius** (klassisches *Port de bras*): Visualisieren Sie, wie sich Ihre Arme innerhalb ihres eigenen, perfekten „Wirkungskreises", Aktionsradius oder Handlungsspielraums bewegen: Wenn sich die Arme nach allen Richtungen ausstrecken, gleiten die Fingerkuppen sozusagen an der inneren Oberfläche eines Globus entlang, dessen Durchmesser die von den beiden Armen gebildete „Achse" ist. Wenn die Arme verkürzt werden, können die Finger die Innenseite des Globus nicht berühren. Reichen die Finger über den Globus hinaus, dann ist das Drehzentrum im Schultergelenk verschoben. (Natürlich können solche nichtzentrierten Bewegungen der Schultern auch einmal absichtlich gemacht werden.) Das Bewusstsein von diesem Aktionsradius wird helfen, voluminöse Armhaltungen ohne Belastung zu machen.

7. **Energiestrom zwischen den Händen** (jede Position, bei der die Fingerspitzen einander gegenüberliegen): Stellen Sie sich Verbindungen zwischen den Fingern der linken Hand und den entsprechenden Fingern der rechten Hand vor. Das kann eine Energiebrücke oder -strömung zwischen den Fingern sein. Variieren Sie die Position der Arme und behalten Sie diese Verbindung bei. (Vgl. Abbildung 9.4)

8. **Raum zwischen den Fingern:** Fühlen Sie den Raum zwischen den Fingern „hindurchfließen", während Sie Ihre Hände bewegen. Erinnern Sie sich, wie es sich anfühlt, Ihre Finger durch Wasser gleiten zu lassen, und stellen Sie sich auch Wasser vor, das zwischen Ihren Fingern hindurchströmt.

9. **Einen Globus umarmen** (erste Position *Port de bras*): In der ersten Position *Port de bras* stellen Sie sich vor, dass Sie eine leuchtende Kugel umarmen. Stellen Sie sich Energielinien vor, die von Ihren Armen geschaffen werden und den Globus umgeben.

10. **Kreise in den Raum:**

   a) In der ersten Position *Port de bras* stellen Sie sich einen Kreis vor, der durch eine Verbindung zwischen Ihren Händen entsteht. Während Sie Ihre Arme in die zweite Position *Port de bras* bewegen, stellen Sie sich diesen Kreis vor, wie er sich in den Raum ausdehnt und immer noch mehr Raum umfasst. Dieses Bild kann auch in der fünften Position angewandt werden (über dem Kopf). In diesem Fall liegen die sich ins Unendliche ausdehnenden Kreise in einer senkrechten Ebene und der größte Kreis reicht weit in den Himmel hinauf.

**Abbildung 9.6 a:
Kreise, die in den Raum ausgreifen**

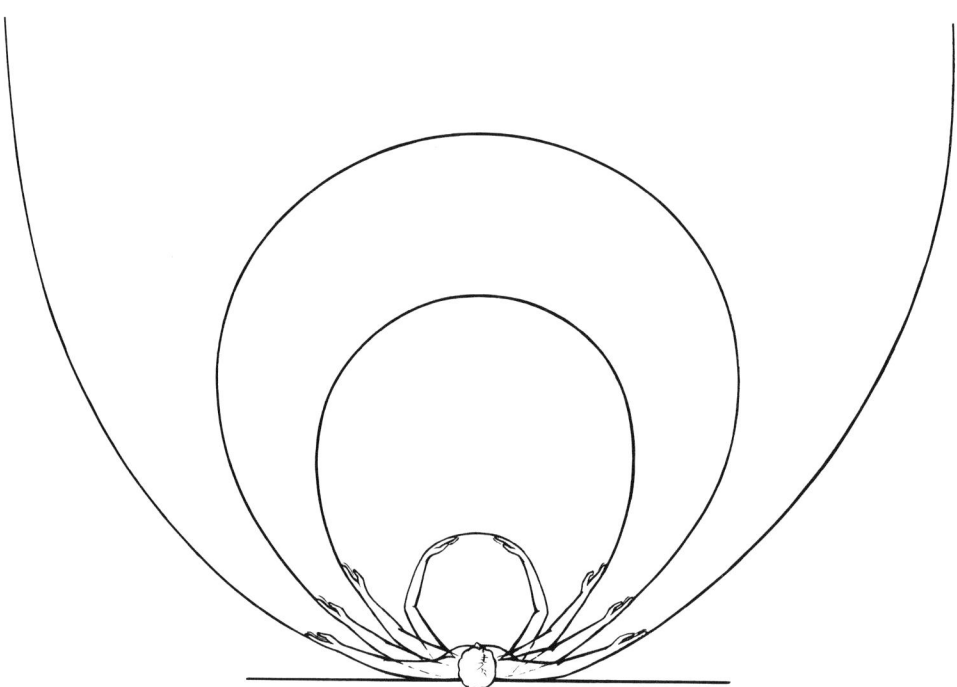

   b) Stellen Sie sich die unter a) erwähnten Kreise vor, wie sie sich aus der Kreisförmigkeit der Rippen ergeben. Die linken „Rippenhalbkreise" verbinden sich mit dem rechten Arm und die rechten „Rippenhalbkreise" verbinden sich mit dem linken Arm. (Abbildung 9.6 b)

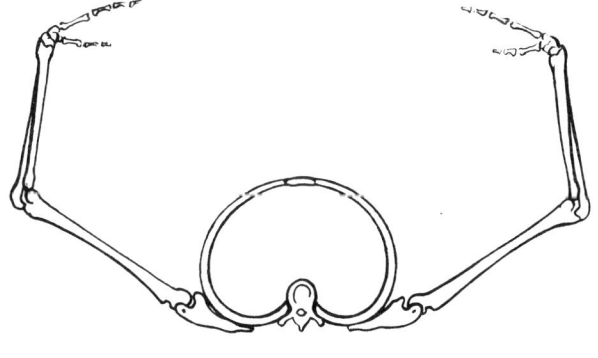

Abbildung 9.6 b:
Kreise, die aus den Rippen
entspringen

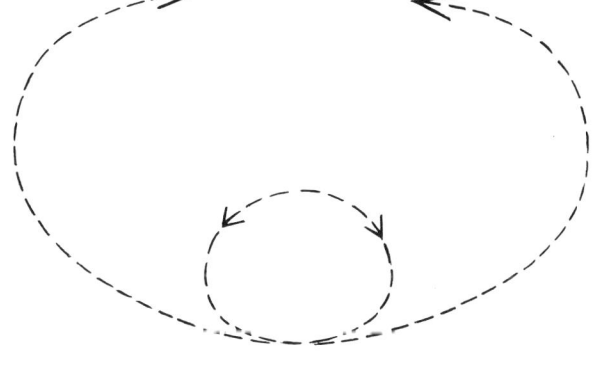

11. **Hand schwimmt auf einem Ball** (Hand- und Armgesten, *Port de bras*):
Bei einer beliebigen Armbewegung stellen Sie sich Ihre Hand vor, wie
sie auf einem Luftballon ruht, der im Raum schwebt.

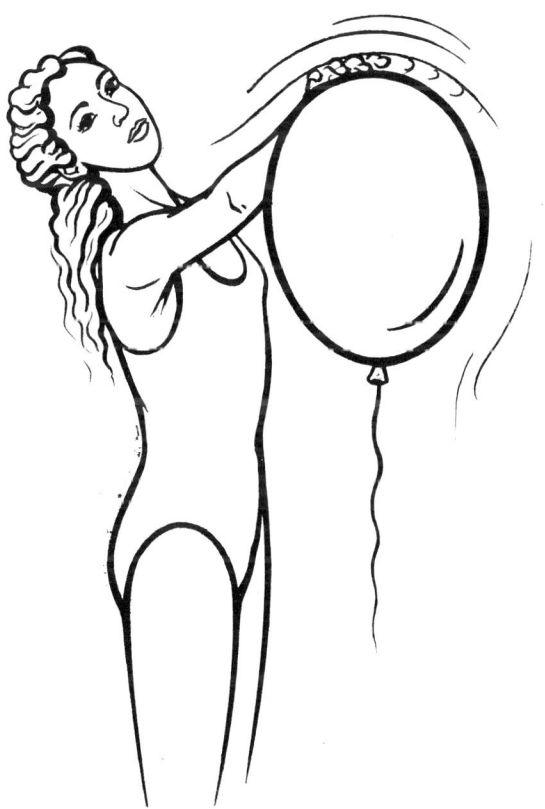

Abbildung 9.7:
Hand schwimmt auf einem
Ball

12. **Pfauenrad** (Arm-, Hand- und Fingerbewegungen): Während Sie Gesten mit Ihren Händen machen und vor allem während Sie sie öffnen, stellen Sie sich vor, dass sie die blendende Auslage glänzender Schwanzfedern eines Pfaus wären. Dieses Bild kann auch für ein halbkreisförmiges *Battement* der Beine *(fan kick)* gut benutzt werden, das im Jazztanz des Öfteren vorkommt.

13. **Raum bewegt die Arme** (beliebige Armbewegung): Die Arme sind in der fünften Position (über dem Kopf). Sehen Sie, wie sich der Raum zwischen Ihren Armen ausdehnt und Ihre Arme zur Seite verlagert. Sehen Sie, wie sich der Raum unter Ihren Armen ausdehnt, so dass Ihre Arme in die fünfte Position zurückkommen. Versuchen Sie verschiedene Armbewegungen und lassen Sie den Raum, der die Arme umgibt, die Kraft oder der Impuls sein, der sie bewegt. (Vgl. Sie auch die Bilder für das *Plié*, Übung 10a, Abbildung 7.3)

14. **Den Raum verzaubern** (beliebige Armbewegung): Während die Arme und Hände sich durch den Raum bewegen, erzeugen sie um sich herum eine betörende Schwingung, bezaubern, verzaubern und verhexen den Raum.

15. **Den Raum bearbeiten wie ein Bildhauer** (beliebige Armbewegung): Die Arme bearbeiten den Raum ununterbrochen wie ein Bildhauer, als ob der Raum eine Masse wäre, die geformt und gebildet werden könnte.

16. **Ausdehnbarer Raum** (beliebige Armgeste): Stellen Sie sich vor, dass der Raum wie der Zuckerguss auf einem Kuchen ist. Ihre Finger breiten sich aus und glätten diesen Zuckerguss.

17. **Arme als Seegras** (zweite Position *Port de bras* und Improvisation): In der zweiten Position *Port de bras* oder in irgendeiner Armposition stellen Sie sich vor, die Arme wären wie Seegras, das auf dem Wasser schwimmt. Fühlen Sie das Wasser das Seegrases sachte in die nächste Position treiben. Ein Partner kann ihnen helfen, indem er einen Arm nach dem anderen hin und her wiegt, um die Unterstützung zu simulieren, die das Wasser gewährt.

Abbildung 9.8:
Arme als Seegras

18. **Arme wie Flügel** (zweite Position, beliebige Armbewegung): Ihre Arme haben die Breite und die Weite von Flügeln. Fühlen Sie die Unterstützung des Windes unter Ihren Armen und den riesigen Raum zwischen der Unterseite Ihrer Arme und der Landschaft oder dem Ozean weit unter Ihnen.

**Abbildung 9.9:
Arme wie Flügel**

19. **Arme wie *tassels*** (beliebige Armbewegung): In der Hawkins-Technik wird oft von den Armen als *tassels* gesprochen. Stellen Sie sich die Arme vor, sie seien wie bunte Bänder, die im Wind flattern.

**Abbildung 9.10:
S-förmige Arme
(demonstriert von Daniel Tai,
Foto: David Fullard)**

20. **S-förmige Arme** (seitliches Heben): Stellen Sie sich eine S-Form vor, die von Ihren Armen gebildet wird. Abbildung 9.10 zeigt ein *side lift* mit einer S-Kurve, die durch die Arme fließt.

21. **Wahrnehmung in den Fingerspitzen** (Hand- und Armgesten, *Port de bras*): Ihre Fingerkuppen berühren den Raum und erfühlen dessen Textur. Machen Sie das mit einer wachen Sensibilität, mit dem gleichen „Fingerspitzengefühl", als suchten Sie im Dunkeln nach einem Gegenstand.

22. **Den Raum „umrühren"** (Hand- und Armgesten, *Port de bras*): Ihre Fingerspitzen rühren den Raum um, sie aktivieren ihn und erzeugen kleine Wellen und Wirbel.

23. **Spuren der Fingerspitzen** (Arm-, Hand- und Fingerbewegungen): Ihre Fingerkuppen sind kleine Farbbürsten, die im Raum Myriaden erstaunlicher Farben malen. Jetzt verwandeln Sie sie in Wunderkerzen, die eine Spur winziger, glitzernder Sterne schaffen, wenn Sie sich bewegen. (Vgl. auch Kapitel 7, Vorstellungsbilder für die Balance, Übung 10 und Abbildung 7.23.) Treten Sie ins 21. Jahrhundert ein und sehen Sie die Finger eine Spur im Raum erzeugen, die wie der Kondensstreifen eines Düsenflugzeugs aussieht, oder sehen Sie ein feines Leuchten in jeder Fingerspitze, während Sie Ihre Hände durch den Raum bewegen.

24. **Arm- und Beinbewegungen aus der gleichen Quelle** (Improvisation): Ihre Arme und Ihre Beine erhalten ihre Bewegungs- und Ausdrucksfähigkeit aus der gleichen Quelle. Bewegen Sie Ihre Beine mit der gleichen Geschmeidigkeit und der Behändigkeit, mit denen Sie Ihre Arme bewegen können. Bewegen Sie Ihre Arme mit der gleichen Kraft und „Reichweite", mit denen Sie Ihre Beine bewegen.

25. **Arm- und Beinbewegungen aus verschiedenen Quellen** (Improvisation): Vergegenwärtigen Sie sich, dass Ihre Arme und Ihre Beine völlig verschiedene Bewegungsqualitäten haben. Wie fühlt es sich an, die Arme mit Leichtigkeit und Behändigkeit zu bewegen, während die Beine schwer sind und erdgebunden? Wie fühlt es sich an, die Arme schwer und langsam zu bewegen, während die Beine schneidig leicht und frisch sind?

26. **Die Speiche schwebt vor der Elle** (*Port de bras*, Improvisation):
    a) Konzentrieren Sie sich auf die sich verändernde Beziehung zwischen den beiden Unterarmknochen (Speiche und Elle), während Sie die Arme von der *Préparation* (Ausgangsposition im Ballett) durch die erste, fünfte und zweite Position *Port de bras* und zurück in die Anfangsstellung bewegen. Jetzt bewegen Sie die Arme frei und beobachten Sie die sich verändernde Beziehung zwischen Speiche und Elle.
    b) Die Speiche ist wie eine Feder (*Port de bras*, Armimprovisationen): Stellen Sie sich die Speiche als lange, weiche Feder vor. Die Feder schwebt um die unterstützende Elle. Wenn die Arme sich von der *Préparation* in die erste und fünfte Position *Port de bras* bewegen, unterstützt die Elle die Feder und trägt sie empor. Wenn Sie von der

dritten in die zweite Position und zurück in die Ausgangsposition gehen, schwebt die Speiche nach unten und überkreuzt schräg die Elle.

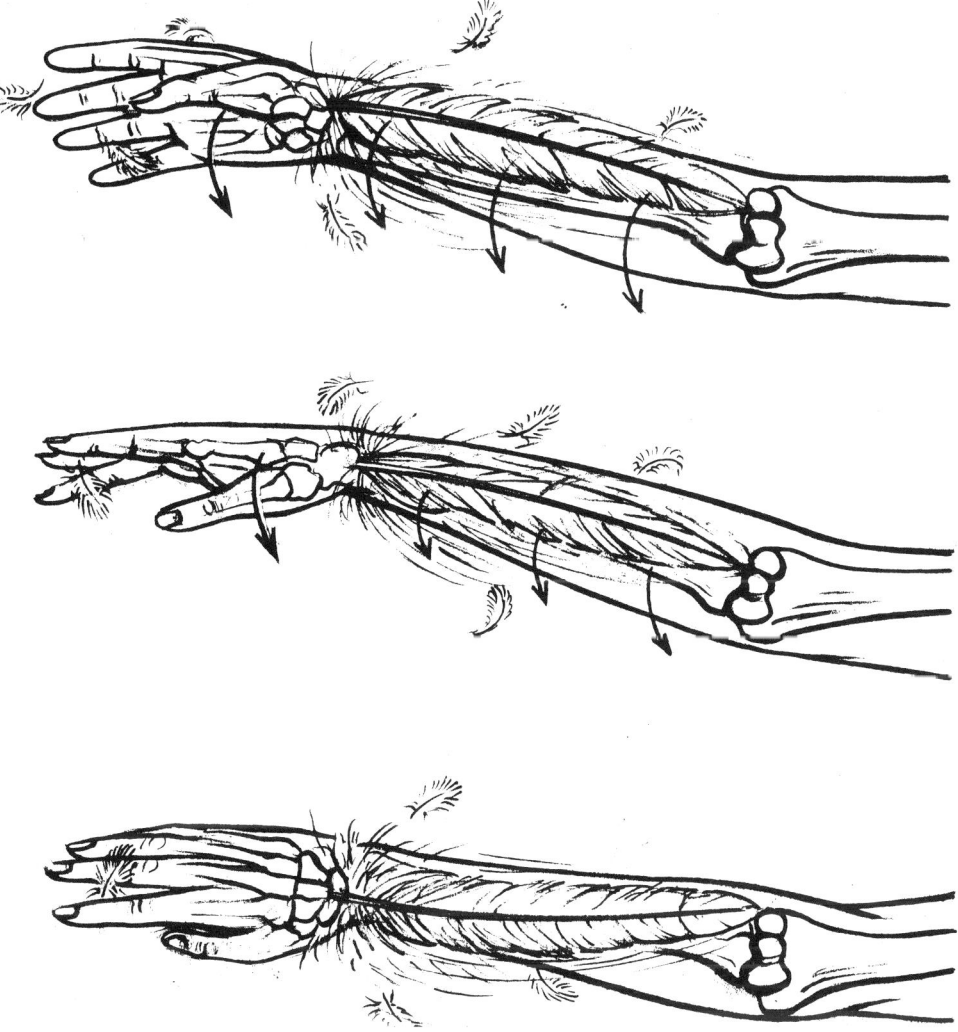

**Abbildung 9.11:
Die Speiche ist wie eine
Feder**

Das Gesicht

Das Gesicht ist ein wichtiger Kommunikator, fähig, eine Fülle an subtilen Informationen auszudrücken, ohne ein einziges Wort zu sagen. Das Gesicht kann den Ausdruck des Körpers verstärken oder abschwächen. Wie bei den Armbewegungen gibt es Gesichtsausdrücke, die weltweit in gleicher Weise verstanden werden. Mimische Aktivitäten wie das schnelle Heben der Augenbrauen bei freudiger Überraschung werden von Europäern, Amerikanern und Asiaten gleichermaßen verstanden.

Wenn Sie mit jemandem zu Mittag essen und plaudern, werden viele Ihrer Gedanken über Sprache ausgedrückt. Die Sprache wird aber durch Gestik und Mimik unterstützt. Der Rest des Körpers wird im Allgemeinen hinter einem Tisch versteckt sein oder womöglich erschlafft auf einem Sofa liegen. Wenngleich durchtrainierte Tänzer auch in ihrem Alltag und in ihrer Freizeit wohl nicht gerade einen „schlaffen" Eindruck machen

177

werden, kann es auch für sie eine Herausforderung sein, beim Tanzen plötzlich mit dem ganzen Körper zu sprechen; sogar ihre große Zehe, die praktisch den ganzen Tag in Dunkelheit verharrt (wenigstens im Winter), wird dann zum Kommunikator.

Beim Tanzen sollte das Gesicht das Körpergefühl widerspiegeln, das die Bewegung begleitet. Viele Tänzer finden es schwierig, ihr Gesicht in der Bewegung als Teil des Tanzes wahrzunehmen. Selten werden in westlichen Tanzformen Anweisungen für eine gute „Gesichtstechnik" gegeben. Einige Tänzerinnen versuchen ihre Gesichter ruhig zu stellen, sicher mit den besten Absichten, nämlich um nicht überzuagieren oder einen falschen Ausdruck aufzusetzen.

Wenn Sie mit Ihrem *ganzen* Körper tanzen, ist es offensichtlich, dass Ihr Gesicht mit einbezogen werden sollte. Ich spreche nicht von kleinen Bewegungen, die Sie mit Ihren Gesichtsmuskeln machen sollen, sondern über das Erlebnis von Bewegung in Ihrem Gesicht – im Einklang mit dem übrigen Körper. Jeder Teil des Gesichts muss im Kontext der Bewegung erforscht werden: der Kiefer, die Wangenknochen, die Lippen und die Stirn. Spannung in den Lippen ist ein verbreitetes Phänomen und steht in Verbindung zu den Verdauungsorganen und der Muskulatur des Beckenbodens. Der Mund korrespondiert mit dem oberen Ende des Verdauungstraktes, der im Beckenboden endet. Spannung in *einem* Teil dieses Systems kommuniziert mit den übrigen Teilen.

Weil die Ausdruckskraft des Gesichtes den Rest des Körpers übertönen kann, versuchen manche Tänzer, das Gesicht unter Kontrolle zu behalten. Dies ist nicht immer leicht und resultiert manchmal in einem maskenähnlichen, fixierten Ausdruck. Einige Tänzer gehen ins andere Extrem und haben, ohne sich dessen bewusst zu sein, einen permanenten theatralischen Ausdruck in ihren Gesichtern, der sich von einem Tanz zum nächsten nicht verändert. Der Choreograf Lar Lubowitsch sagte einmal, dass er nichts weniger möge, als wenn Tänzer seltsame Grimassen ziehen, die nichts mit der Choreografie zu tun haben.

Manchmal entwickeln sich Gesichts-„Ticks", kleine zuckende Bewegungen. Diese Gewohnheiten sind schwer in den Griff zu bekommen, weil sie unbewusst ausgelöst werden. Solche Ticks bleiben unentdeckt, weil wir standardmäßig schnell unser „bestes" Gesicht aufsetzen, wenn wir in den Spiegel schauen (– wie wir uns selbst gerne sehen möchten). Es ist interessant zu bemerken, dass das lateinische Wort *persona*, von dem unser Wort „Person" abstammt, Maske bedeutet. Es scheint, dass die Gewohnheit, ein Gesicht „anzuziehen", eine alte Tradition ist. Der Tänzer muss lernen, Bewegung im Gesicht zu erleben und es dem Gesicht zu erlauben, an den Übergängen von einem Schritt zum nächsten teilzunehmen.

Grundsätzlich gilt es zwei Situationen in Betracht zu ziehen. In der ersten – im Allgemeinen im *Modern Dance* anzutreffen – ist das Gesicht Teil des gesamten Körperausdrucks und des Rhythmus. In der zweiten Situation, die manchmal in klassischem Ballett, insbesondere aber in der Pantomime benutzt wird, kommuniziert das Gesicht auch aktiv, als ob es wortlos sprechen würde. Marcel Marceau, der „Picasso der Pantomimen", sagte über den Unterschied zwischen Tanz (vor allem: traditionellem Ballett) und Pantomime:

„Tanz ist in der Luft, Pirouetten, sehr schwierig. Pantomime ist auf dem Boden, vielleicht wie spanischer Tanz, und sehr oft in Zeitlupe. 'Er hob eine Hand und bewegte seine Handfläche an einer unsichtbaren Wand entlang ...' Sie ist mehr wie Yoga, wie tiefes Atmen, wie tiefes Fühlen, wie das Fühlen von Kraft. Manchmal ist sie wie eine Kampfkunst. Visuelles Handeln."

Es ist überraschend, dass der große Pantomime, indem er Tanz und Pantomime einander gegenübersetzt, viele wichtige Elemente des Tanzes als Qualitäten der Pantomime betrachtet: Fühlen, Atem, Tiefe, Kraft, Boden. Der Tanz hat sicherlich seinen Einfluss auf die Pantomime gehabt. Ein anderer berühmter französischer Pantomime, Étienne Decroux, behauptete, dass er von der Pionierin des modernen Tanzes, Isadora Duncan, und von dem Bildhauer Auguste Rodin beeinflusst worden sei.

Die Übungen unter dem Motto „Den Raum durchdringen" in Kapitel 2 sind auch hier hilfreich, da sie das Erfahren des Gesichts in Bewegung entwickeln.

Übungen: Vorstellungsbilder für das „bewegte" Gesicht

1. **Dem Rhythmus folgen:** Erlauben Sie Ihren Gesichtsmuskeln, auf Musik und ihren Rhythmus zu reagieren.
2. **Das Gesicht mit dem ganzen Körper verbinden:** Erleben Sie das Gesicht als einen wesentlichen Teil Ihres Ganzkörperausdrucks. Ihr Gesicht ist ebenso wichtig für die Choreografie wie Ihre Fähigkeit Pirouetten zu drehen und zu springen.
3. **Morgenfrische** (Improvisation): Stellen Sie sich vor, Sie öffnen nach einem guten Schlaf am Morgen ein Fenster mit Blick auf eine schöne Landschaft. Spüren Sie, wie die frische Morgenluft über Ihr Gesicht streicht und wie die Morgensonne warm durch Ihren Körper strömt. Öffnen Sie während des Tanzens Fenster um Fenster. Ziehen Sie solche erfrischenden Morgenstimmungen wieder und wieder in sich hinein. Dann stellen Sie sich vor, Sie könnten durch die Fenster hinaus in die Landschaften und weit darüber hinaus tanzen.
4. **Neue Landschaft** (Improvisation): Stellen Sie sich vor, dass Ihnen in jedem Moment eine neue, faszinierende Umgebung präsentiert wird (– auch wenn es das gleiche alte Tanzstudio in Zürich oder Köln ist ....). Beobachten Sie, wie Ihr Gesicht auf diese Änderungen reagiert.
5. **Reflektiertes Licht:**
   a) Das leichte Spiegeln einer Wasseroberfläche beleuchtet Ihr Gesicht. Ein Glitzern und Funkeln flackert über Ihre Haut.
   b) Das Licht eines Feuers reflektiert auf Ihrem Gesicht. Fühlen Sie seine besänftigende Wärme (als ob es Winter wäre und Sie gerade aus der Kälte hereingekommen wären). Riechen Sie das würzige Aroma des

Brennholzes. Stellen Sie sich Ihr Gesicht vor, das in den tanzenden Bewegungen eines flackernden Feuers lebendig wird.

6. **Imaginäres Make-up** (Improvisation): Setzen Sie sich ein imaginäres Make-up auf. Versuchen Sie andere Make-up-Variationen und stellen Sie fest, ob Ihr Gesicht und Ihre Bewegungen davon beeinflusst werden. Probieren Sie das Make-up der Peking-Oper und des Kabuki-Theaters oder malen Sie Ihr Gesicht an wie ein nordamerikanischer Indianer.

7. **Masken** (Improvisation): Probieren Sie imaginäre Masken an – eine lustige, eine unheimliche, eine groteske, eine elegante venezianische im Karneval von Venedig, eine Maske im Halloween-Stil ...

8. **Januskopf** (Improvisation): Janus war der römische Gott für Tore und Türen, für Abreisen und Rückkehr sowie für alle Kommunikationsmittel. Er hatte zwei Gesichter, die es ihm ermöglichten, das Geschehen im Inneren und außerhalb des Hauses gleichzeitig zu observieren. Stellen Sie sich vor, dass Sie wie Janus zwei Gesichter haben, die es Ihnen ermöglichen, gleichzeitig nach vorne und zurückzuschauen. Wenn das eine Gesicht nach oben blickt, schaut das andere nach unten, wenn das eine Gesicht nach rechts sieht, schaut das andere nach links (nach Irene Sieben).

9. **Der ganze Körper als Gesicht:** Ihr ganzer Körper ist ein Gesicht und hat die Fähigkeit alles auszudrücken, was Sie mit Ihrem Gesicht ausdrücken können. Lachen Sie mit Ihrem Körper; lächeln Sie mit Ihrem Körper; lassen Sie ihren Körper die Stirn runzeln; ein Licht blendet Ihren ganzen Körper; starren Sie mit Ihrem Körper vor sich hin; gähnen Sie mit Ihrem Körper.

Die Augen

Die Augen sind natürlich ein wichtiges Merkmal des Gesichts, aber sie können nichts sehen, wenn Sie sie bewegen. Das Gehirn ergänzt die Informationen, die wir verpassen, wenn sich die Augen bewegen, und gibt uns so die Illusion, dass wir ununterbrochen sehen können. Es gibt deshalb die Tendenz, bei schnellen Änderungen der Blickrichtung minimal an Körperkontrolle zu verlieren. Konzentration und volle Präsenz im Körper wirken dieser Tendenz entgegen. Dies hilft bei schnellen Kopfbewegungen das Gleichgewicht beizubehalten, indem andere Gleichgewichtsorgane, zum Beispiele die Sinnesorgane der Muskulatur (Muskelspindeln) vermehrt eingesetzt werden.

Die Augen können eine beinahe unendliche Vielfalt von Stimmungen ausdrücken. Stuart Hodes, ehemaliger Partner von Martha Graham, schlug einmal vor:

„Stellen Sie sich Ihren Blick einfach wie einen Arm oder Bein mit unbegrenzten Fähigkeiten vor. Wenn Sie nach oben blicken, starren Sie durch die Decke ins Universum hinaus. Das Benutzen Ihrer Augen hilft Ihnen, die Bewegung in den Raum hinaus zu richten, als ob ein Speer abgeschossen würde." (STUART HODES *in einem Interview mit dem Autor, 1993)*

Cathy Ward sagt von Erick Hawkins:

„Ericks Augen sind der Schimmer, unmittelbar bevor die Sonne untergeht, der schräge, flüchtige Blick eines schäkernden Liebhabers, die scharfen Röntgenaugen eines großen Greifvogels und die amüsierte, stille Glut eines Großvaters, der Erfolg beim Zaubern liebt!" (Persönliches Gespräch)

1. **Unendlicher Blick:** Stellen Sie sich vor, dass Ihr Blick eine unendliche Reichweite hat, als ob Ihre Augen die Kraft eines Leuchtturms hätten, der den gesamten Ozean erleuchtet. (Vgl. auch in Kapitel 2, „Den außeren Raum erkunden", Übung 11 (Leuchtturm), Abbildung 2.11)
2. **Unterstützter Blick:** Stellen Sie sich vor, dass Ihr Blick einen Lichtstrahl, eine Spur durch den Raum erzeugt. Stellen Sie sich vor, dass dieser Lichtstrahl vom umliegenden Raum unterstützt wird. Dieses Bild hilft den Kopf auszurichten.
3. **Laserblick:** Ihre Augen leuchten wie Laserstrahlen pfeilgerade und unendlich weit in den Raum.
4. **Katzenaugen:** Stellen Sie sich vor, dass Ihre Augen wie die einer Katze in der Dunkelheit leuchten.
5. **Behagliche Augenhöhlen:** Stellen Sie sich Ihre Augen vor, wie sie sich in ihren Augenhöhlen behaglich und bequem fühlen. Dies ist ihre Heimat und Sie füllen sie mit Rhythmus und Musikalität.

(Weitere Augenübungen finden Sie in meinem Buch *Befreite Körper*.)

Übungen: Vorstellungsbilder fur die Augen

Hals und Nacken

Der Hals ist es wert eigens betrachtet zu werden, weil er ein so wichtiger Bestandteil im Gesamtausdruck unserer Bewegungen ist. Der Hals bzw. seine Rückseite, der Nacken, ist der flexibelste Teil der Wirbelsäule und erlaubt beinahe unbegrenzte Abstufungen von Kopfstellungen. Der Hals ist ein sehr empfindsames und sinnliches Gebiet. Weil das Gehirn im Vergleich zu seinem Körpergewicht einen überproportionalen Anteil an Sauerstoff verbraucht, fließt viel Blut durch den Hals und wir verlieren am Hals mehr Körperwärme als an irgendeiner anderen Stelle des Körpers.

Unser Hals ist ein verwundbarer, ungeschützter Körperteil, die Brücke zwischen Kopf und Rumpf. Die Haltung und das Spannungsniveau des Halses sind für die Ausrichtung des Körpers entscheidend. Viele Tänzer haben wegen Verspannungen im Halsbereich Mühe *Pirouetten* zu drehen oder das Gleichgewicht zu halten. Der Hals ist ein wichtiger Faktor beim Auslösen von Bewegungen. Beispiel: Der Eisbär in Abbildung 9.12 (S. 182) streckt seinen Hals, um im Wasser seine Richtung zu verändern.

Abbildung 9.12:
Der Hals als Steuerruder

Übungen:
Vorstellungsbilder
für Hals und Nacken

1. **Vom Hals her hinausrecken** (Improvisation): Erforschen Sie die Bewegungsmöglichkeiten des Halses. Stellen Sie sich vor, dass Sie mit Ihrem Hals weit in den Raum „ausgreifen" können – wie der Eisbär in Abbildung 9.12.

2. **Fluss um den Hals:** Stellen Sie sich einen kleinen, gewundenen Fluss vor, der um Ihren Hals strömt. Dieser Fluss besteht aus einer warmen, beruhigenden Flüssigkeit. Lassen Sie diesen Fluss ein Gefühl von Strömung und Bewegung in Ihrem Hals erzeugen.

3. **Halskette:** Legen Sie in Ihrer Phantasie eine schöne Halskette um Ihren Hals. Während Sie tanzen, funkelt die Halskette.

Kapitel 10

Drehungen und Pirouetten

Drehungen sind für die meisten Tänzer eine Herausforderung. Wenn sie Hilfe suchen, werden sie oft mit verwirrenden und widersprüchlichen Ratschlägen konfrontiert. Ein Tänzer, der während seiner Drehungen stürzt, könnte von wohlwollenden Lehrern und Freunden das folgende Durcheinander von Korrekturhinweisen bekommen: „Sie lehnen sich zu sehr zurück. – Ihr Kopf ist nach vorne geneigt. – Spannen Sie Ihren Bauch an. – Heben Sie sich nach oben. – Drücken Sie nach unten. Schauen Sie genau geradeaus." Diese Korrekturen helfen vielleicht, aber sie können auch verwirren. Es gilt die Wurzel des Problems zu finden. Aber das ist nicht leicht, weil jeder Tänzer einen einmaligen Körpertypus und einmalige Bewegungsmuster hat. Jeder Tänzer braucht individuelle Beratung *(Coaching)*.

Dass es so viele verschiedene Ansichten darüber gibt, wie Drehungen zu verbessern sind, hängt nicht damit zusammen, dass jeder eine andere Methode benutzt. Wenn Sie gute „Dreher" beobachten, sehen Sie normalerweise die gleichen Prinzipien, die immer und immer wieder angewandt werden. Um diese allgemeinen Prinzipien zu identifizieren, muss der Lehrer ein scharfes Auge haben und darf nicht davon abgelenkt werden, ob der Tänzer über den besten Körpertypus für Drehungen verfügt. Als Schüler bekommen Sie vielleicht zu hören, was Ihre Lehrerin damals machte, um drehen zu lernen, und das stand in Bezug zu *ihren* spezifischen Problemen und zu den Anpassungen, die sie brauchte, um ihre Drehungen zu verbessern. Dies sind vielleicht nicht die Korrekturen, die Sie machen müssen. Lehrer mit gutem Einblick ins Drehen können die *spezifischen* Probleme des jeweiligen Tänzers korrigieren.

Für manche Tänzer sind die größten Probleme bei Drehungen nicht physischer, sondern mentaler Natur. Beispiel: Ein Tänzer, der normalerweise selbstsicher ist, spannt sich vor einer *Pirouette* plötzlich an. Die Anspannung verschlimmert sich bei einer Aufführung normalerweise, besonders dann, wenn der Tänzer seinen *Pirouetten* nicht vollständig vertrauen kann. Oft dreht er sich während des Anwärmens für eine Aufführung oder während des Trainings gut, aber sobald der Tänzer einen Fuß auf die Bühne setzt, ist es, als ob er das Wort *Pirouette* nie gehört hätte.

Vom Krabbeln zu den *Pirouetten,* vom Rollen des Babys zu spiralförmigen Drehungen

Bei einer Drehung, die ein *Passé (Retiré)* mit sich bringt, wie die *En-dehors-* und *En-dedans-Pirouetten* im Ballett, ist eine balancierte Aktivität zwischen dem *Passé*-Bein und dem Arm, dem das *Passé*-Bein gegenüberliegt, sehr wichtig. Diese Empfindungen sind verwandt mit dem homolateralen Krabbelmuster der kindlichen Bewegungsentwicklung. Das homolaterale Bewegungsmuster ist die abwechselnde Bewegung der Körperhälften, verwandt mit dem eines Salamanders oder einer Eidechse. Dieses Muster kommt des Öfteren bei ungefähr acht Monate alten Kindern zum Vorschein; man sollte sich aber davor hüten, die Bewegungsentwicklung des Kindes nach strengen Zeitkriterien zu bewerten.

Beim homolateralen Krabbeln bewegen sich der linke Arm und das linke Bein zusammen (nach vorne), ebenso der rechte Arm und das rechte Bein. Wenn sich das Baby mit dem linken Bein abstößt, kommt es in einer Position an, in der das rechte Bein gebogen wird und der linke Arm und das Bein gestreckt sind. Stößt das Baby sich mit dem rechten Bein ab, kommt es in einer Position an, in der das linke Bein gebogen wird, und der rechte Arm und das rechte Bein werden gestreckt. (Abbildung 10.1) In einer *En-dehors*-Drehung nach rechts balanciert der linke Arm die Aktion des rechten *Passé*-Beines aus. In einer *En-dehors*-Drehung nach links balanciert der rechte Arm die Aktion des linken *Passé*-Beines. In einer *En-dedans*-Drehung nach rechts balanciert der rechte Arm das linke Bein im *Passé* aus. In einer *En-dedans*-Drehung nach links balanciert der linke Arm das rechte Bein im *Passé* aus.

Abbildung 10.1:
Homolaterales Krabbeln

Ich habe entdeckt, dass eine „Dosis" homolateralen Krabbelns vor dem Training die Drehungen verbessert. Ich bin sicher, dass Sie interessante Reaktionen ernten werden, wenn alle anderen elegante Stretchings zum Aufwärmen machen, während Sie auf dem Boden herumkrabbeln. Erzählen Sie ihnen einfach, dass Sie sich für die *Pirouetten* vorbereiten – das wird den Kollegen die Sprache verschlagen.

Die Bewegungsauslösung vom Kopf aus kann ebenfalls beim Beobachten von Säuglingen gelernt werden. Sie lösen Rollen vom Bauch auf den Rücken mit ihren Köpfen aus. (Abbildung 10.2) Das Gewicht des Kopfes zieht den Rest des Körpers buchstäblich in eine Rolle hinein und erzeugt dabei eine Spiralbewegung des Körper. Dies ist eine großartige Vorbereitungsübung für spiralförmige Drehungen und für jede andere Rotationsbewegung um die eigene zentrale Körperachse. Eine spiralförmige Drehung kann auch vom Becken durch den Fuß hindurch ausgelöst werden, wie das bei der „Wendeltreppe" von Hawkins der Fall ist. Hier führt der Fuß, geführt vom Becken, in eine Spirale und der ganze Körper dreht sich nach unten, als ob er auf den Stufen einer Wendeltreppe hinunterrutschen würde, die um seine Körperachse angelegt sind.

**Abbildung 10.2:
Frühes Rollen –
mit dem Kopf voran**

(Vgl. auch Kapitel 8, „Vorstellungsbilder für Spiralen", Übungen 2-4 und Abbildungen 8.8 und 8.9.)

1. **Eidechse** (Kriechen): Kriechen Sie wie eine Eidechse oder ein Salamander und machen Sie danach gleich eine *Pirouette*, um zu sehen, ob es Ihnen hilft. Nachdem Sie das einmal gemacht haben, können Sie – wann immer Sie während des Trainings das Bedürfnis danach verspüren – sich für einen Moment vorstellen, dass Sie kriechen.

**Übungen:
Vorstellungsbilder mit
kindlichen Bewegungs-
mustern**

185

2. **Verbindung Knie – Ellbogen** (klassische *Pirouetten*): Spüren Sie das Knie des *Passé*-Beins und den Ellbogen des gegenüberliegenden Arms. Schätzen Sie die Entfernung zwischen diesen Punkten. Beobachten Sie die sich verändernde Beziehung zwischen diesen Punkten während der Drehung.

3. **Eine Rolle vom Kopf aus initiieren:**
   a) Auf Ihrem Bauch liegend lassen Sie sich von Ihren Kopf in eine spiralförmige Drehung führen, bis Sie auf dem Rücken liegen. Wiederholen Sie die Drehung auf die andere Seite und vergleichen Sie das Gefühl der Bewegungsauslösung zwischen den beiden Seiten.
   b) Üben Sie spiralförmige Drehungen, die vom Kopf ausgelöst werden, während Sie sich an Ihre Körperwahrnehmung von der Rolle auf dem Boden erinnern.

Naturtalente im Drehen

Es gibt Tänzer, die keinen Nachhilfeunterricht für *Pirouetten* brauchen – die berüchtigten „Spontandreher". Diese Modelle dafür, wie man es machen sollte, tragen zur allgemeinen Verwirrung bei. Sie haben vielleicht eine schlechte Körperhaltung an der Stange und bei anderen Übungen, aber wenn sie zum Drehen übergehen, nehmen ihre Körper plötzlich die optimale Haltung an. Es sollte aber angemerkt werden, dass dies Ausnahmen sind.

David Howard, internationaler Ballettlehrer und -trainer, erzählte mir von den verrückten Drehern Harriet Hochter, Joyce Quoco, und Helen Wood. Joyce Quoco, so sagte er mir, sei im *Guinness-Buch der Rekorde*, weil sie auf der Bühne 21 *En-dehors-Pirouetten* gemacht habe. Im Jahre 1938 machte Helen Wood im Korridor der *Radio City Music Hall* in New York 29 *En-dedans*-Drehungen. Wenn er gefragt wurde, wie er diese Art von Technik unterrichte, antwortete David Howard: „Ehrlich gesagt weiß ich es nicht." Manche Körper scheinen besser dafür ausgestattet zu sein, mehrfache Drehungen zu meistern. Vielleicht machen stabile Knöchel und große Füße den ganzen Unterschied aus oder es ist hilfreich ein (mit Verlaub) relativ großes Gesäß zu haben und kurz gebaut zu sein?

Würde man einen Körper bauen, der nach Kriterien der Physik für Drehungen geeignet ist, so wäre dieser nicht ganz konform mit der Ästhetik des Tanzes. Er hätte viel Masse um sein Zentrum herum, stummelige Beine, lange Zehen gleicher Länge und einen kleinen Kopf (– denken Sie an einen Kreisel). Allgemein gesagt: Kleinere, „kompaktere" Tänzer, deren Muskelmasse über kürzere Hebelarme verteilt ist, haben es leichter zu drehen. Ihre Schwerpunkte liegen tiefer und relativ zu ihrer Größe sind sie breiter als größere Tänzer.

Dagegen protestieren Sie vielleicht und denken: „Aber ich kenne Tänzer, die gut drehen können und – nach herkömmlichem Verständnis – sehr ästhetische Körper haben." Ja, natürlich ist dies wahr, aber das, was es möglich macht, ist die mentale Kraft, welche das Gleichgewicht, die Koordination und die natürliche Neigung schafft, und nicht notwendigerweise der Typ des Körperbaus.

In einer Ballettklasse sah ich einmal ein Mädchen mühelos sechs oder sieben *Pirouetten* drehen (während alle anderen Schülerinnen zwei oder drei fertig brachten). Das schien leicht analysierbar zu sein, denn sie wandte die richtigen mechanischen Prinzipien an, und ich wurde neugierig. Das erste, was mir auffiel, war, dass niemand Anstalten machte die richtige Technik von dieser Tänzerin abzuschauen – obwohl alle ihren Erfolg sahen. Alle wiederholten sisyphushaft ihre eigenen Fehler, während sie weiterhin sieben schöne *Pirouetten* drehte – ein Beweis dafür, dass ein instruktives Ereignis direkt vor den eigenen Augen ablaufen kann, aber mit minimaler Wirkung auf andere, die Hilfe bitter nötig hätten.

Es scheint, dass wir ohne eine strukturierte Methode etwas nicht lernen können, sobald wir über das Kindheitsstadium von Beobachten und Nachahmen hinaus sind. Aber wir sind nie ganz weg von dieser Phase; Nachahmung bleibt nach wie vor eine großartige Lernmethode. Warum aber scheitert das Nachahmen so oft? Die erfolgreichen *Pirouetten* einer anderen Tänzerin zu imitieren ist nicht leicht, weil eine Drehung eine so komplexe Bewegung ist. Zudem ist es schwierig, die Prinzipien zu erkennen, die dem Erfolg zugrunde liegen, wenn wir nicht die richtigen analytischen Fähigkeiten und Instrumente haben. Man muss entscheiden können, ob man alle Elemente der Methode einer anderen Person übernehmen kann. Wenn Sie nicht verstehen, was die andere Person „richtig" macht, müssen Sie zu Ihrem alten Repertoire von Korrekturen zurückkehren, die nicht funktioniert haben.

Nach der Stunde fragte ich das Mädchen, ob sie erklären könne, wie sie drehe. Sie konnte es nicht. Sie sagte auch, dass sie keine Absicht habe professionelle Tänzerin zu werden, weil das Umfeld zu unsicher sei. Sie war Architekturstudentin und nahm nur *eine* Trainingsstunde pro Woche.

Hier meine kurze Analyse dessen, was *ich* in ihren Drehungen sah. Sie schuf viel Drehmoment aus einer ganz breiten vierten Position und verdrehte, um Schwung zu holen, die Arme und den Brustkorb ganz leicht in Bezug zum Becken. Ihre größeren Körperteile – Kopf, Rumpf und Becken – waren gut übereinander ausgerichtet und ihr Kopf drehte ohne eine Seitneigung (oft zu sehen bei Tänzern, die ihren Nacken anspannen oder den Kiefer zusammenbeißen). Sie konnte mit den Augen schnell und genau Ziele „spotten" (= Tanzsprache für „anvisieren"). Sie hielt ihre Arme ganz hoch und mehr zur Seite, als das die klassische Ästhetik erfordert. Sie schien sehr ruhig zu sein, während sie drehte, und beendete die Drehungen solide mit einer kleinen Ausatmung. Einer ihrer größten Aktivposten (nach Kriterien der Mechanik) war ihre Armpositionierung: Ihre Arme waren symmetrisch, überquerten die Mittellinie nicht, die Ellbogen waren stark gebeugt und daraus resultierte eine Wirkung wie die einer Balancierstange. (David Howard nannte diese Position, die er für *Pirouetten* bevorzugt, die *Balanchine*-Form.)

Ich habe aber auch gute Dreher gesehen, die gerade die gegenteilige Strategie anwandten. Sie hielten ihre Arme sehr niedrig und in der Nähe des Körpers. Die Analyse zeigt für beide Strategien ähnliche Ergebnisse:

eine Wirbelsäule, die beinahe an die Schwerkraftlinie (oder: Senklotlinie) herankommt. Abbildung 10.3 zeigt, wie verschiedene Armpositionen den Schwerpunkt und das Verhältnis der Senklotlinie zum Körper beeinflussen.

Halten Sie Ihre Arme in einer Kreisform vor dem Körper wie in Abbildung 10.3 b, so verschieben sich der Schwerpunkt und seine Begleiterin, die Schwerkraftlinie, im Verhältnis zur Wirbelsäule nach vorne. Dies verursacht ein unbequemes Rückwärtslehnen der Wirbelsäule, wenn die Körpermasse über dem Standfuß balanciert bleiben soll. Eine Wirbelsäule, die in einem schiefen Winkel zur Lotlinie steht, führt zu wackligen Drehungen, die schwer zu kontrollieren sind. Es ist leichter, die Arme näher zur Wirbelsäule zu halten, wie es von vielen guten Drehern instinktiv entdeckt wurde, und zwar entweder in einer tieferen Lage (Abbildung 10.3 a) oder in einer höheren Lage, mit den Ellbogen zur Seite gestreckt (Abbildung 10.3 c). (Nähere Informationen zum Thema Schwerpunkt und Senklotlinie in meinem Buch *Befreite Körper*, Kapitel 8 und 17.)

Abbildung 10.3:
Der Körperschwerpunkt bei
verschiedenen Armpositionen

a   b   c

Um die Analyse erfolgreicher Dreher zu vervollständigen, betrachten wir den Fuß des Standbeins, der in einem hohen und stabilen *Demi-Pointe* war. Beide Beine waren in beinahe perfekter Ausdrehung – ein wichtiger Faktor für *Pirouetten*. Aber glauben Sie nicht, dass Sie ohne perfektes Ausdrehen nicht drehen können. Als ich sie fragte, welche Position ihre Arme hatten, als sie drehte, zeigte sie mir eine ordentliche, der ästhetischen Norm entsprechende erste Position. Wie oben erwähnt war das allerdings nicht die

Form, in der sich die Arme tatsächlich befanden, während sie drehte. Es schien, als habe ihre Körperweisheit das Steuer übernommen, als sie drehte, und ihre Arme automatisch in eine mechanisch effiziente Position gebracht. Es war, als ob ihr Nervensystem sie überlistet hätte, sodass sie dachte, ihre Arme seien in ästhetisch korrekter Position, während es die Arme tatsächlich in eine mechanisch effiziente Lage brachte. Ihr Körperbild passte sich der Ästhetik an, die sie viele Jahre gelernt hatte, aber im Moment der Drehung schaltete der Körper auf „Autopilot" um und tat, was notwendig war.

Übung

Beobachten Sie Tänzer, die gut drehen, in Trainingsstunden und bei Aufführungen. Welchen Körpertyp haben sie? Können Sie Ähnlichkeiten in ihren Techniken entdecken? Was sind ihre besonderen Fähigkeiten?

Was wir von einem Kreisel lernen können

Ein Kreisel ist dazu konstruiert, sich zu drehen, sobald er die notwendige Beschleunigung bekommt; er dreht sich vielleicht mehr als eine Minute lang und macht dabei einige hundert Umdrehungen. Ein Kreisel besteht aus einem senkrechten Stiel, der zentralen Achse, und einem eher waagerechten Bestandteil, dem Bauch. Der Bauch ist breit und tief und verteilt sich gleichmäßig um seine Achse. Der tief gelegene Schwerpunkt gibt dem Kreisel Stabilität. Seine Breite ermöglicht es ihm, Drehbeschleunigung zu speichern und so eine gyroskopische Wirkung zu erzeugen.

Ein Gyroskop ist ein sich schnell drehendes Rad, das in einen Rahmen eingebaut ist. Das drehende Rad scheint der Schwerkraft zu trotzen, indem es in seiner Drehebene bleibt, solange es sich schnell dreht. Wenn es sich verlangsamt, verliert es an Stabilität. Setzen Sie einen sich drehenden Kreisel auf Ihre Handfläche und spüren Sie die sozusagen magische Kraft, die durch das sich drehende „Rad" entsteht und den Kreisel in seiner Lage hält. Kreisel und Gyroskop zeigen uns drei wesentliche Elemente für das Drehen: ein tief gelegener Schwerpunkt, eine senkrechte zentrale Achse und ein Teil, der sich in der horizontalen Ebene dreht.

Am menschlichen Körper kann man – anders als beim Kreisel – *zwei* waagerechte Bereiche entdecken: das Becken und die Schultern mit den Armen, die in einer waagerechten Position gehalten werden können. Der Stiel oder die Achse des Kreisels ist mit der Lotlinie des Körpers, der senkrechten Linie durch den Schwerpunkt, vergleichbar. Soll der Körper im Gleichgewicht bleiben, so muss die Lotlinie durch denjenigen Punkt am Boden verlaufen, auf dem der Körper steht.

Die waagerechte Symmetrie ist in der Verteilung der Masse um die zentrale Achse wichtig. Besondere Aufmerksamkeit muss dem Kopf, den Schultern, den Armen und dem Brustkorb gewidmet werden, weil sie sich weit oben auf der „Säule" befinden. In der Praxis bedeutet dies, dass die Schultern und die Arme auf gleicher Ebene sein sollten, und der Kopf sollte sich nicht zu einer Seite, vorwärts oder rückwärts neigen. Eine gute

Körperhaltung ist deshalb Vorbedingung für das Drehen. Ihr Schwerpunkt sollte so tief wie möglich liegen, ohne dass dadurch Ihre Ausrichtung verfälscht wird.

Den Atem und die Vorstellungskraft zu nutzen ist eine große Hilfe bei dem Bemühen, dieses Ziel zu erreichen. In der Praxis zielen die Anweisungen „Ausatmen. Stoßen Sie in den Boden hinein" und „Fühlen Sie das Gewicht der Schultern" darauf ab, den Schwerpunkt zu senken.

Das Gleichgewicht ist bei schnellen Drehungen leichter zu bewahren als bei langsamen. Schnelle Drehungen werden vom Schwungradeffekt unterstützt. Sind Sie schnell, so können Sie drehen, auch wenn Sie nicht perfekt ausgerichtet sind. Auch solche Eiskunstläufer, die *nicht* gut ausgerichtet sind, drehen mit Leichtigkeit. Natürlich bietet Eis viel weniger Widerstand als der Boden im Tanzstudio. Beim klassischen Ballett allerdings müssen Sie in der Lage sein, dem Publikum Ihre Drehungen deutlich zu *zeigen*, indem Sie sich langsam drehen. Diese deutlich sichtbaren, rhythmischen Drehungen erinnern mich an eine riesige Raumstation, die sich in dem Film *2001: Odyssee im Weltraum* zu dem Walzer *An der schönen, blauen Donau* von Johann Strauß drehte. Solche „quälend" langsamen Drehungen können nur mit ausgezeichneter Ausrichtung, mit guter Balance und sicherem Rhythmus getanzt werden. Und ein geschickter Tänzer kann zudem seine Haltung während des Drehens leicht korrigieren, um das Gleichgewicht zu halten.

Es kann ein Problem aufwerfen, *Pirouetten* über Vierteldrehungen zu unterrichten, die gut ausgerichtete *Relevés* verstärken, aber diese Methode wird den Tänzern wahrscheinlich nicht das Gefühl für das geben, worauf es ankommt. Ein entscheidendes Element beim Unterrichten von Drehungen sollte sein, das Gefühl des Drehmoments zu vermitteln. Perfektes Gleichgewicht und die Körperaufrichtung alleine werden Sie nicht zum Drehen bringen, wenngleich es wichtige Vorbedingungen sind.

Kinder, die nach der „Methode Vierteldrehung" unterrichtet worden sind, lernen vielleicht trotzdem zu drehen, weil sie eines Tages zweimal drehen und sich in dieses Gefühl einklinken. Die andere Seite der Münze sind die Tänzer, welche dadurch eine nach ästhetischen Gesichtspunkten falsche Positionsvorstellung vom Drehen bekommen. Das Ziel sollte deshalb sein, das Gefühl für die Drehbewegung zu fördern und gleichzeitig die gewünschte Ausrichtung aufzubauen. Korrekte Körperhaltung ohne ein Gefühl von Bewegung ist nicht von großem Nutzen beim Tanz, der ja vor allem eine Bewegungskunst ist.

Um in Balance drehen zu können, müssen wir ein *Relevé* machen, das den ganzen Körper senkrecht anhebt. Der Schwerpunkt muss über dem Standpunkt auf dem Boden sein, während Sie sich nach oben stoßen. (Das „Sich-nach-oben-Stoßen" ist eigentlich kein hilfreiches Bild, weil es Sie normalerweise dazu bringt, Ihren Schwerpunkt höher als notwendig anzuheben.) Wenn der Schwerpunkt nicht über dem Standpunkt am Boden steht (der Fußballen), resultiert daraus eine destabilisierende horizontale Gewichtsverlagerung des Körpers. In der Praxis bedeutet dies, dass Sie sich die perfekte kinästhetische Wahrnehmungsfähigkeit dafür erwerben müssen, wann Sie eine genau senkrecht ausgerichtete Bewegung machen und wann nicht.

Ein Kreisel kann seine Drehkraft nicht selbst erzeugen. Die Kraft kommt von unseren Fingern oder von einer Schnur. Unsere „Schnur" (beim Tanzen) befindet sich am Boden, nämlich in unserer Fähigkeit, gegen den Boden zu stoßen, um ein Drehmoment zu schaffen (Drehkraft), welches schließlich nach oben auf den ganzen Körper übertragen wird. Je nach Stellung der Arme und Einsatz der schrägen Bauchmuskeln und anderer Muskeln können wir einen breiteren „Kreisel" (mit einem größeren Trägheitsmoment und einer kleineren Drehzahl) oder einen schmaleren Kreisel erzeugen (mit weniger Trägheitsmoment und einer höheren Drehzahl). Je nachdem wie wir die Arme und den Brustkorb einsetzen, können wir zu Beginn der Drehung eine andere Art von Kreisel darstellen als am Ende.

1. **Der *Pirouetten*-Kreisel:** Während Sie pirouettieren, stellen Sie sich vor, Sie wären ein Kreisel. Das Becken ist der Bauch des Kreisels und sein Stiel ist Ihre zentrale Achse. Der Bauch des Kreisels bleibt beim Drehen waagerecht und die zentrale Achse bleibt senkrecht.

Übungen:
Sich den Körper als
Kreisel vorstellen

Abbildung 10.4:
Der *Pirouetten*-Kreisel

2. **Kegel:** Ich finde, dass diese Variation des Kreisels hilfreich ist, um eine starke Beziehung zwischen dem „Stand-punkt" (oder Standplatz) und der Armposition aufzubauen. Ihre Arme sind durch unsichtbare Schnüre oder Kraftlinien mit dem Standpunkt am Fuß verbunden (Fußballen). Mit diesen Verbindungen erzeugen Sie einen drehenden Kegel.

Abbildung 10.5:
Kegel

3. **Schwungrad:** Stellen Sie sich vor, Sie haben die horizontale, stabilisierende Kraft eines Schwungrades, während Sie drehen. Nichts kann Sie umwerfen, solange Sie drehen.
4. **Zylinder:** Während Sie drehen, stehen Sie in einem Energiezylinder. Die elastische Wand des Zylinders hält Sie im Gleichgewicht.

Menschliche Körper sind weder so symmetrisch noch so homogen wie Kreisel. Von außen gesehen scheinen wir zwei symmetrische Körperhälften zu haben, aber es gibt immer einige Diskrepanzen zwischen den Seiten, die von Vererbung, Verletzungen oder Bewegungsgewohnheiten herrühren. Aber sogar jemand mit enormen Asymmetrien (wie einem kürzeren Bein) kann lernen, seine Körperseiten auf ausgeglichene Weise zu benutzen. Wenn wir in den Körper hineinschauen, sehen wir, dass einige Organe nicht symmetrisch verteilt sind. Das Herz ist mehr auf der linken und die Leber mehr auf der rechten Seite des Körpers.

Bestimmte anatomische Strukturen nehmen das Drehmoment bereitwilliger an als andere. Lassen Sie uns die Situation mit Pudding in einer Schüssel vergleichen. Wenn Sie die Schüssel auf eine schnelle, ruckartige Weise drehen, bewegt sich die Schüssel schneller als der Pudding. Versuchen Sie jetzt die Schüssel zu drehen, indem Sie den Pudding mit Ihren Händen in Bewegung bringen. Zwar macht das den Pudding für den künftigen Verzehr unappetitlich, doch es funktioniert ganz gut. Bei dieser Art der Bewegungsauslösung wird die Schüssel als Reaktion auf die Bewegung des Puddings verschoben. Warum dieses Beispiel vom Pudding in einer Erörterung über Drehungen?

Grob vereinfachend sind Ihr Brustkorb und Ihr Becken mit der Schüssel, dem Behälter zu vergleichen, während Ihre Organe der Pudding sind. Im Allgemeinen drehen die Organe langsamer als der äußere Behälter, weil sie von Natur aus etwas träger sind als die Skelettmuskulatur und die Knochen. Wenn die Organe über einen schlechten Tonus verfügen und nicht um die zentrale Achse herum ausgerichtet sind oder wenn sie einfach aufgebläht sind, weil Sie etwa zu viel Pudding gegessen haben, um dieses Experiment nachzuvollziehen, so wird das Ihre Drehungen massiv stören. Nebenbei, dies hat nichts zu tun mit dem Körpergewicht. Sie können sehr schlank sein und immer noch einen ungünstigen Organtonus und eine ungünstige Ausrichtung der Organe haben.

Die Situation ist vergleichbar mit einer ungleich beladenen Waschmaschine. Sie dreht sich in einem unregelmäßigen Zyklus, sie wackelt und schüttelt sich. Deshalb müssen Sie sowohl den Behälter als auch den Inhalt in Betracht ziehen, wenn Sie gut drehen wollen. (Vgl. Abbildung 2.14) Sie sich die Organe vorstellen, wie sie in gleicher Weise wie der „Behälter" an der Drehung teilnehmen oder die Drehung der Organe sogar ein bisschen früher auslosen als der Behälter. So vermeiden Sie, dass die Organe sich hemmend auf Ihre Drehungen auswirken und kompensatorische Spannungen verursachen.

Die nachfolgenden Übungen sind nicht nur für Drehungen hilfreich, sondern für Ihre Technik insgesamt förderlich.

1. Stellen Sie sich Ihre **Organe als Bälle oder als mit Wasser gefüllte Luftballons** verschiedener Größen vor. Diese Ballons liegen aufeinander und sorgen durch ihren inneren Druck dafür, dass sie nicht übermäßig zusammengepresst werden. Stellen Sie vor, wie Ihre Organe sowohl den Raum ausfüllen als auch zu Ihrem Stoffwechsel beitragen.

Drehungen mit dem ganzen Körper

Übungen: Vorstellungsbilder für Ganzkörperdrehungen

2. **Zylinder-Rollen** (im Liegen): Stellen Sie sich vor, Sie sind ein Zylinder. Ihre zentrale Achse ist die Achse des Zylinders. Rollen Sie in einer Richtung für wenigstens zwei Umdrehungen (das hängt vom verfügbaren Raum ab), dann rollen sie zwei Umdrehungen in die Gegenrichtung. Behalten sie dabei die Integrität des Zylinders bei. Sie können sich auch vorstellen, dass Sie einen Hang hinunterrollen. Ich habe dies auf einer Skipiste geübt; das ärgert die Skifahrer zwar, ist aber sehr hilfreich für Drehungen. (Nach Andre Bernard. Vergleichen Sie auch in Kapitel 5, „Am Boden rollen", Übung 1 und 2)

3. **Organrollen** (im Liegen): Lösen Sie zuerst eine Vierteldrehung nach links aus, dann rollen Sie zurück auf den Rücken, um anschließend eine Vierteldrehung nach rechts zu machen. Während Sie dies immer wieder machen, denken Sie zunächst an die Rippen und das Becken (den Behälter), welche das Rollen auslösen, und dann an die Organe (den Inhalt), wie sie die Bewegung auslösen. Vergleichen Sie die unterschiedlichen Bewegungsauslösungen miteinander. (Nach Bonnie Cohen)

4. **Organe zentrieren** (im Stehen): Stellen Sie sich so hin, dass Ihre Füße etwa einen Fuß breit auseinander stehen. Konzentrieren Sie sich auf den Inhalt Ihres Brustkorbs, Ihres Bauchraums, Ihres Beckens. Drehen Sie Ihren Brustkorb und Ihre Schultern über Ihrem Becken und lassen Sie Ihre Arme um Ihren Körper schwingen. Nehmen Sie wahr, wie Ihre Organe in Beziehung zur senkrechten Achse stehen und sie unterstützen. Wenn Sie sich von der einen auf die andere Seite drehen, werden die Organe durch die Zentrifugalkraft von der Achse weggeschleudert. Wenn Sie aufhören sich zu drehen, fallen die Organe zur Achse zurück und werden gleichmäßiger um die Achse ausgerichtet sein.

5. **Organe lösen Bewegungen aus** (*Pirouette*): Stellen Sie sich vor, dass bei der Drehung die Bewegung der Organe einen Sekundenbruchteil früher beginnt als die Bewegung des übrigen Körpers.

6. **Ganz-Körper-Kraft** (mehrfache *Pirouetten*): Die Kraft für die Drehung kommt gleichmäßig vom *ganzen* Körper, aus dem Inhalt *und* dem Behälter. Stellen Sie sich vor, dass die zusätzliche Kraft für mehrfache Drehungen gleichmäßig von jedem Körperteil kommt.

Die Phasen einer Drehung/*Pirouette*

Nehmen wir an, Sie hätten die perfekte Körperausrichtung. Die einzigen Dinge, die Ihre Drehungen bremsen würden, wären die Reibung zwischen dem Fuß und dem Boden und, in geringerem Ausmaß, der Luftwiderstand. Weil der Kontakt des Kreisels mit dem Boden nur auf einen kleinen Punkt begrenzt ist, der die Reibung minimiert, dreht der Kreisel sich lange. Wenn Sie zu wenig Reibung haben, verursacht bereits die kleinste horizontale Kraft auf Bodenniveau, dass Sie ausrutschen und fallen. Bei zu viel Reibung verlieren Sie schnell Ihre Drehkraft, was Ihre Rotation zum Anhalten bringt. (Ein klebriger Boden kann gefährliche Verdrehungen im Fuß, in den Knien und in den Hüften verursachen.)

Für eine gründliche Analyse habe ich die *Pirouette* in drei Abschnitte geteilt: *Relevé*, Drehung und Schlussposition. Die innerhalb dieser Teile zum Einsatz kommenden Vorstellungsbilder überschneiden sich. Eine Übung, die *eine* der Phasen verbessert, wird natürlich die *ganze* Drehung unterstützen. Bilder, die in anderen Teilen dieses Buches erwähnt werden, können helfen Schwachpunkte aufzudecken und helfen so beim Drehen. Auf einige relevante Bilder beziehe ich mich durch dieses ganze Kapitel hindurch.

Die Übungen beziehen sich auf die klassischen *En-dehors-* und *En-dedans-Pirouetten*, können aber auch auf andere Arten von *Pirouetten* (beim Flamenco oder bei einer Jazztanz-Drehung) angewandt werden. Indem Sie die verschiedenartigen Bilder ausprobieren, werden Sie diejenigen finden, die Ihnen am meisten helfen. Die Bilder, von denen Sie profitieren, können auch von Tag zu Tag wechseln und geben Ihnen so Feedback über Ihr „Tagesmuster" und Ihren Fortschritt. Ich habe hier viele Übungen aufgenommen – für jeden etwas.

Auslösendes Drehmoment und *Relevé*

Dies ist eine sehr entscheidende Phase der Drehung. Sobald Sie im *Relevé* sind, können Sie keine weitere, zusätzliche Kraft in das Drehsystem fließen lassen. Das wäre wie das Hinzufügen von Zutaten, wenn der Kuchen bereits im Backofen ist. Vom Gesichtspunkt der Physik gibt es nicht die Möglichkeit, dass Sie nach oben gehen und *dann* drehen (wie es manchmal unterrichtet wird). Als Bild (nicht als Aktion) könnte manchen beim Auslösen der *Pirouette* die Idee helfen, sich auf die Lotlinie zu konzentrieren. Natürlich wird auch ein Drehmoment erzeugt sowie eine senkrechte Kraft, aber der Fokus ist beim Lot.

Wenn Sie im *Plié* bezüglich der senkrechten und waagerechten Elemente des Körpers nicht optimal ausgerichtet sind, haben Sie Ihre Chance verwirkt, erfolgreich zu drehen. Das Becken, die Schultern und die Arme müssen in guter horizontaler Ausrichtung sein und die zentrale Achse im Lot, oder wenigstens muss das kinästhetische Gefühl der Senkrechten präsent sein, bevor Sie drehen. Sie müssen fühlen, was senkrecht heißt, wenn Sie anfangen zu drehen.

Kreieren Sie durch jahrelanges Training ein gutes senkrechtes *Plié*-Muster, so wird Ihnen das bei den *Pirouetten* sehr helfen. Wenn Sie beispielsweise gewohnt sind, im *Plié* die Wirbelsäule nach hinten zu neigen (Flexion) und den Brustkorb anzuheben, werden Sie bei den *Pirouetten* wahrscheinlich das Gleiche tun. Dies ruft unmittelbar Probleme hervor. Ihr Oberkörper stößt nach hinten, wenn Sie ins *Relevé* gehen, vielleicht nur leicht, aber es genügt Sie dazu zu bringen, Ihren Kopf als Gegengewicht nach vorne zu stoßen. Ihre Drehungen fangen an zu wackeln und eine „Notlandung" steht bevor.

Wie überall gibt es keine Regel ohne Ausnahme. Manche Tänzer finden die korrekte Ausrichtung, sobald sie zu drehen anfangen; sie fühlen sie einfach. Andere verlieren sie ganz und gar, wenn sie zu drehen beginnen. Gleichwohl, mit einer richtigen Anweisung wird sogar ein „Nicht-Dreher" fähig sein zu drehen, vielleicht nicht unzählige Male, aber zwei oder drei Umdrehungen können es schon sein.

Die Tiefe und die Breite Ihres *Plié* beeinflussen den Erfolg einer *Pirouette* ebenfalls. Wenn das *Plié* zu tief ist, kommen Sie nicht vom Boden weg. Wenn die Füße zu weit auseinander sind, vergrößert die Distanz des *Passé*-Beins das Risiko einer Disbalance. Andererseits, je weiter auseinander die Füße sind, desto größer ist das resultierende Drehmoment. Von diesem Gesichtspunkt aus sind die klassischen *En-dedans-Pirouetten* leichter als die *En-dehors-Pirouetten*, weil Sie eine breitere Startposition haben. Am Ende wird die korrekte Position der Füße von Ihren persönlichen kinästhetischen und ästhetischen Anforderungen bestimmt.

Die Ästhetik des klassischen Balletts erfordert eine hohe Brust. Nach Illustrationen zu urteilen, die ich gesehen habe, datiert die Ästhetik der hohen Brust und des gewölbten Rückens aus dem Barock. Ein Problem entsteht, wenn die hohe Brust nicht natürlich ist, weil der Tänzer dann ständig anspannt, um seinen Brustkorb anzuheben. Weil die Haltung, die unter den meisten jungen Leuten heute als „in" gilt, genau das Gegenteil ist, nämlich ein eingefallener Brustkorb und ein nach vorne gebogener Rücken, ist dies auch bei vielen Tänzern der Fall.

Viel Verwirrung ist auch durch das Gleichsetzen ästhetischer Prinzipien mit effizienten Bewegungen entstanden. Beide sind für den Tanz wichtig, aber sie widersprechen einander manchmal. Der Lehrer sollte sich deshalb dessen bewusst sein, wann der Fokus des Unterrichts bei der Ästhetik ist und wann bei der Körperhaltung, die auf den Prinzipien der Mechanik basiert. Es gibt keinen Grund, warum jemand nicht gleichzeitig die gewünschte Ästhetik und die korrekte Mechanik erlernen könnte, um sie dann optimal miteinander zu kombinieren. Wir müssen aufhören, den Körper unter dem Vorwand der Technik zu behindern (bewusst oder unbewusst), wenn wir in Wirklichkeit Ästhetik unterrichten. Der nach hinten gewölbte Rücken resultiert in einem der gängigsten Probleme für die Drehungen: Im *Relevé* wird der Oberkörper nach hinten abgewinkelt, während der Kopf dies mit Vorschieben kompensiert. Daraus resultiert Spannung im Nacken – ein Hindernis für das Drehen und eine Ursache für wackliges Drehen.

Verdrehen oder nicht verdrehen?

Ich würde gerne den Begriff „Verdrehen" klären. Es ist eine Bewegung des Oberkörpers relativ zum Becken, nicht das Überkreuzen der Arme oder das Ausrenken der Schultern – es ist keine Fehlhaltung. Das Verdrehen ist eine wichtige Energiespeicherungsmöglichkeit für Drehungen. Wenn Sie sich vorbereiten zu drehen, rotiert der Brustkorb über dem Becken in einer parallelen horizontalen Ebene. Damit er das machen kann, muss der Brustkorb flexibel sein, nicht angespannt oder eingeschnürt wie beim Anhalten des Atems. Die Arme wenden sich leicht gegen die geplante Drehrichtung. Die Armbewegung in der geplanten Drehrichtung am Anfang der *Pirouette* verwandelt sich in gespeicherte Energie, so lange die Füße noch gegen den Boden stoßen.

Dies ist die Phase, da das Drehmoment erzeugt wird und Sie Ihre potentielle Anzahl von Drehungen bestimmen. Wenn Sie viel Kraft erzeugen, müssen Sie eine glasklare Körperhaltung haben, oder Sie werden von Ihrer eigenen „Verdrehung" aus der Achse geworfen. Ich habe einmal Michail Barischnikow gesehen, wie er sich mit einer großen und sichtbaren Oberkörperrotation vorbereitete, bevor er mehrfache Drehungen machte. Er benutzt diese Energiespeicherung, um uns in *Pirouetten* zu „ersticken". Ein Anfänger sollte nicht versuchen, Barischnikow zu imitieren. Ohne korrekte Körperhaltung und Lage der Arme wird ein übermäßiges Verdrehen uns aus dem Gleichgewicht werfen. Sobald das Verdrehen zu Ende ist, müssen die Arme in eine ausgeglichene Position relativ zu den Körperhälften gelangen.

David Howard weist ganz einfach mit einem Anflug von Entschuldigung auf das Offensichtliche hin (aus Erfahrung wissend, dass es nicht offensichtlich ist): „Der linke Arm muss auf der linken Seite bleiben, der rechte Arm auf der rechten Seite." Mit anderen Worten, sobald Sie drehen, dürfen die Arme die Mittellinie des Körpers nicht mehr überqueren.

Es gibt Balett-Techniken, die das Verdrehen verbieten, obwohl eine bestimmte Verdrehung des Brustkorbs über dem Becken einer Präparation in der vierten Position eigen ist. Ich bin mir der Gefahr bewusst, dass die korrekte Lage der Arme vielleicht nie erreicht wird, wenn die Tänzer in einem frühen Trainingsstadium in verdrehenden Bewegungen geschult werden. Die Ästhetik des Balletts sollte auch befolgt werden. Das Problem ist einfach, dass rein von der Physik her gesehen gar nicht genügend Drehmoment für mehr als eine oder zwei Drehungen erzeugt werden kann, ohne dass ein minimales Verdrehen stattfindet. *Die* Tänzerin möchte ich gerne sehen, die mehrfache Drehungen ausführen kann, ohne sich zu verdrehen, auch wenn die Bewegung kaum sichtbar ist und sie darauf besteht, dass sie es nicht macht.

Es wäre interessant, bei Tänzern, die gute Dreher sind und bei Tänzern, die keine guten Dreher sind, die Aktivität der schrägen Bauchmuskeln und anderer Muskeln zu testen, die an der Drehung des Brustkorbs gegenüber dem Becken beteiligt sind. Ich habe Tänzer gesehen, die ihre schrägen Bauchmuskeln und andere Rotationsmuskeln trainierten, um ihre Drehungen zu verbessern. Ein Teil dieser Verbesserung hat vielleicht eher mit verbesserter Körperhaltung oder mit Anpassungen im Nervensystem zu tun als damit, dass die Kraft der Muskeln größer wurde.

Andererseits kann es einer Tänzerin, die konsequent keine *Pirouette* durchsteht, helfen, ihr Gefühl für das Zentrum zu verbessern, wenn ihr erzählt wird, dass sie sich nicht verdrehen soll. Sie gewinnt Stabilität, indem sie ihr Verdrehen reduziert. Dies ist oft der Fall bei klaren Asymmetrien, wenn die Arme nicht auf der gleichen horizontalen Ebene gehalten werden und die schiefe Bewegung die Tänzerin beim Auslösen der Bewegung aus ihrer Achse wirft. Es könnte auch sein, dass die Kraft der verschiedenen schrägen Bauchmuskeln, die die Drehung des Brustkorbs über dem Becken bewirken, nicht ausbalanciert ist. Indem das Verdrehen eliminiert wird, hat die Tänzerin eine Chance, im Drehen ein Gefühl von Einfachheit und Achse wiederzuerlangen, weil die Gefahren reduziert werden, die den komplexen Veränderungen der Beziehungen zwischen den Armen, dem Brustkorb und dem Becken innewohnen.

Wir wissen, dass beim Halten der Arme in der Nähe des Körpers (am Anfang einer Drehung) und bei nur geringer Rotation des Brustkorbs gegenüber dem Becken die Anzahl der möglichen Drehungen limitiert ist. Die Distanz zwischen Ihren Füßen und, wenn Sie die Drehung nur mit *einem* Fuß initiieren, die Länge Ihrer Füße bestimmen die Größe der Kraft, die Sie erzeugen können. (In diesem Fall muss *ein* Fuß das gesamte Drehmoment bereitstellen.) Ich werde häufig daran erinnert, weil ich sehr kurze Füße habe. Zu versuchen Drehungen mit *einem* Fuß auszulösen, das fühlt sich an, als ob die *Queen Mary* einhändig aus ihrem Dock hinausgeschoben werden müsste. Zusammenfassend kann gesagt werden, dass das anfängliche Drehmoment, das durch unsere Füße erzeugt wird, ausreichende und gleichmäßig Energie für die Rotationsbewegung erzeugen muss und dass gleichzeitig der Schwerpunkt ausbalanciert über dem Standbein platziert werden sollte. So einfach ist das!

Außer dem Hochdrehen gibt es noch einen andern, ganz subtilen Weg, wie Energie gespeichert werden kann: Elastizität. Der führende Arm in einer *Pirouette* transferiert die Kraft zuerst auf die eine Hälfte des Brustkorbs, mit dem er muskulär verbunden ist. (Die knöcherne Verbindung geht zum *Manubrium*.) Es gibt eine Zeitverzögerung, bevor der andere Arm mit *seiner* Brustkorbhälfte der Drehung folgt. Deshalb dehnt sich der Brustkorb (besonders seine Vorderseite) für einen Moment, und elastische Energie wird erzeugt. Wenn nun der nachfolgende Arm um den Körper herumdreht, um den führenden Arm zu treffen, schleudert die zweite Hälfte des Brustkorbs in die Drehrichtung, wodurch die elastische Energie freigesetzt wird. Noch einmal: Ein flexibler Brustkorb wird diese elastische Aktion begünstigen. Mehr und mehr erkennen wir, wie wichtig ein ausgeglichener und elastischer Brustkorb für erfolgreiche Drehungen ist. Wie Abbildung 10.6 zeigt, legt schon die Form des Brustkorbs an sich die Rotation und eine spiralförmige Bewegung nahe.

a   b

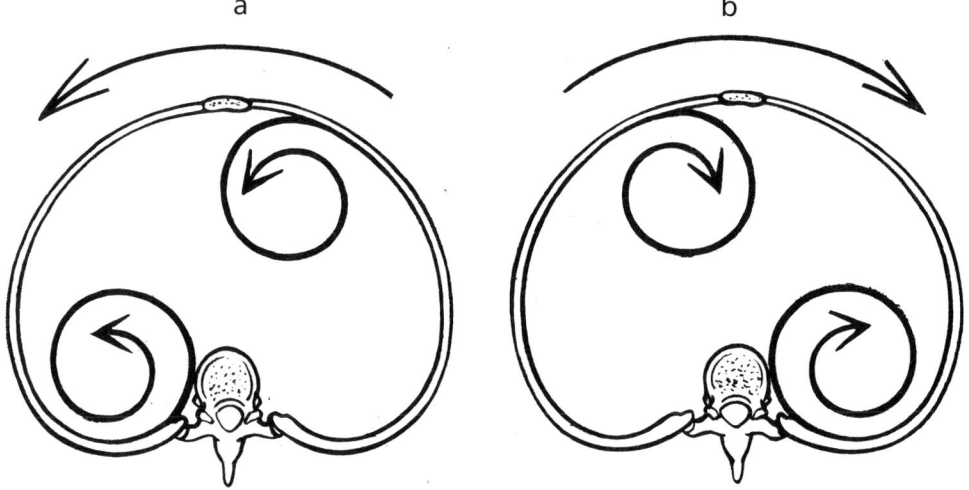

Abbildung 10.6:
Schon die Form des Brustkorbs als solche legt Rotation und spiralförmige Bewegung nahe:
a) Drehung nach links,
b) Drehung nach rechts.

Übungen:
Vorstellungsbilder zur
Einleitung perfekter
Pirouetten

1. **Beziehung zu beiden Körperhälften** (Vorbereitung für Drehungen): Fühlen und visualisieren Sie die Beziehung zwischen den beiden Seiten Ihres Rückens, die Beziehung zwischen Ihren beiden Ellbogen. Fühlen Sie beide Seiten des Rumpfes, wie sie mit gleich viel Raum gefüllt sind. Fühlen Sie den Raum in beiden Hälften des Brustkorbs, der mit dem angrenzenden Raum der Arme in Verbindung steht.

2. **Elastischer Brustkorb:** Stellen Sie sich vor, dass Ihr Brustkorb und Ihr Brustbein sehr elastisch sind. Probieren Sie (ohne sich zu drehen), ob Sie die sich verändernde Form des Brustkorbs fühlen können, wenn der führende Arm ausschwenkt, um eine Drehung auszulösen, und der nachfolgende Arm sich anschließend in die Bewegung einklinkt. Üben Sie das auf beiden Seiten und achten Sie auf Unterschiede zwischen den Empfindungen auf beiden Seiten.

3. **Rotation der Rippen** (für jegliche Art von *Pirouette*): Stellen Sie sich die folgenden Aktionslinien in *En-dehors-* und *En-dedans-Pirouetten* vor:
   a. **Drehungen nach links:** Stellen Sie sich vor, dass die Energie sich von der Wirbelsäule durch die rechten Rippen auf die Vorderseite des Körpers zum Brustbein bewegt und nach innen wirbelt. Stellen Sie sich vor, dass die Energie vom Brustbein durch die linken Rippen zur Rückseite des Körpers reist, um dort nach innen zu wirbeln. (Vgl. Abbildung 10.6 a)
   b. **Drehungen nach rechts:** Stellen Sie sich vor, dass die Energie sich von der Wirbelsäule durch die linken Rippen auf die Vorderseite des Körpers zum Brustbein bewegt und nach innen wirbelt. Die Energie durch die rechten Rippe zieht vom Brustbein um den Körper herum zur Wirbelsäule, um dort nach innen zu wirbeln. (Vgl. Abbildung 10.6 b)

4. **Ausatmen** (jegliche Art von *Pirouette*): Atmen Sie aus, wenn Sie die *Pirouette* auslösen. Stellen Sie sich vor, dass Ihr Atem spiralförmig um die zentrale Achse nach unten wirbelt, wenn Sie ausatmen, und so sowohl Drehung als auch eine nach unten gerichtete Kraft erzeugt.

5. **Gleicher Schub von beiden Füßen** (*En-dehors-Pirouette* von der vierten oder fünften Position): Drücken Sie mit beiden Füßen gleichmäßig in den Boden, wenn Sie die *Pirouette* auslösen – so als würden Sie einen gleich tiefen Abdruck im Sand machen.

6. **Ausrichtung parallel zum Boden** (*En-dehors-* und *En-dedans-Pirouetten*): Stellen Sie sich die horizontale Ebene vor, die vom Boden definiert wird, der unter Ihren Füßen liegt. Projizieren Sie diese Ebene nach oben und stellen Sie sich die Sitzbeinhöcker, die Beckenkämme und die Schulterknochen vor, die alle in parallelen, horizontalen Ebenen dazu liegen.

7. **Ausrichtung der Augen:** Stellen Sie sich einen Lichtstrahl vor, den die Augen erzeugen und der sowohl nach vorne wie auch nach hinten strahlt (aus der Rückseite des Kopfes). Diese Strahlen liegen in einer gemeinsamen horizontalen Ebene. Wenn Sie ins *Relevé* gehen, wird diese Ebene angehoben, bleibt aber waagerecht, während Sie die *Pirouette* drehen.

8. **Balancierstangen:** Stellen Sie sich die großen Rollhügel der Oberschenkelknochen vor, wie sie sich in einer gemeinsamen horizontalen Ebene zur Seite ausdehnen. Stellen Sie sich die Gelenkköpfe des Oberarmes vor, die Kugeln des Schultergelenks, wie sie sich in einer gemeinsamen horizontalen Ebene zur Seite ausweiten. Stellen Sie sich sowohl die großen Rollhügel als auch die Oberarmköpfe vor, wie sie über leichte Balancierstangen an der zentralen Achse befestigt sind. Wenn Sie die Drehung initiieren, behalten Sie diese Balancierstangen waagerecht und parallel zum Boden.

**Abbildung 10.7:
Balancierstangen**

9. **Senkrechte Ausrichtung:**
   a) Kopf: Stellen Sie sich vor, dass die zwei Ebenen, die die Seiten des Kopfes berühren, senkrecht und parallel sind.
   b) Nackengrübchen genau oberhalb des Steißbeins: Stellen Sie sich die Mitte Ihres Nackens vor, die kleine Grube, wo der Nacken auf den Kopf trifft, und achten Sie darauf, dass sie senkrecht über dem Steißbein zu liegen kommt. Eine Lotlinie vom Nackengrübchen abwärts würde das Steißbein streifen.
   c) Manubrium über der *Symphyse:* Stellen Sie sich das Brustbein *(Sternum)* in senkrechter Ausrichtung über der Schambeinfuge *(Symphyse)* vor. Eine Lotlinie, die vom Brustbein herunterhinge, würde die Symphyse streifen. (Vgl. auch Teil IV in *Befreite Körper;* dort gibt es weitere Bilder für die waagerechte, sagittale und senkrechte Ausrichtung.)

10. **Den Nacken befreien:** Für schnelle Drehungen des Kopfes muss der Nacken frei sein. Alle folgenden Bilder helfen, dies zu erreichen, wenn Sie eine *Pirouette* auslösen:
    - Der Nacken ist weich.
    - Der Nacken ist flüssig.
    - Der Nacken ist in Bewegung.
    - Der Nacken schmilzt.
    - Der Nacken atmet, mein Atem geht durch den Nacken.

11. **Fokussieren mit weichem Nacken:** Stellen Sie sicher, dass Sie beim so genannten „Spotten" (Fokussieren) mit den Augen während der Drehung nicht Ihren Nacken anspannen. Schon eine kleine Spannungszunahme im Nacken zieht die Rückseite Ihres Kopfes nach unten und stört die Achse. Während Sie „spotten", denken Sie: „Nacken frei" oder „klarer Fokus, weicher Hals".

12. **Spannung im Kiefer abbauen:** Der Kiefer ragt nicht nach vorne und ist nicht zur einen oder anderen Seite verschoben. Stellen Sie sich die Mitte des Kiefers vor (manche Leute haben dort eine kleine Furche), wie sie in der gleichen Sagittalebene liegt wie die Nasenspitze weiter oben und das Manubrium weiter unten.

13. **Den Kiefer zur Mittellinie loslassen:** Der Kiefer fällt zurück zur Mittellinie des Körpers. (Stellen Sie sich das nur vor. Ziehen Sie Ihren Kiefer nicht aktiv zurück.)

14. **Lollipop zentrieren:** Ich gebe zu, dass dies vielleicht etwas außergewöhnlich klingt, aber wenn Sie sich vorstellen, dass Sie an einem Lutscher saugen, kann das helfen, sich schnell zu zentrieren und zu erden. Die Kraft dieses Bildes liegt auch darin, dass der Kiefer locker bleibt, obwohl mehr Spannkraft in die Organe kommt. (Sandra Jamrog, Hebamme und *Body-Mind-Centering*™-Lehrerin, wies auf die immense Kraft hin, mit der ein Baby saugen kann. Sie nannte sie eine große, erdende Kraft, die einen zum Erdmittelpunkt zieht.)

15. **Den Boden fegende Arme:** Um eine Balance in den Armen zu erzeugen, stellen Sie sich vor, wie sie über eine ebene Oberfläche fegen, als ob die Unterseiten der Arme über einen rutschigen Tisch bürsten würden.

16. **Drehscheibe:** Stellen Sie sich vor, die Arme ruhen sich auf der Drehscheibe eines Plattenspielers (bald ausgestorben) aus. Die Achse der Drehscheibe ist *Ihre* zentrale Achse. Gleiten Sie mit Ihren Armen über die Drehscheibe. Wenn die Finger den Rand erreichen, lösen Sie die Drehung aus. Sobald Sie drehen, bringen Sie Ihre Arme näher zur Achse der sich schnell drehenden Scheibe und lassen sie horizontal auf der Drehscheibe ruhen.

17. **Propeller:** Ihre Arme sind wie Propeller, die horizontal an Ihre zentrale Achse montiert sind. Wenn die Arme drehen, drücken sie die Luft unter sich nach unten. Fühlen Sie, wie die Unterseiten Ihrer Arme in den nach unten führenden Schub involviert sind. Spüren Sie die perfekte horizontale Ausrichtung der Arme und den gleichmäßigen Abstand zur zentralen Achse.

18. **Abwickeln:** Ihr Körper ist wie ein aufgewickeltes Gummiband. Wenn es losgelassen wird, spult sich dieses Gummiband schnell ab. Beim Auslösen der Drehung stellen Sie sich die Kraft des Gummibandes vor, das sich abwickelt und damit die Drehung ankurbelt.

19. **„Geisterbein" auf der Gegenseite** (Einwärtsdrehung, *En-dedans-Pirouetten*): Wenn Ihr Bein in der ersten Phase der *En-dedans-Pirouette* zur Seite schwingt, ermöglicht ein imaginäres gegenüberliegendes Bein das perfekte Gleichgewicht der Kräfte und macht es Ihnen leicht, das Becken ausbalanciert und die zentrale Achse im Lot zu halten.

Abbildung 10.8:
„Geisterbein"
auf der Gegenseite

20. **Vorstellung von der Achse:** Vor allem anderen sorgen Sie dafür, dass Sie eine klare Vorstellung von Ihrer zentralen Achse haben. Bevor Sie anfangen zu drehen, stellen Sie sich vor, wie Ihre Achse sich von ihrem Standpunkt (Fußballen) auf dem Boden senkrecht nach oben erstreckt.

Die Rotationsphase

Zwei Dinge sind in dieser Phase entscheidend: Das *Relevé* muss voll und ganz beibehalten werden und der Körperschwerpunkt muss genau senkrecht über dem Standpunkt (oder Standplatz, Standort) ausgerichtet werden. Bei einer klassischen *Pirouette* bedeutet dies, dass die zentrale Achse senkrecht bleibt. Das Anspannen irgendeines Körperteils schafft eine Verzerrung, die vielleicht die Masse und den Schwerpunkt des Körpers vom Standort auf dem Boden wegzieht.

Angst ist ein bedeutender Faktor beim Aufbauen von Spannung. Sie bringt Sie dazu, Ihren Atem anzuhalten, woraus schließlich ein starrer Brustkorb resultiert. Dies kann dem Kreisel nicht passieren, weil er keine Angst hat und sich nicht anspannen wird. Natürlich kann er auch keine feinen Anpassungen machen und kann eine Drehung nicht auf elegante Art und Weise beenden. Ein Kreisel plumpst einfach zur Seite, wenn die Drehkraft erschöpft ist.

Drehungen – gerade, spiralförmig, zur Seite geneigt oder in einer Kontraktion – funktionieren nur, wenn Flexibilität und Freiheit von Verspannung mit einer klar beibehaltenen Körperausrichtung kombiniert sind. Das erfolgreiche Kombinieren dieser Elemente gibt uns wertvolle Hinweise. Bei einer seitlich geneigten Drehung liegt die zentrale Achse zwar schräg, aber auch hier muss der Schwerpunkt über dem Standpunkt liegen.

In der Rotationsphase verliert man wegen der Bodenreibung Energie. Die Bodenreibung wird stark reduziert, wenn Sie mit den Spitzenschuhen im *Pointé* sind, aber dann liegt auch Ihr Schwerpunkt höher, Sie sind weniger stabil und brauchen einen noch besseren Gleichgewichtssinn. Wenn Sie mehr als zwei oder drei *Pirouetten* drehen wollen, werden Sie Energie (Trägheitsmoment), die in Ihren Armen und vielleicht sogar im *Passé*-Bein gespeichert ist, in Drehkraft umwandeln müssen. Einmal mehr demonstrieren Eiskunstläufer diese Umwandlung auf beeindruckende Art: Ihre Rotationsgeschwindigkeit kann explosionsartig zunehmen, wenn sie ihre Beine und Arme näher an ihre zentrale Achse bringen.

Beim Tanzen kreieren die Arme die meisten Veränderungen, welche die Drehgeschwindigkeit vergrößern oder zumindest aufrechterhalten, die durch die Reibung reduziert wird. Das Becken und die Beine tragen weniger dazu bei, die Drehung zu vergrößern, und bleiben vergleichsweise „fixiert" in ihrer Drehposition. Einige Tänzer senken oder überkreuzen sogar den *Passé*-Fuß und bringen das Knie näher zum Standbein, um so die Rotationskraft zu vergrößern. Dies ist zwar mechanisch effizient, genau genommen aber nicht klassisch.

Beim Drehen erzeugt man die Balance immer wieder von neuem, man ist nicht einfach im Gleichgewicht und wartet das Ende ab. Wenn er das Gleichgewicht verliert, kann der Tänzer seinen Schwerpunkt mit feinen Gewichtsveränderungen in die Position über der Standfläche zurückbringen. Dies erfordert Geistesgegenwart. Schnelle reflexhafte Korrekturen werden dadurch unterstützt, dass Sie mit Ihrer Drehung „in Kontakt" bleiben. Kurz gesagt: Fühlen Sie einfach, wie Sie drehen.

Wenn Sie auf die linke Seite fallen und Ihren Schwerpunkt leicht nach rechts verlagern, wird der Boden Sie nach rechts schieben. Stellen Sie sich vor, Sie beobachten eine Person, die auf einem dicken Seil steht. Wenn diese Person merkt, dass sie nach hinten fällt, wird sie ihren Oberkörper nach vorne stoßen (und damit das Becken nach hinten bewegen), um den Schwerpunkt nach vorne zu verlagern. Sie muss ihren Schwerpunkt so weit bewegen, dass die Schwerkraftlinie vor dem Seil verläuft. Dies entlockt dem Seil einen Schub nach vorne gegen ihren Körper, der ihr hilft, in die

Senkrechte zurückzugehen. Die Seiltänzerin trägt vielleicht eine Stange, die ihren Schwerpunkt, der sich aus ihrem Körpergleichgewicht und der Stange zusammensetzt, senkt, und den Druck zwischen dem Seil und ihren Füßen erhöht. Dies macht sie stabiler. Unsere Arme bilden auch eine solche (kurze) Balancierstange.

Der Fokus ist in dieser Phase der Drehung entscheidend. David Howard wies einmal darauf hin, dass der Fokus eine schwingende Energie braucht, nicht den schlaffen Blick eines struppigen Hundes. Bei einer klassischen *Pirouette* sollten Sie einen Punkt ins Visier nehmen *(spot)*, der auf der gleichen horizontalen Ebene liegt wie Ihre Augen. Fixieren Sie mit Ihren Augen immer wieder den gleichen Punkt oder einen anderen vorherbestimmten Punkt. Die Augen und die Spannung im Nacken stehen in Verbindung zueinander; es ist schwierig etwas anzuvisieren, wenn Sie gleichzeitig Ihren Nacken anspannen.

Wie wir von unserem Naturtalent oder „Spontandreher" schon wissen, ist die Position der Arme eine wichtige Frage. Es ist sehr schwierig, wenn nicht unmöglich, viele Drehungen zu machen, wenn die Arme weit vom Körper weg sind, wie das in der ästhetisch korrekten ersten Position *Port de Bras* der Fall ist (außer wenn Ihre Arme im Vergleich zu Ihrem Körper kurz sind). Für mehrfache Drehungen sollten die Arme eher etwas „abgeflacht" sein, damit sie die Wirkung des Schwungrades hervorrufen und damit helfen, die zentrale Achse zu stabilisieren.

Wie erwähnt beeinträchtigt auch eine sehr tiefe Armhaltung (mit den Händen praktisch vor dem Becken) die Achse nur minimal. Ich habe eine Tänzerin ausgezeichnete Mehrfach*pirouetten* mit ihren Armen in dieser Position machen sehen. Diese Tänzerin denkt, dass ihre Arme höher seien, als sie es in Wirklichkeit sind. Am Ende der Drehung werden diese unbewusst gesenkten Arme schnell zurück in die ästhetisch korrekte Position bewegt (bevor die Tänzerin mit einem flüchtigen Blick in den Spiegel ihre Position überprüft).

Der korrekte Rhythmus und die Kontinuität zwischen dem führenden und dem nachfolgenden Arm ist wesentlich, wollen Sie mehrfach drehen. Wenn Sie nach rechts drehen, führt der rechte Arm und der linke folgt. Wenn Sie nach links drehen, führt der linke Arm und der rechte folgt. Probleme treten auf, wenn der nachfolgende Arm entweder bei der Bewegungsauslösung zu schlaff ist oder während der Drehung dem führenden Arm nicht folgt. In vielen Fällen verlieren der Brustkorb und die ganze Seite des Körpers, die mit dem nachfolgenden Arm verbunden sind, ihre Ausrichtung. Dasselbe gilt für den führenden Arm: Wenn er seine führende Funktion plötzlich verliert, wird er die Mittellinie des Körpers überkreuzen und die Stabilität der Drehung stören. Die gleichen Regeln (kräftiger nachfolgender Arm und kontinuierlich führender Arm) sind auch bei den *Piqué*-Drehungen wichtig.

Vielleicht bemerken Sie einmal, dass Sie das Gleichgewicht verlieren, und heben Ihren Brustkorb, um oben zu bleiben. Außer wenn Sie einen sehr guten Sinn für das Neuverteilen Ihrer Körpermasse haben, wird der

Schwerpunkt steigen, was Sie dazu veranlasst zu hüpfen. Das Hüpfen beim Drehen ist ein Zeichen dafür, dass man versucht sich höher zu heben, ein Zeichen für das berüchtigte „Nach-oben-Ziehen". Leider kann man sich nicht selbst am Schopf nach oben heben (außer man heißt Baron von Münchhausen). Das „nach oben" kommt bei der *Pirouette* von einer senkrecht auf den Körper einwirkenden, vom Boden ausgehenden Gegenkraft (also von unten), und diese entsteht durch die senkrechte Ausrichtung des Körpers. David Howard sagte einmal, dass er in zwanzig Jahren Unterricht den Begriff „nach oben ziehen" nie benutzt habe (und er hat einige der größten Tänzer unserer Zeit trainiert). Trotzdem kämen Studenten auf ihn zu und sagten: „Sie meinen wohl, dass ich nach oben ziehen sollte?" Und er erwidere dann immer: „Wenn ich es nicht gesagt habe, dann habe ich es auch nicht so gemeint."

Übungen:
Vorstellungsbilder
für die Rotationsphase

1. **Tonvase:** Stellen Sie sich für die Drehposition einen veränderbaren Oberkörper vor, der auf einen stabilen unteren Rumpf gestellt wird. Oder stellen Sie sich eine weiche Tonvase im Stadium der Entstehung vor – sie dreht sich gerade auf der Töpferscheibe. Solange die Scheibe zentriert bleibt, können Sie den Ton leicht verformen und damit eine hübsche Form schaffen. Wenn die Töpferscheibe sich neigt, zerstört dies die Tonvase und sie rutscht von der Scheibe. Während Sie selbst sich drehen, stellen Sie sich Ihren Oberkörper wie Ton vor, der die Form verändern kann, während das Becken und die Beine stabil sind und stützen.

2. *Ein* **Auge führt:** Bei einer Drehung nach rechts stellen Sie sich vor, dass das linke Auge den Kopf in die Drehung führt, während das rechte Auge in seine Augenhöhle zurücksinkt. Bei einer Drehung nach links stellen Sie sich vor, dass das rechte Auge in die Drehung führt, während das linke Auge in seine Augenhöhle zurücksinkt.

3. **Ausgeglichene Drehung der Körperhälften:**
   a) Visualisieren Sie Ihre beiden Körperhälften, wie sie gleichmäßig um die zentrale Achse angeordnet sind. Sie können sich auch einzelne anatomische Strukturen vorstellen, die sich um diese Achse drehen – die beiden Hälften des Gehirns, die linke und die rechte Lunge oder sogar die Nieren. (Manche denken vielleicht, das sei seltsam, aber es kann wirklich helfen.)
   b) Stellen Sie sich vor, die Körperhälften seien die beiden Flügel einer Drehtür, die sich um ein zentrales Scharnier dreht – die zentrale Achse.
   c) Stellen Sie sich Ihre gesamte Gestalt deutlich vor. Vergewissern Sie sich, dass Sie nach jeder Umdrehung noch in derselben Haltung sind. Kommen Sie in rascher Folge immer wieder in dieser Haltung vorne an.

Abbildung 10.9:
Ausgeglichene Drehung der
Körperhälften

4. **Reifen fällt:** Stellen Sie sich den Schultergürtel als Reifen vor, der um Ihren Brustkorb drapiert ist. Beobachten Sie, wie der Reifen seine Horizontalität beibhält, während er über den Brustkorb nach unten rutscht oder fällt. Sie können sich mit dem gleichen erfreulichen Ergebnis auch das Gegenteil vorstellen: Wie Brust, Nacken und Kopf aus dem Reifen emporsteigen.

5. **Kopf steigt an, Becken fällt:** Stellen Sie sich vor, wie das Becken und der Kopf genau übereinander liegen und sich in die entgegengesetzten Richtungen bewegen: Das Becken sinkt nach unten, der Kopf nach oben.

6. **Die Schnur verlängern:** Stellen Sie sich eine Schnur vor, die zwischen der Oberseite des Beckens und der Schädelbasis ausgespannt ist. Machen Sie die Schnur straff, indem Sie die Entfernung zwischen Kopf und Becken vergrößern (ohne aktiv nach oben zu ziehen).

7. **Ausrichtung an einem Bleistift:** Stellen Sie sich (anstelle Ihrer Körperachse) einen weichen Bleistift oder einen Filzstift vor, der bis zum Scheitelpunkt Ihres Kopfes reicht. Wenn Sie sich genau senkrecht drehen, malt der Stift einen Punkt genau in der Mitte Ihres Scheitels. Mit anderen Worten: Wenn Ihr Kopf nicht zentriert bleibt, während Sie sich drehen, wird der Bleistift Kreise oder Spiralen auf Ihre Schädeldecke zeichnen.

8. **Lichtstrahl:** Stellen Sie sich Ihre zentrale Achse als Lichtstrahl vor, der aus dem Scheitelpunkt Ihres Kopfes nach oben strahlt. Stellen Sie sich den Strahl vor, wie er gerade nach oben weist und einen Punkt an der Decke genau über Ihrem Kopf beleuchtet.

9. **Lotlinie durch den Dens der Axis:** Der Atlas ist der oberste Wirbel der Wirbelsäule; er ruht auf der Axis, die unmittelbar unter ihm liegt. Die Axis hat eine knochige Vergrößerung, den Dens, der nach oben stößt und vom Atlas und von Bändern umgeben ist, die ein Drehgelenk bilden. Stellen Sie sich Ihre zentrale Achse vor, wie sie durch den Dens verläuft. Visualisieren Sie eine Schnur, die vom Dens herunterhängt. Ein Gewicht an ihrem unteren Ende bringt die Schnur ins Lot. Stellen Sie sich diese Schnur sowie ihre Verlängerung nach oben durch den Scheitelpunkt vor. Das ist Ihre zentrale Achse.

10. **Rutschiger Dens:** Stellen Sie sich vor, das Gelenk zwischen Dens und Atlas wäre gut geölt. Der Atlas und der Kopf drehen sich nun ganz leicht um den Dens der Axis.

11. **Unterstützung durch den Raum:** Stellen Sie sich vor, dass der Raum, der Sie umgibt, Ihre Drehungen unterstützt. Es ist, als ob der Raum aus einer zähen Masse besteht, die Sie in eine senkrechte Position zurückschieben kann, wenn Sie anfangen sollten zu fallen. Der Raum ist so stützend, dass Sie sich an ihn anlehnen können und dabei nicht zu Fall kommen. Auch bei der Erhöhung Ihrer Drehgeschwindigkeit hilft der Raum, indem er Ihren Körper näher an die Achse schiebt. (Vgl. „Sich den Körper als Kreisel vorstellen", Übung 4)

12. **Abstoßung:** Stellen Sie sich eine abstoßende magnetische Kraft vor, die für Ihre senkrechte Ausrichtung sorgt.

13. **Innerer Magnet:** Um Ihre Drehgeschwindigkeit zu vergrößern, stellen Sie sich vor, dass alle Moleküle Ihres Körpers von Ihrer magnetischen zentralen Achse angezogen werden.

14. **Wirbelwind:** Sie befinden sich im Zentrum Ihres eigenen, privaten Wirbelwinds oder Miniaturtornados. Ihre zentrale Achse ist das Auge des Tornados. Hier herrscht absolute Stille. Ihre Körperoberfläche wird durch kreisende und stabilisierende Winde angetrieben, die mit fortschreitender Drehung an Geschwindigkeit zunehmen.

15. **Kugeln auf einer Schnur:** Ihre Körperteile sind Kugeln, die sich um eine Schnur drehen. Die Schnur ist locker genug, damit Anpassungen vorgenommen werden können, gleichzeitig aber straff genug, damit die Kugeln in ihrer senkrechten Ausrichtung bleiben.

16. **Rollen auf einer Stange:** Stellen Sie sich den Brustkorb, den Kopf und das Becken als voneinander getrennte Einheiten (Drehkörper, Rollen)

vor, die auf eine Stange montiert sind, die als ihre gemeinsame Achse dient. Stellen Sie sich insbesondere die Verbindung zwischen Brustkorb und Becken vor. Abbildung 10.10 zeigt die Drehung nach links. Die Pfeile in dieser Abbildung repräsentieren die *äußeren* schrägen Bauchmuskeln auf der rechten Seite sowie die *inneren* schrägen Bauchmuskeln auf der linken Seite, die für das Drehen des Brustkorbs über dem Becken von primärer Bedeutung sind. Bei der Vorbereitung für eine Drehung sollte diese Bewegung auf horizontaler Ebene stattfinden.

Beobachten Sie die Drehung aller drei Einheiten um die zentrale Stange, während Sie sich aktiv drehen. Die Stange hält diese Rollen die ganze Zeit über zentriert und ausgerichtet. Wenn Sie richtig „spotten", behält der Kopf seine frontale Ausrichtung länger als die anderen beiden Einheiten und er dreht schneller, um vor den anderen wieder nach vorne zu schauen. Weil er sich um die gleiche Achse wie die anderen dreht, behält der Kopf seine Beziehung zu diesen anderen Rollen trotz seines unterschiedlichen Drehrhythmus bei.

Abbildung 10.10:
Rollen auf einer Stange

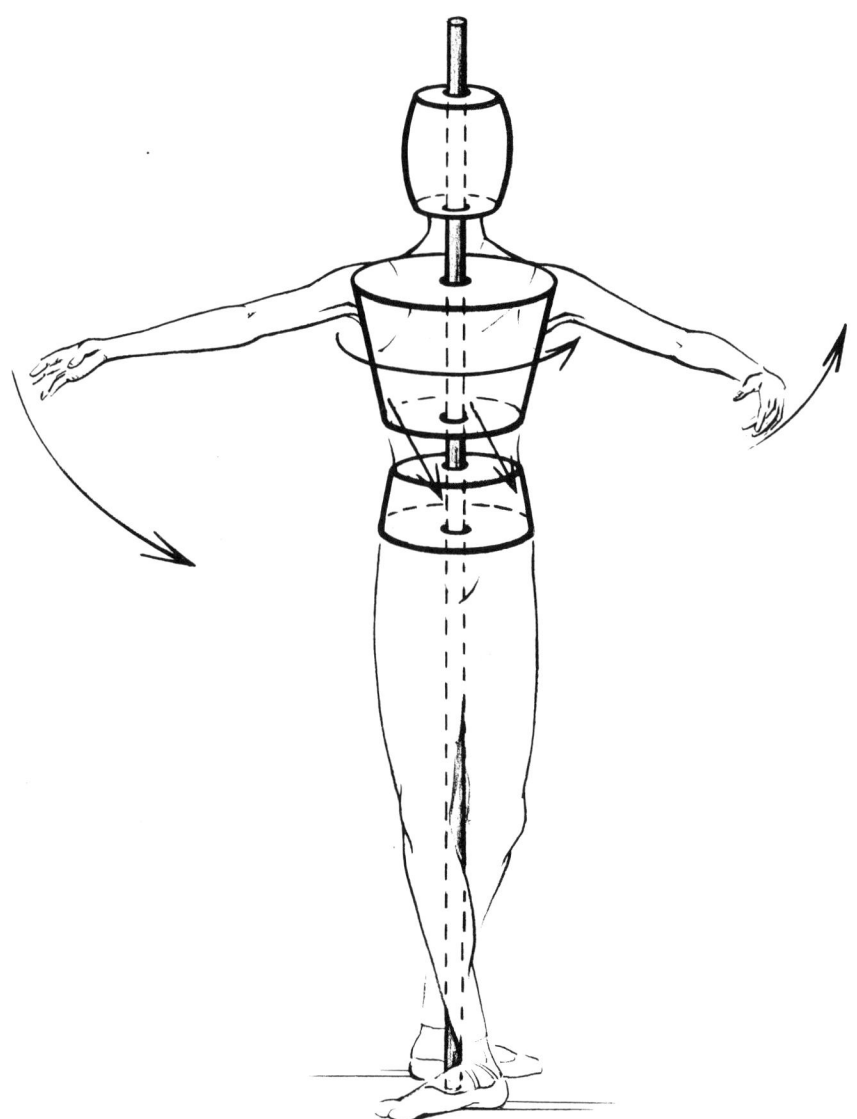

17. **Spirale um den Kern:** Um den Fokus auf die Achse zu verstärken, stellen Sie sich eine Spirale vor, die auf das Zentrum ausgerichtet ist. Abbildung 10.11 zeigt das Bild einer Drehung nach rechts.

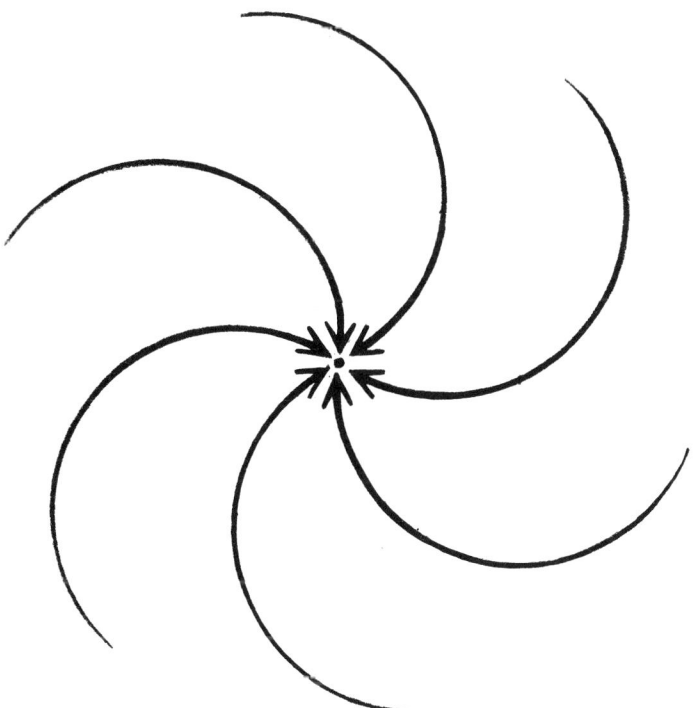

Abbildung 10.11:
Spirale um den Kern

18. **Den Rhythmus mitsingen:** Rhythmus ist eine große Hilfe beim Drehen. Für viele ist es der Schlüssel zum Erfolg (korrekte Grundausrichtung vorausgesetzt). Jede Drehung hat ihren eigenen Rhythmus. Zählen oder singen Sie den Rhythmus der Drehung (in Ihrem inneren Ohr): „… und eins, zwei, drei, vier, Ende." Für manche ist es vielleicht besser, die Drehung in langsamere und schnellere Einheiten zu unterteilen: „eins-zwei, eins-zwei" oder „eins, zwei, eins, zwei, drei."

19. **Sich von der Musik tragen lassen:** Hören Sie Musik, während Sie sich drehen. Lassen Sie sich von ihrem Rhythmus durch die Drehungen führen. Wenn keine Musik verfügbar ist, erfinden Sie Ihre eigene „Drehmelodie".

20. **Atemrhythmus:**

    a) Benutzen Sie den Atem, um den Rhythmus und zusätzliche Drehkraft zu erzeugen. Atmen Sie während des Verdrehens und der Beschleunigung der Drehung ein. (Der Brustkorb bewegt sich von der Achse weg.) Atmen Sie während der Rotationsphase aus. (Der Brustkorb und die Organe bewegen sich an die zentrale Achse heran.) Versuchen Sie umgekehrt zu atmen. Ich bevorzuge die erste Variante, weil der Brustkorb sich dabei zur Achse zurückbewegt, während Sie ausatmen. Es scheint mir die logische Methode zu sein, die Drehgeschwindigkeit zu erhöhen.

    b) Die Luft, die Sie einatmen, erzeugt zusätzliche Drehkraft.

21. **Schwimmen** (*Piqué*-Drehungen): Erinnern Sie sich, wie es ist, wenn Sie beim Brustschwimmen Ihre Arme benutzen? Bauen Sie dieses kinästhetische Bild in die Armbewegungen der *Piqué*-Drehungen ein. (Vorschlag von David Howard)

22. **Geerdetes Standbein** (*Piqué*-Drehung *en-dehors* und *en-dedans*): Stellen Sie sich vor, der Erdboden befindet sich auf der Höhe der Sitzbeinhöcker. Ihr Standbein wird durch einen zylindrischen Tunnel in der Erde in seiner senkrechten Position gehalten und gestützt. (Abbildung 10.12)

**Abbildung 10.12:
Geerdetes Standbein**

23. **Drehender Kopf** (Mehrfachdrehungen): Stellen Sie sich vor, Ihr Kopf dreht sich ganz leicht auf der Wirbelsäule. Der Kopf soll das Gefühl bekommen, auf der Wirbelsäule zu balancieren, nicht an ihr zu kleben. Der Kopf liegt wie ein Ball oben auf der Wirbelsäule und dreht sich leicht und zentriert.

24. **Chinesischer Tellertrick:** Falls Sie je zu sehen bekamen, wie chinesische Akrobaten drehende Teller auf langen Stäben balancieren, können Sie dieses Bild benutzen, um ein Gefühl für den Kopf zu bekommen, der sich auf der Wirbelsäule dreht. Borgen Sie sich diese zwei Ideen und bauen Sie sie in Ihre Vorstellungsbilder für Drehungen ein: die lange, senkrechte Achse und den mit Fingerspitzengefühl ausbalancierten, drehenden Teller.

25. **Kräftiger nachfolgender Arm:** Konzentrieren Sie sich auf Ihren „nachfolgenden" Arm und denken Sie daran, dass er die ganze Körperhälfte um Ihre zentrale Achse herumführt. (Abbildung 10.13) Das Energieniveau des nachfolgenden Armes muss hoch gehalten werden. Stellen Sie sich einen sehr langen, kreisförmigen Handschuh vor. Wenn Sie sich drehen, schieben Sie die Hand und dann den Rest des nachfolgenden Armes hinein.

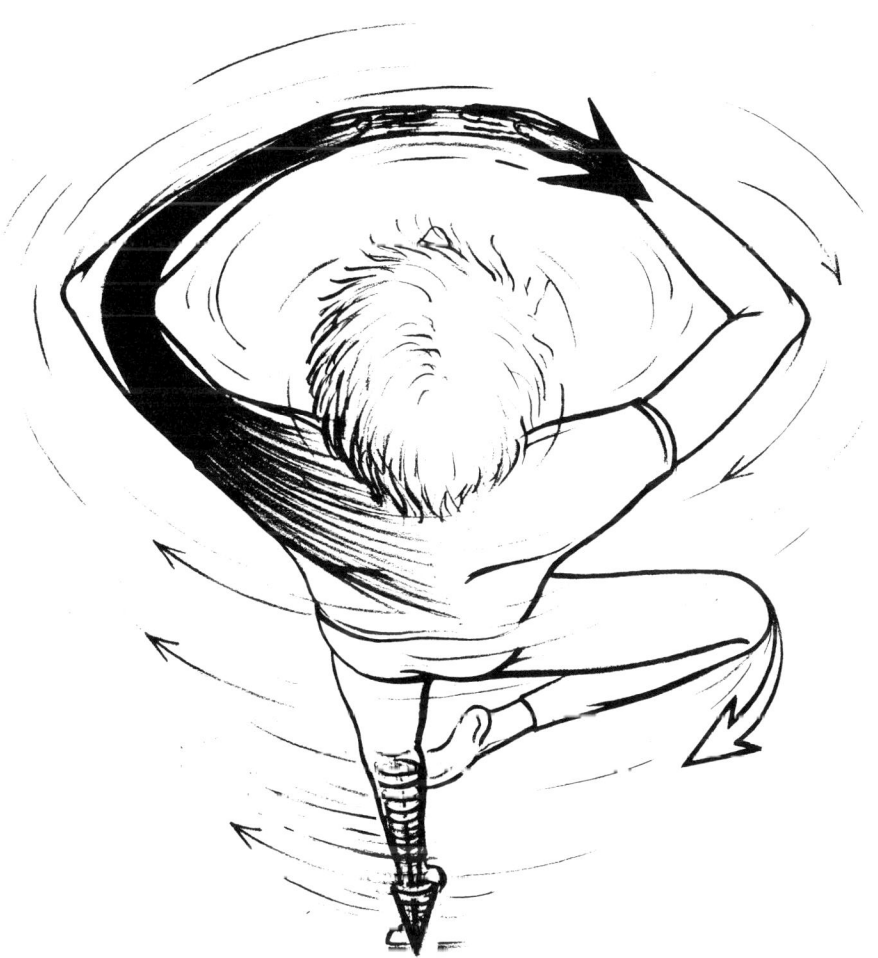

**Abbildung 10.13:
Kräftiger nachfolgender Arm**

Ein Sprichwort sagt: „Seien Sie nett auf Ihrem Weg nach oben. Sie wissen nicht, wen Sie auf Ihrem Weg nach unten treffen." (Ihre Nase will sicher nicht den Boden kennen lernen.) Egal wie gut wir drehen – die Art und Weise, wie wir aufhören, ist das Letzte, was das Publikum sieht. Ein letztes Wackeln oder Hüpfen entwertet die beste *Pirouette*. Unmittelbar bevor Sie die Drehung auslösen, prägen Sie Ihrem Nervensystem das Bild ein, wie

Die Schlussposition

Sie die *Pirouette* gerne beenden würden. Wenn Sie den Atem richtig einsetzen, hilft Ihnen das, den Schwerpunkt zu senken, so dass Sie eine sichere Landung haben. Das Ausatmen hilft, die Organe näher zur Achse und über den Beckenboden zu bringen und die Rippen Richtung Wirbelsäule fallen zu lassen. Ihre Arme im richtigen Moment nach außen zu nehmen vergrößert Ihr Trägheitsmoment, reduziert die Drehgeschwindigkeit und hilft die Drehung anzuhalten.

**Übungen:
Vorstellungsbilder
für die Schlussposition**

1. **Tiefer Schwerpunkt:** Stellen Sie sich vor, Ihr Schwerpunkt fällt am Ende der Drehung nach unten.
2. **Perfektes Finale:** Wenn Sie mental Drehungen üben, denken Sie immer auch an das Ende. Stellen Sie sich Ihre perfekte Endposition am Anfang oder unmittelbar vor dem Ende der Drehung vor.
3. **Ausatmen:** Wenn Sie die Drehung beenden, atmen Sie aus und lassen Sie den Atem Ihre Füße weit auf dem Boden ausbreiten.
4. **Gewicht:** Nachdem Sie die Drehung beendet haben, werden alle Zellen Ihres Körpers für einen Moment ein bisschen schwerer, was Ihnen zu einer stabileren, gewichtigeren Position verhilft.
5. **Geankert:** Wenn Sie die Drehung beenden, stellen Sie sich eine Lotlinie vor, die durch Ihren Körper verläuft und Sie im Erdmittelpunkt verankert.
6. **„Gefrierschrank":** Stellen Sie sich vor, wie der Raum (um Sie herum) Sie packt und Sie in der perfekten letzten Position festhält („einfriert").
7. **Negativform:** Stellen Sie sich eine (negative) Gussform in der genauen Form Ihrer letzten Position vor, die Sie auffängt, wenn Sie es am meisten brauchen. Die Gussform hält Sie in dieser Position, solange es nötig ist, und lässt Sie dann gehen. (Vergessen Sie nicht, dass diese Phantasieform Sie atmen lässt. Sie wird aus dem „Material der Zukunft" gemacht: unzerbrechlich, atmungsaktiv und weich.)

Mein letzter Rat für *Pirouetten*: Werden Sie zum „Dreher". Jeder Teil Ihres Körpers muss damit einverstanden sein, sich zu drehen und diese Figur vollständig zu Ende zu bringen. Manchmal hemmen psychologische Faktoren wie Befürchtungen die Drehung. Manche Tänzer machen alles richtig, lassen aber ihren Körper nicht sich drehen. Da hilft es vielleicht, einfach zu sagen: „Ich lasse mich drehen! Tanzen ist Drehen!"

Kapitel 11

Sprünge

Sprünge können in vier Arten eingeteilt werden: Sprünge, die auf beiden Füßen anfangen und enden wie im klassischen *Changement de pieds;* Sprünge, die auf *einem* Fuß anfangen und auf dem *anderen* enden wie die verschiedenen Formen von *Jetés;* Sprünge, die auf einem Fuß anfangen und auf zwei Füßen enden wie ein *Coupé assemblé;* Sprünge, die auf *zwei* Füßen anfangen und auf *einem* enden wie ein *Sissonne ouverte.* Sprünge können sich auch durch den Raum bewegen und vielleicht eine Drehung beinhalten wie ein *Jeté en tournant.*

Geschwindigkeit und Hebelkraft

Die Höhe eines Sprungs hängt von Bau und Länge der Füße und Beine ab sowie von der Streckgeschwindigkeit in der Abstoßphase. Muskeln enthalten so genannte *Fast-Twitch-* und *Slow-Twitch*-Fasern. Sportler, die sich in Sportarten hervortun wollen, die sich wiederholende Bewegungen über lange Zeit erfordern (wie etwa das Schwimmen), brauchen eine große Zahl von *Slow-Twitch*-Fasern. Schnelles, explosives Tanzen erfordert *Fast-Twitch*-Fasern. Wenn Sie mit einer reichlichen Ausstattung an *Fast-Twitch*-Fasern geboren wurden, dann sollten Sie Sprinter werden oder als Tänzer das schnellste *Petit Allegro* mit Leichtigkeit angehen.

Da ich als Jugendlicher in einem Schwimmverein war, machte ich die Erfahrung, dass ich auf *Slow-Twitch* eingestellt war und versuchen musste, auf *Fast-Twitch* umzustellen. Nach meinem Schwimmtraining fühlte sich Tanzen immer wie Sumo-Ringen in Spitzenschuhen an. Aber genau aus diesem Grund passen Schwimmen und Tanzen gut zusammen. Diese wechselseitige Ergänzung der Trainingseffekte schafft eine ausgeglichene Fitness für den Körper und reduziert vielleicht sogar das Verletzungsrisiko. Die gelegentliche Betonung auf *Slow-Twitch* sollte Ihre Fähigkeit, herausragende Sprünge zu zeigen, nicht vermindern.

Tiere, deren Körper darauf eingestellt sind zu sprinten, wie der Gepard, dessen Spitzengeschwindigkeit über 110 Stundenkilometer beträgt, können ihre Beute nicht über längere Zeit jagen. Sie geben nach einer kurzen „Geschwindigkeitsexplosion" auf statt Energie zu verschwenden, ohne einen Fang machen zu können. Um so erstaunlicher ist das Tier, das mit einer Geschwindigkeit von 90 Stundenkilometern laufen kann und diese

Geschwindigkeit eine Stunde lang beihält. Es ist die Pronghorn-Antilope in Wyoming. Im Zoo können Sie die Beschleunigung eines Gepards nicht einschätzen, weil es dort nichts zu jagen gibt, und die Großtaten einer Pronghorn-Antilope kann man nur studieren, wenn das Tier in einer Tretmühle läuft (die es anscheinend liebend gerne benutzt).

Andere Tiere springen durchs Leben, etwa die Heuschrecken, die problemlos zwanzigmal höher springen können als ihre Körpergröße. Stellen Sie sich vor, Sie könnten im Theater bis zur Decke springen! Beobachten Sie den rhythmischen, entspannten, aber kraftvollen Sprung eines Kängurus. Nehmen Sie diese Informationen in die kinästhetische Abteilung Ihres Nervensystems auf. Wenn an Ihrem Haus in letzter Zeit kein Känguru vorbeigesprungen ist, leihen Sie eines der vielen ausgezeichneten Tier-Videos aus.

Falls Sie je versucht haben eine Fliege zu fangen, dann wissen Sie, was es bedeutet schnell zu sein. Die Fliege ist unter den absolut besten Fliegern im Königreich der Insekten. Sie sitzt ruhig und wartet, bis Sie Ihren schnellsten Schlag losschnellen lassen, welcher der Fliege, die mit ihren Flügeln zweihundert Mal pro Sekunde schlagen kann, wie ein Zeitlupenphänomen erscheinen muss. Das hilft uns vielleicht über schnelles Strecken der Beine nachzudenken, aber das Fangen einer Fliege zeigt uns sicherlich, welche Konzentration es braucht, um die maximale Geschwindigkeit in den Muskeln zu produzieren. Beginnen Sie sich an die Vorstellung zu gewöhnen, Sie seien schnell – so schnell wie der arktische Falke, der mit einer Geschwindigkeit von 320 Stundenkilometern im Sturzflug auf seine Beute zurast.

Muskelfasern allein bestimmen Ihr Schicksal aber nicht. Neuromuskuläre Effizienz kann durch Repetition verbessert werden. Andere Faktoren tragen dazu bei, ob Sie ein schneller Beweger oder Springer werden, wie beispielsweise die Hebelkraft, die von Ihren Beinen produziert wird. Die Kraft für alle Sprünge leitet sich von der Hebelkraft ab, die Sie gegen den Boden ausüben. Sobald Sie in der Luft sind, können Sie keine zusätzliche Kraft mehr erzeugen. Wenn Sie können, genießen Sie den Flug dort droben – er ist kurz, weniger als eine Sekunde in den meisten Fällen, auch wenn es Ihnen länger erscheint. Zusätzliches Anspannen des Körpers in der Luft wird Sie nicht davor bewahren. Die Schwerkraft zieht Sie ohne Pardon wieder nach unten. Vergrößern Sie die Effizienz Ihrer Hebelkraft, so können Sie mit dem gleichen Kraftaufwand einen höheren Sprung schaffen. Eine gute Körperausrichtung verbessert Ihre Effizienz und so Ihre Sprunghöhe.

Die Geschwindigkeit, mit der Sie Ihre Beine ausstrecken können, hängt zum Teil von deren Länge ab. Ein kürzerer Hebel kann sich mit dem gleichen Kraftaufwand schneller bewegen als ein längerer. Je schneller Sie Ihre Beine in einer gegebenen Zeitspanne strecken können, desto mehr Kraft erzeugen Sie gegen den Boden und desto höher wird Ihr Sprung im Verhältnis zu Ihrer Körpergröße. Wenn die Menge an Muskelkraft die gleiche bleibt, können die kürzeren Beine sich schneller strecken als die längeren

Beine. Deshalb gilt, dass starke, kurzbeinige Tänzer (wie zum Beispiel Michail Barischnikow) im Verhältnis zu ihrer Körpergröße hoch springen können. Hochspringer und Stabhochspringer sind groß, weil ihre höheren Schwerpunkte ihnen einen Vorteil gegenüber ihren kleineren Gegnern verschaffen. Dieser Vorteil überwiegt die Geschwindigkeit kürzerer Hebel.

Weil wir die aufgebrachte Kraft nicht mehr vergrößern können, nachdem wir den Boden verlassen haben, ist ein optimaler Abstoß sehr wichtig. Einer der Schlüssel für hohe Sprünge, den wir sofort verbessern können, ist die Körperhaltung. Besondere Aufmerksamkeit muss der guten Ausrichtung der Beine geschenkt werden, die vor allem bei der Landung auf einem Fuß beizubehalten ist. Die großen Kräfte, welche in Füßen, Knien und Hüften wirken, sollten zentriert durch die Knochen und Gelenke geführt werden, damit Spannungen oder gar Verletzungen in diesen Strukturen vermieden werden.

Winzige Verbesserungen in der Ausrichtung machen einen großen Unterschied in der Höhe unseres Sprungs aus. Damit wir gerade in die Luft springen können, muss das Zentrum des Körpergewichts (unser Körperschwerpunkt) genau über dem Zentrum unserer Auflagefläche sein (meistens unsere Füße). Man könnte sagen, dass ein Sprung nur so gut ist wie das *Plié*, das ihm vorausgeht. Offensichtlich müssen wir vermeiden, die Füße nach innen oder außen zu rollen, und lernen, wie wir die Kraft des ganzen Fußes benutzen können, von der Ferse bis zu den Zehen.

Die Ausrichtung von Hüft-, Knie- und Sprunggelenk muss perfekt sein. Wenn der Schwerpunkt von seiner Position über dem Standplatz am Boden abweicht, wird die Kraft des Erdrückstoßes einen horizontalen Bestandteil haben und so einen Teil des Auftriebs in eine horizontale Richtung umlenken. Es mag nur zu selbstverständlich klingen, aber bei einem senkrechten Sprung sollte unsere Körperachse senkrecht sein. Dagegen wird verstoßen, wenn das Gesäß des Tänzers sich bei jedem *Sauté* vorwärts und rückwärts bewegt. Die Korrektur „Kneifen Sie das Gesäß zusammen" erzeugt normalerweise nur Verspannungen, der federnde Sprung und der Anblick erhabener Freiheit in der Luft gehen dabei verloren.

1. **Ausrichtung** (für *Sautés* auf *einem* Bein): Führen Sie eine Reihe von Sprüngen auf einem Bein aus *(Sautés)*. Richten Sie Kopf, Brustkorb, und Becken über dem Sprungfuß aus. Spüren Sie, wie die Schwerpunkte von Kopf, Brustkorb und Becken übereinander liegen.

2. **Kondylen, Hüftgelenke und Sitzbeinhöcker:**

   a) Vorbereitung für das Springen: Stellen Sie sich die Kondylen der Schädelbasis vor. Die Kondylen sind zwei kleine Höcker an der Basis des Schädels, die in kleinen, dazu passenden Mulden auf dem obersten Wirbel, dem Atlas, sitzen. Stellen Sie sich vor, dass die beiden Kondylen gleichmäßig in den Mulden des Atlas ruhen. Nun konzentrieren Sie sich auf Ihre Hüftgelenke. Auf beiden Femurköpfen ruht gleich viel Gewicht. Konzentrieren Sie sich auf Ihre Sitzbeinhöcker unten am Becken. Stellen Sie sich vor, dass sich die Achse

Übungen: Vorstellungsbilder für größere Geschwindigkeit und Hebelkraft

Ihres Körpers zwischen den Sitzbeinhöckern und den Kondylen (Höckern) der Schädelbasis zentriert.

b) Gleichmäßige Kraft gegen Kopfhöcker und Pfannen der Hüftgelenke (für senkrechte Sprünge): Während Sie eine Folge senkrechter Sprünge ausführen, denken Sie an die Kraft, die von Ihren Beinen erzeugt wird und gleichmäßig in beide Pfannen der Hüftgelenke sowie gegen die beiden Höcker des Kopfs stößt. (Abbildung 11.1)

**Abbildung 11.1:
Senkrechte Sprünge**

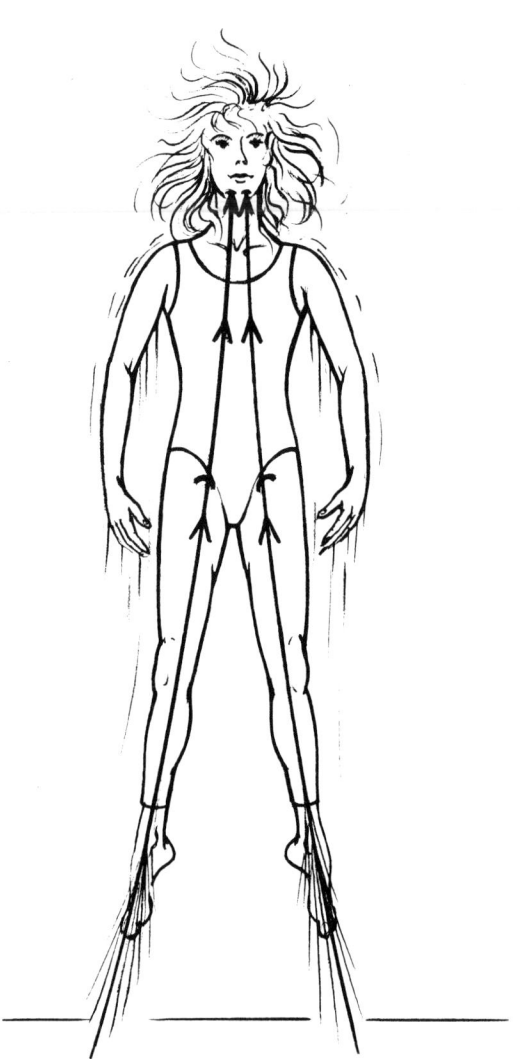

3. **Fußhebel** (für Sprünge):

a) Fallende Fersen: Beziehen Sie das Fühlen der Fersen beim Springen mit ein. Stellen Sie sich vor, dass Ihre Fersen – einen Sekundenbruchteil bevor Sie den Sprung auslösen – nach unten fallen.

b) Zehenextension: Genau in dem Moment, da Sie ins *Plié* gehen, um sich auf einen Sprung vorzubereiten, stellen Sie sich die Verlängerung Ihrer Zehen nach vorne vor.

c) Fußspitzen durchdringen den Sand: Während die Füße den Boden verlassen, stellen Sie sich vor, dass sie sich immer weiter verlängern. Ihre Fußspitzen stoßen in einen imaginären sandigen Boden hinein. (Abbildung 11.2)

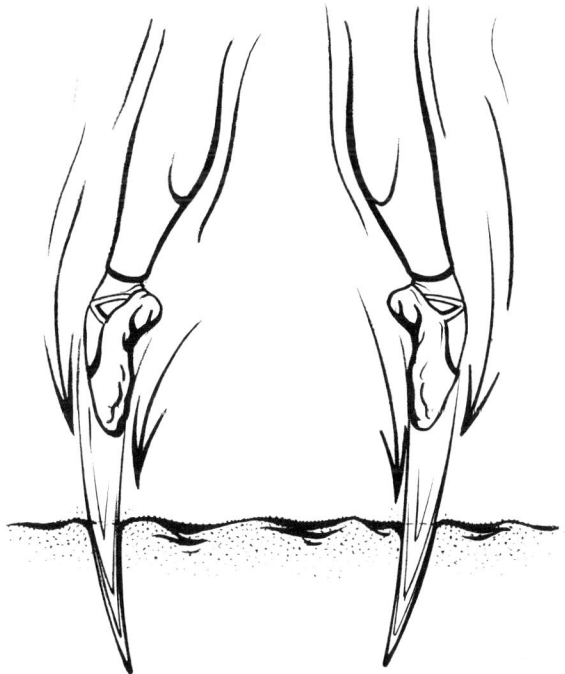

4. **Antrieb des Beckenbodens** (für senkrechte Sprünge): Der Beckenboden ist Ihr eingebautes Integrationssystem für Sprünge. Gekonnter Einsatz des Beckenbodens befreit die Beinbewegungen, ohne dass dabei
   die Ausrichtung des Oberkörpers verloren geht. Stellen Sie sich den
   Beckenboden zwischen den Sitzbeinhöckern, dem Schambein und dem
   Steißbein vor. Der Beckenboden gibt Ihnen beim Sprung Auftrieb. Ihre
   Sitzbeinhöcker stoßen Sie kräftig nach oben. Es hilft, sich einen Moment auf einen Stuhl zu setzen und die Sitzbeinhöcker zu berühren
   oder zu fühlen. Üben Sie anschließend Sprünge und imaginieren Sie
   ihre Sitzbeinhöcker als kleine Raketentriebwerke, die nach oben stoßen.

5. **Turbojet** *(Grand jeté)*: Der führende Fuß saugt düsenantriebsähnlich
   Luft an. Diese Luft schießt nach hinten durch die Beine und wird durch
   den hinteren Fuß energisch wieder ausgestoßen. (Abbildung 11.3)

6. **Explosiver Sprung:** Um einen explosiven Sprung zu schaffen, denken Sie an einen Korken, der aus einer Champagnerflasche knallt. (Abbildung 11.4)

Abbildung 11.4:
Explosiver Sprung

Sprünge durch den Raum und Drehsprünge

Um die Illusion des Schwebens während eines *Grand jeté* länger beizubehalten, müssen Sie die Lage des Schwerpunktes innerhalb Ihres Körpers mitten im Sprung (in der Luft) manipulieren. Die meisten Tänzer tun dies instinktiv. Die parabelförmige Flugbahn Ihres Schwerpunktes während eines Sprungs durch den Raum ist gegeben; Sie können sie nicht verändern. Wenn Sie einen Stein werfen, wird er immer in einer parabelförmigen Flugbahn durch die Luft fliegen, außer wenn Sie ihn senkrecht hochwerfen. Ein Stein wird die Illusion des Schwebens oder Gleitens nie schaffen, weil er keine Arme und Beine hat, mit denen er den Schwerpunkt innerhalb des Körpers verlagern könnte.

Beim *Grand jeté* spreizt der Tänzer die Beine und bringt sie am höchsten Punkt des Sprungs in die weiteste Spreizstellung, die ihm möglich ist. Die Arme werden gleichzeitig angehoben. Der Schwerpunkt im Körper ist an diesem Punkt relativ hoch. Im weiteren Verlauf des Sprungs folgt der Schwerpunkt seiner parabelförmigen Bahn nach unten. Die bewusste Abwärtsbewegung der Arme und Beine senkt diesen Punkt genug, so dass der Oberkörper und der Kopf sich einen Augenblick länger horizontal vorwärts bewegen können. So entsteht der Eindruck des Schwebens beim *Grand jeté*.

Bei Drehsprüngen wie *Jeté en tournánt* oder *Saut de basque* treffen wir auf die gleichen Faktoren: Sind wir einmal in der Luft, können die Kraft des anfänglichen Abstoßes und die Flugbahn, die durch den Kraftvektor erzeugt wird, nicht verändert werden. Was aber verändert werden kann, ist die *Position* der Körperteile. Das Drehmoment (die Drehkraft) muss erzeugt werden, wenn Sie den Boden verlassen, aber die Drehung ist in diesem Moment kaum sichtbar, weil die Körperteile weit von der zentralen Achse entfernt sind. Strecken die Arme sich zur Seite, dann ist die Drehbeschleunigung langsam und die Trägheit hoch. Um die Drehbewegung sichtbar zu machen, bringen Sie die Teile des Körpers näher zur zentralen Achse; so vergrößern Sie die Drehbeschleunigung und reduzieren die Trägheit.

Drehen Sie sich schnell, indem Sie Ihre Armen und Beine näher zur Achse bringen, dann bremsen Sie die Drehbewegung wieder, indem sie Arme und Beine von der Achse wegbewegen und die Trägheit vergrößern. Damit Sie für drehende Sprünge gut vorbereitet sind, müssen Sie ein gutes Gespür für Ihre Achse und Mitte haben. Sie müssen sich auch ein Gefühl für die Ausgeglichenheit zwischen der rechten und der linken Körperseite aneignen, um einen Drehsprung sauber und effizient aussehen zu lassen. Wenn Sie bei einem Drehsprung *eine* Körperhälfte überbetonen, erzeugt dies eine Verzerrung, die Sie von Ihrer Achse wegzieht.

1. **Der Weg des Schwerpunktes** (Sprung durch den Raum): Stellen Sie sich die parabelförmige Bahn Ihres Schwerpunktes vor, bevor Sie springen. Passt dieser Weg zur Intention des Sprungs? Möchten Sie eine kurze, hohe Kurve oder eine lange, flache?

2. **Mentale Probe für das Schweben in der Luft** *(Grand jeté)*: Stellen Sie sich ein *Grand jeté* in Zeitlupe vor und erzeugen Sie die Illusion des Schwebens, indem Sie die Beine am höchsten Punkt des Sprungs extrem spreizen und die abwärts führende Bewegung der Beine und Arme genau einteilen.

3. **Raumform:**

   a) Sprung durch den Raum: Sobald Sie den Boden verlassen haben, stellen Sie sich eine Gussform im Raum vor, die Sie sanft aufnimmt und ergreift, durch den Raum trägt und sachte wieder auf den Boden zurückbringt. (Abbildung 11.5)

Übungen: Vorstellungsbilder für Sprünge durch den Raum und Drehsprünge

Abbildung 11.5
Sprung durch den Raum

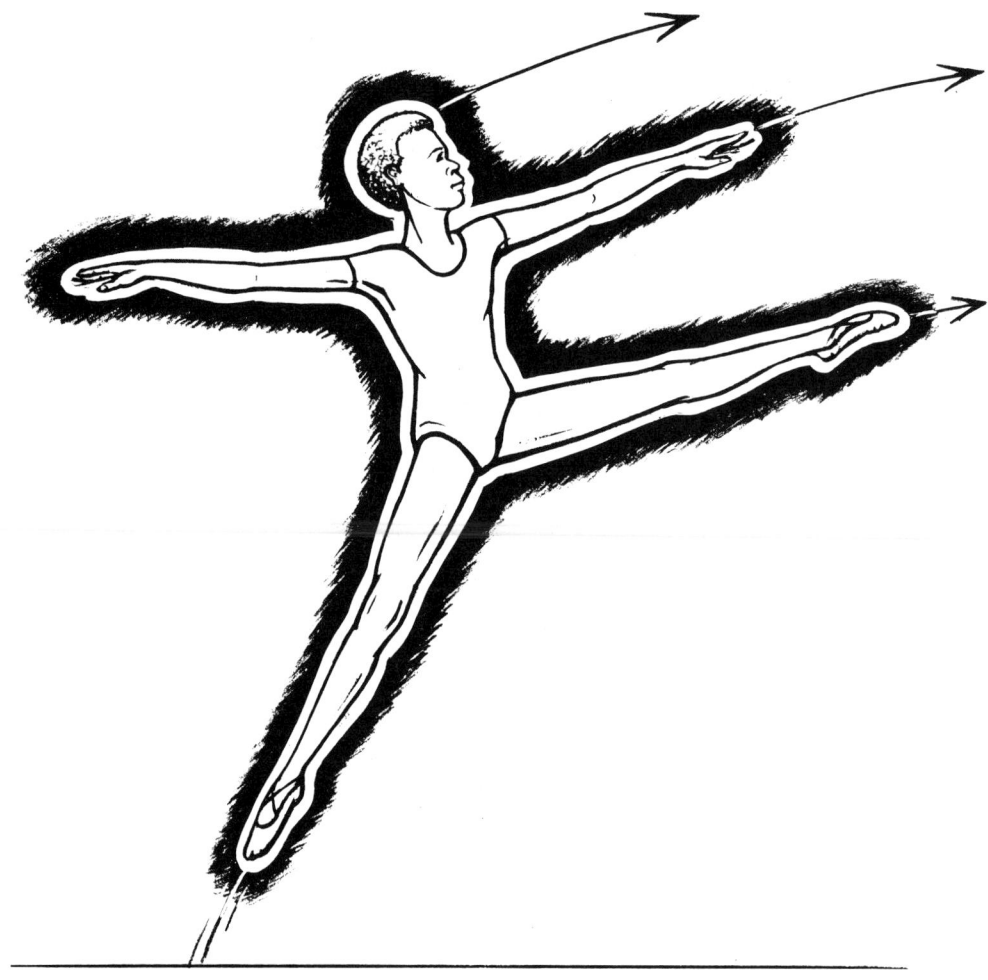

b) *Sissonne ouverte:* Stellen Sie sich eine präzise, *Sissonne*-artige Gussform vor, in die Sie hineinspringen werden (Absprung und Landung mit zwei Beinen). Diese Form hängt im Raum und ist bereit, Sie zu empfangen und sicherzustellen, dass Sie die Figur perfekt springen.

4. **Hüpfender Stein** (Sprünge durch den Raum): Bevor Sie mehrere Sprünge hintereinander ausführen, stellen Sie sich einen Stein vor, der über das Wasser hüpft. (Abbildung 11.6a) Lassen Sie sich nicht von der Vorstellung leiten, dass jeder Sprung ein einzelnes, abgeschlossenes Ereignis ist. (Abbildung 11.6b) Fassen Sie das vielmehr so auf, dass jeder Sprung zum nächsten führt.

Abbildung 11.6:
Hüpfender Stein

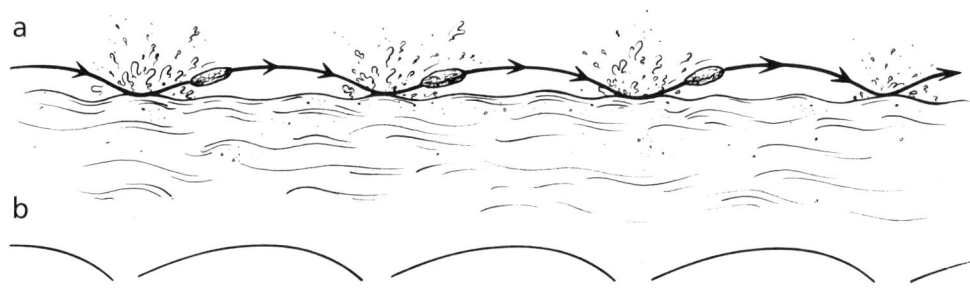

5. **Die Nadel und die Quaste im Wind** (*Grand jeté*, Sprünge durch den Raum): Stellen Sie sich den führenden Fuß vor, wie er den Raum durchdringt – wie eine Nadel, die den Stoff durchbohrt –, und das hintere Bein baumelt wie eine Quaste im Wind, der durch die Vorwärtsbewegung erzeugt wird. (Abbildung 11.7; vgl. auch Abbildung 2.5, „Den Raum durchschneiden")

Abbildung 11.7:
Die Nadel und die Quaste
im Wind

6. **Durch Moleküle gleiten** (Sprünge durch den Raum, beliebige Sprünge): Gleiten Sie durch den Raum, rutschen sie durch ihn hindurch – wie wenn Sie Ihren Arm in ein Seidehemd gleiten lassen. Spüren Sie, wie die Luftmoleküle an Ihrem Körper vorbei in die entgegengesetzte Richtung gleiten.
7. **Eine Spur hinterlassen** (Sprung durch den Raum): Wie ein Düsenflugzeug am Himmel lassen Sie hinter sich einen Kondensstreifen zurück. Ihre „Flugbahn" wird dadurch genau erkennbar.
8. **Fliegender Teppich:** Ihr Beckenboden ist ein fliegender Teppich, der Sie durch den Raum trägt. Der fliegende Teppich unterstützt das Becken und treibt es an, er erlaubt den Beinen, sich frei zu bewegen und auszustrecken.

Die Atmung vor dem Springen

Die Art und Weise, wie Sie atmen, beeinflusst die Koordination und die Qualität eines Sprungs sehr. Ich ziehe es vor, keine bestimmte, einheitliche Atemtechnik zu unterrichten. Ich versuche stattdessen die Tänzer durch Experimentieren selbstständig freiere Atemmuster finden zu lassen. Manchmal verursacht die gut gemeinte Anweisung „Atmen Sie tief" das Gegenteil von dem, was man wünscht: Anspannung.

Machen Sie das folgende Experiment während eines einfachen senkrechten Sprungs mit beiden Beinen: Während der Vorbereitungsphase (*Plié*) atmen Sie aus; wenn Sie sich in die Luft stoßen, atmen Sie ein. Versuchen Sie wiederholte Sprünge mit diesem Atemmuster. Versuchen Sie dann das Gegenteil: Während der Vorbereitungsphase für den Sprung (*Plié*) atmen Sie ein; wenn Sie sich in die Luft stoßen, atmen Sie aus. Sie finden vielleicht, dass eine der beiden Versionen viel leichter auszuführen ist als die andere oder dass eine dieser Techniken Ihnen hilft, die Sprunghöhe zu verbessern.

Eine gut abgestimmte Ausatmung bei der Landung lässt Ihren Schwerpunkt nach unten sinken und erhöht Ihre Stabilität. Wenn Sie den Atem in der Luft anhalten, hemmt das die Fähigkeit, die Körpermasse subtil zu verschieben – abgesehen davon, dass es auch verkrampft aussieht. Das Atembewusstsein erhöht auch die Präsenz während des Sprungs und gibt Ihnen größere Kontrolle über jeden Augenblick der Bewegung.

Übungen: Vorstellungsbilder für das Atmen im Zusammenhang mit Sprüngen

1. **Atemvariationen bei der Landung:** Probieren Sie mehrere Variationen für das Landen nach einfachen Sprüngen aus. Halten Sie zuerst Ihren Atem an, wenn Sie landen, dann atmen Sie ein, wenn Sie landen, und schließlich atmen Sie aus, wenn Sie landen. – Sie spüren vielleicht, dass diese Atemvariationen sich sehr unterschiedlich auf Ihren Körper auswirken. Sehr wahrscheinlich wird sich das *Ausatmen* bei der Landung am stabilsten anfühlen.

2. **Den Atem fallen lassen:** Stellen Sie sich vor, dass Sie Ihren Atem auf den Boden fallen lassen können, wenn Sie nach einem Sprung landen. Ihr Atem fällt durch Ihren Körper und in Ihre Fersen, sobald Sie den Boden berühren.

3. **Der Atem und das Auslösen eines Sprungs:** Beobachten Sie, wie Sie Ihren Atem benutzen, wenn Sie zum Sprung ansetzen. Atmen Sie ein? Atmen Sie aus? Halten Sie Ihren Atem an? Im Allgemeinen werden Sie es leichter finden einzuatmen, wenn Sie einen Sprung einleiten.

4. **Arme, Atem und Sprünge:** Erfordert der Sprung einen Armschwung nach oben, so ist es normalerweise hilfreich einzuatmen, wenn Sie den Sprung auslösen. Synchronisieren Sie beim Ausatmen die Ausdehnung des Zwerchfells mit dem Strecken der Arme. Stellen Sie sich vor, dass der Atem sich als aktives Element Ihres Antriebssystems mit dem Armschwung und dem Rückstoß *(Rebound)* vom Boden verbindet und so dazu beiträgt, Sie in die Luft zu heben.

Elastische Sprünge und rhythmischer „Rebound"

Sie springen nicht durch Hebelkraft allein. Der *balon*, wie man in der Ballettsprache sagt, also die Leichtigkeit beim Springen kommt von der Elastizität des Bindegewebes. Die Kompression und Dekompression mit Flüssigkeit gefüllter Behälter wie Zellen, Fettgewebe und Organe ist erinnert an einen großen Gymnastikball, der teilweise mit Wasser gefüllt ist. Das Wasser im Ball vergrößert seine Erdung, aber vermindert seine Sprunghöhe.

Der menschliche Körper besteht zu 70 Prozent aus Wasser; der größte Teil davon befindet sich in Millionen von kleinen „Wasserballons: unseren Zellen.

Vergleichen Sie die „Formveränderungen" eines Tänzers, der gerade springt, mit denen eines durch den Raum springenden Balls. (Abbildung 11.8) Am Anfang des Sprungs hat sich die Kraft, die durch das Strecken der Beine erzeugt wird, noch nicht ganz nach oben durch den Körper fortgepflanzt. (Diese Kraftverzögerung würde nicht existieren, wenn wir stählern wären und nicht sozusagen Aquarien auf Füßen.) Die Verzögerung presst den Oberkörper leicht zusammen, der dadurch elastische und hydrostatische Energie speichert, die in den spateren Phasen des Sprungs abgegeben werden sollte. (Abbildung 11.8a)

Nach einer gleichmäßigen Aufwärtsbewegung (Abbildung 11.8b), am höchsten Punkt des Sprungs, gibt es einen Moment, da der Kopf noch aufsteigt und die Füße und Beine sich bereits nach unten bewegen (Abbildung 11.8c); dies verursacht die Illusion des Schwebens. Dann bewegt sich der ganze Körper gleichmäßig nach unten (Abbildung 11.8d).

Beim Landen verlangsamt das *Plié* die Bewegung Richtung Boden, während die Kraft des Erdrückstoßes wieder aktiviert wird. Der Oberkörper bewegt sich weiterhin nach unten, bis der Erdrückstoß wieder beginnt sich nach oben durch den Körper fortzupflanzen. Schließlich befindet sich der ganze Körper in einem maximal „zusammengedrückten" Stadium mit viel gespeicherter elastischer Energie für den nächsten Sprung (Abbildung 11.8e). Daher sind es nicht nur die Beine als Hebel und das Zucken der Muskelfasern, die den Sprung bestimmen, sondern auch die Qualitäten des elastischen Bindegewebes. Wenn diese auf ausgeglichene Art und Weise funktionieren (jede Zelle wie ein kleiner, mit Wasser gefüllter Ballon), werden unsere Sprünge gelingen.

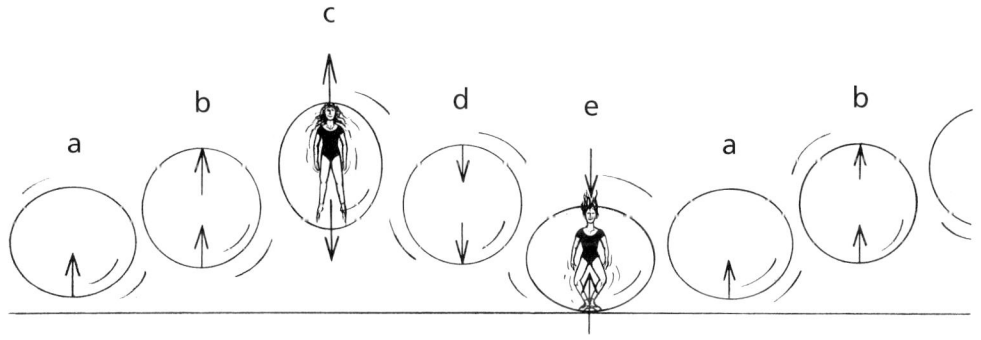

Abbildung 11.8: Springender Ball

Nur wenn Sie sich über die Phrasierung und Musikalität des Sprungs im Klaren sind, können Sie das Maximum aus Elastizität und Rückstoß als Elementen des Springens herausholen. Versuchen Sie das folgende Experiment: Ziehen Sie ein Gummiband auseinander und lassen Sie es dann wie zufällig wieder los. Ziehen Sie anschließend noch einmal das Band auseinander und lassen es wieder los – aber in einem bestimmten Rhythmus. Sie werden merken, dass es leichter ist, das Band rhythmisch in die Länge zu ziehen und wieder loszulassen, weil Sie dann den elastischen Rebound effizienter ausnutzen. Das Gleiche gilt für die Sprünge. Wenn Sie ein gutes Gefühl für den gesamten Rhythmus und die Phrasierung einer Sprungsequenz haben, wird es Ihnen viel leichter fallen, diese auszuführen. Dies gilt natürlich auch für Bewegungssequenzen *ohne* Sprünge.

**Übungen:
Vorstellungsbilder
für Sprünge**

1. **Klatschen und singen:** Vor dem Ausführen einer Sprungfolge klatschen Sie ihren Rhythmus. Wenn das zu laut ist, „klatschen" Sie vor Ihrem „mentalen Ohr". Sie können auch zählen oder den Rhythmus singen. Versichern Sie sich, dass Ihnen die rhythmische Phrasierung klar ist, bevor Sie springen.

2. **Zusammengedrückte Sprungfeder** (Sprünge in der ersten Position, *Changements*): Um einen hohen senkrechten Sprung mit guter Haltung zu machen, stellen Sie sich vor, dass Ihre Beine die Kraft einer zusammengepressten Sprungfeder haben, die senkrecht um Ihre zentrale Achse eingebaut ist. Diese Feder liefert die gesamte Kraft für den Sprung; der Oberkörper ist frei von jeglicher Anspannung. (Abbildung 11.9) Sie können auch Ihren ganzen Körper als eine große Sprungfeder ansehen oder den Oberkörper auf einer massiven Bein-Sprungfeder ruhen lassen. Die erste Version betont die Elastizität des ganzen Körpers beim Springen, während die zweite die Kraft des Sprungs betont, der in den Beinen entsteht, ohne dass der Oberkörper sich dabei verformen muss.

**Abbildung 11.9:
Zusammengedrückte
Sprungfeder**

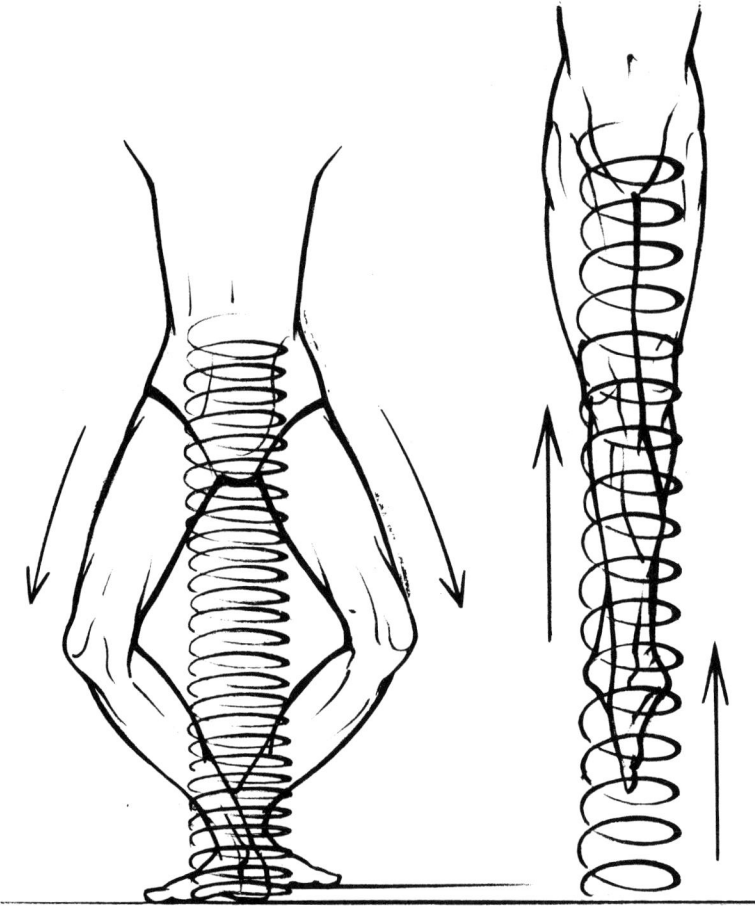

3. **Großer Gymnastikball** (senkrechte Sprünge): Während Sie die Sprünge machen, stellen Sie sich vor, Sie wären ein großer Gymnastikball, der vom Boden abprallt. (Vgl. Abbildung 11.8)

4. **Das Becken als Ball** (senkrechte Sprünge und Sprünge durch den Raum): Stellen Sie sich vor, der Boden läge unmittelbar unter Ihrem Becken. Stellen Sie sich das Becken als Ball vor, der auf diesem Boden rhythmisch springt. (Vgl. Abbildung I in der Einführung zu diesem Buch)

5. **Schwimmender Kopf:** Wenn Sie nach einem großen Sprung wie einem *Grand jeté en tournánt* landen, stellen Sie sich Ihren Kopf als auf Wasser schwimmend, von Wasser getragen vor. Dies wird Ihnen helfen den Körper zu stabilisieren und die Ausrichtung der Wirbelsäule zu verbessern, ohne den Nacken anzuspannen.

Die Arme spielen eine wichtige Rolle für effizientes Springen. Sie können Energie in Ihren Armen speichern und diese während eines Sprungs freisetzen. Indem Sie die Arme schnell nach oben bewegen, während Sie mit dem Boden immer noch in Verbindung stehen, verstärken Sie die Erdrückstoßkraft und schaffen einen höheren Sprung.

Die Funktion der Arme bei Sprüngen

**Abbildung 11.10:
Die Arme als Gegengewicht zum Oberkörper**

Sie können Ihre Arme auch dazu benutzen, einen Sprung auszubalancieren, wie man es in Abbildung 11.10 sehen kann; dort werden die Arme dazu benutzt, ein Gegengewicht zum Oberkörper zu bilden, der nach vorne geneigt ist. Hier können Sie sich vorstellen, der Oberkörper lehnte sich über einen Ball. Es ist diesmal nicht der Körper selbst, den Sie sich als Ball vorstellen. Wir benutzen das Bild eines Balles außerhalb des Körpers, um den Oberkörper und die Armkoordination zu unterstützen.

Um die Kraftanstrengung der Beine für sich alleine erfahren zu können, ist es hilfreich Sprünge zu üben, ohne dabei die Arme zu benutzen. Die Massai-Krieger in Afrika haben ein Springspiel, bei dem sie senkrecht in die Luft springen und erstaunliche Höhen erreichen, ohne ihre Arme zu benutzen. Sie beginnen zu üben, wenn sie noch Kinder sind.

**Übungen:
Vorstellungsbilder
für Sprünge mit Unterstützung der Arme**

1. **Schwebende Arme** (Sprünge jeder Art): Stellen Sie sich Ihre Arme als Schärpe oder Seidentuch vor; der Stoff schwebt und flattert, während Sie durch die Luft „segeln". (Abbildung 11.11)

**Abbildung 11.11:
Schwebende Arme**

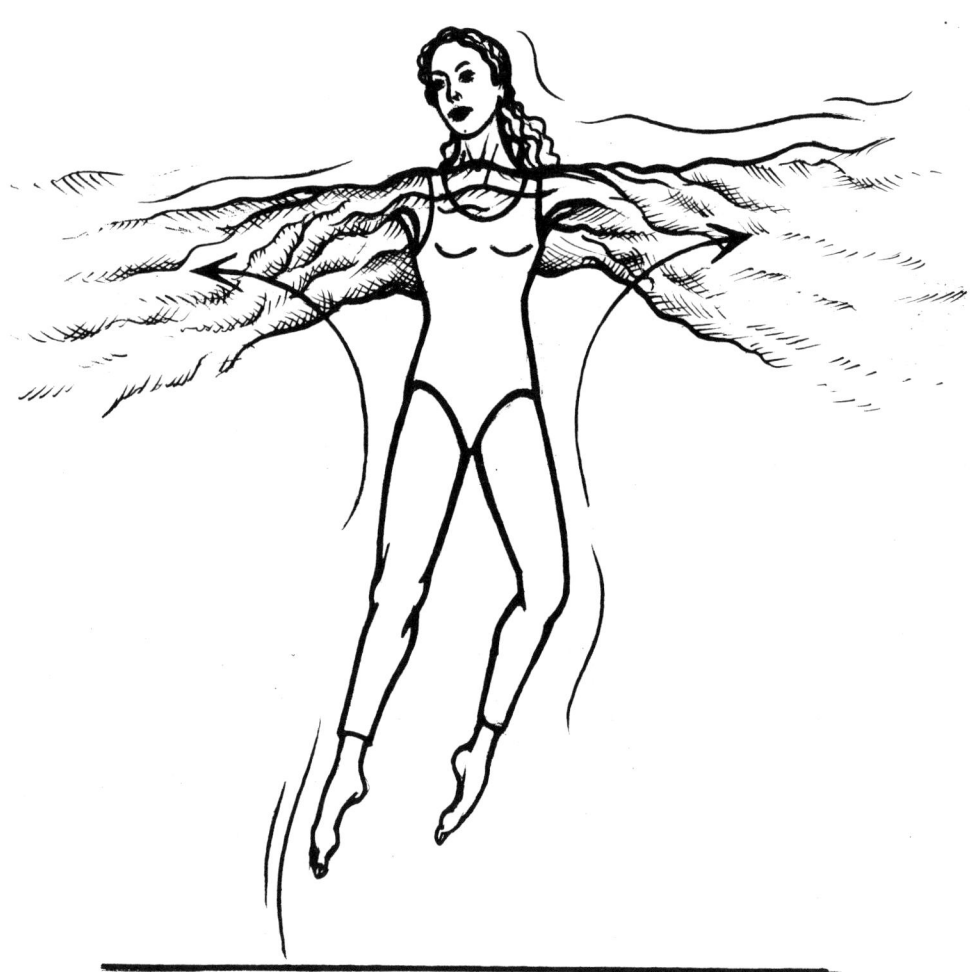

2. **Rhythmus der Arme und Beine** (Sprünge mit Wechsel der Armposition): Koordinieren Sie den Schwung der Arme mit dem Abstoß der Beine. Achten Sie auf den Rhythmus, der durch die Koordination der

Arm- und Beinbewegungen entsteht. Verbinden Sie diesen Rhythmus mit der Musikalität der ganzen Schrittsequenz.

3. **Drehungen und Verdrehungen** (Improvisation): Springen Sie in die Luft und bewegen Sie die Arme so schnell wie möglich in die verschiedensten Positionen. Visualisieren Sie dabei Ihren Schwerpunkt.

Wenn Tänzer einen „Feind" haben, dann sind es harte Böden. Keine noch so große Elastizität im *Plié* oder Perfektion in der Körperhaltung kann einen Boden wettmachen, der aus Zement oder Hartholz ist. Wenn Sie auf einem solchen Boden proben müssen, so tragen Sie Schuhe mit zusätzlicher Federung, sorgen Sie für gutes Aufwärmen und wechseln Sie, wenn möglich, das Tanzstudio. Auf jedem Boden hilft es, das vollständige Strecken, die volle „Hydraulik" des Beines einzusetzen. Die polsternde, abfedernde Wirkung ist am größten, wenn jeder Teil des Beines involviert ist: die Zehen, der Fußballen, die Sprunggelenke, die Knie- und Hüftgelenke. Der Fuß streckt sich nach dem Boden, damit das Bein in voller Länge, aber beugebereit ankommt. (Abbildung 11.12)

Harte Böden und weiche Landungen

Abbildung 11.12:
Abfedern mit einem Bein
(Foto: Mark Skolsky)

Auf diese Art können alle Gelenke für die längstmögliche Zeitspanne am Vorgang des Abfederns teilhaben; dies reduziert die Kräfte, die auf jedes einzelne Gelenk einwirken. Wenn Sie mit stark gebeugten Beinen am Boden ankommen, muss die Abwärtsbewegung über eine kürzere Entfernung gebremst werden, wodurch die Kräfte zunehmen, die auf die Gelenke einwirken.

Übungen: Vorstellungsbilder für Landungen

1. **Zellen fallen lassen** (Landen nach beliebigen Sprüngen): Wenn Sie von einem Sprung landen, behalten Sie äußerlich die Position bei, während Sie sich vorstellen, dass alle Ihre Körperzellen nach unten fallen und möglichst tief ankommen. Vergleichen Sie das Gefühl dabei mit der Stabilität eines Hirsesacks, der auf den Boden fällt und dann platt und unbeweglich daliegt. Halten Sie Ihren Atem nicht an – oder Ihr Körper wird wie ein Ball zurückprallen. (Im Gegensatz zum Anspannen macht dieses Bild es Ihnen eigentlich leichter, beim Landen das Bein in der *Arabesque* zu halten.)
2. **Nach dem Boden strecken** (Landung nach einem Sprung): Um die Bremsdauer zu maximieren, strecken Sie die Füße in Richtung Boden. Stellen Sie sich Ihre Beine flüssig vor, aber dennoch stark in dem Moment, da sie die Kraft Ihres Fallens bremsen.
3. **Trampolin** (Serie von Sprüngen): Stellen Sie sich den Boden als weiches, elastisches Trampolin vor, das Ihnen für den nächsten Sprung große Kraft verleiht.

Der Himmel ist die Grenze

Ich tanzte einmal bei Pier Eleven in New York und bemerkte, dass ich höher springe, wenn nur der freie Himmel über mir ist und nicht eine düstere Decke mit abbröckelndem Putz. Dies zeigt mir, dass die Höhe des Sprungs auch durch die Umgebung beeinflusst wird. Insofern kann die Vorstellungskraft unmittelbare Hilfe leisten, indem sie Ihre Umgebung in den idealen Ort für hervorragende Sprünge umgestaltet.

Übungen: Vorstellungsbilder für „grenzenlose" Sprünge

1. **Schweben im Raum** (beliebige Sprünge): Stellen Sie sich eine Kraft vor, die jede Zelle Ihres Körpers mit einer Aufwärtsbewegung durchdringt und es ihnen ermöglicht zu schweben. Sie können sich in der Luft auf dieser Kraft ausruhen. Diese Auftriebskraft dehnt sich über Ihren Körper hinaus in den Raum aus.
2. **Heliumzellen** (beliebige Sprünge): Jede Körperzelle ist ein Miniatur-Luftballon, der mit Helium gefüllt ist. Es befindet sich gerade genug Helium in ihm, dass er schwebt, aber nicht davonfliegt. Stellen Sie sich vor, dass ihre Umgebung mit vielen bunten, schwebenden Ballons angefüllt ist.
3. **Baumeln im Raum** (beliebige Sprünge): Stellen Sie sich vor, jeder Teil Ihres Körpers wäre an der Decke aufgehängt, hinge im Raum und baumelte leicht hin und her. (Abbildung 11.13)

Abbildung 11.13:
Baumeln im Raum

4. **Raumschnüre** (beliebige Sprünge): Jeder Teil Ihres Körpers hängt an einer Schnur, wie bei einer Marionette. Diese Schnüre lassen Sie durch den Raum fliegen wie eine Marionette, die von ihren Schnüren getragen wird. Eine Schnur oben am Kopf ist dabei besonders wichtig für die Körperhaltung und die Höhe des Sprungs.

5. **Aus den Wolken auftauchen** (*Grand jeté*, Sprung durch den Raum): Stellen Sie sich vor, Sie fliegen durch eine Wolke und tauchen beim Herauskommen auf der anderen Seite ins Sonnenlicht ein. (Abbildung 11.14)

6. **Die Erdanziehungskraft umkehren** (beliebige Sprünge): Stellen Sie sich vor, dass Sie eher zur Decke gehören als zum Boden. Fühlen Sie sich so, als ob der Himmel Sie mehr anzöge als der Boden.

7. **Rutschige Schräge:** Stellen Sie sich ein rutschiges Brett im Raum vor. Wenn Sie springen, gleiten Sie auf diesem Brett nach oben. (Abbildung 11.15)

Abbildung 11.14:
Aus den Wolken auftauchen

Abbildung 11.15:
Rutschige Schräge

8. **Partner-Luftblase:** Tun Sie so, als ob Sie und Ihr Partner in der gleichen Luftblase schweben könnten. Schweben Sie innerhalb dieser Blase, bevor Sie wieder landen. (Abbildung 11.16)

**Abbildung 11.16:
Partner-Luftblase
(Foto: Frank Gimpaya)**

Kapitel 12

Partnerarbeit

Die Partnerarbeit im klassischen und im modernen Tanz unterscheidet sich von der Kontaktimprovisation darin, dass die Figuren keine *spontanen* Ereignisse innerhalb des Zeitstroms sind. Dass eine vorgeschriebene Hebefigur im klassischen Tanz spontan aussieht, ist eine besondere Herausforderung. Die Schrittabfolge und bestimmte Techniken müssen gemeistert werden, das Timing, der Rhythmus, der Einsatz des Atems und eine effiziente Positionierung der beiden Körperschwerpunkte in Relation zueinander sind von übergeordneter Bedeutung für diese Hebefiguren. In der Partnerarbeit sind die Kräfte, die auf den Körper einwirken, erheblich größer. Es ist deshalb wichtig, während einer Probe mit Partnerarbeit körperlich und geistig voll präsent zu sein. Um Verletzungen zu vermeiden, müssen sich die Tänzer auf die biomechanischen Herausforderungen konzentrieren und dennoch dafür sorgen, dass ihre Ausdruckskraft auf natürliche Weise aus dem kinetischen Fluss ihrer Beziehung entstehen kann.

Korrektes Atmen und eine gute Körperausrichtung sind entscheidend für das nötige Timing und die Koordination. Es gibt zwei verschiedene Möglichkeiten die Atmung bei der Partnerarbeit einzusetzen. Die erste besteht darin, den Atem als Kraftquelle zur Unterstützung der Bewegung zu nutzen. Viele Tänzer tun das automatisch. Beim zweiten Ansatz wird der Atem nicht bewusst kontrolliert und eingesetzt; der Körper soll selbst die effizienteste Art finden, mit der Situation zurechtzukommen.

Es gibt viele Möglichkeiten, mit einem Tanzpartner in Verbindung zu stehen: Sie können so tanzen, als würden Sie durch die Bewegungen des Partners inspiriert; oder so, als ob Sie sich ständig miteinander verbinden und wieder voneinander lösen würden (sowohl physisch als auch gefühlsmäßig); Sie können tanzen, als ob Sie beide einzelne musikalische Noten wären, die zusammen einen harmonischen Akkord erklingen lassen.

Das Prinzip der synchronen Bewegung oder des „Einklinkens", nach dem zwei Dinge (oder Menschen) spontan den gleichen Rhythmus annehmen, ist vom Gesichtspunkt der Partnerarbeit interessant. Sympathetische Reaktionen wie die spontane Übernahme von Rhythmen scheinen auf natürliche Weise vorzukommen, wenn sich Menschen ganz nah sind. Das Herz eines Babys fängt an, sich dem Herzschlag der Mutter anzupassen, vielleicht nicht in der Geschwindigkeit, aber im Rhythmus. Atemmuster von Menschen, die zusammenarbeiten, können anfangen, dem gleichen Rhythmus zu folgen. Praktisch ausgedrückt bedeutet dies, wenn zwei Tanzpartner viel Zeit miteinander verbringen, und zwar jenseits einer oberflächlichen Ausführung der gleichen Tanzschritte, dann können sie mit ihrem gesamten Organismus in eine Art „Synchronisation", in Einklang kommen. (Abbildung 12.1)

Abbildung 12.1:
Zwei Mitglieder des
American Ballroom Theater
demonstrieren die Synchronisation ihrer Bewegungen und auch ihrer inneren Verfassung (Foto: Steven Speliotis)

Die New Yorker Tänzerin June Balish erinnert sich an das Einstudieren eines Tanzes mit vielen unbekannten Hebefiguren, zusammen mit der Tänzerin Mayra Rodriguez vom Frankfurter Ballett. June hoffte, technische oder sogar mechanische Instruktionen zu bekommen, aber ihr wurde nur gesagt: „Fliegen Sie einfach" – was in ihr ein Gefühl der Frustration und Unzulänglichkeit auslöste. Schließlich meisterte sie die Mechanik der Hebefiguren und nachdem das Werk mehrmals aufgeführt worden war, erkannte sie, dass die Hebefiguren tatsächlich am besten funktionierten, wenn sie „einfach flog". Sobald sie dieses Gefühl hatte, waren die Hebefiguren kein Problem. Bilder aus der Kontaktimprovisation können auch in der technischen Partnerarbeit benutzt werden. Gemeinsam zu atmen und die Körpermitten miteinander zu verbinden, diese Verhaltensweisen sind in allen Arten der Partnerarbeit nützlich.

**Übungen:
Vorstellungsbilder
für die Partnerarbeit**

1. **Bewegungen gleichen Ursprungs:** Nehmen Sie beim Tanzen die Bewegungen Ihres Partners wahr. Stellen Sie sich vor, dass Ihre Bewegungen aus der gleichen Quelle kommen und von der gleichen Absicht motiviert sind.

2. **Leichtigkeit visualisieren:** Wenn Sie gehoben werden, betrachten Sie sich als sehr leicht. Bilder können helfen, etwa: leicht wie eine Feder, wie eine Wolke oder wie ein schwebendes Blatt.

3. **Magnet an der Decke:** Beide Partner stellen sich an der Decke des Raumes einen Magnet vor, der die Person anzieht, die gerade gehoben wird. Der Magnet zieht die Person nach oben und lässt sie im richtigen Moment wieder los.

4. **Ausrichtung der Schwerpunkte:** Stellen Sie sich bei einer Hebefigur über den Kopf Ihren Schwerpunkt vor. Richten Sie den Schwerpunkt Ihrer Partnerin genau senkrecht über Ihrem Kopf aus. (Abbildung 12.2)

**Abbildung 12.2:
Ausrichtung der Schwer-
punkte**

5. **Den Partner anleuchten:** Stellen Sie sich vor, dass Sie ein Leuchtstab sind, der ihren Partner erhellt. Wenn sich Ihr Partner bewegt und dreht, werden verschiedene Seiten seines Körpers durch Ihr Glühen erleuchtet.

6. **Verbindungen:** Stellen Sie sich vor, dass es viele unsichtbare Verbindungen zwischen Ihnen und Ihrem Partner gibt. Diese Verbindungen können Energiebahnen sein, Lichter, bunte Schnüre, Seidenschals.

7. **Reflexionen:** Stellen Sie sich vor, dass Sie das Spiegelbild des anderen sind.

8. **Skulptur:** Betrachten Sie sich und Ihren Partner als *eine* Skulptur, die aus *einem* Stück (!) des gleichen Materials (Holz, Stein …) besteht. Nutzen Sie das Gefühl für Gewicht und Volumen, das man bei einer guten Skulptur bekommt. (Abbildung 12.3)

9. **Bildhauer spielen:** Stellen Sie sich vor, einer von Ihnen ist der Bildhauer, während der andere das Material ist. Sie können auch gleichzeitig Bildhauer und Material sein. Seien Sie eine sich entwickelnde Skulptur, die nie in einer festen Form existiert.

10. **Ballonsonden:** Die Person, die gehoben wird, kann sich vorstellen, dass eine Vorrichtung aus Schnüren oder Haken (Ballonsonden) an ihr befestigt ist und sie sachte in die gewünschte Position und Figur hebt. (In *Rejoyce* vom *Pilobolus Dance Theater* ist ein Tänzer wirklich der Partner eines anderen, der an Seilen und Flaschenzügen hängt und so über der Bühne schwebt.)

11. **Neue Kreatur:** Stellen Sie sich vor, Sie verschmelzen mit Ihrem Partner zu einer einzigen Kreatur, zu einem neuen Lebewesen. (Abbildung 12.4)

12. **Gemeinsam benutzte Bilder:** Außer wenn Sie allein tanzen, müssen Sie sich über jedes Bild austauschen, das Sie benutzen, sei es abstrakt, bildhaft, visuell oder kinästhetisch. Wenn Ihre Vorstellungsbilder nicht koordiniert sind, kann Ihr Tanz an Ausdruckskraft verlieren.

Abbildung 12.4:
Neue Kreatur

TEIL III

Vorstellungsbilder
für die
choreografische Arbeit
und den
Bühnenauftritt

Im Tanztraining jeglichen Stils müssen Sie immer auch an den Fähigkeiten für den Auftritt arbeiten. Es geht nicht nur um körperliche Leistung wie hohe Beine oder Mehrfachdrehungen, im Training geht es auch um Präsenz und Ausdruckskraft, die Sie auf der Bühne brauchen. In diesem Sinne haben wir uns in den vorherigen Kapiteln für den Bühnenauftritt vorbereitet. Wenn Sie die körperlichen Fertigkeiten von der Einstellung trennen, mit der Sie an die Aufführung herangehen, wird es für Sie später schwierig werden, diese wieder zusammenzubringen. Deshalb gibt es wahrscheinlich relativ wenige „talentierte" Bühnendarsteller unter den Tänzern, die sich noch in Ausbildung befinden. Die „richtigen" Künstler, die „wahren" Darsteller, zeigen sich *immer* so, als wären sie auf der Bühne.

Es geht hier nicht darum, ein ganz neues Konzept einzuführen; dieses Kapitel greift auf unsere bisherige Erfahrungen und Kenntnisse zurück, um einen Zustand optimaler Bereitschaft für die Proben und den Bühnenauftritt zu schaffen. Wir lernen Vorstellungsbilder kennen, die uns helfen, vor und während einer Vorstellung konzentriert und zielgerichtet zu bleiben. Wenn Sie im „Auftrittsmodus" trainiert haben, sollte das relativ einfach sein.

Viele Choreografen schätzen Tänzer, die sich mit *ihrer* Vision eines Tanzes identifizieren können. Maija Plissezkaja, die frühere Primaballerina des Bolschoi-Theaters, sagte, die wichtigsten Erlebnisse in ihrer Karriere habe sie bei der Arbeit mit Roland Petit und Maurice Béjart gehabt. Diese verlangten nicht *Pliés* und *Arabesquen*, sondern Charakterrollen, die vor Geisteswitz sprühten (Kunckel 1994). Um dies auf effiziente Art und Weise machen zu können, müssen Tänzer in der Kunst der Selbstverwandlung trainiert werden. Bei der Vorstellungskraft geht es um Verwandlung, technische wie artistische.

Manche Choreografen nutzen Vorstellungskraft auf verschwenderische Weise, um die Absicht jedes einzelnen Schrittes zu verdeutlichen und um die gewünschte Aufführungsstimmung zu kreieren. Andere Choreografen bemühen selten die metaphorische Vorstellungskraft (wie beispielsweise Hände als Blumen, die im Sonnenlicht aufblühen), sondern weisen nur auf die richtige mentale, emotionale und physische Stimmung hin. Auch wenn der Tanz „nur" verlangt, dass man im Moment präsent ist und die räumlichen Beziehungen zwischen den Tänzern auf der Bühne erlebt, kann dies eine signifikante Veränderung in ihrem mentalen Zustand bewirken. Wenn sie vor einer Probe beim Lebensmitteleinkauf waren, sind sie vielleicht nicht gerade in der Stimmung, eine räumliche Beziehungen wahrzunehmen. Aber die Fähigkeit, sich sofort mit einem neuen Bewusstseinszustand zu identifizieren, verlangt ein neues Bild ihres mentalen Prozesses, das durch konstantes Üben erworben werden kann.

Kapitel 13

Psychologie, Vorstellungsvermögen und Choreografie

Um die Bedeutung der Vorstellungskraft im choreografischen Prozess besser zu verstehen, müssen wir uns in einige Aspekte der Psychologie vertiefen, die mit dem Erzeugen von Bildern verbunden sind. Wie stark ein Bild uns oder die Zuschauer beeinflusst, das hängt ab vom individuellen psychischen Zustand. Der Schweizer Tiefenpsychologe Carl Gustav Jung war eine Schlüsselfigur für die Reintegration der inneren Bilderwelt in das psychologische Menschenbild. In seinem Buch *Anima* schreibt James Hillman:

„Jung wurde zu Jung durch seine Begegnung mit der Imagination. Die (Wieder-) Belebung der Bilder führte zu seinem psychologischen Credo, zu seiner persönlichen psychologischen Position und zu seinem Sinn für Persönlichkeit. Aber jede therapeutische Methode, die auf die Wiederherstellung einer belebten, personalisierten Welt abzielt, muss – und dies auch im Therapeuten selbst – die absolute Realität des personifizierten Bildes wiederherstellen." (HILLMAN, 1985, S. 113)

Mehrere psychologische Techniken zielen darauf hin, Körper und Geist vorrangig mit Hilfe innerer Bilder zu harmonisieren. Zwei davon stoßen sowohl als Therapie wie auch als kreative Instrumente auf großes Interesse: *Aktive Imagination* und *Katathymes Bilderleben*.

Der Begriff der Aktiven Imagination ist von C. G. Jung geprägt worden (1959). Armin Wanner, ein Jungscher Psychologe (wohnhaft in New York), erklärte mir 1993 die Aktive Imagination folgendermaßen:

Aktive Imagination nach C. G. Jung

„Jung sagt, dass der Prozess mit einem Bild beginnt, oft eine Figur oder ein Ereignis aus einem Traum, an das Sie sich erinnern. Betrachten Sie es genau und schauen Sie, wie das Bild beginnt sich zu entwickeln und zu verändern. Versuchen Sie nicht willkürlich, es in etwas zu verwandeln, sondern beobachten Sie die spontanen Veränderungen, die vor sich gehen. Jedes mentale Bild, das Sie betrachten, wird sich früher oder später durch eine spontane Assoziation verändern. Bleiben Sie bei dem

Bild (das Sie ausgewählt haben), bis es sich verändert. Schreiben Sie alle Veränderungen auf, die Sie sehen, und machen Sie schließlich einen nächsten Schritt mit ihrer Vorstellungskraft, indem Sie sich selbst in das Bild versetzen. Falls es in Ihrer Imagination eine Figur gibt, die sprechen kann, so sprechen Sie sie an, hören Sie ihr zu, was sie Ihnen zu sagen hat. Auf diese Weise können Sie nicht nur ihr Unbewusstes analysieren, sondern Sie geben dem Unbewussten auch die Chance, Sie zu analysieren."

Anfangs sollte dieser Prozess unter der Obhut eines Psychologen gemacht werden, fügte Wanner hinzu.

Jolande Jacobi, eine von Jungs Studentinnen, zeigt in ihrem Klassiker aus dem Jahr 1969, *Vom Bilderreich der Seele*, wie jemand ein Bild, das aus dem Unbewussten aufsteigt, festhalten kann, indem er es zeichnet oder malt, mit Lehm modelliert oder tanzt. Die Fähigkeit, diese Ideogramme, wie Jung sie nannte, zu „fotografieren", ist ebenfalls eine Form Aktiver Imagination. Unter passive Imagination würden Tagträume fallen, Bilder, die einfach an Ihnen vorbeiziehen, ohne dass Sie sie in der einen oder anderen Form erfassen.

Jacobi sagt, dass die Bilder der Aktiven Imagination viel mehr ausdrückten, als man intellektuell kommunizieren könnte. Eine intellektuelle Analyse unbewusster Inhalte ist – das liegt in ihrer Natur – spekulativ. Wenngleich die Autorin sagt, dass Bilder aus dem Unbewussten die Basis von Kunst bildeten, macht sie auch die sehr wichtige Unterscheidung zwischen therapeutischer und künstlerischer Anwendung. Der strukturierende und kreative Impuls eines wahren Künstlers muss mit diesen Bildern zusammenkommen, um das Kunstwerk zu kreieren.

Die Aktive Imagination ist ein wichtiges Mittel, eine Improvisation zu initiieren, die zu einem strukturierten Tanz führt. Viele Choreografen benutzen ähnliche Methoden, obwohl sie vielleicht nie von Jungs Begriffen gehört haben. Kann der Künstler diese universellen Quellen (oder das, was Jung das „kollektive Unbewusste" nennt) nutzen, dann ahnen die Zuschauer wohl eine tiefere Bedeutung hinter dem Tanz, obwohl sie möglicherweise auf der intellektuellen Ebene mit dem Inhalt nicht viel anfangen können. Natürlich sind nicht alle Bilder universell. Manchmal kann ein sehr bedeutungsvolles Bild aus dem persönlichen Unbewussten des Künstlers große Bedeutung für *ihn* haben, nicht aber für die Beobachter oder Zuschauer.

Aktive Imagination in der choreografischen Arbeit

Ein Choreograf mag ein Erlebnis aus seinem alltäglichen Leben, einen Traum oder ein spontan aus seinem Unbewussten auftauchendes Bild als Keimidee für eine Choreographie benutzen. Eine Fotografie oder ein flüchtiges, vorbeiziehendes Bild kann der Funke sein, der den choreografischen Prozess auslöst. Viele Tänze aber entwickeln sich aus einer Art „bewegungsaktiver" Imagination. Die „bewegungsaktive Imagination" kann mit einem Bild aus einem Traum beginnen. Falls Sie in der letzten Szene ihres Traums auf den Boden schwebten, um dort weich zu landen und die Nase anzustoßen (so endete einmal einer meiner Träume), können sie diese Erfahrung benutzen, um ihre Erforschung zu beginnen. Das kinästhetische Bild des Schwebens und das visuelle Bild vom Fallen auf den Boden sind grundlegende Komponenten. Sie warten dann und beobachten, wie sich die Bewegungsbilder entfalten. Setzen Sie keinen Druck auf, lassen Sie das Erlebnis in seiner eigenen Geschwindigkeit entstehen.

Man kann auch mit Hilfe der auftauchenden Bilder sprechen. Falls sich ein Bär nähert, während Sie Ihre Nase überprüfen, können Sie den Bär fragen (durch Bewegung), was er will. Der Bär antwortet vielleicht oder verwandelt sich in eine Schlange. Wenn Sie fortfahren, verwandelt sich die Schlange vielleicht in einen Vogel, die Landschaft verändert sich ebenfalls. Fahren Sie fort und gehen Sie auf die Bilder ein, die auftauchen.

Wenn Sie gerne in einem Buch über Aktive Imagination lesen möchten, schlage ich Ihnen griechische Mythologie vor, die Jung als eine Kollektion Aktiver Imaginationen bezeichnete, die von einer ganzen Gesellschaft hervorgebracht wurden. In diesen Sagen finden dauernd Umwandlungen statt. Arbeiten Sie mit dieser Quelle, so ist es wertvoll, wenn Sie mit den *Archetypen* vertraut sind, also den grundlegenden Symbolen essentieller menschlicher Qualitäten, die über Tausende von Jahren durch konstantes (Wieder-) Auftauchen bestimmter Verhaltenszüge bestimmt wurden.

In ihrem Buch *Tanz und Imagination* (1992) schreibt Martina Peter-Boelander, dass Martha Grahams Tanzstil als eine Form Aktiver Imagination zu verstehen sei. Schon die Titel ihrer Tänze lassen auf archetypische Vorstellungen schließen: „Die archaischen Stunden", „Zeitvertreib der Engel", „Tode und Entzückungen". Isidora Duncans Schriften sind eine köstliche Vermischung von mythischer und persönlicher Vorstellungskraft.

„Ist es nicht wahr, dass der ganze Segen Gottes in den Frauen ist ..., dass die wundervolle Leichtigkeit des Tieres, dass die Gesten der Blume in ihr sind? Sie ist die stolze Jägerin, die jungfräuliche Walküre, Botticellis 'Frühling', die laszive Nymphe, die betrunkene Bacchantin, Antigone in Tränen, die Mutter an der Wiege, die Betende am Alter, die Priesterin in der heiligen Grotte, die Obszöne und die Keusche ... Schließlich ist sie ein Fresko sich verändernder Grazie, ihr Körper schwebt ... wie Seide im Wind, Prinzessin der Rhythmen, den Tanz im Garten des Lebens vollführend." (BROWN 1979a, S. 10-11)

Aktive Imagination ist nichts für Furchtsame. Sie kann in neue Welten führen. Haben Sie eine Vertrauensperson dabei für den Fall, dass Sie Hilfe brauchen, um aufsteigende Visionen besprechen oder dass Sie auf unbekannten Grund laufen.

Katathymes Bilderleben

Die Methode des Katathymen Bilderlebens ist von Leuner, einem Jung-Schüler, entwickelt worden. ARMIN WANNER beschreibt sie wie folgt:

„Der Psychologe fordert den Klienten auf, ein spezifisches Bild zu visualisieren, beispielsweise von einer Wiese, einem Fluss, einem See oder einem Berg. Der Klient beschreibt daraufhin das gewählte Bild in so lebendigen Details wie möglich und macht so aus dem vorgeschlagenen Bild sein eigenes, persönliches. Wenn das Bild beendet ist, betrachtet der Klient das Bild und schaut, welche spontanen Emotionen, Gefühle und Wirkungen aus diesem Bild aufsteigen."

Viele Improvisationsformen gehen ähnlich vor wie das Katathyme Bilderleben. Der Trainer oder Gruppenleiter schlägt ein Bild vor, das zum Katalysator für das Erforschen von Bewegungen wird.

Bild, Emotion, Körperhaltung und Gleichgewicht sind miteinander verflochten; Körper und Geist beeinflussen sich unaufhörlich gegenseitig. Bilder zu unterdrücken, weil jemand sagt, Tanz sei rein körperlich und nicht bildlich-emotional, erzeugt Probleme. Natürlich ist der Fokus auf dem Körper und seiner physischen Präsenz. Es geht nicht darum, in Tagträumen zu verharren, ohne den Körper in der Bewegung wahrzunehmen. Aber Körperlichkeit in ihrer Ganzheit hängt vom individuellen Körperbild ab. Der Grund dafür, dass ein körperlich sehr ausdrucksstarker Tänzer Schwierigkeiten hat zu beschreiben, was er macht, liegt darin, dass Körperlichkeit ein komplex zusammengesetztes Bild ist. Er tanzt einfach und man spürt die Poesie der komplexen Bilderwelten.

Wann sind Bilder symbolisch?

Merce Cunningham wies 1988 in einem Interview mit Nancy Dalva für das *Dance Magazine* in unnachahmlicher Weise auf seinen Symbolismus hin:

„Ich machte nie ausdrückliche Quellenangaben. Ich habe viele Quellen, viele Bilder, so dass ich in diesem Sinn keine Bilder habe. Weil ich ganz einfach das eine Bild durch das andere ersetzen kann, im Joyce'schen Sinne, dass es nicht ein Symbol gibt, sondern mehrere – eines kann auf dem anderen aufbauen, oder du kannst plötzlich etwas haben – das scheinbar Gleiche –, das etwas ganz anderes geworden ist."

Das Wort „Symbol" stammt aus dem Altgriechischen und bedeutet „das Zusammengeworfene". Als partielle Repräsentation einer größeren Realität ist ein Symbol wie die Spitze eines Eisbergs. Der größte Teil des Eisbergs ist verborgen. Seine wahre Größe und Form können wir nicht sehen. In seinem Buch *Jung to Live By* schreibt EUGENE PASCAL (1992):

„Ein Symbol drückt etwas aus, das nicht rational ist und in der normalen Sprache nicht beschrieben werden kann, denn die gewöhnliche Sprache kann nur mit dreidimensionalen Realitäten angemessen umgehen. Das Symbol ist eine Form von

seelischer Sprache mit bestimmten Qualitäten. Symbole drücken innerseelische Prozesse durch Bilder aus. Wenn Bilder aus den Tiefen ins Bewusstsein steigen, drücken sie ihre Bedeutung dem Ego-Bewusstsein auf mit einem Ansturm von seelischer Energie eines bestimmten Kalibers, einer bestimmten Qualität und Form."

Einige der Bilder, die in unser Bewusstsein kommen, wenn wir tanzen, sind von Natur aus symbolisch und beschwören versteckte Bedeutungen und Effekte herauf, die jenseits von Worten und Aktionen liegen. Ist das Bild eines „Flusses, der durch deine Gliedmaßen fließt und die Energien des Körpers verbindet", ein Symbol? Für einige mag es eine spontane Enthüllung sein, die aus dem Innersten kommt und bedeutungsvoll ist. Für andere hat es keinen symbolischen Gehalt, obwohl es ein hilfreiches Bild ist, das der Lehrer vorgeschlagen hat.

Bilder, die Sie selbst kreieren, haben die größte Auswirkung. Das heißt nicht, dass sie programmierte (von Außenstehenden vorgeschlagene) Bilder als Leichtgewichte ansehen sollten. Manchmal wirkt sich ein Bild, das vom Choreografen oder Lehrer vorgeschlagen wird, beim ersten Mal kaum aus, aber Wochen, Monate, ja Jahre später steigt es aus den Tiefen Ihres Seins wieder empor, ist äußerst bedeutungsvoll und ganz klar mit all seinen Zusammenhängen. Dies sind Schlüsselerfahrungen zum Verständnis der Wirkung von Bildern.

Bilder mit symbolischem Gehalt erscheinen oft in Träumen. Ich träumte einmal, dass ich eine Tür aufmachen musste. Auf der anderen Seite sah ich Tänzer eine Choreografie aufführen, die für mich so ansprechend war, dass ich mit ihrer ganzen Bedeutung vor Augen aufwachte, aber ohne die eigentlichen Schritte. Die äußere Form musste noch kreiert werden, aber die kinästhetische Bedeutung, das Gefühl davon, war schon da, obwohl ich es nicht in Worte fassen konnte. In einem Tanz des Choreografen Jan Wodinsky an der *New York University School of the Arts* hörten wir Stimmen von unter der Erde kommen und versuchten zu sehen, wer die Kreaturen waren und was sie sagten – ein einziger imaginativer Impuls.

Archetypische Bilder nach C. G. Jung

Archetypen (ein von C. G. Jung geprägter Begriff) sind kollektiv erschaffene Bilder, die universelle Gültigkeit und Wirkung haben, wenn sie auch in verschiedenen Kulturen jeweils anders verkörpert werden. „Archetypen sind Bilder, die uns begleiten seit der Morgendämmerung der Zeit", schreibt CAROL S. PEARSON in ihrem Buch *Awakening the Heroes Within* (1991). Wir sehen sie in wiederkehrenden Bildern in der Kunst, in der Literatur, in Mythen und in der Religion widergespiegelt. Wir wissen, dass sie archetypisch sind, weil sie überall zu finden sind, zu allen Zeiten und an allen Orten. Pearson beschreibt, wie wir Archetypen gemäß unseren eigenen, persönlichen Ansichten erklären:

Sie können Götter oder Göttinnen sein, Metaphern, unsichtbare Gedankenmuster, Hologramme, die das Ganze in jedem ihrer Teile beinhalten. Ihr Stempel kann in Kunst, Literatur, Träumen, Mythen und Legenden durch alle Zeitalter gefunden werden. Von Petipa-Iwanows *Schwanensee* bis Pina Bauschs *Café Müller* wimmelt es in der Choreografie von archetypischen Vorstellungsbildern. James Hillman schreibt in seinem Buch *Anima*:

„Ich bin sicher, dass wir alle den rettenden Helden erkennen, den weisen alten Mann, die behütende Mutter, den wilden Menschen, Jungs 'verlockende Nixe', ein boshaftes Wesen, das unseren Weg in unzähligen Verwandlungen und Verkleidungen kreuzt und alle Tricks gegen uns ausspielt, uns glückliche und unglückliche Täuschungen, Depressionen und Ekstasen vorgaukelt." (HILLMAN, 1985, Seite 83)

Kapitel 14

Vorstellungsbilder
und choreografischer Prozess

In einem Interview sagte Martha Graham, dass ihre Werke eine emotionale Herausforderung darstellten, indem sie verlangten, dass man Extreme erlebe – von Verrücktheit bis Gesundheit, von Rauheit bis Zärtlichkeit, von List bis Liebe, von Ekstase bis Zerknirschung, von Sünde bis Jubel, von Spiritualität bis zu intensiver Sinnlichkeit:

„Das kann man nicht trainieren. Der Tänzer muss auf die Vorstellung reagieren können, die eine Bewegung formt, auf die Logik, wieso eine Bewegung von hier nach dort führt, und er soll die Motive und Gefühle einer Figur in jedem Augenblick verstehen können." (HOROSKO 1991)

Viele Choreografinnen und Choreografen schlagen beim Einstudieren eines Tanzstücks Bilder vor, um zu verdeutlichen, was sie meinen, oder um das „Interieur" des Tanzes zu kreieren, wie Tally Beatty mir einmal sagte. Andere benutzen selten metaphorische Bilder, sprechen aber über Qualitäten und Energie. Tänzer sollten so viele Informationen wie möglich über die auszuführende Bewegung erhalten, indem sie entweder den Bewegungen des Choreografen zuschauen oder indem sie präzise, dynamische Instruktionen bekommen. Viele dieser Instruktionen münden in Bilder. Hier sind einige der Bilder, die ich einsetzte, als ich 1994 einen Tanz für das *American Dance Festival* choreografierte:

- Stellen Sie sich Diamanten vor, die an Ihrer Hüfte funkeln, wenn Sie sie schwingen.
- Schlagen Sie Ihre Augenlider auf wie Schmetterlingsflügel.
- Lassen Sie Ihre Zehen durch den Raum gleiten wie Finger, welche die Sahne von einem Kuchen holen.
- Schreiten Sie durch baumelnde seidene Stoffbahnen.
- Stellen Sie sich vor, Sie bestehen aus Millionen beweglicher Gelenke.
- Schmelzen Sie zu Boden, während Sie sich vorstellen, dass Sie in ein warmes Schaumbad sinken.
- Lassen Sie Ihre Ausatmung den Raum mit Erregung anfüllen.

Diese Bilder bilden nicht die Grundlage für das ganze Stück, aber sie schaffen das „Interieur" der Schritte, die Ausstattung, welche hilft, einzelne

Bewegungen zu klären und zu bereichern, ihnen Tiefe und Charakter zu geben.

In ihrer Studie über den Einsatz mentaler Vorstellungskraft durch Maler, Tänzer und Musiker entdeckten Helane S. Rosenberg und William Trusheim, dass Choreografen sehr unterschiedliche Stile haben. Einige haben für Ihr Werk ein zentrales Bild, das den Tanz in seiner Entwicklung konstant stimuliert. Eine kinästhetisch orientierte Choreografin gab ihre Bilder über Berührung weiter. Eine andere betrachtete die Choreografie wie ein Kind, das sein eigenes Leben hat. Sie beschreibt seine frühe Existenz so: „Es begann zu sagen: Ich brauche das. ... Das funktioniert nicht. ... Das ist nicht richtig." (ROSENBERG 1987, S. 73)

Spontane Vorstellungen

Bisher hat sich dieses Buch auf bereits vorhandene Bilder konzentriert, die *gezielt eingesetzt* werden, weil man ein genau vorgegebenes Ziel erreichen möchte wie beispielsweise eine Verbesserung der Tanztechnik oder das Entdecken neuer Bewegungsqualitäten und Ausdrucksformen. Ein Choreograf erlebt aber auch *spontane* Bilder, die ihn zum Kreieren eines Tanzes inspirieren. Das kann im Rahmen Aktiver Imagination geschehen oder ausgelöst durch eine inspirierende Beobachtung. Amos Pinhasi, ein Choreograf aus New York, erzählt, wie er bei einem Spaziergang durch Felder vor den Toren Jerusalems von einer Brise, von den Geräuschen und den Farben der Natur die Inspiration für einen neuen Tanz gewann.

Wie bereits erwähnt sind wir auch im Schlaf für Vorstellungsbilder empfänglich. Eines Nachts bin ich mit der Idee aufgewacht, ich müsse nur im Proberaum stehen und ein imaginärer Choreograf werde meinen Körper für eine neue Choreografie formen, ihm die richtigen Schubser und Stöße geben. Manchmal muss man vielleicht bewusst um diese Eingebungen bitten, indem man seine Wünsche beim Namen nennt und den Bildern erlaubt aufzutauchen.

Um spontane Bildern zu erzeugen, kann man mit einer tiefen Entspannung beginnen; dies klärt den Geist, es öffnet ihn. Sie können sich auch vorstellen, wie auf einem Bildschirm vor Ihnen Geschichten ablaufen. Ein Choreograf, der „stecken geblieben" ist und nach Lösungswegen sucht, könnte diese Methode benutzen. Ganz allgemein gesagt: je mehr Sie mit Bildern arbeiten, die andere Ihnen vorschlagen, desto empfänglicher werden Sie auch für Ihre eigenen, spontanen Bilder.

Wenn Sie ein Problem mit einer Bewegung haben oder nach einem choreografischen Bild suchen, probieren Sie folgende Schritte:

1. Fragen Sie sich: Was ist das Problem, das ich lösen möchte? Welche Fähigkeit möchte ich gerne verbessern? Welches Gefühl möchte ich gerne vermitteln? Schreiben Sie diese Fragen auf ein Notizpapier.
2. Vertrauen Sie darauf, dass Sie eine Lösung finden werden. Sehen Sie sich vor Ihrem geistigen Auge, wie Sie in der Zukunft die Lösung gefunden haben. Denken Sie, wie einfach es war, das Bild zu finden.

3. Seien Sie bereit zu akzeptieren, was Ihnen in den Sinn kommt. Vielleicht ist es nicht das, was Sie erwartet haben.

4. Wenn Sie schlafen gehen, legen Sie Stift und Notizblock neben das Bett. Bevor Sie einschlafen, lesen Sie ihre Fragen noch einmal durch. Am nächsten Tag wachen Sie vielleicht mit einer Idee auf. Falls nicht, geben Sie nicht auf und versuchen Sie es die nächste Nacht noch einmal.

5. Schauen Sie den Tänzern während des Unterrichts oder auf der Bühne zu und achten Sie nicht auf technische Fehler. Fragen Sie sich: Was machen sie, das interessant oder wertvoll ist, das mich inspiriert? Wen verfolge ich mit aufmerksamem Blick und wieso? Was berührt mich, was lässt mich draußen stehen, wovon möchte ich noch mehr sehen?

6. Geben Sie nicht auf, wenn sich ein Bild nicht sofort einstellt.

Visionen von neuen Tänzen

Alma Hawkins, die frühere Direktorin der Abteilung Tanz an der Universität von Kalifornien in Los Angeles, schreibt:

„Bilder, und zwar sowohl solche aus der Erinnerung als auch spontane Visionen, sind die elementaren Zutaten für den kreativen Prozess. Sie bringen den Prozess voran und spielen eine bedeutende Rolle, wenn es darum geht, innovative Verbindungen zwischen den vielen Einzelheiten der sinnlichen Wahrnehmung herzustellen. Die Synthese, die sich aus diesem Prozess ergibt, liefert uns die Keimzellen für eine Choreografie." (HAWKINS 1991, S. 42)

Richard Buckle schrieb über Nijinskys Choreografie aus dem Jahr 1913 für Strawinskys *Le sacre du printemps:*

„Er musste sich neue Posen, Bewegungen, Gruppierungen vorstellen – bar jeder klassischen Virtuosität, was aber natürlich so hart akkurat auszuführen sein würde, dass es nur Ballett-Tänzer aufführen könnten. Dann musste er, wie im Faune, die widerwilligen Köpfe und Körper dieser Tänzer bändigen, die auf so andere Weise trainiert waren. Schließlich musste er den Schlüssel zur abgrundtief komplexen Partitur finden. Es war ein Unternehmen, das den erfahrensten Choreografen und den professionellsten Musiker verwirren würde. Nijinsky war keiner von beiden. Er hatte nur seine Vision und sein Genie." (BUCKLE 1971, S. 292-293)

Ein französischer Kritiker, Jacques Rivière, schrieb in der Novemberausgabe der *Nouvelle Revue Francaise* von 1913:

„Es ist ein biologisches Ballett. Es ist nicht nur der Tanz primitiver Menschen, es ist der Tanz vor der Menschheit ... Strawinsky erzählt uns, dass er das Aufwallen des Frühlings porträtieren wollte. ... Das ist aber nicht der normale Frühling, der von den Poeten besungen wird, mit seinen Brisen, mit Vogelgezwitscher, mit seinen bleichen Himmeln und dem zarten Grün. Hier gibt es nur den harten Kampf des

Wachstums, den panischen Terror der aufsteigenden Säfte, die furchtsame Neugruppierung der Zellen. Der Frühling gesehen von innen, mit seiner Gewalt, seinen Spasmen und seinen Zellteilungen. Es scheint, als würden wir ein Drama durch ein Mikroskop betrachten."

In der jüngeren Vergangenheit erklärte Zvi Gotheiner den Ursprung seiner Vision für *Erosion*, eine Tanzdarbietung, die er 1993 für das *Salt Lake City Repertory Dance Theatre* kreierte:

„Ich war im Bryce Canyon. Die roten Felsen gaben mir den Eindruck von etwas Organischem, als ob sie lebendig wären. Daraufhin hatte ich den Gedanken, was wäre, wenn jemand das Entstehen dieses Canyons über die Millionen von Jahren in fünf Minuten beobachten könnte."

Dorothy Stowe, Kritikerin der Zeitung *Desert News*, schrieb am 13. November 1993 über *Erosion*:

„Das Stück geht nahe an die Natur, beinahe in sie hinein, um das Gefühl von Zeitlosigkeit zu erspüren, um Äonen für Äonen in das Zeitalter der Vormenschlichkeit zu entschwinden, das den gedankenvollen Besucher, der sich zu den roten Felsen von Utah begibt, überwältigt. Die zehn Tänzer scheinen Urmenschen einer zeitlosen, undefinierten Ära zu sein."

In beiden Fällen (*Sacre …* und *Erosion*), haben kraftvolle Visionen, die auf Bildern aus der Natur basieren, den choreografischen Prozess initiiert. Manche Choreografen brauchen die Vorstellungskraft als eine Schlüsselzutat in ihrem kreativen Prozess, andere behaupten, dass es nur *ein* erstes Bild sei, aus dem sich der Rest entwickle.

Drei Bilder

Damit ihre „Vorstellungssäfte" in Gang bleiben, wählen Sie drei Bilder aus. Sie können sie in Ihren Erinnerungen suchen oder drei Fotografien benutzen. Es können Bilder sein, die keine Verbindungen zueinander haben, oder Bilder, die ein gemeinsames Thema haben. Die Bilder 14.1 a-c zum Beispiel haben alle das Thema „Baum". Welche Stimmungen und Assoziationen erzeugen diese Bilder? Welche Art von Bewegungen wohnen diesen Formen inne? Welche Verbindungen zwischen diesen Bildern sehen Sie?

a

b

c

Abbildung 14.1:
Bilder von Bäumen:
a) schneebedeckte Äste;
b) Rindenstruktur;
c) Sonnenlicht fällt durch
Zweige.

Beim Einrahmen stellen wir uns ein Bild oder eine Begebenheit so vor, als wäre sie auf einer Vorderbühne. Einrahmen als choreografischer Kunstgriff beschränkt sich nicht nur auf visuelle Ereignisse. Beim *American Dance Festival* (ADF) 1993 war ich in einem Appartement direkt an einer Straße untergebracht und ich war erschlagen von der Zahl der Autos, die mit laut aufgedrehtem Autoradio vorbeizischten und stark rhythmische Musik ertönen ließen. Wenn ein Auto an meiner Wohnung vorbeifuhr, erzeugte es einen so genannten Doppler-Effekt, der die Tonqualität deutlich veränderte. (Doppler-Effekt = Veränderung der gehörten Frequenz einer Schwingung wegen der relativen Bewegung zwischen Zuhörer und Schwingungsquelle. Geräusche von einem sich nähernden Objekt klingen anders als dann, wenn das Objekt sich wieder entfernt. Beispiel: Martinshorn).

Einrahmen als
choreografischer
Kunstgriff

249

Ich nahm diese Geräuschpartitur in meinen „geistigen" Ohren und Augen mit auf die Bühne. Ich stellte mir eine Gruppe von Tänzern vor, die wartend auf einer Bank sitzen und hoffen, ihr bevorzugtes Geräusch zu hören. Schließlich würde ein Wagen quietschend vor ihnen bremsen und sie konnten tanzen. Das war der Anfang eines Stücks mit dem Titel *Road Motion*.

Übungen: Vorstellungsbilder für das Einrahmen

1. **Tragbare „Bühne":** Tragen Sie einen Rahmen vor ihrem inneren Auge. Stülpen Sie ihn über das, was Sie in der Welt draußen sehen und stellen Sie es auf eine Bühne. (Abbildung 14.2)

Abbildung 14.2: Tragbare „Bühne"

2. **Bühnencheck:** Benutzen Sie eine imaginäre Bühne, um den dramatischen Gehalt einer Choreografie zu überprüfen.

Choreografie als Sequenz von Bildern

Einige Choreografen sehen ihre Tänze als Serien von Bildern vor sich, bevor sie auch nur *einen* Schritt choreografieren. Während der Diskussion nach einer Aufführung beim ADF 1994 berichteten Tänzer von Elisabeth Streb, dass ihre Choreografin mit einer ausgearbeiteten Vision von Kreisen, Linien, Vierecken, Punkten, also mit einer ausgefeilten Vision von Mustern zur Probe komme. Eine der Tänzerinnen, Paula Gifford, erinnerte sich, dass sie bestimmte Bewegungen für unrealisierbar hielt: „Aber wenn du es immer wieder versuchst und das Bild des Schrittes in Gedanken vor dir siehst – ich war überrascht, was dann geschehen kann."
Margy Beals, Choreografin aus New York, sprach 1993 mit mir darüber, wie Virginia Woolfs Buch *The Waves* Choreografie inspiriert:

„In diesem Roman sind die Beschreibungen des Meeres superb, sie zeigen den Weg auf, wie Virginia Woolf die Geschichte von Menschen entwickelt. Die Beschreibung des Meeres entwickelt sich durch den Tag hindurch, wie sich auch das Leben der Menschen entfaltet. Im vierten Teil ... geht die Sonne unter, sie ist glühend rot und das Pflanzen- und Insektenleben ist wild und gewalttätig, die Nacht beginnt gerade und die Flügel der Insekten summen. Ich kann mich nicht an Tanz erinnern, wenn ich mich nicht an das Bild erinnern kann. Wenn ich das Gefühl der Energie der Libellen vergesse, vergesse ich alles.“

Jacques d'Amboise, ehemaliger Tänzer des *New York City Ballet*, und Ann McCoy, visuelle Künstlerin, Malerin, Bildhauerin und Gewinnerin des *Prix de Rome*, arbeiten zusammen an choreografischen Projekten für Kinder. Jeder von ihnen kreiert eine drehbuchartigen Ablaufskizze für die neue Choreografie. Im Stück *Helix*, das im April 1993 im *Bass Theater* in Austin, Texas, aufgeführt wurde, ging es um die DNA. McCoy erzählt:

„Die Kinder tanzten als Partikel, die zusammenstoßen, zusammenkommen und ihre Partner finden, um DNA-Stränge zu bilden. Das Ziel war eine Helix von der Größe der Bühne der Metropolitan Opera.“

In dem Stück *Chakra*, das mit Kindern aus Indien aufgeführt wurde, entstieg das Bild der Mythologie: „Zwei Kinder, die aus einem Ei geboren wurden, reisten über Wasser und Sand und auf dem Rücken von Alligatoren. Hunderte von Kindern in Wasser- und Sandkostümen tanzten die Landschaft. Blinde und taube Kinder nahmen als Hellseher teil“, erzählte mir McCoy 1994.

Wählen Sie ein Bild aus Ihrer Erinnerung oder eine Fotografie, die Sie anspricht. Setzen Sie sich bequem hin, schließen Sie die Augen, ein Notizblock liegt griffbereit neben ihnen. Betrachten Sie alle Bilder, die aus diesem ersten Bild „sprühen". Versuchen Sie die Bilder, die Ihnen in den Sinn kommen, auf dem Notizblock aufzuschreiben, ohne den roten Faden der fortlaufenden Vorstellungen zu verlieren. Die Notizen bestehen vielleicht aus einzelnen Wörtern oder Satzfragmenten. Schreiben Sie die Bilder in der Reihenfolge auf, in der sie auftreten. Denken Sie nicht darüber nach, werten Sie nicht. Falls Ihre Gedanken abschweifen, versuchen Sie es noch einmal, bis Sie den roten Faden wieder gefunden haben. Nachdem Sie die Reise beendet haben, schauen Sie Ihre Notizen an. Erforschen Sie die Gefühlsregungen, die den Bildern, die Sie aufgeschrieben haben, innewohnen.

**Übung:
Sich Bildsequenzen
vorstellen**

Vorstellungsbilder, die das Einstudieren einer neuen Choreografie unterstützen

Manche Choreografen schlagen ihren Tänzern Bilder vor, während sie ihnen neue Schritte beibringen. Donald McKayle, Film- und Broadway-Choreograf sowie Lehrkraft an der Universität von Irvine, Kalifornien, erklärte mir 1993:

„Ich benutze ständig Bilder. Bilder sagen aus, wie die einzelnen Schritte im größeren Zusammenhang, in einer Ganzheit aufgeführt werden sollten. Ich glaube nicht daran, dass du später ein Gesamtbild hinkriegst."

Beispiel: Im Stück *Rainbow 'Round my Shoulder* (1959) kombinierte McKayle Bilder von sehr kraftvollen Bewegungen (wie von Räumfahrzeugen, die Erdmassen verschieben) mit Stimmungen absoluter Glückseligkeit und des Wohlgefühls, hervorgerufen durch die Vorstellung, dass man unter der Dusche steht, sich mit dem warmen Wasser entspannt und beruhigt und so rundum zufrieden und wunschlos glücklich wird.

In einem Kurs beim ADF 1994 benutzte Bill T. Jones Bilder, die aus seinen Erfahrungen im Unterricht mit unheilbar kranken Menschen (oder wie er sagte: mit „Frontkämpfern in der Schlacht ums Überleben") kamen:

- „Sie nimmt ihr Herz in die Hand und reicht es ihrer höheren Macht hin." (Die eine Hand liegt auf der Brust, während die andere nach oben ausgestreckt wird.)
- „Ein Kumpel, der Jazz liebt." (Schnippen mit dem Finger bei gleichzeitiger Hüftbewegung)
- „Sie sieht sich frei fliegen und schließt einen Pakt mit ihrer höheren Macht." (Ein Arm weist nach oben, dazu dann eine Bewegung mit verschränkten Händen.)
- „Eine doppelte Dosis von der Dame aus Iowa, die sagt: 'Rühr es um.'" (Rührbewegung mit den Armen über dem Kopf)
- „Ich kam heute hierher, um zu graben, um etwas zu suchen." (Eine grabende Bewegung)
- „Schicke dich ganz stark hinaus in die Welt." (Beide Arme recken sich nach links.)
- „Meine größte Herausforderung ist, meine Sexualität lebendig zu halten." (Eine ballettähnliche Pose, mit einem Arm über dem Kopf und einem, der zur Seite gestreckt ist)
- „Alles Licht aus dir herauspressen und es in der Luft verbreiten, verstreuen." (Eine Standwaage, mit gestreckten Armen nach links lehnend, diese langsam zum Boden bringen).

Bilder können sehr persönlich sein und in Bezug zu einer unmittelbaren Erfahrung stehen. Ein Choreograf schlägt möglicherweise ein Bild vor, mit dem Sie sich überhaupt nicht identifizieren können. In diesem Fall könnten Sie den Choreografen bitten, noch präziser zu werden und weitere Details zu dem Bild zu liefern. Wenn Sie das immer noch nicht weiterbringt, probieren Sie mit der Zustimmung des Choreografen ein eigenes Bild aus. Manchmal ist es erstaunlich, wie ein Bild, das von dem des Choreografen abweicht, es Ihrem Körper trotzdem ermöglicht, die Intention des Choreografen *deutlicher* zum Ausdruck zu bringen.

Die Fähigkeit, verschiedene Bewegungsqualitäten zu erzeugen und zu kommunizieren, ist sehr wichtig für den Austausch zwischen Tänzer und Choreograf. Unsere Augen können Millionen von Farbschattierungen unterscheiden. Wie viele Bewegungsqualitäten kann Ihr Körper unterscheiden? Ich erinnere mich, wie ich einmal bei einem Vortanzen des *Hubbard Street Dance Theatre* zuschaute. Alle übrig gebliebenen Tänzer waren technisch sehr versiert, aber keiner von ihnen konnte auch nur annähernd die verlangte Bewegungsqualität erreichen. Die Tänzer wären vielleicht besser dran gewesen, hätten sie während des Trainings konsequent an ihren darstellerischen Fähigkeiten gearbeitet.

Lar Lubowitsch beschrieb seine choreografische Methode so: Er beginne mit irgendetwas, das etwas darstellen solle, und ändere es dann wieder, so wie es sich als nötig erweise. Ich erinnere mich, wie er sagte: „Du musst irgendwo beginnen, von nichts kommt nichts. Ist das Resultat nicht gut, musst du bereit sein, das erste Material wegzuwerfen. Aber vielleicht ist

Abbildung 14.3:
Robin Becker
(Foto: Steven Speliotis)

daraus etwas geworden, aus dem die nächste Idee keimt." Die Vorstellung, einfach irgendwo zu beginnen, um die kreativen „Säfte" in Fluss zu bringen, kann sehr befreiend wirken. Sie müssen Ihre Arbeit nicht mit einem unglaublich originellen Bild beginnen. Fangen Sie einfach an und lassen Sie sich vom Prozess tragen. Im *Dhammapada (Sakyamuni, the Buddha)* steht geschrieben:

„Die reinste Lilie kann aus einem Haufen Abfall am Straßenrand sprießen."

Vom Bild zur Choreografie

Wählen Sie ein Tanzfoto aus, das Sie berührt, und benutzen Sie es als Startpunkt für eigene Erkundungen. Nehmen wir an, Sie benutzen die Abbildung 14.3 (S. 253) als Ihren Startpunkt. Schauen Sie sich alle Formen und Bewegungsqualitäten an, die dem Bild innewohnen: hin- und herschaukeln, fliegende Haare, die angewinkelten Arme usw.

Choreografie, die Vorstellungsbilder vermittelt

Auch wenn ein Choreograf während der Proben wenig Vorstellungsbilder einsetzt, können bei den Zuschauern starke Bilder ausgelöst werden. In diesem Fall kommt das Bild vom Zuschauer, nicht explizit vom Choreografen. Jack Anderson von der *New York Times* schrieb am 16. August 1992 über die *Dayton Contemporary Dance Company:*

„Der geschickte Choreograf weiß, was er den Zuschauern zeigen muss, um ihre Aufmerksamkeit zu wecken, und wie er visuelle und kinetische Bilder entwickelt, welche die Gedanken kontinuierlich stimulieren."

Im August 1992 erklärte Paul Taylor der *Salt Lake Tribune:*

„Manchmal stelle ich mir einen Tanz wie eine leere Leinwand vor, auf die die Zuschauer ihre Gedanken malen können. Aber oftmals ist das, was man sieht, auch schon alles, was man bekommt. Ich gebe mein Bestes, um in meiner Arbeit klar zu sein, ohne das Geheimnisvolle zu verlieren. Denn Poesie muss etwas Geheimnisvolles haben, sonst ist sie nicht magisch. Das Gleichgewicht kann nur schwer erreicht werden. Ich liebe Tänze, die mich hereinlassen und nicht zu mir predigen."

Choreografische Stimmung

In dem Werk *Stimmung*, benannt nach der gleichnamigen Musik von Karlheinz Stockhausen, choreografierte Zvi Gotheiner einen Tanz, der die Stimmungen der Musik hervorrief. (Abbildung 14.4) Gotheiner sagte, dass die Musik ihm ein pastorales Gefühl gebe, das ihn an feine Töne erinnere, die wie ein Pastellbild seien, und er entwickele die Choreografie inspiriert durch diese Visionen. Nicht nur Musik, sondern viele Dinge, die wir sehen, hören, und riechen, verändern sofort unsere Stimmung. Marcel

Proust schrieb sein ganzes Werk *Remembrance of Things Past* nach den Bildern, die vor seinem inneren Auge aufblitzten, nachdem er ein Stück von einer *Madeleine* abgebissen hatte, die er in seinen Tee getunkt hatte. (*Madeleine* = kleiner, ovaler Kuchen, der zu Kaffee gegessen wurde)

Abbildung 14.4:
Stimmung
**(1993, Choreografie
von Zvi Gotheiner,
Foto: Mike Kentz)**

Wir alle haben schon einmal etwas erlebt – vielleicht eine bestimmte „Komposition" von Sonne und Wolken oder die Reflexion von Licht an einer roten Steinmauer –, das eine Assoziation auslöst, ein Bild, das an unserem inneren Auge vorbeizieht. Das Gefühl, die Stimmung oder das

255

Bild ist vielleicht flüchtig, aber wenn wir es festhalten können und tiefer und tiefer graben, kommt uns möglicherweise eine Flut von Assoziationen entgegen.

Ein Tänzer kann eine Stimmung oder eine intensive Gefühlsprojektion erzeugen, indem er klar an eine Handlung denkt, ohne sie gleichzeitig aufzuführen. Oft hat das, was wir uns nur vorstellen, ohne es auszuführen, mehr Kraft. Helen McGehee von der *Graham Company* schreibt:

„In dem Stück 'Appalachian Spring' sollten wir, als die Anhänger ein Bild der Bewunderung um den Priester erzeugten, so aussehen, als würden wir ihn berühren, es aber nicht wirklich tun. In 'Night Journey' sollten die Töchter der Nacht das Gefühl vermitteln, als würden sie ihre Kleider zerreißen, es aber nicht wirklich tun." (HOROSKO 1991, S. 85)

Manche Erfahrungen lösen so ungewöhnliche und spezielle Stimmungen aus, dass wir sie jederzeit mühelos wiederholen können. Ich erinnere mich daran, wie ich einmal in Warschau durch einen Park spazierte, lange bevor die Berliner Mauer gefallen war. Es war ein nebliger Abend und die Lichter durchdrangen den dicken Nebelvorhang kaum. Die Klarheit, mit der ich mich an dieses Bild erinnere, und die Stimmung, die damit verbunden ist, erstaunen mich bis zum heutigen Tag. Tief erlebte Bilder sind eine kraftvolle Quelle, um Stimmungen im Tanz zu produzieren – diese Aufgabe können Sie nicht rein intellektuell lösen. Je mehr Stimmungsbilder Sie verfügbar haben, die Sie abrufen können, um so flexibler können Sie „Stimmung" erzeugen, die passende Gefühlslage für Ihren Tanz.

Mit Hilfe von Diaprojektoren oder Videoprojektionen setzen Choreografen explizit visuelle Imagination ein, um sofort eine Stimmung hervorzurufen. Geräusche können ebenfalls eine Stimmung vermitteln. Wenn Sie zwitschernde Vögel hören und einen gurgelnden Bach, während die Bühne langsam in Licht getaucht wird, hat Sie der Choreograf bereits in eine bestimmte Stimmung versetzt, noch bevor Sie eine Bewegung gesehen haben. Der Geruch ist vielleicht der stärkste „Stimmungsmacher" unter allen Sinnen, aber es ist offensichtlich schwierig, ihn in einer Aufführung einzusetzen. Ein Geruch kann uns sofort über unglaubliche Distanzen an Zeit und Raum hinwegversetzen. Kürzlich fing meine Nase den Duft von *Pommes frites* ein, die gerade in der Fritteuse bruzzelten. Im Nu war ich um dreißig Jahre zurückversetzt, als unsere Familie die ersten Ferien in Holland verbrachte, wo ich das erste Mal frittierte Kartoffeln roch ...

Ich schlage Ihnen vor, ein Tagebuch für Ihre Bildideen zu Choreografie und Tanz zu führen. Dies ist eine wertvolle Übung und Gewohnheit für angehende, aber auch für erfahrene Tänzer und Choreografen. Manchmal haben wir eine brillante Idee, von der wir denken, dass wir sie wahrscheinlich nie vergessen werden, doch die Zeit verrinnt und das Bild taucht langsam weg. Sie könnten es viel besser und lebendiger wieder hervorholen, wenn Sie es aufgeschrieben hätten, als es noch frisch war. Aufschreiben unterstützt auch das Fließen der Ideen. Wenn die Ideen schwierig in Worte zu fassen sind, machen Sie Zeichnungen. Behalten Sie das Notizbuch immer in Ihrer Nähe. Lassen Sie es nicht zu einem dicken Wälzer werden. Ersetzen Sie es, falls es verloren gehen sollte. Schreiben Sie nicht nur das auf, was Ihnen besonders wichtig erscheint. Wenn Sie ältere „Bilder-Tagebücher" wieder lesen, werden Sie wiederkehrende Themen und einige „verlorene" Ideen wiederfinden.

Tagebuch für Vorstellungsbilder

Kapitel 15

Vorstellungsbilder
und die Qualität eines Auftritts

David Howard fragte einmal: „Wie würden Sie *Dornröschen* ohne Arme und Beine tanzen? Könnten Sie immer noch schön sein und die Geschichte erzählen? Wenn Sie sich nur um die Anhängsel kümmern und nichts in Ihre Seele ‚investieren', die vermutlich in Ihrem Rumpf zu Hause ist, werden Sie die Zuschauer nie auf die Füße bringen." Sie mögen die beste Tanztechnik der Welt haben – nur als wahrhaftiger und inspirierter Darsteller werden Sie die Zuschauer wirklich berühren. Donald McKayle sagte, er habe begonnen zu choreografieren, aber erst später realisiert, dass es eine gute Idee wäre zu lernen, wie man tanzt. Tänzerinnen und Tänzer, die keine Gefühle, Stimmungen oder Bilder zulassen und nur technisch brillieren wollen, haben meiner Ansicht nach den falschen Beruf gewählt. Technisches Training, das die künstlerische Entwicklung ausschließt oder die Technik von der Kunst trennt, hat mit Tanz als Kunstform nichts zu tun. Dies wird durch eine Bemerkung untermauert, die ich mehr als einmal gehört habe: „Nun ist das Ballett-Training an der Stange vorbei und wir können anfangen zu tanzen."

Viele der bisher erwähnten Bilder und Qualitäten wie Musikalität und Identifikation mit einer Rolle können für den Künstler im Zuge der Entwicklung seines künstlerischen Könnens sehr wertvoll sein. Einige der Bildideen können bei der Vorbereitung für eine Aufführung benutzt werden, andere für die Aufführung selbst. Es folgen hier nun einige spezielle Vorschläge, die die Darstellung nicht nur bei der Bühneaufführung verbessern sollen, sondern auch schon bei den Proben und während des Trainings, denn Sie können damit nicht warten, bis Sie auf der Bühne stehen.

Die Fähigkeit offen zu sein und den Zuschauern Einblick in ihre Einzigartigkeit zu geben ist einigen von Natur aus gegeben. Sie kann auch durch die Liebe zu dem, was Sie machen, vermittelt werden. Falls Sie es wirklich lieben zu tanzen, so sind Sie „berührt", ergriffen und ganz dabei, wenn Sie tanzen. Wenn Sie das auf der Bühne nicht verlieren, sind Sie auf dem besten Weg, die Zuschauer zu berühren. Die nächsten Schritte sind die Fähigkeiten, einen Charakter, eine Figur ausdrucksvoll darzustellen und eine Choreografie zu interpretieren.

In diesem Abschnitt geht es um die Fähigkeit, ein alltägliches Objekt in den Tanz hineinzunehmen und es zu verwandeln. Nurejew sagte, dass Fred Astaire alle Gegenstände, die ihm gegeben wurden, zum Leben erweckte, dass er allem, was ihn (auf der Bühne) umgab, einen Sinn verlieh und dass er ein Gefühl von Gefahr und Improvisation erzeugte. Der New Yorker Choreograf Amos Pinhasi verwandelt ebenfalls alltägliche Gegenstände. Er hat schon mit Reis, mit Globen und mit Keramikscherben getanzt. In seinem Stück *Peeler* tanzte er mit Kartoffeln, die sich in zeremonielle Objekte verwandelten und die Bühne beherrschten. Der Kritiker der *New York Times*, Jack Anderson, schrieb 1992:

„Die Kartoffeln blieben ganz normale Kartoffeln. Aber weil Pinhasi sie immer und immer wieder behandelte, als seien sie kosmische Kräfte in einem Epos oder in einer Tragödie, zeigte sein Solo zu Cajun-Musik, wie das Alltägliche als etwas Außergewöhnliches erscheinen kann."

Die Fähigkeit zum Verwandeln

Abbildung 15.1:
Der Choreograf Amos Pinhasi mit Reis in seinem Solostück *Chaff* (Foto: Mike Kentz)

In dem Solostück *Handle with Care* verwandelt sich ein Teller in einen Spiegel, in ein schwarzes Loch, eine Kreissäge, in einen geschmeidigen Diskus und dann wieder in einen simplen Teller. In *Chaff* tanzte Pinhasi mit Reis, den die Zuschauer aber als etwas anderes ansahen. (Abbildung 15.1) Damit diese Veränderungen in der Wahrnehmung der Zuschauer geschehen können, wird das Objekt durch die Bewegungen des Tänzers verwandelt, die durch das deutliche Bild in den Augen des Darstellers geprägt sind.

Abbildung 15.2:
Gretchen Newburger in dem Stück *Beware of Low Flying Dreams*, 1993 (Choreografie: Eric Franklin, Foto: A. Pal-Bürgisser)

In ihrem Buch *Respect for Acting* schreibt Uta Hagen über Begabung (1973, S. 117):

„Einen Apfel in eine Zwiebel zu verwandeln ist nur der erste Schritt auf dem Weg zu lernen, wie ein Gegenstand in einen anderen verwandelt werden kann. Indem man aktuell fehlende Teile der Realität zur Verfügung stellt, kann man physische und psychische Empfindungen willentlich erzeugen. Ist diese Technik erfolgreich, so werden unsere Handlungen schärfer definiert und wir kreieren eine höhere Realität, ein Destillat der Wahrheit." (HAGEN 1973, S. 117)

Jack Anderson fand, dass Dwight Rhodens Stück von 1993 für das *Alvin Ailey American Dance Theater* mit zackigen Bewegungsphrasen angefüllt sei, „die so scharf und so potentiell verletzend aussehen wie Glasscherben. Die Tänzer packen Blumensträuße manchmal so, als wären sie Schätze, ein andermal schleudern sie sie so umher, als würden sie Bomben werfen." Keine schlechte Verwandlung, wenn Blumensträuße sich aus Schätzen in Bomben verwandeln. In einem Stück, das ich selbst choreografierte, bewegte eine Tänzerin einen riesigen Kamm in ihren Händen, während sie auf Spitzenschuhen tanzte. Viel Konzentration und Übung war gefragt, um den Kamm zu einem lebendigen Teil des Tanzes werden zu lassen. Der Kamm musste aus einer toten Masse zu einer Verlängerung ihres Körpers werden. (Abbildung 15.2)

1. **Das Talent, etwas zu verwandeln:** Nehmen Sie einen einfachen Gegenstand – eine Büroklammer, einen Schuh oder ein Stück Holz – und statten Sie ihn vor ihrem inneren Auge mit besonderen Eigenschaften aus. Dann geben Sie dem Gegenstand eine andere Farbe und Form. Ist es ein graues Stück Holz, so verwandeln Sie es in einen Zauberstab. Tanzen Sie mit ihm, als wäre es ein magischer Zauberstab. Verwandeln Sie die Büroklammer in ein Schmuckstück und den Schuh in einen goldenen Becher. Üben Sie, einen Gegenstand in andere zu verwandeln.

2. **Verlängerung seiner selbst:** Stellen Sie sich vor, dass die Gegenstände, mit denen Sie arbeiten, „Verlängerungen" Ihrer selbst sind oder eine persönliche Eigenschaft verkörpern. Sie und der Gegenstand sind gleich wichtig.

3. **Magische Zeichen:** Der Raum enthält alte, unsichtbare Botschaften. Die Bewegung Ihrer Hände macht diese Geheimnisse zum ersten Mal seit Tausenden von Jahren sichtbar. (Abbildung 15.3)

**Übungen:
Sich vorstellen, wie man etwas verwandelt**

Abbildung 15.3:
Magische Zeichen

Die Zauberkraft der Bekleidung

Wir haben schon damit geübt, imaginäre Masken anzuziehen und imaginäre Make-ups aufzutragen. Sie können aber auch fantastische Kleider anziehen. Idealerweise urteilen wir nicht nach der äußeren Erscheinung, aber wie Gottfried Keller in seiner Novelle *Kleider machen Leute* zeigt, werden unsere Meinungen durch die Bekleidung beeinflusst. Damit wir dazu gehören, müssen wir die richtige „Uniform" tragen. Die meisten von uns haben bevorzugte Farben, Textilien und Stile.

Ein Kostüm ermöglicht uns, eine ganz andere Person zu sein; es kann vielleicht sogar die Art und Weise ändern, wie sich unser Körper anfühlt, und uns einen unglaublichen Auftrieb geben. Es kann aber auch hinderlich sein, wenn es weniger schmeichelhaft ist oder wenn es eng und unbequem ist. Die Zuschauer spüren, dass Ihnen nicht wohl ist, obwohl sie (so hoffen Sie) nicht wissen, was Sie beschäftigt. Wenn Sie das Kostüm nicht ändern können, schlage ich vor, dass Sie ihre Imagination nutzen, um es zu ändern – solange das imaginäre Kostüm nur zur Choreografie passt.

Daniel Nagrin berichtet, als er Ballettstunden genommen habe, um seine Virtuosität zu verbessern, habe er Folgendes herausgefunden: Eines Tages, als er die extravagantesten imaginären (!) Kleider angezogen habe – mit Ellbogenpuffern und einem Gürtel mit Ornamenten –, habe er seine Bewegungen mehr ausgeschmückt und der Trainer habe ihm viel mehr Aufmerksamkeit gewidmet. Der Lehrer forderte die anderen Tänzer sogar auf, Nagrins Stil nachzuahmen.

Es kann sogar nützlich sein, Ihrem Tanzpartner imaginäre Kleider anzuziehen. Bei den Proben für Barocktänze in der Oper *Alcina* entdeckte ich, dass die Röcke der Frauen extrem sperrig waren. Harte Ringe ließen sie weit zur Seite hinausstehen. Wann immer wir die Kostüme während einer Probe *nicht* benutzen konnten (was natürlich *meistens* der Fall war), stellte ich mir meine Partnerin (die tatsächlich in T-Shirt und Schwitzhosen vor mir stand) in diesem Rock vor. Dies veränderte die Qualität meines Tanzens, so dass ich gut vorbereitet war, als die „richtigen" Kostüme dazukamen.

Sie finden sich vielleicht auf der Bühne in einem Stück wieder, in dem Sie mit imaginären Kleidungsstücken hantieren, ein Hemd aufknöpfen oder Schuhe ausziehen. Ein Tänzer muss für diese Art von Pantomime vorbereitet sein. Anders als ein Pantomime, der vielleicht einen bestimmten Stil entwickelt hat, muss er ein spontaner Schauspieler sein und so tun, als seien die Objekte wirklich da.

Wenn Sie bei den nachfolgenden Übungen lachen müssen, ist das sehr verständlich. Imaginäre Kostümwechsel können sehr kann amüsant sein. Es sei nur an das klassische Märchen *Des Kaisers neue Kleider* erinnert. Der Kaiser war überlistet worden, überhaupt keine Kleider zu tragen, weil zwei gerissene Schneider ihm weismachen konnten, dass dies die feinsten Kleider seien, die jemals gewoben worden seien. Die Schneider erklärten dem Kaiser und allen anderen, dass nur dumme Leute die Kleider *nicht* sehen konnten. In dieser Aufmachung (also nackt) zog der Kaiser mit einer Parade durch die Stadt, von all seinen Untertanen bewundert, die zwar nichts sahen, aber nichts sagten, weil sie ja nicht dumm sein wollten. Jeder äußerte sich bewundernd über die unglaublichen neuen Kleider des Kaisers, bis ein Kind zum Kaiser lief und sagte: „Aber der Kaiser ist doch nackt."

1. **Imaginäre Kleider und Hüte:** Probieren Sie im Tanzunterricht verschiedene imaginäre Kleider aus und beobachten Sie, wie diese Ihre Bewegungen und Ihren Ausdruck beeinflussen. Tanzen Sie mit einem langen, wirbelnden Kleid (– in Ihrer Imagination besteht keine Gefahr auf das Kleid zu treten). Versetzen Sie die Strümpfe und die Schultern mit Pailletten. Lassen Sie Ihre Trainingskleidung wie goldfarben leuchten. Kreieren Sie eine Perücke wie zu Zeiten der Renaissance. Tragen Sie den phantasievollsten Hut, den Sie sich vorstellen können. (Abbildung 15.4) Lassen Sie Ihre imaginären Kleider einmal hinreißend elegant und im nächsten Moment gewagt provokativ sein.

Übungen:
Sich imaginäre
Kleidung vorstellen

Abbildung 15.4:
Imaginäre Kopfbedeckung

2. **Kleider in kleinste Teilchen zerfallen lassen:** Ich war einmal Zeuge eines Zirkusauftritts von zwei russischen Magiern, die ihre Kleider in Sekunden wechseln konnten, indem sie einfach durch eine doppelte Leinwand liefen. Es waren nicht einfach normale Kleider, sondern reich verzierte, farbige Kostüme und Anzüge. Es schien unmöglich zu sein, das Überraschendste aber war Folgendes: Der Magier ließ einen Reifen über seine Partnerin fallen, die sofort ein neues Kleid anhatte, während das alte Kleid in Millionen schimmernde Teilchen explodierte. Ich fand das Bild interessant zum Ausprobieren beim Tanzen: Jedes Mal wenn Sie zu einer neuen Figur überwechseln, stellen Sie sich vor, dass Ihre Kleider in einer Wolke schimmernder Teilchen explodieren und sich darunter ein anderes schönes Kleid oder ein Anzug enthüllt.

3. **Sich in seinen Kleidern gut fühlen:** Wir alle haben Tanzkleider, in denen wir uns am besten fühlen. Es gibt Tänzer, die sich in engen Kleidern eingeschränkt fühlen. Wenn Sie solche Kleider bei einem Auftritt tragen müssen, wandeln Sie sie in Ihrer Imagination in angenehm lockere Kleider um.

4. **Verschiedene Schuhe**: Abbildung 15.5 zeigt eine Vielfalt unüblichen Schuhwerks. Probieren Sie die verschiedenen Stile von Schuhen an und schauen Sie, wie sie Ihre Bewegung und Haltung beeinflussen. Wie würden Sie in solchen Schuhen laufen? Welche Art von Tanz verbinden Sie mit jedem dieser Schuhe?

Abbildung 15.5:
Imaginäres Schuhwerk
(Quelle: *The New Book of Knowledge. The Children's Encyclopedia***)**

Die Fähigkeit, sich eine imaginäre Bühnenumgebung zu erschaffen, ist essentiell für jeden darstellenden Künstler. Sehr oft wird das Bühnenbild nur angedeutet und der Tänzer muss den Rest mit seiner Imagination füllen. Die imaginäre Bühnenszenerie mag etwas sehr Realistisches sein, wie beispielsweise ein Bach, über den der Tänzer springen muss oder aus dem er trinken soll. Das Unvermögen eines Tänzers, eine entsprechende Umgebung zu erzeugen, kann eine Aufführung fade werden lassen. In ihrem Buch *Respect for Acting* schreibt Uta Hagen:

„Eines der ersten Dinge, die Sie über ein visuelles Objekt entdecken werden, ist, dass Sie es nicht mitten in der Luft schweben lassen können. Versuchen Sie einen imaginären Fensterrahmen vor sich zu konstruieren und drehen Sie ihm dann den

Das Visualisieren einer imaginären Umgebung

265

Rücken zu. Drehen Sie sich darauf wieder um und versuchen Sie, ihn wieder zu finden. Er wird ihnen unaufhörlich ausweichen und Sie werden vielleicht sogar zu schielen beginnen bei Ihrem Versuch, ihn irgendwo anders im Raum zu fokussieren. Welches Objekt Sie auch immer zu sehen wünschen, es muss in irgendetwas anderem verankert sein, das wirklich dort ist. " (HAGEN 1973, S. 107)

Manchmal verlangt eine Choreografie eine fantasievolle Umgebung, wie sie Ihnen noch nie zuvor begegnet ist, eine Umgebung mit abstrakten Farben und Formen, mit traumähnlichen Figuren und phantastischen Kreaturen. Ich erinnere mich an meine erste Aufführung in einem imaginären Bühnenbild. Ich war acht Jahre alt. Ich sollte an einem Lagerfeuer sitzen und essen. Obwohl es einfach erscheint, verlangt eine Szene wie diese viel Vorstellungskraft, wollen Sie die Hitze des Feuers an Ihrem Körper erleben, das Licht der Flammen, das eine goldige Farbe auf Ihr Gesicht wirft, den Geruch brennenden Holzes und ab und zu einen Hauch von Rauch, der Sie für einen Moment den Atem anhalten lässt.

In ihrem Buch *The Shape of Love* schreibt Gelsey Kirkland von dem Ballsaal, in dem Julia zum ersten Mal Romeo trifft, und dass dieser nur so gut existieren würde, wie sie es sich auch vorstellen konnte. Kirkland schreibt, dass sie Julias Welt mit ihrem eigenen Körper definieren musste. „Das hieß, auf der Bühne genügend Raum durchtanzen, so dass diese Welt für die Zuschauer sichtbar wurde."

Jede Tänzerin möchte die Bühne durch ihren Auftritt zum Leben erwecken. Ich liebe die Vorstellung, dass die Bühne, auf der ich tanze, lebt und der Boden unter mir atmet. Es gibt zwischen meinem Körper und dem Boden einen Energieaustausch, der nicht nur mechanisch ist. Sie können sich auch vorstellen, dass Sie den Raum anmalen, ihn modellieren und fortwährend formen und so ein dauerndes Zeichen hinterlassen. Am Ende des Tanzes ist das Schimmern des ersten Schrittes immer noch unter Schichten nachfolgender Bewegungsvielfalt zu sehen.

**Übungen:
Sich eine imaginäre
Bühnenumgebung
vorstellen**

1. **Landschaftsbilder:** Beobachten Sie, wie lange Sie die Details einer imaginären Umgebung vor Ihrem geistigen Auge behalten können. Nehmen Sie wahr, wie Ihr Auftritt sich verändert, wenn Sie einen Tanz zunächst mit und dann ohne vorgestellte Umgebung aufführen. Kreieren Sie eine Vielzahl von Umgebungen für den gleichen Tanz. Tanzen Sie in einer Umgebung, zu der Sie eine aktive Beziehung haben. Tanzen Sie in einer Umgebung, die einfach „da" ist. Wählen Sie eine Bewegungssequenz aus und tanzen Sie diese in verschiedenen Umgebungen und vor verschiedenen Hintergründen. Hier sind einige Beispiele, kreieren Sie danach auch Ihre eigenen: Eisskulpturen, abstraktes Design (Abbildung 15.6), Alpenlandschaft (Abbildung 15.7, Blick von der Rigi, Schweiz), königlicher Garten (Abbildung 15.8, Schloss Schönbrunn, Wien).

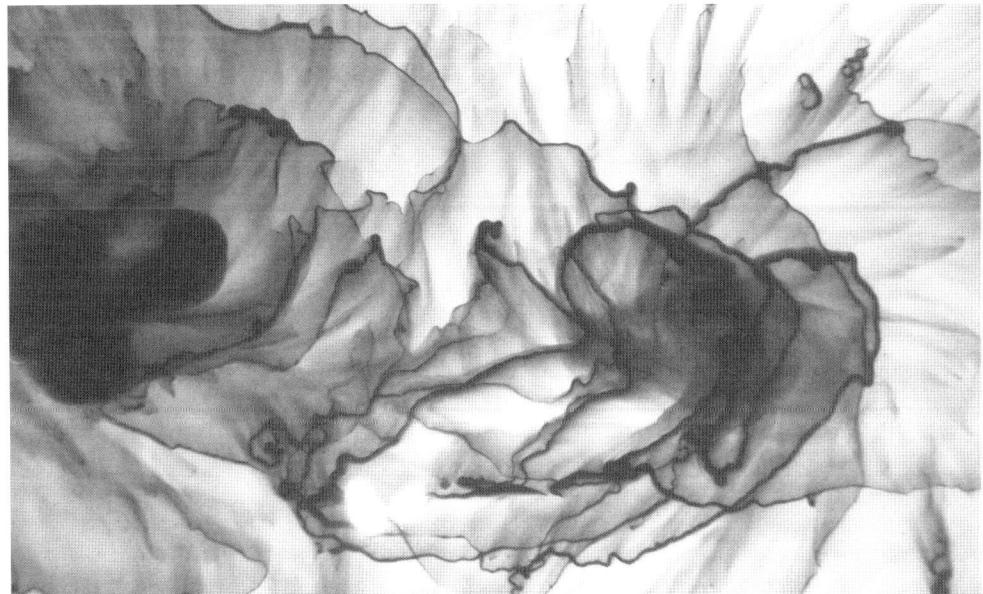

Abbildung 15.6:
Abstraktes Design

Abbildung 15.7:
Alpenlandschaft
(Blick von der Rigi, Schweiz)

Abbildung 15.8:
Königlicher Garten
(Schloss Schönbrunn, Wien)

2. **Vibrierender Raum:** Stellen Sie sich vor, dass die Umgebung Sie füttert, Ihren Auftritt nährt, wie auch Sie Energie und Information an den Raum abgeben und so eine Realität außerhalb des Körpers zu weben beginnen. Sie erkennen die Bühne, wie sie vibriert, eine summende Präsenz, die den Tanz ganz und gar umhüllt.

3. **Der Raum hinter Ihnen:** Stellen Sie sich vor, dass sich der Raum hinter Ihnen endlos auftut. Danach visualisieren Sie, dass der Raum hinter Ihnen eng und niedrig ist. Wie beeinflussen diese unterschiedlichen Räume die Art und Weise, wie Sie sich bei Ihrer Bewegung fühlen?

4. **Schacht oder Tunnel:** Stellen Sie sich unterschiedliche geometrische Formen für den Raum hinter Ihnen vor: einen viereckigen Schacht oder einen runden Tunnel, die beide endlos nach hinten führen. (Abbildung 15.9) Wie verändert die jeweils vorgestellte Raumform das Gefühl bei der Bewegung?

Abbildung 15.9:
Der Raum hinter Ihnen

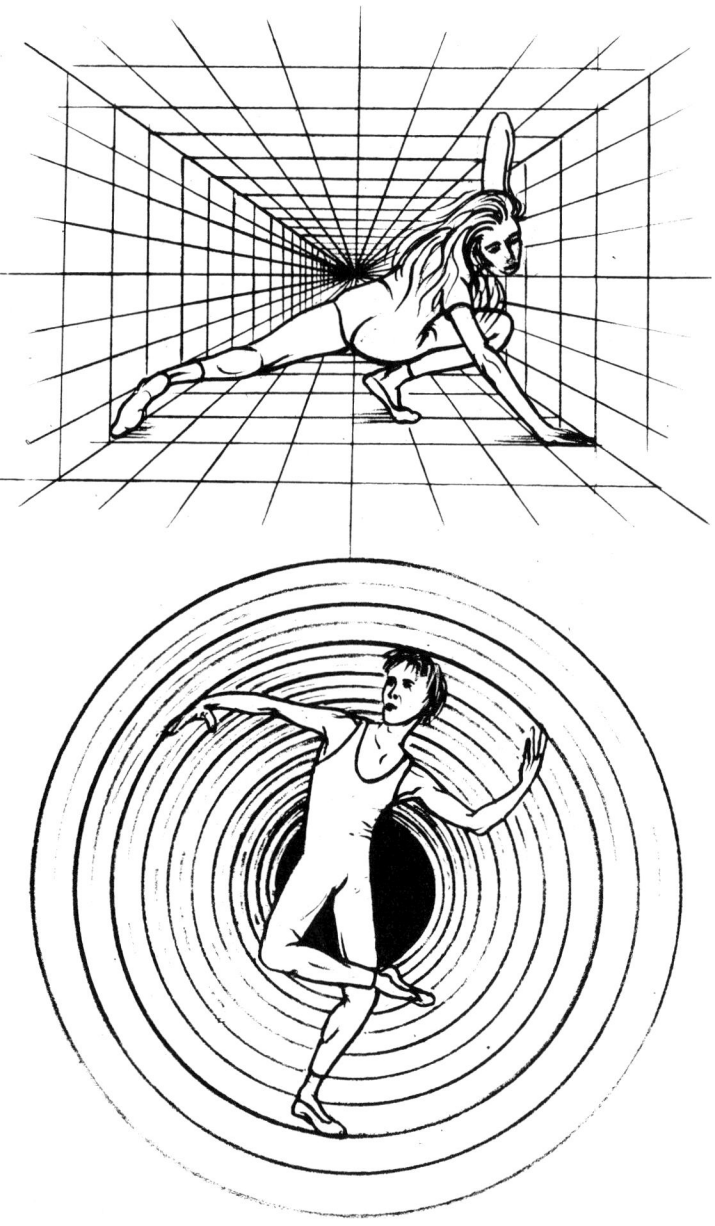

In welcher Beziehung stehen Sie zu den Zuschauern? Versuchen Sie sie einzubeziehen? Sind sie die außenstehenden Betrachter, die von Ihren Aktivitäten losgelöst dem Ereignis zuschauen, das in einer großen Kiste stattfindet? Auf der Bühne sind wir normalerweise auf drei Seiten von Wänden umgeben, während wir an der Frontseite eine Leere haben. Uta Hagen schreibt vom Produzieren einer „vierten Wand", so dass Sie gegen Realität spielen können, wenn Sie nach vorne schauen.

Manchmal starren Tänzer die Zuschauer mit einem allgemeinen „glücklichen" Lächeln an; manchmal bewahren Sie einen neutralen Ausdruck, während der Körper spricht. Sie können aktiv mit den Zuschauern spielen, wie es Michail Barischnikow in Mark Morris' *Three Preludes* tut. In einer abstrakteren Komposition kann sich der Tänzer vier Wände vorstellen, die gerundet, dreieckig sind, aus Schaum oder Lehm bestehen oder was immer zum Stück passt. Manche Choreografen beschreiben die Umgebung sehr genau. Versichern Sie sich, dass Sie nicht der Einzige sind, der eine vierte Wand aufstellt.

**Übungen:
Mit oder ohne
Zuschauer tanzen**

1. **Materialisation:** Tun Sie so, als wären Sie die Materialisation der Vorstellungen der Zuschauer. Tanzen Sie jede Bewegung aus dieser Perspektive. Beobachten Sie, wie dies die Qualität Ihrer Bewegungen beeinflusst. (Nach Jeanette Stoner)
2. **Antwort:** Tun Sie so, als würden Sie dauernd auf die Fragen und Wünsche der Zuschauer antworten. (Nach Jeanette Stoner)
3. **Erzähler:** Stellen Sie sich vor, Ihr Tanz wäre eine Geschichte für die Zuschauer. Lesen Sie einem Freund eine Kurzgeschichte vor, um das Gefühl dafür zu bekommen. Übertragen Sie dieses Gefühl in Bewegung. Machen Sie keine Pantomime, arbeiten Sie nur mit der Vorstellung des Erzählens einer Geschichte. Versuchen Sie eine lustige Geschichte zu tanzen, dann eine dramatische, eine traurige, eine gefährliche Geschichte, und benutzen Sie dabei immer das gleiche Bewegungsmaterial. Wenn Sie in einer Gruppe arbeiten, lassen Sie *eine* Tänzerin auftreten, während die anderen zuschauen und versuchen die Art der Geschichte herauszufinden.
4. **Imaginäres Publikum:** Erschaffen Sie sich so realistisch wie möglich ein imaginäres Publikum. Während Sie tanzen, hören Sie, wie die Zuschauer reagieren, rufen, klatschen, zwischendurch husten, mit den Stühlen rutschen und Schokoladenpapier zusammenknüllen.
5. **Massieren der Zuschauer:** Der Tenor Placido Domingo sagte einmal, dass er sein Publikum mit seiner Stimme liebkose. Stellen Sie sich vor, dass Ihre Bewegungen die Zuschauer liebevoll stupsen, streicheln und massieren.
6. **Schatten:** Stellen Sie sich vor, dass Sie einen riesigen Schatten werfen, während Sie tanzen. Denken Sie daran, dass dieser Schatten alles vergrößert, was Sie tun, und es einem Publikum sichtbar macht, das weit entfernt sitzt.

Die Bedeutung der eigenen Geschichte

Wenn Sie tanzen, sollten Sie eine Geschichte haben. Sie sind nicht nur eine Maschine, die Zucker durch ihre Muskeln schickt. Sie sind eine Persönlichkeit, ein Individuum mit einem Hintergrund, umgeben von einer Aura zahlreicher Ereignisse, an denen Sie teilgenommen haben. Versuchen Sie ihren Hintergrund zu vergrößern. Geben Sie sich selbst eine imaginäre Geschichte, einen historischen Hintergrund. Statt dass Sie dabei „aufgeblasen" und selbstgerecht werden, sollte diese Übung Ihnen mehr inneren Reichtum und Tiefe bringen.

**Übungen:
Sich seine Geschichte vorstellen**

1. **Sich über Jahrtausende entwickeln:** Stellen Sie sich vor, dass Sie sich seit „Ewigkeiten" entwickelt haben. Jedes dieser Stadien hat etwas zu Ihrem Wesen beigetragen, eine besondere Qualität, ein Bewusstsein, eine bereichernde Erfahrung.
2. **In den Palast eintreten:** Stellen Sie sich vor, Sie wären im Wien des 19. Jahrhunderts. Sie gehen auf einen Ball im Palast, wo die ganze Nacht Strauß-Walzer für die tanzende Menge gespielt werden. Als Sie eintreten, wird Ihr Name angekündigt und es geht eine Welle von „Ahhh" durch die Menge, weil alle Leute an Ihre noblen Taten denken. Während Sie tanzen, werden Sie vom Reichtum Ihrer Geschichte getragen, er bildet die Basis jeden Schrittes.

Die Einstimmung auf die Bühne und den Auftritt

In dem Moment, in dem Sie auf die Bühne gehen, sollten Sie mit Ihren darstellerischen Fähigkeiten voll präsent sein. Das ist aber nicht immer leicht. Hinter der Bühne ist vielleicht nur wenig Platz, in den Gängen ist es zu eng, um sich warm zu halten, und es gibt viele Ablenkungen. Die Vorstellungskraft kann Ihnen helfen, auf die Aufführung fokussiert zu bleiben.

Wenn Sie in eine enge Garderobe oder in einen kleinen Raum hinter der Bühne gezwängt sind, bevor Sie auf die Bühne gehen, sind Sie vielleicht immer noch ein wenig verkrampft, wenn Sie auf die Bühne kommen, oder zumindest überrascht über den immensen Raum der Bühne. Nehmen Sie sich Zeit dafür, sich mental auf die neue räumliche Situation einzustellen, *bevor* Sie auf die Bühne gehen. Die Art und Weise, wie Sie das machen, hängt sehr von der Choreografie ab. Wenn Sie Richtung Zuschauer spielen, sollte Ihre Konzentration nach außen gerichtet sein; bauen Sie eine vierte Wand auf, so sollte sie nach innen gehen.

**Übungen:
Vorstellungsbilder zur Einstimmung**

1. **Sich vorstellen, wie man auf der Bühne steht:** Spüren Sie den Raum zwischen Ihrem Rücken und der Wand oder dem Gegenstand, der Ihnen am nächsten ist. Spüren Sie den Raum zwischen Ihren Körperseiten und den Seitenwänden. Spüren Sie schließlich die Distanz zwischen der Vorderseite Ihres Körpers und dem Bühnenrand oder der imaginären vierten Wand. Je nach der Intention der Choreografie können Sie Ihre Konzentration in die entferntesten Ecken des Theaters und

darüber hinaus expandieren. Vor Ihrem inneren Auge berühren Sie Ihre Begrenzungen. Gehen Sie von Schlüsselposition zu Schlüsselposition in Ihrem Tanz und fühlen Sie die Beziehung Ihres Körpers zur Bühne und den Tänzern, die Sie umgeben.

2. **Sonnenaufgang:** Stellen Sie sich einen wunderschönen Sonnenaufgang vor, der unter der Bühne stattfindet. Die Sonne scheint durch den Boden und beleuchtet die Tänzer und den gesamten Raum bis zur hintersten Sitzreihe mit ihrer warmen, üppigen Glut eines neuen Tages. (Abbildung 15.10)

**Abbildung 15.10:
Sonnenaufgang**

Konzentration

Konzentration ist der Schlüssel zur guten Aufführungsvorbereitung. Da es so viele Ablenkungsmöglichkeiten gibt, muss Ihre Konzentration kraftvoll sein. Nervös herumzuwitzeln, bevor Sie auf die Bühne gehen, kann Ihre Aufführung zunichte machen. Wie professionell Sie auch sein mögen und wie viele Auftritte Sie schon gehabt haben: Sie sollten sich konzentrieren, bevor Sie auf die Bühne gehen. Wie Helen McGehee sagt:

„Je mehr Konzentration Sie für Ihre Rolle und für Ihre Bilder zu der Rolle aufbringen können, desto mehr wird diese innere Energie und Lebendigkeit im richtigen Moment, in dem Sie Ihre Rolle spielen, abgegeben." (HOROSKO 1991, S. 84)

Pauline Koner sagt über Aufführungsvorbereitung und Bühnenausdruck oder, wie sie es nannte, „Magnetismus":

„Sie fühlen eine Schwingung, eine blaue Flamme, einen elektrischen Strom zwischen sich und dem Publikum, der beständig aufrechterhalten werden sollte … Es ist Ihre Konzentration, Ihr Bewusstsein, Ihre Ernsthaftigkeit, die diesen Strom nährt. Bevor

Sie Ihren Auftritt haben, sind Sie ausgeglichen, wie ein Rennpferd, das seine Schwingungen auf eine höhere, feinere Stufe einstellt. Es braucht unendliche Disziplin, diese Konzentration zu erreichen, aber es ist die Essenz einer Aufführung. Bevor der Vorhang aufgeht, müssen Sie vollkommen präsent sein." (SORELL 1986, S. 101)

Mohammed Alis Motto war: „Schwebe wie ein Schmetterling, stich wie eine Biene!" Ali revolutionierte das Boxen mit seinem zentrierten, tanzähnlichen Stil. Fragen Sie sich selbst, welches Motto Sie haben, bevor Sie auf die Bühne gehen. Was ist Ihre grundlegende Botschaft, Ihr innerstes Ziel oder Ihre innerste Identität? Sie brauchen es nicht in Worten auszudrücken, solange Sie ein klares und starkes Gefühl oder eine physische Empfindung haben. Viele Tänzer haben ein Schlüsselbild für Auftritte, das ihre spezifische Persönlichkeit entfaltet und das ihnen ihre „Grandeur" auf der Bühne gibt. Isadora Duncan schrieb:

„Wenn ich tanzte, versuchte ich immer der Chor zu sein. Ich war der Chor der jungen Mädchen, die die Rückkehr der Flotte begrüßten; ich war der Chor, der den pyrrhischen Tanz vollführte, der Chor der Bacchantinnen, die mit Bacchus (Dionysos), dem Gott des Weines, herumzogen; ich habe nie ein Solo getanzt." (BROWN 1979a, S. 10)

Eines von Cathy Wards Schlüsselbildern vor einer Aufführung ist das folgende:

„Vom Nichts in die Klarheit kommen, von einem Traum in die Realität kommen, von der Härte in die weichste, expandierfähige Unendlichkeit kommen, an das denkend, was ewig ist, und es tragen wie einen Handschuh von Nacktheit, geschüttelt sein von Poesie und Kraft, so nahe, dass es dein eigener Atem sein könnte."

Übungen: Vorstellungsbilder zur Unterstützung der Konzentration

Wenn Sie mit dem Aufbauen intensiver Konzentration zu früh beginnen, haben Sie ihre mentale Kraft vielleicht schon verbraucht, bevor Sie überhaupt auf der Bühne sind. Die Erfahrung wird Ihnen zeigen, wie viel Zeit Sie brauchen, um in Ihre Rolle einzutauchen.

1. **Eine Minute nichts denken:** Denken Sie eine Minute lang an nichts! Wiederholen Sie diese Übung, bis sie Ihnen in Fleisch und Blut übergeht. Sollte sich das als zu schwierig herausstellen, richten Sie Ihren Fokus auf Ihren Atem oder auf das innere Volumen Ihres Körpers.
2. **Eintauchen:** Fragen Sie sich, welches Bild die Stimmung oder Qualität ausdrückt, die dem Tanz innewohnt, den Sie aufführen sollen. Tauchen Sie in diese Qualität ein.
3. **Bewusstsein:** Lassen Sie Ihr Bewusstsein den Körper durchfluten. Werden Sie sich jeder Nische Ihres Körper bewusst und gießen Sie konzentrierte Wahrnehmung wie eine Flüssigkeit in jede Zelle hinein.
4. **Mentale Probe:** Visualisieren Sie jeden Schritt des Tanzes, den Sie bald aufführen werden, und stellen Sie sich vor, dass Sie ihn gerade mit allen Sinnen erleben.

5. **Gefahr:** Cathy Ward bemerkte einmal: „Sie brauchen Kraft, um ruhig zu bleiben. Seien Sie wie ein Panther, der auf der Lauer liegt und von Minute zu Minute jede Veränderung im Verhalten seiner Beute wahrnimmt, gleichzeitig aber auch jede Position seines Körpers fühlt. Er ist ruhig und gelassen, bis seine Zeit kommt, da er wild sein darf und soll. Seien Sie nicht einfach perfekt, seien Sie gefährlich."

6. **Aura:** Erzeugen Sie um sich herum eine Auftrittsatmosphäre. Fühlen Sie eine Wolke oder eine Aura von Schwingungen. Je nach Tanz pulsiert diese Atmosphäre, die Sie umgibt, stark oder sie ist sanft und beruhigend.

7. **Der Körper – ein Komet:** Je schneller Sie sich bewegen, desto mehr glühen Sie, wie ein Komet, der durch das All schießt. Wenn Sie langsamer werden, wird Ihr Glühen tief, bedeutungsvoll, geheimnisvoll.

8. **Das ganze Universum schaut zu:** Aleksandr Wilansky, der früher beim *American Ballet Theatre* tanzte, sagte: „Eric Bruhn tanzen zu sehen war, als ob das gesamte Universum sich auf eine einzige Person zentrierte." Tun Sie so, als ob Sie vor dem ganzen Universum auftreten würden. Engen Sie Ihr Bewusstsein nicht ein, lassen Sie es so weit werden wie möglich. Stellen Sie sich vor, dass Sie ein kraftvolles Gravitationsfeld um sich haben, wie ein großer Planet, und dass Sie das Interesse weit entfernter Wesen anziehen.

9. **Auf der Bühne erblühen:** Sie sind eine Blume mit geschlossenen Blütenblättern, die auf die Morgendämmerung wartet. Kurz bevor Sie auf die Bühne gehen, öffnet sich die Blüte Richtung aufgehende Sonne und bringt ihre ganze Schönheit den ersten Sonnenstrahlen entgegen. (Nach Fumio Inagaki von der Ballettschule des Züricher Opernhauses)

10. **Scheinwerfer im Körper:** Stellen Sie sich ein Licht vor, das aus der Mitte Ihres Brustkorbs scheint und den Raum ausleuchtet wie ein kraftvoller Scheinwerfer. (Abbildung 15.11)

11. **Funkeln:** Stellen Sie sich Ihren Körper funkelnd vor, wie Wasser, das das Sonnenlicht reflektiert.

12. **Kerzen:** Dieses Bild ist zugegebenermaßen etwas übertrieben romantisch, doch habe ich herausgefunden, dass es sowohl für die Technik als auch für den Auftritt hilfreich ist. Imaginäre Kerzen sind sorgfältig auf Ihren Extremitäten platziert und befestigt worden. Stellen Sie sich vor, dass diese Kerzen die einzigen Lichtquellen auf der Bühne sind. Während Sie sich bewegen, erleuchten die Kerzen den Raum mit sanftem Licht. Wählen Sie den Duft und die Farben der Kerzen aus. Vielleicht sind sie aus Bienenwachs gezogen. Sie selbst sind vielleicht in einer abenteuerlichen Stimmung und stellen eine Kerze auf Ihren Kopf. Richten Sie Ihren Fokus auf diese Kerze, während Sie eine *Arabesque* machen. Versuchen Sie eine *Pirouette* zu drehen, ohne dass diese Kerze erlischt. Während Sie Ihren Kopf und die Extremitäten auf „swingende" Art bewegen, stellen Sie sich vor, dass die Kerzen im Raum Lichtspuren hinterlassen. (Abbildung 15.12)

Abbildung 15.11:
Scheinwerfer im Körper

Abbildung 15.12:
Kerzen

Teil IV

Vorstellungsbilder für Ruhe- und Regenerationsphasen

Dieser letzte Teil des Buches zeigt, wie Sie mit Hilfe der Vorstellungskraft den maximalen Nutzen aus Ihren Ruhezeiten ziehen können. Ich habe hier Entspannungsübungen, *Konstruktive Ruhe* und geführte Vorstellungsbilder zusammengestellt. Wenn Sie nicht genügend ausgeruht sind, werden Sie nicht in der Lage sein, beim Auftritt Ihre Höchstleistung zu zeigen. Auch aus Trainingsstunden können Sie nur dann den vollen Nutzen ziehen, wenn Sie frisch und energiegeladen sind.

Glauben Sie nicht, dass Sie mehr erreichen, indem Sie eine Trainingsstunde nach der anderen nehmen und von Probe zu Probe rennen, bis Sie ausgebrannt sind. Es ist besser, mit Augenmaß und Beharrlichkeit voranzugehen als in Hast. Wenn Sie müde sind, kann es leicht passieren, dass Sie wichtige qualitative und technische Details verpassen, und es wird Ihnen nur schwer gelingen, eine bühnenreife Leistung zu zeigen. Fehler werden dann ständig wiederholt und fehlerhafte Bewegungsmuster im Nervensystem verankert. Letzten Endes behindern Sie so nur Ihre Weiterentwicklung und erhöhen das Risiko eines frühen Karriereendes infolge von Verletzungen oder Abbau Ihrer körperlichen Kraft.

Natürlich sollten Sie Ihre Zeit optimal nutzen. Ich meine aber, dass Sie mehr erreichen können, wenn Ihre Nerven ruhig und frisch sind. Ein Merkmal von Menschen mit vollem Terminkalender, die gleichwohl erfolgreich sind, ist die Fähigkeit zu regenerieren und zu erkennen, wann es Zeit dazu ist. In kurzer Zeit "auftanken" zu können ist eine der wertvollsten Fähigkeiten, die Tänzerinnen und Tänzer sich aneignen können.

Kapitel 16

Die Kunst der Berührung und Entspannung

In diesem Kapitel richten wir unser Augenmerk auf Regenerationstechniken, die auf Vorstellungsbildern aufbauen, wie beispielsweise die Technik der *Konstruktiven Ruhe*, die Mabel Todd Anfang des 20. Jahrhunderts entwickelt hat. Diese Techniken sind auch unter den Namen *Ideokinese* oder *Franklin-Methode* bekannt. In der *Ideokinese* beschreiben neun Bewegungslinien die Richtungen, in denen die meisten Menschen sich auf eine effizientere Körperhaltung hin entwickeln können. Die Begriffe *Ideokinese* und *Konstruktive Ruhe* wurden erstmals von Lulu Sweigard in ihrer Arbeit an der *Juliard School of Music* in New York angewandt.

Eine Übung in *Konstruktiver Ruhe* kann man alleine durchführen oder mit einem Partner, der Erfahrung mit Berührung hat. Wir werden auch geführte Vorstellungsreisen erleben, die Sie auf sorgfältig ausgearbeitete Ausruhtouren mitnehmen, sowie „Berührungssitzungen", in denen mit der Hilfe achtsamer Hände Spannungen weggeschmolzen werden. In Berührungssitzungen wird normalerweise zu zweit und im Liegen oder Sitzen gearbeitet. Regenerationstraining mit geführter Vorstellungskraft wird hingegen meist ohne Berührung ausgeführt. Die Bildbeschreibungen werden von einem Lehrer bzw. Partner gesprochen oder mit einem Tonband vorgespielt. Von Zeit zu Zeit lade ich einen Musiker zur Begleitung einer Bildreise oder einer konstruktiven Ruhe ein. Das wird immer gut aufgenommen und ich glaube, dass es den Effekt der Vorstellungskraft bei den meisten Schülern sehr verstärkt.

Babys reagieren stark auf die Berührung. Werden sie nie berührt, können sie krank werden oder sogar sterben. In Indien praktizieren viele Mütter eine spezielle Form von Babymassage. Einer meiner Freunde, der durch Indien reiste, wies darauf hin, dass diese Babys rund und gesund aussehen, obwohl die Ernährung generell nicht so gut ist wie im Westen. Das heißt nicht, dass Sie *zunehmen*, wenn Sie berührt werden. Wie sehr Berührung in Ihrer Familie zum normalen Alltag gehörte, diese Erfahrung bestimmt, wie einfach es für Sie ist, Berührung zu akzeptieren und anzuwenden.

„Magnetische Hände"

Die Hände sind großartige Lehrer. Wenn sie richtig eingesetzt werden, können sie den Effekt eines Bildes verstärken oder sogar selbst Bilder entstehen lassen. Berührung kann man auf die vielfältigste Art und Weise nutzen:

1. um den Ort und die Richtung eines Bildes anzuzeigen; um eine Bewegungslinie aufzuzeigen.
2. um dem Schüler zu helfen, zwischen verschiedenen Strukturen im Körper unterscheiden zu können. („Das ist Knochen, das ist ein Band.")
3. um einen kinästhetischen Fingerzeig für die korrekte Haltung zu geben.
4. um Spannung abzubauen.
5. um die richtige Bewegungsauslösung zu zeigen.
6. um zu helfen, den Körper in einer schwierigen Bewegung zu stabilisieren.
7. um das Atemmuster zu beeinflussen.
8. um die Sinneswahrnehmung in einem Körperteil zu erhöhen.
9. um dem Schüler zu helfen, kinästhetisch-taktile Bilder zu speichern.
10. um dem Schüler zu helfen, das korrekte kinästhetische Bild für einen bestimmten Tanzschritt zu finden.

Ein Beispiel der Anwendung von Punkt 9 wäre eine Berührung, mit der man einem Schüler die korrekte Ausrichtung des Beckens zeigt, so dass er sich später erinnern und selbst korrigieren kann, um seine neuromuskulären Muster zu verbessern.

Zwei weitere Eigenschaften der Hände sind Wärme und das Erzeugen eines „magnetischen" Feldes. Dolores Krieger, Professorin für Krankenpflege an der *New York University* und Autorin des Buches *The Therapeutic Touch* (1979) beschreibt die im Folgenden wiedergegebene einfache Übung mit dem magnetischen Feld. Eine wachsende Zahl von Krankenschwestern in den Krankenhäusern der USA benutzt ihre Methoden.

Übungen: Vorstellungsbilder zum Einsatz der Hände

1. **Die Hände als Magnete** (nach Dolores Krieger): Reiben Sie Ihre Hände 20 bis 30 Sekunden lang kräftig aneinander, dann halten Sie sie eine Minute lang einige Zentimeter voneinander entfernt, wobei die Handflächen immer noch einander zugewandt sind. Vermutlich spüren Sie etwas zwischen Ihren Händen. Dieses Etwas wird noch deutlicher, wenn Sie die Hände langsam voneinander entfernen und wieder annähern. Manche beschreiben diese Sinneswahrnehmung als leichten Druck, als magnetische Anziehung oder als Kitzeln in den Handflächen. Wenn Sie Ihre Hände wieder näher zueinander bringen, spüren Sie vielleicht einen Widerstand dazwischen, als ob etwas zusammengedrückt würde. Sie können Ihre Hände ziemlich weit voneinander entfernen und immer noch etwas spüren. Sind die Handflächen nicht mehr einander zugewandt, so verschwindet die Empfindung.

2. **Bild und Berührung:** Die Wirkung Ihrer Hände auf jemand anders hängt sehr stark von Ihrem mentalen Zustand ab. Am besten ist es, wenn Sie sich auf das Bild konzentrieren, das auch Ihr Partner benutzt, und wenn Sie in einer „helfenden Stimmung" sind. Wenn Sie sich auf

ein Bild konzentrieren, sehen Sie es sowohl in Ihrem Körper als auch im Körper Ihres Partners.

3. **Mentale Reinigung:** Bevor Sie ihren Partner berühren, „reinigen" Sie Ihren Kopf, indem Sie sich auf Ihren Atem konzentrieren. Behalten Sie während der Berührungsübung Ihren Geist offen und empfänglich für alle Bilder, die aufsteigen.

Entspannende Berührung

Übungen: Vorstellungsbilder für entspannende Berührung

Wie ich in diesem Buch schon öfter erwähnt habe, ist Verspannung ein „Feind" effizienter Bewegung. Wenngleich viele der hier beschriebenen Übungen übermäßige Verspannungen schon dadurch reduzieren, dass sie die biomechanische Effizienz und den Bewegungsfluss verbessern, füge ich noch einige Bilder zur Selbsthilfe hinzu. Die nachfolgenden Übungen können im Sitzen oder Liegen gemacht werden, alleine oder mit einem Partner.

1. **Abklopfen:** Klopfen Sie sich selbst überall ab und benutzen Sie dabei nacheinander die folgenden drei Handhaltungen: die flache Hand mit lockeren Fingern (ein Gefühl, als wäre es ein Lappen), die locker geschlossene Faust und die leicht gewölbte Hand, die es Ihnen ermöglicht, mit den Fingerkuppen zu klopfen. Das Handgelenk bleibt dabei immer so locker wie möglich.
Nachdem Sie das Abklopfen beendet haben, stellen Sie sich einen imaginären Partner vor, der Sie noch einmal abklopft. Sie können sich auch imaginäre Hände vorstellen, die Sie von innen her abklopfen. Abklopfen ist eine gute Art, eine anstrengende Probe zu beenden. Wenn Sie mit einem Partner zusammenarbeiten, sagen sie ihm, wo und wie fest er klopfen soll. Ihr Partner stellt sich Ihre Körperoberfläche dabei vielleicht als Trommel vor , auf der er sanft einen Ton zu erzeugen versucht.

2. **Flatternde, wogende Muskeln:** Stellen Sie sich vor, wie ein verspannter Muskel dazu gebracht wird, im Wind zu flattern wie eine Fahne. Schauen Sie, wie die Spannung aus dem Muskel geschüttelt wird. Ihr Partner kann die verspannte Stelle reiben, um das Gefühl von Flattern und Wogen in Ihnen zu verstärken.

3. **Schmelzende Anspannung:** Stellen Sie sich vor, wie die verspannte Körperstelle schmilzt, sich verflüssigt, sich auflöst, auftaut, weich wird. Es hilft, wenn Sie (oder ihr Partner) die Wärme der Hände benutzen, um den Schmelzprozess zu beschleunigen.

4. **Abspritzen:** Legen Sie einen Finger auf einen Knoten oder auf eine verspannte Stelle und stellen Sie sich vor, es gäbe einen Wasserschlauch, der in den Knoten spritzt, um ihn aufzulösen. Können Sie die anatomischen Strukturen genau visualisieren, so können Sie den Wasserstrahl auch von einem Knochen zurückspritzen lassen oder den Knochen von einem verspannten Muskel „reinigen" (wie das Wegspülen nassen Sandes von einem Gehsteig). Erleichterung an diesen Stellen löst oftmals auch andere Verspannungen im ganzen Körper.

5. **Strom:** Stellen Sie sich vor, ein Strom beginnt sich durch einen angespannten Bereich zu bewegen wie ein kleiner Fluss, der langsam eine Sandbank auflöst und so einen Weg für sich selbst bahnt. Halten Sie diesen Strom in Fluss, indem Sie entspannt über dieses Gebiet streichen, bis alle Blockaden beseitigt sind. Ein Partner kann helfen.

6. **Auflösen:** Stellen Sie sich vor, ein verspannter Punkt löst sich auf wie ein Zuckerstück im Tee.

7. **Musikalische Massage** (Improvisation): Legen Sie ihre bevorzugte Musik zur Entspannung auf. Stellen Sie sich vor, wie die Musik im und um den verspannten Punkt tanzt. Die Musik wirbelt um diese Region herum, lockert sie auf, durchdringt sie. Die Töne spielen drinnen und um die Stelle herum. Arbeiten Sie nur mit *einer* Verspannung auf einmal. Ihr Partner kann sanft Ihre Glieder bewegen, indem er die Impulse der Musik aufnimmt.

Konstruktive Ruhe

Bevor wir die Konstruktive Ruhe (KR) üben, ist es hilfreich, die neun Bewegungslinien von Lulu Sweigard zu erörtern. Zwischen 1929 und 1931 führte Sweigard eine Studie durch, um herauszufinden, ob Ideokinese die Körperhaltung verbessert, indem sie Muskeln und Gelenke mit Hilfe von Visualisierungsübungen reorganisiert. In diesem Forschungsprozess entdeckte sie neun Bewegungslinien:

„Neun Skelettbereiche stellten sich als diejenigen Stellen heraus, deren Ausrichtung die größten Auswirkungen auf die Ausrichtung der Struktur als Ganzes hatte."

Der Einsatz von Vorstellungskraft brachte die einzelnen Gewichtsmassen näher zum Körperschwerpunkt wie auch zur Senklotlinie; dies verbesserte die mechanische Effektivität, indem der Aufwand, die Struktur aufrechtzuerhalten, verringert wurde. Jede Bewegungslinie (Abbildung 16.1) beginnt und endet an einem Knochenpunkt. Die Linien können sich verlängern oder verkürzen. Einige Linien führen zu einer Entspannung, andere „fördern die Reorganisation von Muskelaktionen, speziell derjenigen, die an einem gewichtsunterstützenden Hebel der Klasse 1 befestigt sind, so dass sie weniger abhängig sind von der Muskelkraft, um ihre Stabilität zu behalten." (SWEIGARD 1978, S. 192) Ausführliche Beschreibungen der Linien finden Sie in Sweigards Buch *Human Movement Potential*, in Irene Dowds Buch *Taking Root to Fly* oder in meinem Buch *Befreite Körper*.

1. Eine Bewegungslinie verlängert die Wirbelsäule auf der Rückseite nach unten.

2. Eine Bewegungslinie verkürzt die Distanz zwischen dem Schambein und dem zwölften Brustwirbel.

3. Eine Bewegungslinie führt vom oberen Ende des Brustbeins zum oberen Ende der Wirbelsäule.

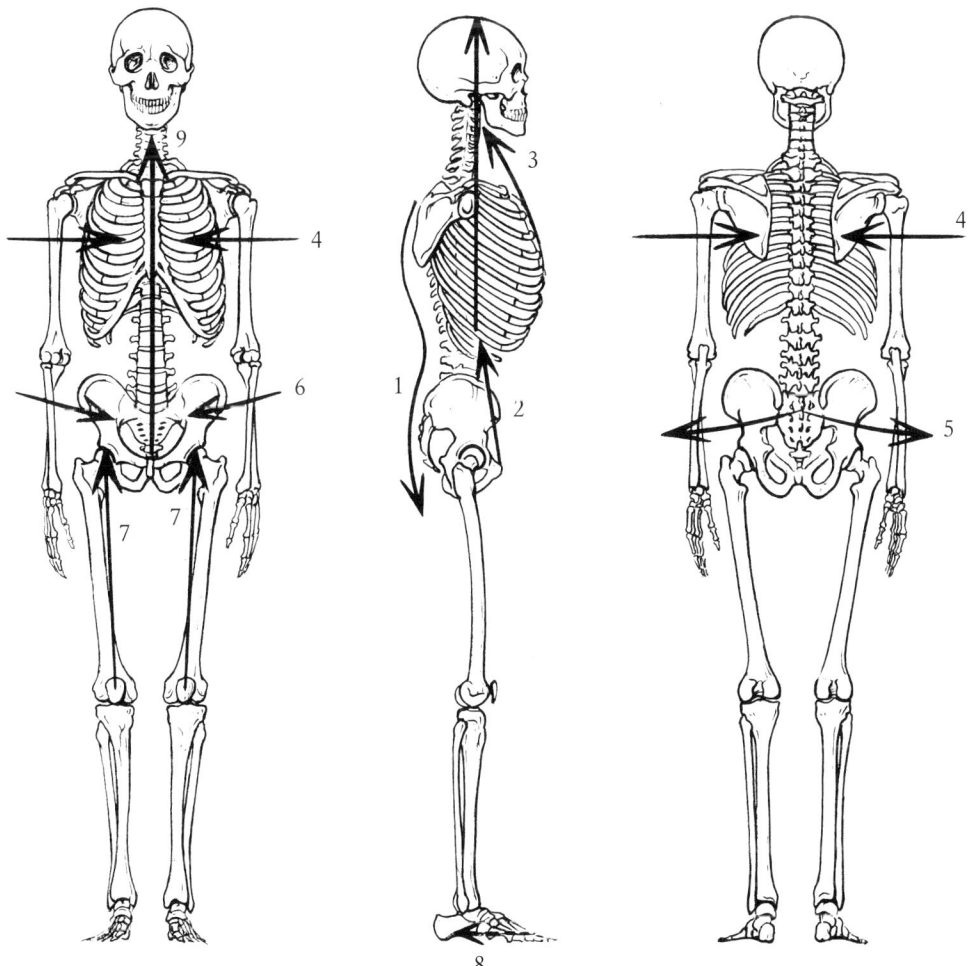

Abbildung 16.1:
Neun Bewegungslinien

(Mit freundlicher Genehmigung aus: L. E. Sweigard: *Human Movement Potential*, New York: Harper & Row, 1974)

4. Eine Bewegungslinie macht den Brustkorb schlanker.
5. Eine Bewegungslinie weitet die Rückseite des Beckens zur Seite aus.
6. Eine Bewegungslinie bringt die Vorderseite der Beckenschaufeln näher zusammen.
7. Eine Bewegungslinie führt von der Mitte des Knies zur Mitte der Hüftgelenkspfanne.
8. Eine Bewegungslinie erstreckt sich von der großen Zehe zur Ferse.
9. Eine Bewegungslinie verlängert die zentrale Achse des Rumpfes nach oben.

Als ich an der *New York University* durch André Bernards Unterricht zum ersten Mal mit der Konstruktiven Ruhe in Kontakt kam, habe auch ich zugegebenermaßen hie und da über das Training in der Konstruktiven Ruhe gewitzelt und gesagt: „Hast du ein angenehmes Nickerchen gehabt?" Heute weiß ich, welch erstaunliche Kraft der Geist auf den Körper ausüben kann und wie man sein eigener Körpertherapeut werden kann, nachdem man einmal ein bestimmtes Geschick dafür entwickelt hat. Die Fähigkeit des Geistes, Veränderung zu erzeugen, ist wirklich wie ein Wunder. Manchmal denke ich: „Wenn die Menschen nur wüssten …" Zwar anerkennen viele Menschen die Kraft der Vorstellung, aber nicht sehr viele wenden sie regelmäßig an, weil das viel Übung und Beharrlichkeit erfordert, ähnlich wie das beim Üben eines Instruments der Fall ist.

Im Unterschied zum Instrument können wir unsere Gedanken nicht hören. Deshalb kann es vorkommen, dass Menschen manchmal sagen: „Ja natürlich, Vorstellungsbilder sind eine großartige Sache, ich nutze sie die ganze Zeit." Und dann fahren sie mit ihrer Übung fort, denken dabei aber daran, welche Salatsauce sie beim Mittagessen bevorzugen. Die sofortige Entspannung bei einer Massage ist – im Vergleich zur ersten Begegnung mit der Vorstellungskraft – natürlich viel motivierender. Anfänglich verlangt Vorstellungskraft konsequentes Üben. Das ist mehr als tagelanges Sitzen hinter Büchern. Haben Sie aber einmal entdeckt, wie das mit der Vorstellungskraft funktioniert und was es Ihnen bringt, wird es spannend. Vorstellungskraft kann die Effizienz zwischen Körper und Geist auf vielen Ebenen steigern, indem versteckte Kraftquellen mobilisiert werden, die jenseits oberflächlicher, intellektueller Reichweite liegen. Ihr Geist verwandelt sich wie jeder andere Teil des Körpers in ein wirkungsvolles Instrument, wenn sie ihn richtig trainieren. Hier nutze ich sein Potential für eine Entspannungstechnik, die Stress wegschmelzen kann wie die Sonne ein Eis.

Die nachfolgende Übung in Konstruktiver Ruhe ist eine Mischung aus „traditionellen" ideokinetischen Vorstellungsbildern und meinen eigenen Ideen. Die Sitzung kann in der klassischen Konstruktive-Ruhe-Position (KRP) durchgeführt werden, indem ich auf dem Rücken liege und die Beine in einem 90-Grad-Winkel aufgestellt sind. (Für detaillierte Informationen über die KRP schlagen Sie bitte in meinem Buch *Befreite Körper* nach.)

Übungen: Vorstellungsbilder für die Konstruktive Ruhe

1. Achten Sie auf Ihren **Atem**. Beobachten Sie, wie die Luft sanft in Ihren Körper hinein- und aus ihm herausfließt. Steuern und kontrollieren Sie Ihren Atem nicht. Lassen Sie ihn einfach fließen.

2. Stellen Sie sich vor, Sie liegen auf einer **Wolke**, die weich ist wie eine Daunendecke. Sehen Sie sich langsam hineinsinken. Fallen Sie durch den Boden der Wolke und landen Sie weich auf der nächsten, darunter liegenden Wolke. Wiederholen Sie das mehrmals.

3. Ihr gesamter Rücken breitet sich wie **schmelzende Butter** auf dem Boden aus. Achten Sie besonders auf Ihren Nacken, auf den Bereich zwischen den Schulterblättern, auf den unteren Rücken und die Rückseite des Beckens. Es ist einfacher sich das Ausbreiten vorzustellen, während Sie ausatmen. Aber beeinflussen Sie Ihren Atem nicht. Warten Sie einfach auf die nächste Ausatmung und beobachten Sie, wie sich der entsprechende Bereich ausdehnt.

4. Legen Sie Ihre Beine über eine **imaginäre Wäscheleine**, wie ein Paar Hosen, die gerade aus der Waschmaschine kommen. Lassen Sie diese Hosen über der Leine hängen. Spüren Sie die Unterstützung der Leine unter Ihren Knien. Lassen Sie zu, dass die Leine Ihre Hosen wirklich trägt. Dann beobachten Sie, wie die Hosen an der Leine hin und her

baumeln, weil eine Brise sie sanft bewegt. Stellen Sie sich vor, dass diese warme Brise Ihre Beine (als Hosen) trocknet, sie leicht und flauschig macht. (Abbildung 16.2)

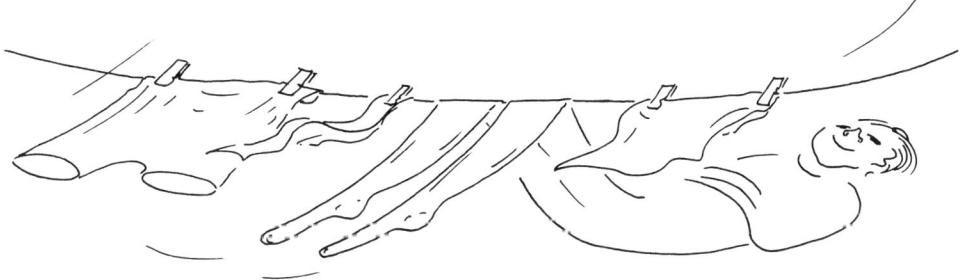

Richten Sie Ihr Augenmerk auf die Rückseite der Hosen. Ruht sie auf der Leine? Gehen Sie wieder zur Vorderseite der Hosen. Fällt oder drückt sie auf die Rückseite der Hosen? Lassen Sie Ihren Rücken sich weiter auf dem Boden ausbreiten, während der Wind Ihre Beine hin und her schwingt. Indem die Hosen trocknen, werden sie immer weicher und flauschiger. (Ihr Partner kann Ihnen vielleicht helfen, indem er seine Hände in Ihre Kniekehlen legt und sie leicht anhebt, um das Gefühl der tragenden Leine zu betonen. (Abbildung 16.3)

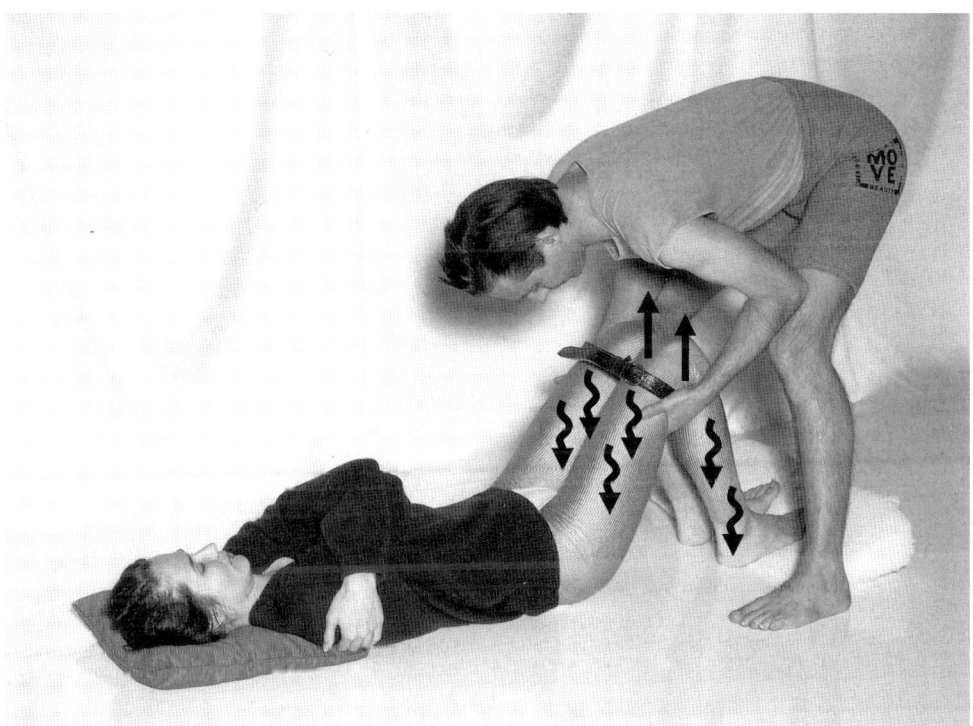

Abbildung 16.3:
Der Partner unterstützt die Kniekehlen mit seinen Händen.
(Alle Fotos dieser Serie: Arséne Saheurs)

5. Stellen Sie sich vor, **der Rest Ihres Körpers besteht aus lockeren Kleidungsstücken**. Visualisieren Sie viel Raum zwischen den Kleidungsstücken. Stellen Sie sich einen Wind vor, der durch die Kleider bläst, sie aufbauscht und ihnen Gestalt gibt. Sobald der Wind sich legt, fallen die

Kleider wieder in sich zusammen, fällt die Vorderseite auf die Rückseite, bis sie vom nächsten Windstoß wieder aufgebauscht werden. Wandern Sie durch den gesamten Körper von Kopf bis Fuß und beobachten Sie, wie der launenhafte Wind die Kleidungsstücke aufbläht und wieder zusammenfallen lässt. Ihr Partner assistiert Ihnen dabei, indem er die Vorderseite Ihres Körpers von oben nach unten berührt. (Abbildung 16.4)

Abbildung 16.4:
Der Partner legt die Hände auf die Schultern

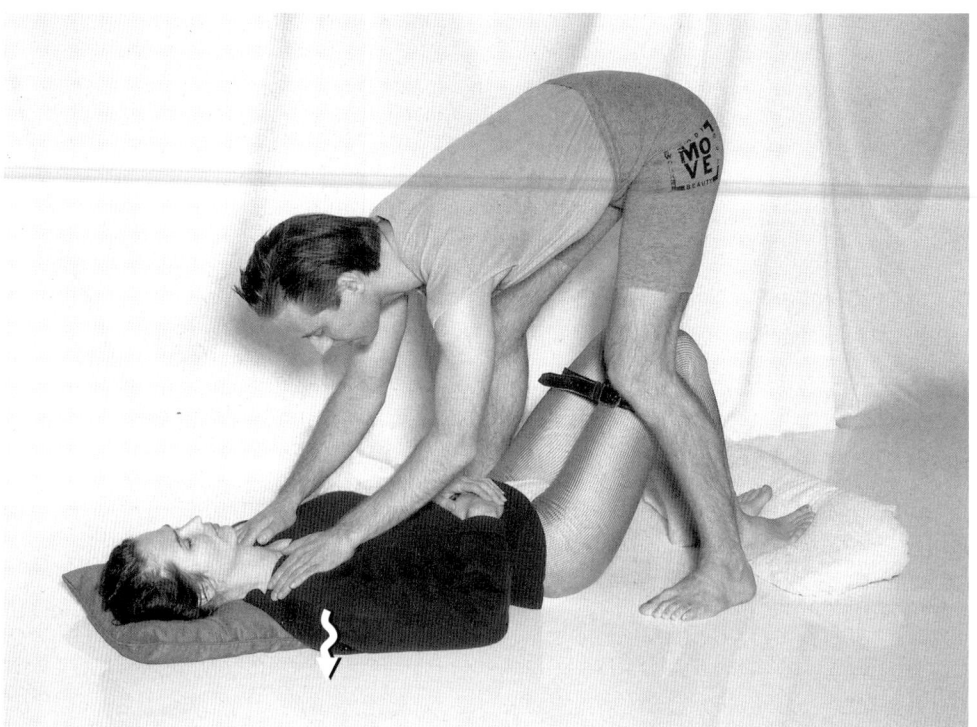

6. Stellen Sie sich vor, dass **sich drehende Bürsten** (ähnlich denen in Autowaschanlagen) vom Nacken bis zu den Fersen an Ihrem Rücken entlangrollen. Diese Bürsten wischen alle Verspannungen nach unten weg und schließlich aus dem Körper hinaus. Jede kleinste Verspannung wird durch einen sprudelnden Seifenschaum weggewaschen. Ist ein Bereich sehr verspannt, bleiben die Bürsten an dieser Stelle und massieren dort, bis auch dieser Bereich die Spannung loslässt. Abschließend

Abbildung 16.5:
Sich drehende Bürsten

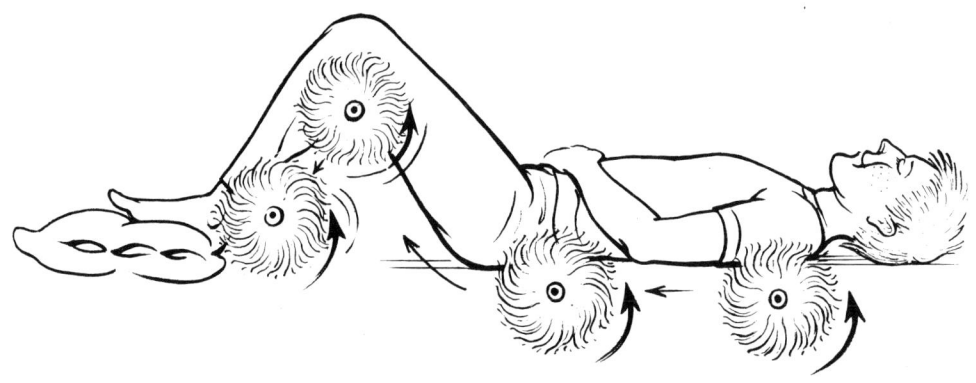

spritzen Sie den gesamten Rücken von oben nach unten mit einem erfrischenden Wasserstrahl ab und versichern sich, dass sämtliche Seifenreste und Verspannungen weggewaschen werden. (Abbildung 16.5) Ihr Partner unterstützt Sie darin, indem er mit seinen Händen Ihren Rücken hinunterstreicht. (Abbildung 16.6)

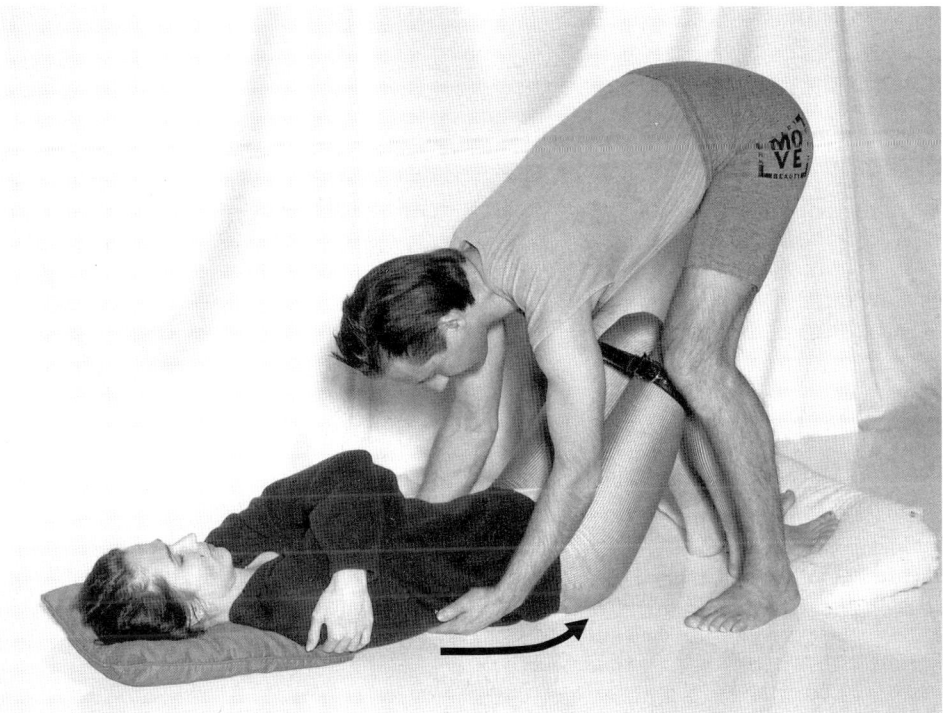

Abbildung 16.6:
Der Partner streicht den Rücken hinunter.

7. Richten Sie Ihr Augenmerk auf die Rückseite des Beckens. Stellen Sie sich vor, dass das **Kreuzbein** sich in **Richtung Sitzbeine** bewegt, dass es zwischen den beiden Beckenknochen nach unten gleitet. Hat das Kreuzbein dieses beinahe horizontale Gleiten beendet, fällt es auf den Boden und breitet sich zur Seite aus, wie Sahne, die Sie in eine Kuchenform gießen. Wiederholen Sie das Fallen und Ausbreiten des Kreuzbeins mehrmals.

8. Beobachten Sie nun das Schambein. Stellen Sie sich vor, die zwei Seiten des Schambeins sind Fäuste, die mit ihren Knöcheln *(Symphyse)* gegeneinander stoßen. Beim Einatmen stellen Sie sich vor, der **Atem fließt in einen Ballon**, der in Ihrem Becken liegt. Der Ballon dehnt sich aus und drückt gegen den inneren Rand des Beckens und des Beckenbodens, so dass zwischen den beiden Fäusten der Schambeinfuge ein kleiner Zwischenraum entsteht. Beim Ausatmen wird der Ballon kleiner, die Fäuste stoßen wieder aneinander. Die Lücke ist nun komplett geschlossen. Wiederholen Sie diesen Vorgang während mehrerer Atemzyklen. Ihr Partner drückt dabei das Becken sanft zusammen und erzeugt so einen leichten Druck Richtung Schambeinfuge. Beim Einatmen lässt er los, damit sich das Becken wieder weiten kann.

9. Gehen Sie in Ihrer Vorstellung nun zum rechten Oberschenkelknochen. Stellen Sie sich vor, **wie die Gelenkkugel in die Pfanne des Hüftgelenks hineinsinkt** – wie ein Schuh, der in einem Sumpf nach unten sinkt. Die Gelenkpfanne hält den Oberschenkelkopf, wie der Sumpf den Schuh hält. Wenn Sie versuchen, ihn herauszuziehen, spüren Sie, wie die Gelenkpfanne den Knochen festhält. Wiederholen Sie das Bild des Hineinsinkens und Herausziehens mehrmals. Anschließend machen Sie das Gleiche auf der linken Seite.

10. Richten Sie ihren Fokus auf die **Schulterblätter**. Denken Sie, es wären schwere Sand- oder Getreidesäcke. Heben Sie sie vor ihrem inneren Auge mehrmals einige Zentimeter an und lassen Sie sie wieder auf den Boden fallen. Jedes Mal, wenn Sie sie fallen lassen, werden sie etwas flacher und breiter und die Lücke zwischen den Schulterblättern und dem Brustkorb vergrößert sich. Schließlich platzt der Sack auf. Der gesamte Sand läuft heraus. Der Partner kann Ihnen helfen, indem er die Hände unter die Schulterblätter legt.

11. Stellen Sie sich Ihren **Kopf wie eine runde Boje** vor, die leicht vom Wasser bewegt wird. Der Nacken ist die Schnur, der die Boje mit ihrem Nachbarn, dem Brustkorb verbindet. Sehen Sie, wie die Schnur sich in alle Richtungen bewegt, weil sich die beiden nebeneinander liegenden Bojen hin und her bewegen. Stellen Sie sich nun das Becken als eine weitere Boje vor, die durch eine weitere Schnur (Lendenwirbelsäule) mit der „Brustkorb-Boje" verbunden ist. Beobachten Sie die Bewegungen der drei Bojen (Kopf, Brustkorb, Becken) und der Schnüre dazwischen (Nacken, Lendenwirbelsäule). Ihr Partner kann das Gefühl unterstützen, indem er Ihren Kopf, den Brustkorb und das Becken leicht hin und her schaukelt.

Abbildung 16.7:
Der Partner streicht mit den Händen über Nacken und Kopf nach oben.

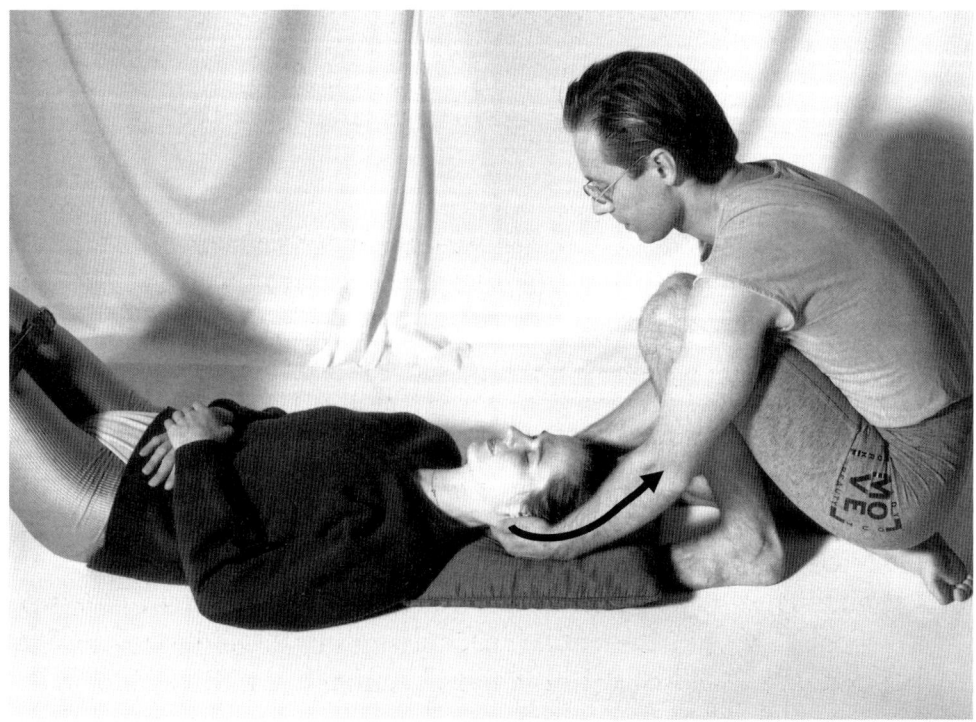

12. Bleiben Sie nun bei der „Kopf-Boje". Schauen Sie, wie viel vom Boden der Boje ins Wasser getaucht ist. Lassen Sie die Boje auf dem Wasser ruhen, während Sie die Bewegungen beobachten. Richten Sie Ihren Fokus auf die **Beziehung zwischen der Kopf-Boje und der Becken-Boje**. Ihr Partner kann Ihren Kopf sanft bewegen und streicht abschließend mit den Händen über Nacken und Kopf nach oben. (Abbildung 16.7)

13. Stellen Sie sich vor, **dass die Schultern vom Nacken wegfallen** und die Distanz zum Nacken vergrößern. Ihr Partner kann mit den Händen vom Nacken über die Schultern ausstreichen.

14. **Leeren Sie Ihren Geist** von allen Bildern.

15. **Falten Sie Ihre Beine zusammen** und ziehen Sie sie an den Körper. Legen Sie Ihre Hände auf die Knie und stellen Sie sich vor, wie die Hüftfaltung immer tiefer wird. (Abbildung 16.8)

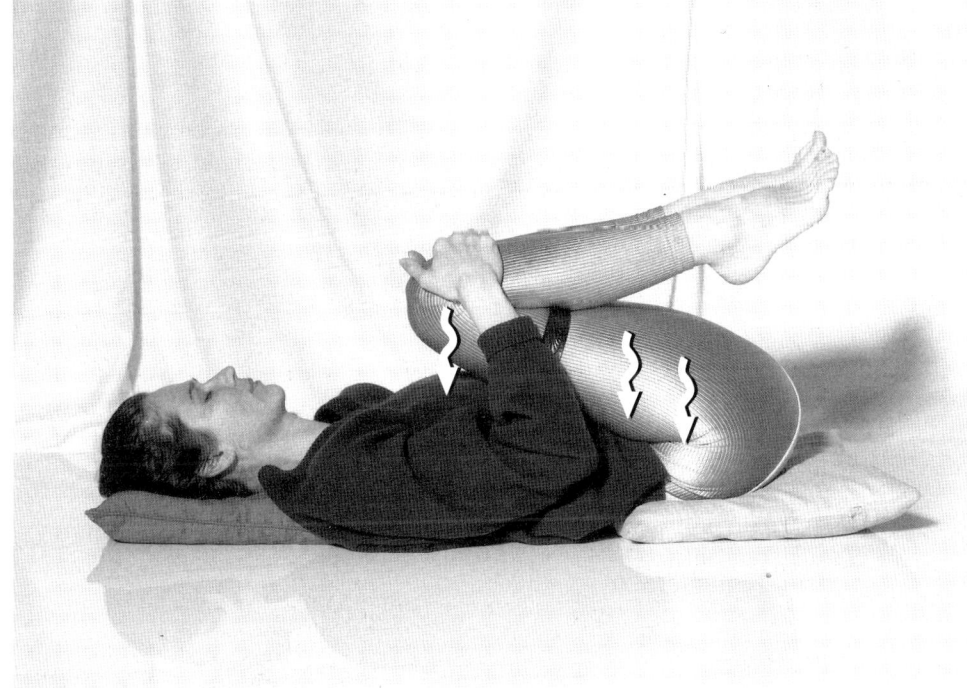

**Abbildung 16.8:
Die Beine
zusammenfalten**

16. Rollen Sie auf die Seite und **klopfen Sie Ihren Rücken** mit der oberen Hand ab: Ihr Partner kann den Rücken dann von den Schultern bis zum Becken abklopfen.

17. **Machen Sie ein „Päckchen":** Der Kopf berührt den Boden, die Arme liegen neben dem Körper. Bleiben Sie für eine Minute so liegen. Lassen Sie Hüftgelenke und Knie sich leicht falten.

18. Stellen Sie sich vor, dass ein Wasserschlauch (oder ein Duschkopf) einen **Wasserstrahl** gegen die Vorderseite der Wirbelsäule spritzt, wodurch diese langsam aufgerollt wird und in eine Sitzposition kommt. (Abbildung 16.9) Ihr Partner kann Ihnen helfen, indem er mit seinen Händen die Wirbelsäule entlang nach unten streicht und so jedem Wirbel und jeder Bandscheibe hilft, einzeln aufzurollen. (Bild 16.10)

Abbildung 16.9:
Wasserstrahl

Abbildung 16.10:
Der Partner streicht mit seinen Händen die Wirbelsäule entlang nach unten.

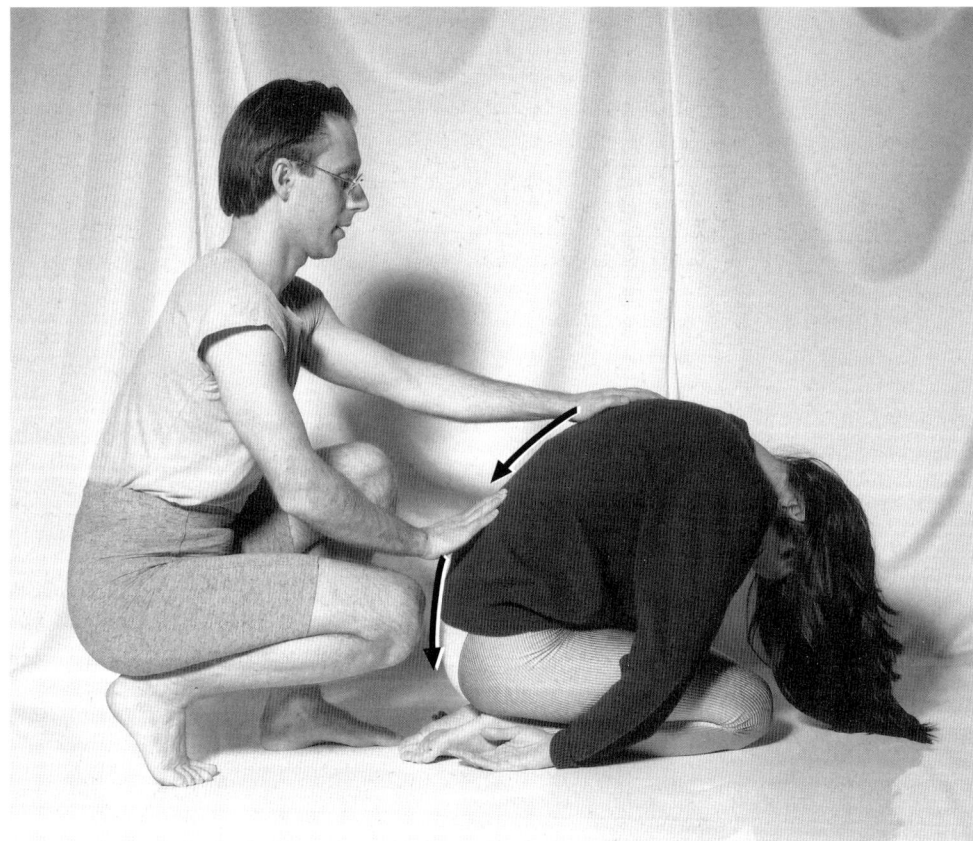

19. Lassen Sie Ihre Schultern hängen. Stellen Sie sich vor, **dass Sand aus ihrer Seite** und auf der Seite des Körpers nach unten **rieselt.** (Abbildung 16.11) Ihr Partner sollte die Schultern nach außen und die Oberarme nach unten abstreichen.

20. Stellen Sie sich vor, Ihr **Kopf schwebt wie ein Heliumballon nach oben** und bringt Ihren Körper in den Kniestand.

21. **Beugen Sie ein Bein im Hüftgelenk und stellen Sie den Fuß dieses Beines vor sich auf den Boden.** Beobachten Sie, wie das Kreuzbein nach unten fällt, während der Kopf nach oben schwebt. Dabei ist die Rückseite des Kopfes ein wenig leichter als die Vorderseite. Ihr Partner kann Ihnen bei diesem Gefühl helfen, indem er mit der einen Hand über das Kreuzbein nach unten bürstet, während er mit der anderen Hand den Hinterkopf leicht nach oben stößt. (Abbildung 16.12) Spüren Sie, wie der Beckenboden und die Sitzbeinhöcker diese Aufwärtsbewegung ins Stehen unterstützen. Das wird Ihnen helfen, jegliche Überanstrengung der Knie zu verhindern.

22. Lassen Sie im Stehen Ihre zentrale Achse senkrecht zum Boden nach oben wachsen. Fühlen Sie das Volumen Ihres gesamten Körpers. Geben Sie **auf beide Füße gleich viel Gewicht** ab. Auch ist gleich viel Gewicht auf den drei Auflagepunkten des Fußes: Ferse, Großzehen- und Kleinzehenballen.

Abbildung 16.12:
Der Partner „bürstet" mit der einen Hand über das Kreuzbein nach unten, während er mit der anderen Hand den Hinterkopf leicht nach oben „bürstet".

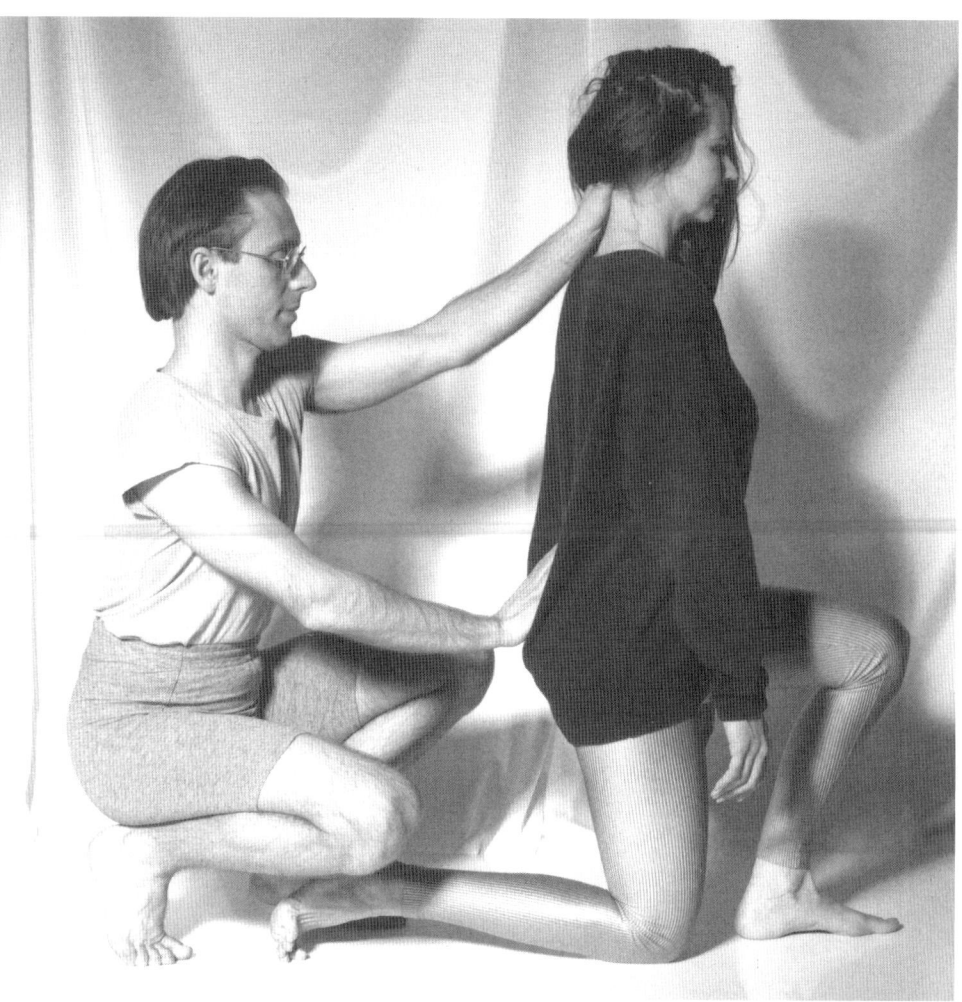

23. Setzen Sie sich hin und stellen Sie sich vor, die Knie schweben nach oben, als ob Sie in einem **Sitzbad** sitzen und das Wasser steigt langsam auf und hebt Ihre Oberschenkel an. (Abbildung 16.13)

Abbildung 16.13:
Sitzbad

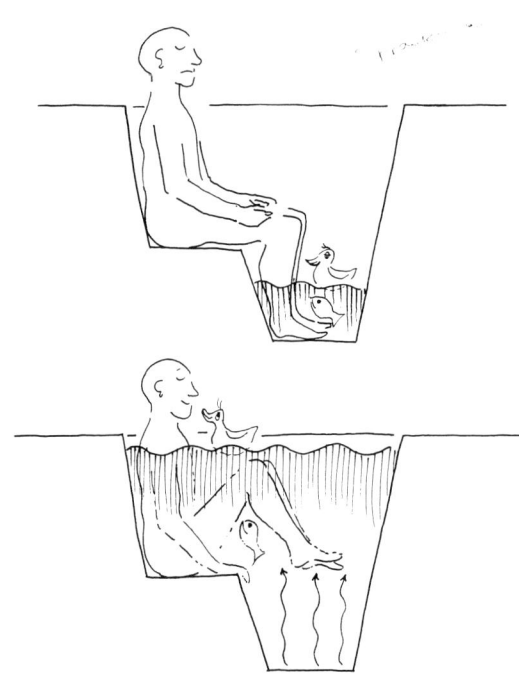

Im Gegensatz zur KR sind die Übungen mit geführten Bilderreisen nicht anatomisch orientiert. Sie sind ihrer Natur nach eher erzählerisch, während man in der KR von einem Ort im Körper zum nächsten geht und unterschiedliche, wenn auch miteinander verwandte Bilder benutzt. Geführte Bilderreisen können in der KR gemacht werden, aber auch im Liegen mit ausgestreckten Beinen oder im Sitzen auf einem bequemen Stuhl.

Ich finde diese Art von Entspannungsübungen besonders hilfreich zwischen und nach den Proben oder vor dem Schlafengehen. Es ist sehr wichtig, nicht in einem erschöpften oder verspannten Zustand ins Bett zu sinken. Dann ist Ihr Schlaf nicht so erholsam, wie er sein könnte. Wenn Ihr Geist von einem Gedanken zum nächsten springt, über Dinge nachdenkt, die während des Tages nicht optimal liefen, und wenn Sie planen, was Sie am nächsten Tag tun müssen, dann bleibt Ihr Körper aktiv, bereit eine Aufgabe auszuführen. In diesem Zustand, angefüllt mit zufälligen Bildern, kann Ihr Körper nicht loslassen. Ihr Körper kann nicht in einen neutralen, ausbalancierten Zustand zurückkommen und Ihr Geist kann nicht zu einem ruhigen und klaren Standpunkt zurückkehren, von wo aus die Tagesgeschehnisse in einem besseren Licht erscheinen.

Demgegenüber hilft eine strukturierte mentale Entspannungsübung dem Körper, unerwünschte Spannungen und Bewegungsmuster zu eliminieren, und sie hilft dem Geist, zur Ruhe zu kommen und Einsichten zu gewinnen. Wenn Sie regelmäßig eine Bilderreise durchführen, bevor Sie sich schlafen legen, werden Sie den Unterschied bemerken. Beim Aufwachen werden Ihre Muskeln lockerer sein und Ihr Kopf klar und fokussiert.

Geführte Bilderreise

1. Reinigendes Wasser

Stellen Sie sich frisches Quellwasser vor, das vom Scheitel aus in Ihren Körper gegossen wird. Nehmen Sie das kristallklare Wasser wahr. Schauen Sie zu, wie das Wasser den ganzen Körper füllt. Dieses Wasser hat eine besondere Qualität: Es kann alle Spannungen auflösen. Beobachten Sie, wie sämtliche Spannungen in diesem Wasser verschwinden. Die Verspannungen, welche in das Wasser sickern, lassen es dunkel und schmutzig erscheinen. Um dieses Wasser loszuwerden, lassen Sie es aus Ihren Füßen und in den Boden abfließen, bis Sie vollkommen frei von diesem „verspannten Wasser" sind. Nehmen Sie wahr, dass sogar Ihre Gedanken Spannungen in sich tragen. Lassen Sie das Wasser Ihre Gedanken „waschen". Spülen Sie Selbstkritik und Zweifel aus sich heraus.

Wiederholen Sie die Wasserreinigung, füllen Sie Ihren Körper mit einem frischen Schub kristallklaren Quellwassers. Waschen Sie alle übrig gebliebene Anspannung mit dem Wasser weg, das nun nicht mehr so schmutzig ist wie beim ersten Durchgang. Wiederholen Sie das zwei- oder dreimal, bis Sie das Gefühl haben, alle Anspannungen aufgelöst und aus dem Körper entfernt zu haben.

2. Entspannender Sonnenschuh

Stellen Sie sich vor, dass Sie sich an einem Strand ausruhen. Spüren Sie den warmen Sand unter Ihrem weichen Badetuch. Räkeln Sie sich, bis Sie bequem liegen. Nehmen Sie den Abdruck wahr, den Ihr Körper im Sand unter Ihnen hinterlässt. Wo ist die tiefste Druckstelle? Sind die Abdrücke der linken und der rechten Körperhälfte symmetrisch?

Frische, würzige Luft erreicht Ihre Nasenlöcher. Sie riecht salzig oder nach süß duftenden Blumen. Hören Sie die Möwen schreien und sanfte Wellen den Strand hinaufrollen. Nehmen Sie wahr, wie die Sonne auf Ihren Körper scheint und jeden Teil mit warmen, beruhigenden Strahlen entspannt. Stellen Sie sich vor, wie das Sonnenlicht jeden Teil Ihres Körpers auffüllt und auftankt. Sehen Sie, wie die Energiereserven Ihres Körpers zunehmen, während das Licht Ihren Körper umhüllt.

Jeder Teil Ihres Körpers wird von den Sonnenstrahlen ernährt. Fangen Sie bei den Füßen an und wandern Sie über die Waden, Knie, Oberschenkel, das Becken und den Bauch hinauf zum Brustkorb, zu den Schultern, Armen, Händen, zum Nacken und zum Gesicht. Während Sie das Sonnenlicht auf Ihrem Kopf spüren, stellen Sie fest, dass Sie viel Raum im Innern Ihres Kopfes haben. Dieser Raum wird hell und klar, als ob die Sonne *innerhalb* Ihres Kopfes scheinen würde. Richten Sie Ihr Augenmerk nun darauf, dass die Sonne in Ihrem gesamten Körper scheint. Die Strahlen entspannen jede Muskelfaser und jedes Organ, erfüllen jeden Raum mit Licht. Sogar das Blut trägt die Klarheit und das Licht der Sonne in sich.

Beenden Sie Ihre Reise durch den Körper, indem Sie noch einmal den Abdruck Ihres Körpers im Sand wahrnehmen. Hat er sich verändert?

3. Den Atem entspannen

Beginnen Sie, indem Sie den Atem wahrnehmen. Schauen Sie ihm einfach zu, wie er hinein- und hinausfließt. Versuchen Sie nicht ihn zu verändern. Will er das von selbst, dann lassen Sie es zu. Beim Einatmen stellen Sie sich vor, dass Sie mit der Luft alles einatmen, was Sie brauchen: Vertrauen, Kraft, Beweglichkeit, Kreativität, Ausrichtung und Entspannung. Beim Ausatmen atmen Sie alles aus, was Sie *nicht* brauchen: Unsicherheit, Verspannungen, Zweifel und Schmerzen. Fahren Sie damit eine Weile fort.

Sie können auch zwei oder drei Ideen auswählen, auf die Sie sich während der gesamten KR konzentrieren wollen; während Sie einatmen, nehmen Sie beispielsweise Vertrauen auf, beim Ausatmen lassen Sie alle Zweifel los. Sie denken vielleicht an all die Fähigkeiten, die Sie sich gerne als Tänzer aneignen möchten, und saugen sie beim Einatmen in sich auf. Überladen Sie sich dabei aber nicht. Lassen Sie noch etwas für das nächste Mal übrig. Beim Ausatmen entledigen Sie sich aller Widerstände, die Sie in irgendeiner Weise am Vorankommen hindern könnten. Richten Sie gegen Ende dieser Übung Ihre Aufmerksamkeit darauf, beim Einatmen *Energie* aufzunehmen. Beim Ausatmen geben Sie Anspannung ab. Schließlich beobachten Sie Ihren Atem, *ohne* dabei an irgendetwas zu denken.

Anhang

Schlusswort:
Eine Ermunterung

Am Ende dieses Buches möchte ich daran erinnern, dass jeder von uns ein größeres Potenzial hat, als wir im Allgemeinen annehmen. Begrenzen Sie sich nicht auf das, was Ihnen aus Ihrer momentanen Sicht als möglich erscheint. Ich habe viele talentierte Tänzerinnen und Tänzer gesehen, die auf eine (wahrscheinlich) brillante Karriere verzichteten, weil Lehrer oder Eltern (die es vermutlich gut meinten) ihnen davon abrieten. Wäre ich selbst den Empfehlungen gefolgt, die mir gegeben wurden, als ich zu tanzen begann und eine Laufbahn als Bewegungslehrer einschlug, so würden Sie dieses Buch jetzt nicht lesen.

Auch ein solcher junger Tänzer, der vielleicht *keine* der so genannten Voraussetzungen für das Tanzen mitbringt, könnte sich trotzdem als jene Persönlichkeit entpuppen, die uns einen neuen Tanzstil bringt, eine neue Trainingsform, fesselnde Choreografien oder folgenreiche Erkenntnisse darüber, wie der Körper funktioniert. David Howard erzählte mir einmal, dass viele der Pioniere des künstlerischen Tanzes rein technisch gesehen nicht nicht zu den besten Tänzern gehörten. Der Schauspiellehrer Herbert Berghof pflegte zu sagen, dass viele talentierte Studenten nicht sehr weit gekommen seien, weil ihr Talent sie „faul" gemacht habe.

Große Beweglichkeit, Kraft und ein schöner Körper sind vielleicht hilfreich, aber „Widerstände" und Hindernisse können ebenso hilfreich sein. Deren Überwindung baut immense Kraft auf. Wenn Sie nicht das Glück haben, über perfekte Beine und einen perfekten *Turn-out* zu verfügen, und wenn Sie glauben, dass Sie mit vielen „Problemen" bepackt sind, so vergessen Sie nie, dass Ihre Probleme Ihre besten Verbündeten werden können. Es ist eine Sache der mentalen Einstellung. Schwierige Probleme verlangen nach kreativen Lösungen, die Sie schneller wachsen lassen.

Ich möchte damit nicht sagen, dass Sie voreilig Entscheidungen fürs Leben fällen sollen. Nehmen Sie sich Zeit, lassen Sie sich Rat geben, fragen Sie andere Menschen nach ihren Meinungen und Kommentaren, aber vor allem hören Sie auf Ihre innere Stimme. Will diese innere Stimme wirklich die Kunst des Tanzens, der Choreografie oder des Unterrichtens erlernen und praktizieren, dann folgen Sie ihr. Dann werden Sie irgendwo auf diesem Terrain dringend benötigt. Ich biete Ihnen mit diesem Buch das Handwerkszeug dazu an. Es soll Ihnen helfen Ihre Schwierigkeiten zu überwinden und Ihr Potenzial optimal zu entfalten.

Schließen möchte ich mit einem Zitat aus Bella Lewitzkys Dankesrede für ihre Auszeichnung beim ADF 1994:

„Ich lasse mich gerne von großen Träumen mitreißen, und das empfehle ich auch Ihnen."

Danksagungen

Sehr dankbar bin ich June Balish, deren intelligenter und kundiger Rat sowohl zur Form als auch zum Inhalt dieses Buches signifikant beitrug. Ich möchte auch Margrit und Ruedi Loosli danken, die mich von administrativen Aufgaben erleichterten, damit ich schreiben konnte. Ein besonderer Dank geht an Zvi Gotheiner, Martha Myers, Amos Pinhasi und Cathy Ward für ihr Feedback und ihren Input in den letzten drei Jahren.

Ich möchte auch meinem Lektor bei VAK, Norbert Gehlen, danken, der mit Präzision und Feingefühl die Übersetzung aus dem Englischen bearbeitete, die von Erich Walker und mir besorgt wurde.

Ich möchte vielen großen Choreografen, Tanz- und Körpertherapie-Lehrern, Psychologen und Institutionen danken: Margy Beals, Talley Beatty, André Bernard, Remy Charlip, Bonnie Cohen, Mark Dendy, Michael Diekamp, Irene Dowd, Terrence Greene, Erick Hawkins, Stuart Hodes, David Howard, Fumio Inagaki, Betty Jones, Bella Lewitzky, Nancy Lyons, Donald Mckayle, Gloria McLean, Daniel Nagrin, Steve Paxton, Christopher Pilafian, Larry Rhodes, Irene Sieben, Billy Siegenfeld, Jeanette Stoner, James Sutton, Linda Tarnay, Mark Taylor, Jaclynn Villamil, Aleksandr Wilansky, Armin Wanner, Jan Wodinsky, dem Franklin-Institut, Charles und Stephanie Reinhart und dem *American Dance Festival*.

Die zahlreichen Illustrationen des Buches wären nicht zum Leben erwacht ohne die Hilfe der talentierten Künstlerinnen Sonja Burger und Katharina Hartmann, mit denen ich viele der Zeichnungen schaffen konnte. Ich bin auch den Fotografen David Fullard, Mike Kentz, Anne Nordman, Howard Schatz, A. Pal Bürgisser, Johan Elbers, Frank Gimpaya, Arséne Saheurs, und Mark Skolsky dankbar sowie den „Fotomodellen" June Balish, Michael Diekamp, Monika Möckli, Felicia Norton, Gabriela Steinmann, Daniel Tai, Laura Thomasson und Cathy Ward.

Literaturverzeichnis

AUROBINDO, SRI (1971): *Hymns to the mystic fire*. Pondicherry, India: All India Press. Auf Deutsch erschienen von diesem Autor u.a.: *Sämtliche Werke*, Zürich: Rascher; *Flammenworte*. 10 Gedichte, Pondicherry: Sri Aurobindo Ashram, 1953

BALANCHINE, GEORGE (1966): *Marginal notes on dance*, hrsg. von Walter Sorell, Chicago: A Capella Books.

BROWN, JEAN M. (HRSG., 1979a): *Duncan: The vision of modern dance*. Princeton, NJ: Dance Horizons.

ders. (1979b): „Hanya speaks", in: *Duncan: The vision of modern dance*. Princeton, NJ: Dance Horizons, S. 71-82.

ders. (1979c): *On Dance: Jose Limon*. Princeton, NJ: Dance Horizons.

BUCKLE, RICHARD (1971): *Nijinsky*. New York: Simon and Schuster. Dt. Ausgabe: *Nijinsky*, Herford: Busse Seewald, 1987

CHARLIP, REMY (1986): „Take space", in: *Contact Quarterly* 111, S. 33.

CLOUSER, J. (1994): „The grand plié: Some physiological and ethical considerations", in: *Impulse* 22, S. 83-86.

CORNELL, JOSEPH B. (1979): *Sharing nature with children*. Nevada City, CA: Dawn. Dt. Ausgabe: *Mit Kindern die Natur erleben*; Mülheim a. d. Ruhr: Verlag an der Ruhr, 1998

DALVA, NANCY VREELAND (1988): „The I ching and me: A conversation with Merce Cunningham", in: *Dance Magazine* 62 (März), S. 58-61.

ESSERS, VOLKMAR (1986): *Henri Matisse, 1869-1954. Meister der Farbe*, Köln: Taschen

FRANKLIN, ERIC (1996): *Dynamic alignment through imagery*. Champaign, IL: Human Kinetics. Dt. Ausgabe: *Befreite Körper. Das Handbuch zur imaginativen Bewegungspädagogik*, Kirchzarten: VAK, 2. Aufl. 2000

GOTHEINER, ZVI (1993): persönliches Gespräch mit dem Autor.

HAERDTER, MICHAEL, und SUMIE KAWAI (1986): *Butoh – die Rebellion des Körpers. Ein Tanz aus Japan*, Berlin: Alexander

HAGEN, UTA (1991): *A challenge for the actor*. New York: Scribner's.

dies. (1973): *Respect for acting*. New York: Macmillan.

HANRAHAN, C (1994): „In search of a good dance image", in: *Impulse* 22, S. 131-144

HAWKINS, ALMA M. (1991): *Moving from within: A new method of dance making*. Pennington, NJ: A Capella Books.

HILLMAN, JAMES (1985): *Anima: An anatomy of a personified notion*. Dallas: Spring.

HODES, STUART (1993): persönliches Gespräch mit dem Autor.

HOGHE, RAIMUND. (1986): *Pina Bausch*. Frankfurt am Main: Suhrkamp

HOROSKO, MARIAN (HRSG., 1991): *Martha Graham: The evolution of her dance theory and training*, 1926-1991. Pennington, NJ: A Capella Books.

JACOBI, JOLANDE (1969): *Vom Bilderreich der Seele: Wege und Umwege zu sich selbst*. Olten/Schweiz: Walter.

JONES, S., R. MARTIN und D. PILBEAM (HRSG., 1992): *Cambridge encyclopedia of human evolution*. Cambridge: Cambridge University Press.

JUNG, CARL G. (1959): *Collected works*. Princeton, NJ: Princeton University Press. Dt. Ausgabe: *Gesammelte Werke*, Solothurn; Düsseldorf: Walter

KARCZAG, EVA (1985): „Aileen Crow interviews Eva Karczag", in: *Contact Quarterly* 103, S. 33-38

KELLER, GOTTFRIED (1922): *Kleider machen Leute*. Leipzig: P. Reclam

KIRKLAND, GELSEY, und GREG LAWRENCE (1990): *The shape of love*. New York: Doubleday.

KRIEGER, DOLORES (1979): *The therapeutic touch*. Englewood Cliffs, NJ: Prentice-Hall. Dt. Ausgabe: *Therapeutic touch – die Heilkraft unserer Hände*, Freiburg: Bauer, 1995

KÜKELHAUS, HUGO (1978): *Hören und Sehen in Tätigkeit*. Zug (Schweiz): Klett und Balmer.

KUNCKEL, S (1994): „Die Frau, die mit der Seele tanzt", in: *Welt am Sonntag* 20, S. 65.

LIHS, HARRIET (1994): „Black family variety dance troupes: Flash and frustration as exemplified by the Berry Brothers", in: *Impulse* 22, S. 87-96.

MAXWELL, MARY (1984): *Human evolution*. Sidney: Croomhelm.

MINDELL, ARNOLD (1985): *Working with the dreaming body*. Boston: Routledge and Kegan Paul. Dt. Ausgabe: *Der Leib und die Träume. Prozessorientierte Psychologie in der Praxis*, Paderborn: Junfermann, 1987

MYERS, MARTHA, und PIERPONT, MARGARET (1983): „Body therapies and the modern dancer", in: *Dance Magazine* 57 (August), BT1-BT24.

NAGRIN, DAVID (1988): *How to dance forever: Surviving against all odds*. New York: Morrow.

NOVACK, CYNTHIA J. (1990): *Sharing the dance: Contact improvisation and American culture*. Madison, WI: University of Wisconsin Press.

PASCAL, EUGENE (1992): *Jung to live by*. New York: Warner Books. Dt. Ausgabe: *Sich selber kennen: C. G. Jungs Psychologie als praktischer Leitfaden für ein erfülltes Leben*, Hamburg: Kabel 1995

PASKEVSKA, ANNA (1981): *Both sides of the mirror: The science and art of ballet*. Princeton: Dance Horizons.

PEARSON, CAROL S. (1991): *Awakening the heroes within*. New York: HarperCollins. Dt. Ausgabe: *Die Geburt des Helden in uns: Transformation durch die zwölf Archetypen*, München: Droemer Knaur, 1993

PETER-BOLAENDER, MARTINA (1992): *Tanz und Imagination: Verwirklichung des Selbst im künstlerischen und pädagogisch-therapeutischen Prozess*. Paderborn: Junfermann.

ROSENBERG, HELANE S. (1987): *Creative drama & imagination: Transforming ideas into action*. Orlando, FL: Harcourt Brace College Publishers.

SACKS, OLIVER (1985): *The man who mistook his wife for a hat and other clinical tales*. New York: Summit Books. Dt. Ausgabe: *Der Mann, der seine Frau mit einem Hut verwechselte*, Reinbek: Rowohlt, 19. Aufl. 2001

SAINT EXUPÉRY, ANTOINE DE (1971): *The little prince*. New York: Harcourt Brace Jovanovich. Dt. Ausgabe: *Der kleine Prinz*, Zürich – Hamburg: Arche 2000

SCHAUMANN, SABINE (1990): *Zum Kunst- und Körperverständnis des Ausdruckstanzes im Werk von Mary Wigman*. Dortmund: wissenschaftliche Hausarbeit zur Erlangung des akademischen Grades eines Magister Artium der Universität Hamburg.

SCHMIDT, GEORG, und ROBERT SCHENK (Hrsg., 1960): *Kunst und Naturform*. Basel (Schweiz): Basilius Presse.

SIEBEN, I. (1992): „Dore Hoyer – Tänzerin", in: *Tanz aktuell* (Juli–August), S. 26.

SIEGENFELD, BILLY (1992): „Choreography in the classic jazz tradition", in: *Dance Teacher Now* 14 (8), S. 53-56.

SKINNER, JOAN (1990): „Stephanie Skura interviews Joan Skinner", in: *Contact Quarterly* 15 (3) S. 15-16.

SORELL, WALTER (1986): *Mary Wigman, ein Vermächtnis*. Wilhelmshaven: F. Noetzel.

STEIN, BONNIE S. (1988): „Celebrating Hijikata: A bow to the Butoh master", in: *Dance Magazine* 62, S. 44-47.

STEVENS, ANTHONY (1983): *Archetypes: A natural history of the self*. New York: Quill.

STINSON, SUE (1988): *Dance for young children*. Reston, VA: American Alliance for Physical Education, Recreation, and Dance.

SWEIGARD, LULU E (1978): *Human movement potential: Its ideokinetic facilitation*. New York: Dodd, Mead.

TANAKA, MIN (1987): *Butoh, dance of the dark soul*. Tokio: Aperture Foundation.

VAGANOVA, AGRIPPINA (1946): *Basic principles of classical ballet.* New York: Dover. Dt. Ausgabe: *Die Grundlagen des klassischen Tanzes,* Berlin: Henschel, 1954

WEIDMAN, CHARLES (1966): „Random remarks", in: *The dance has many faces,* hrsg. von Walter Sorell. New York: Columbia University Press.

ZAPORAH, RUTH (1990): „Improvisation: Basic steps toward pretending", in: *Contact Quarterly* 153, S. 25.

Stichwortverzeichnis

Achillessehne 98
Aktive Imagination 239 ff.
Aleko 93
Archetypen 243
Arme 225
Anatomie 98
Anderson, Jack 28, 49, 70, 254, 259, 261
Arabesque 147 ff.
Architektur 94
Astaire, Fred 34, 259
Atemübungen 40
Atmung 39 f., 101, 190, 221, 232
Attitude 147 ff.
Augen 180 f.
Ausdruckstanz 27
Auslöser für Bewegung 61
äußerer Raum 54

Bahnen durch den Raum 59
Balance 147 ff.
Balish, June 94, 233
Ballett 96, 120 ff., 168
Barischnikow, Michail 197, 269
Bartenieff, Irmgard 97 f.
Batson, Glenna 9
Battement 101, 103
Battement tendu 129 ff.
Battement jeté 129 ff.
Battement dégagé 129 ff.
Battement développé 140 ff.
Bausch, Pina 41, 244
Beals, Margy 9, 250
Becken 107, 122, 141
Becker, Robin 253
Béjart, Maurice 238
Bekleidung 262
Bernard, André 9, 194, 281
Berührung 277
Bewegungsfluss 39 f.
Beziehungen im Körper 36 ff.
Bildende Kunst 92
Bilderreise (geführt) 291
Boden 63, 227
Bodenarbeit 107 ff.
Bögen 157 ff.
Brustkorb 17, 196 ff.

Buckle, Richard 247
Butoh-Tanz 42 f.

Chaff 260
Chagall, Mark 93
Chakra 251
Charisse, Nanette 156
Charlip, Remy 91
Chopinot, Régine 94
Choreograf 8, 238, 245 ff., 250
Choreografie 239 ff.
Clark, Barbara 9
Clouser, J. 123
Cohen, Bonnie B. 9, 194
Contraction 108
Cunningham, Merce 242

Dali, Salvador 92
Dégagé 101
Der Weihrauch 19
Dendy, Mark 81, 109
Demi plié 122
Diekamp, Michael 29, 159
Die Moldau 92
Dove, Ulysses 49
Dowd, Irene 9, 280
Drehsprünge 218 ff.
Drehungen 183 ff., 193
Duncan, Isidora 179, 241, 272
Dunning, Jennifer 92
Durchdringen des Raumes 13 f., 28 f., 50
Dynamik von Bewegungen 66

Eddy, Martha 9
Eguchi, Takaya 42
Eiko & Koma 76, 78
Einrahmen 249
Einstimmung 270
Energie 63
Entspannung 277
Erosion 248

Fallen (zu Boden f.) 110
Feedback 15, 97
Fellini, Federico 90

Feuervogel 93
Filme 90
Flow 23
Fondu 137
Fouettés 15
Frappé 139
Frau Superstreng 15

Ganzkörper-Wahrnehmung 26
Gedichte 91
gehen 116
Geschwindigkeit 213
Gesicht 177 ff.
Gewicht 30 ff.
Gewichtsverlagerung 131
Gleichgewicht 148 ff., 190, 203
Gotheiner, Zvi 44, 168, 248, 254
Graham, Martha 26, 28, 70, 90, 104, 130,
   162, 241, 245
Grand battement 154 ff.
Grand jeté 218 ff.
Grand plié 122 f.
Green, Terrence 78
grundlegende Bewegungsbilder 23
Gruppenimprovisation 80 ff.
Gussform 45

Hagen, Uta 23
Hals 181 f.
Handle with Care 260
Hände 166, 169, 278
Hawkins, Alma 247
Hawkins, Erick 31, 90, 181
Hawkins-Technik 107
Hebelkraft 213
Helix 251
Herr Feinfühlig 15
Hijikata, Tatsumi 42 f.
Hodes, Stuart 104, 130, 162, 180
Hoisington, Eric 168
Holm, Hanya 116
Hologramm 26
Howard, David 152, 186, 197, 204 f., 210,
   258, 295
Hoyer, Dore 49
Humphrey, Doris 30, 161
Huschka, Werner 59

Ideokinese 277
Imagination 9, 11, 16
imaginäre Umgebung 265
Improvisation 14 f., 21 ff., 41 ff., 43 f., 45 ff.
Inagaki, Fumio 273
innerer Raum 52
innerer Rhythmus 36
Intention 24 f.
Interaktion mit dem Raum 49

Jacobi, Jolande 240
James, William 9
Jones, Betty 127
Jones, Bill T. 252
Jung, Carl Gustav 239

Karczag, Eva 84
Katathymes Bilderleben 242
Kinder 44, 124, 184
Kisselgoff, Anna 19, 92
Klee, Paul 93
Konstruktive Ruhe 277 ff., 280
Kontaktimprovisation 82 ff.
Konzentration 271
Korrektur 15 f., 97, 104 ff., 183
Körperausrichtung 123, 187, 195, 215
Körperbewusstsein 26
Körperbild 104
Körperhaltung 15, 105, 124, 190, 215
Körperoberfläche 53
Körperskulptur 45
krabbeln 184
Kreutzberg, Harald 42
Kreisel 189
Krieger, Dolores 278
Kritiken 92
Kunstwerke 76
Kükelhaus, Hugo 94

Landungen 227
Längen des Körpers 32
laufen 116
Leichtigkeit 75, 122
Le Sacre du Printemps 62, 247
Lewitzky, Bella 44, 296
Literatur 90
Lotze, Rudolph 9
Lubowitsch, Lar 162, 253
Lyons, Nancy 109

Makarowa, Natalja 19
Marceau, Marcel 179
Maro, Akaji 43
Matisse, Henri 92
Massine, Leonid 93
Maximowa, Jekaterina 28
Maxwell, Mary 95
McKayle, Donald 252, 258
McLean, Gloria 26, 165
mentales Training 102 ff.
mentale Verstärkungen 103
Metapher 16
Mindell, Arnold 89
Miya, Soko 42
Modern Dance 66, 90, 96, 140, 157 ff., 168
Moleküle 26
Moore, Henry 95
Motivation 98

Musik   34 ff., 92
Myers, Martha   9, 88
Mythologie   90, 241

Nacken   181 f.
Nagrin, Daniel   36, 263
Naturbilder   72, 89
Newburger, Gretchen   260
Night Creature   70
Nijinsky   247
Nurejew   34

Oberkörper   109, 157, 166 ff.
Ohno, Kazuo   42

Pantomime   179
Partnerarbeit   232
Paskevska, Anna   130
Paxton, Steve   65, 82
Perfektion   23
Peter Pan   153
Peter-Boelander, Martina   241
Petit, Roland   238
Pettibone, Laura   28
Phon, Cheng   97
Pilafian, Christopher   98, 129, 148
Pinhasi, Amos   246, 259 f.
Pirouette   13, 183 ff.
Plié   13, 17, 65, 78, 122 ff., 137
Plissezkaja, Maija   238
Port de bras   166
Präsenz   120

Raum   27 ff.
Rebound   222
Redman, Joshua   43
Rejoyce   78, 235
Relevé   150 f., 195
Rhodes, Larry   14, 36
Rhythmus   34 ff., 233
Rodin, Auguste   93
rollen (am Boden)   113, 184
Rond de jambe   135 ff.
Rotationsphase   202

Sacks, Oliver   149
Saint-Exupéry, A. de   65
Schmidt, Georg   93
Schuhe   130
Schüler (Studenten)   102 ff.
Schwanensee   244
Schwere   75
Schwerkraftlinie   188
Schwerpunkt   147, 190, 203, 234
Schwünge   157 ff.
Shurr, Gertrude   28
Siegenfeld, Billy   34
Skinner, Joan   9, 91

Skinner-Releasing-Technik   65, 91
Skulptur   28 f., 93 f., 234
Skura, Stephanie   83 f., 113
Smith, Nancy St.   65
Sorell, Walter   28
Spirale   110, 157 ff., 162
Spontandreher   186
Sprünge   213 ff.
St. Denis, Ruth   19
stehen   115
Stevens, Anthony   89
St. Georges   94
Stimmung   254 f.
Stinson, Sue   44
Stoner, Jeanette   13, 26, 45, 50, 52, 53, 269
Streb, Elizabeth   11, 250
Supree, Burt   103
Sweigard, Lulu   9, 277
Symbolismus   242
Synchronisation   233

Tagebuch   257
Tai, Daniel   175
Tanaka, Min   43
Tanzlehrer   15, 41, 91, 97, 183
Tanztechnik   43 f., 87 ff., 97
Tanztraining   13 ff.
Tänzer   8, 14, 15 f., 41, 102, 120 f., 183, 197
Tarnay, Linda   99
Tayler, Paul   254
Tiere   70, 214
Tinguely, Jean   93
Todd, Mabel   9, 277
Turn-out   13, 16

Vaganova, Agrippina   154, 167
Verbindung mit der Erde   65
Verdrehen   196
Vespers   49
visualisieren   25, 47, 94, 265
Vorstellungsbild   9, 41, 45 ff., 245
Vorstellungskraft   9, 16, 41
Vorstellungsvermögen   9, 41 ff., 239

Walpurgisnacht   92
Ward, Cathy   14, 48, 71, 72, 74, 91, 181, 272 f.
Ware, Sheryl   167
Wigman, Mary   27 f., 42
Williams, Sheri   49
Wilson, John M.   166
Wirbel   163
Woodberry, David   66, 84

Yuriko   26

Zaporah, Ruth   24
Zeit   74
Zellbewegung   77
Zuschauer   269

Über den Autor

Eric Franklin arbeitet seit über 20 Jahren erfolgreich als Tänzer, Choreograf, Dozent und Buchautor. 1976–79 studierte er an der ETH in Zürich (Diplomsportlehrer). Zu dieser Zeit beschäftigte er sich bereits intensiv mit Tanz und Ballett; er vertiefte seine Kenntnisse an der Tanzhochschule der *New York University*, wo er 1982 den Abschluss als *Bachelor of Fine Arts* erwarb.

Eric Franklin hat bei vielen Tanz- und Theaterproduktionen in New York und in Europa mitgewirkt und ist seit 1980 choreografisch tätig. Er unterrichtete lange Zeit den Schweizer Kunstturn-Nationalkader, lehrte am Heilpädagogischen Seminar Zürich und leitete Weiterbildungskurse für Krankengymnasten. Heute gibt er Gastkurse an den Musikhochschulen Dresden und Wien sowie beim *Royal Ball*et in London. Er hat auch in den USA und in Korea bereits Kurse geleitet und wurde nach China eingeladen, um dort die erste *Modern Dance Company* zu unterrichten.

Seit 1986 setzt Eric Franklin die Technik der Vorstellungsbilder in seinen Lehrveranstaltungen ein. Er ist Gründer und Leiter des „Instituts für Franklin-Methode" (früher: Institut für Imaginative Bewegungspädagogik) in der Schweiz. Dort lebt er auch mit seiner Frau und seinen Kindern. Das Institut bietet zahlreiche Kurse, Workshops und Ausbildungen an. (Nähere Informationen dazu: siehe nächste Seite)

Eric Franklin ist Koautor des Buches *Breakdance* (1984), für das er den Spezialpreis der öffentlichen Bibliotheken der Stadt New York erhielt. Sein erstes Buch in Deutsch heißt *100 Ideen für Beweglichkeit* (1989). Seither erschienen: *Locker sein macht stark* (1998), *Entspannte Schultern – gelöster Nacken* (2000), *Beckenbodenpower: Das dynamische Training für sie und ihn* (2002).

Bei VAK sind von Eric Franklin folgende Bücher erschienen:
- *Befreite Körper*
- *Fit bis in die Körperzellen*
- *Kraftvoller Auftritt*
- *Denk dich jung!*
- *Bewegung beginnt im Kopf*

Zum Thema dieses Buches sowie zu anderen Themenbereichen rund um die Franklin-Methode® bietet das Institut im In- und Ausland regelmäßig Kurse, Workshops und Ausbildungen an, die für jedermann offen stehen. Es hat „Stützpunkte" in Deutschland, Österreich und Großbritannien. Ausführliche Kurs- und Ausbildungsunterlagen erhalten Sie bei:

Institut für Franklin-Methode
Industriestrasse 3
CH-8610 Uster (Schweiz)
Telefon +41 (0)43 399 06 03
Telefax +41 (0)43 399 06 04
info@franklin-methode.ch
www.franklin-methode.ch

Eric N. Franklin
Befreite Körper
Das Handbuch zur imaginativen Bewegungspädagogik
341 Seiten, 197 Abbildungen, Großformat (21 x 30 cm),
ISBN 978-3-932098-26-0
Leseprobe: www.vakverlag.de

Die persönliche Haltung und Beweglichkeit verbessern und Verspannungen lösen –
das bringt der Autor (Tänzer und »Tanzmediziner«) humorvoll und leicht nachvoll-
ziehbar nahe. *Befreite Körper* ist geschrieben für: Körpertherapeuten, Tänzer und alle,
die sich leichter bewegen möchten.

Andrea Olsen, Caryn McHose:
Körpergeschichten
Das Abenteuer der Körpererfahrung
170 Seiten, 109 Abbildungen, Paperback mit Fadenheftung (21 x 29,2 cm),
ISBN 978-3-924077-34-1
Leseprobe: www.vakverlag.de

Diese *Körpergeschichten* können Ihre Selbstwahrnehmung gründlich verändern:
Das Buch führt Sie durch 31 Lektionen praktischen Übens und Reflektierens zu einer
Begegnung mit dem eigenen Körper. Eine spannende, leicht verständliche, zugleich
fachlich qualifizierte Einführung in die Anatomie des Menschen, ursprünglich für
Tänzer gedacht, aber von Nutzen für alle, die ihren Körper besser kennenlernen
wollen.

Abonnieren Sie unseren Newsletter (gratis) unter: www.vakverlag.de

William L. Wolcott, Trish Fahey:

Essen, was mein Körper braucht

Metabolic Typing –
die passende Ernährung für jeden Stoffwechseltyp

304 Seiten, 15 Abbildungen und zahlreiche Tabellen, Hardcover (15 x 21,5 cm)
ISBN 978-3-935767-08-8
Leseprobe: www.vakverlag.de

Es gibt viele Ernährungsarten, die Gesundheit und Leistungsfähigkeit versprechen.
Und jede hat ihren Platz und funktioniert – nur eben nicht für jeden.
Der Grund: Menschen unterscheiden sich in vielen Facetten ihres Stoffwechsels.
Was für den einen gesund und leistungsfördernd ist, ist dem anderen abträglich.
Diese neue Methode bestimmt die vielen individuellen Facetten des eigenen Stoff-
wechsel-Typs mit einem umfangreichen Fragebogen zum Selbstauswerten. So kann
jeder die Ernährung finden, die ihm entspricht und gut tut.

Sharon Promislow:

Startklar für volle Leistung

Gehirn und Körper – ein starkes Team

160 Seiten, 60 Abbildungen, Paperback (20 x 25 cm),
ISBN 978-3-932098-69-7
Leseprobe: www.vakverlag.de

Sharon Promislow vermittelt in eingängiger Form Hintergrundwissen und einfache
kinesiologische Übungen, mit denen man alle Ressourcen von Gehirn und Körper
aktiviert, um ...

* Stress zu reduzieren und sich besser zu fühlen,
* seine Leistungsfähigkeit zu steigern,
* leichter zu lernen und
* neue Reaktionsmuster zu entwickeln.

Eric Franklin:

Fit bis in die Körperzellen

Jung und vital mit der Franklin-Methode®

201 Seiten, 85 Abbildungen, Paperback (16 x 22,5 cm),
ISBN 978-3-935767-32-3
Leseprobe: www.vakverlag.de

Zu viel Stress und zu wenig Bewegung? Keine Zeit für Sport und trotzdem fit? Dann
machen Sie doch eine Frischzellenkur! Mit den Übungen und mentalen Bildern von
Eric Franklin bringen Sie frischen Wind in Ihre Körperzellen und geben Ihrem Kör-
per seine Leichtigkeit zurück. Das macht nicht nur Spaß, sondern aktiviert die Zellen
und der Körper strahlt neue Kraft und Selbstsicherheit aus.
Mit der Kraft der Vorstellung fördern Sie die Regeneration und Entschlackung der
Zellen, die Fitness von Herz und Kreislauf u.v.a.m.
Überzeugen Sie sich selbst: Gegen dieses Buch sehen teure Pillen und Cremes alt aus!

Bestellen Sie unsere kostenlosen Kataloge unter: www.vakverlag.de